Zu diesem Buch

Ein Junge wächst als Bürgerkind im Kaiserreich auf. Unfertig kommt er in den Krieg, den er als Abenteuer genießt, daran ändert auch eine schwere Verwundung nichts. Während des Kapp-Putschs gerät er in eine Studentenkompanie. Da endlich bringt ihn ein fatales Erlebnis zum Nachdenken über politische und soziale Zusammenhänge. Fasziniert vom puritanischen Ethos der Klassenkampfidee tritt er in die Kommunistische Partei ein. Beim Mitteldeutschen Aufstand fühlt er sich stolz auf der richtigen Seite. Durch George Grosz kommt er in Berlin zum Malik-Verlag. In der Partei lernt er führende Genossen wie Ruth Fischer und Willi Münzenberg, Karl Radek und Nikolai Bucharin kennen. Für Münzenberg geht er zweimal nach Moskau, wo er insgesamt ein Jahr lebt. Nach einem Zwischenspiel im letzten Stadium des Berliner Inflationstaumels von 1923 nimmt er im Kreml am V. Weltkongreß der Komintern teil. Lenin ist gestorben, Trotzki schon kaltgestellt, im Hintergrund der unauffällige Stalin. Die Weltrevolution wird vertagt, die meisten deutschen Delegierten kuschen. Ernüchtert kehrt der Enthusiast A. E. heim und trennt sich von der Partei.

In den berühmten zwanziger Jahren Berlins wird er zum Publizisten. Sein Mentor wird Siegfried Jacobsohn, dessen ‹Weltbühne› Eggebrechts kritische Beiträge zuerst veröffentlicht. Bald arbeitet er für die ‹Literarische Welt› und die großen liberalen Tageszeitungen. Die Agonie der Republik und der Nationalsozialismus kommen herauf. In der Künstlerkolonie am Breitenbachplatz organisieren Literaten und Theaterleute einen Selbstschutz gegen den Naziterror. Am 30. Januar 1933 ist Hitler an der Macht. A. E. wird verhaftet, nach Monaten im Gefängnis und KZ kommt er durch viel Glück frei. Als Drehbuchautor für unpolitische Filme findet er einen Unterschlupf. Er überlebt und steht mit 46 Jahren wieder am Anfang. «Man wünscht sich Axel Eggebrechts Autobiographie. Sie wäre der Bericht über ein exemplarisches Leben.» So schrieb Robert Neumann vor einigen Jahren. Hier liegt nun dieser Bericht vor. Der engagierte Publizist, Buchautor und Rundfunkmann erzählt von sich selbst, von vielen berühmten Zeitgenossen, denen er begegnete, und von der Epoche, deren Zeuge er war.

«Es ist die spannende, klar konzipierte, klug und mitreißend geschriebene Geschichte einer Generation» («Rheinische Post»).

Axel Eggebrecht, geboren am 10. Januar 1899 in Leipzig als Sohn eines Arztes, arbeitete nach einem abgebrochenen Studium der Germanistik und Philosophie in verschiedenen Berufen. Seinem ersten, 1927 erschienenen Buch folgten seither zahlreiche Romane, Erzählungen, Essays, Sachbücher, Drehbücher, Hörspiele, Hörfunk- und Fernsehsendungen, die sich vor allem durch ihren engagierten Humanismus auszeichneten. 1945 wurde er einer der Mitbegründer des Norddeutschen Rundfunks, 1946/47 war er Mitherausgeber der «Norddeutschen Hefte». Große Beachtung fand der von ihm 1979 im Rowohlt Verlag herausgegebene Band «Die zornigen alten Männer. Gedanken über Deutschland seit 1945». Axel Eggebrecht lebt in Hamburg.

Axel Eggebrecht

Der halbe Weg

Zwischenbilanz
einer Epoche

rororo
Rowohlt

Umschlagentwurf Werner Rebhuhn
(Foto: Extrablätter zum Kriegsausbruch im August 1914
am Mossehaus, Berlin/Landesbildstelle Berlin)

Veröffentlicht im Rowohlt Taschenbuch Verlag GmbH,
Reinbek bei Hamburg, Oktober 1981

Satz Garamond (Linotron 404)
Gesamtherstellung Clausen & Bosse, Leck
Printed in Germany
880-ISBN 3 499 14813 7

Inhalt

I
Kindheit eines Bürgersohns

Die Ansicht ist verbreitet, aber falsch, es müsse einem Schriftsteller leichtfallen, über sein eigenes Leben zu berichten. Er gerät dabei unweigerlich in Schwierigkeiten. Er muß auswählen und verkürzen. Wichtiges läßt er fort, Zufälliges wird unversehens wichtiggenommen. Er fälscht, unabsichtlich oder gewollt. Max Frisch hat sogar behauptet: «Jeder Mensch erfindet sich früher oder später eine Geschichte, die er für sein Leben hält.» Es ist klar, daß Autoren dieser Gefahr in besonderem Maße ausgeliefert sind. Von ihnen erwartet man, daß sie etwas erfinden können. Das gehört zum Metier.

Doch ist Vorsicht geboten, sobald einer über sich selber schreibt. Deshalb beginnen viele Autobiographien mit der Versicherung redlicher Absichten. Klassischer Musterfall sind die ‹*Confessions*› des Jean-Jacques Rousseau. Da stehen gleich in der Einleitung diese verwegenen Sätze:

«Ich beginne ein Unternehmen, das ohne Beispiel ist und das niemand nachahmen wird. Ich will einen Menschen in der ganzen Naturwahrheit zeigen, und dieser Mensch werde ich sein. Ich lese in meinem Herzen und kenne die Menschen. Ich bin nicht wie einer von denen geschaffen, die ich gesehen habe; wenn ich nicht besser bin, so bin ich wenigstens anders.»

Seit zwei Jahrhunderten wird diese Mischung aus Größenwahn und falscher Demut belächelt oder bestaunt. Mich stimmt sie mißtrauisch, gegen Rousseau, vor allem gegen mich selber. Ich versuche daraus zu lernen, was ich vermeiden sollte, und sage mir: Ich unternehme durchaus nichts Neues. Ich gleiche selbstverständlich zahllosen Zeitgenossen. In meinem Herzen, was immer das sein mag, kann ich nur stümperhaft lesen. Immer wieder habe ich beobachtet, daß andere mich besser kennen als ich selbst.

Leider nutzt es wenig, sich diese Einsichten ständig vor Augen zu halten. Denn es läßt sich daran zweifeln, daß wir später überhaupt wissen, was wir erlebt haben. Auch wenn wir meinen, uns auf das Gedächtnis verlassen zu können, sollten wir vorsichtig sein. Die moderne Forschung hat erkannt, so werden wir Laien belehrt, daß Beobachtungen durch das Elektronenmikroskop die jeweils betrachteten Objekte verändern. Etwas Ähnliches geschieht, scheint mir, jedem von uns unaufhörlich. Alles verändert sich schon im Augenblick des Erlebens, durch das Erlebnis selbst. Jede Gerichtsverhandlung beweist das. Da sagen gutwillige Zeugen völlig unvereinbare Dinge aus, nach bestem Wissen und Gewissen; der Justiz bleibt nichts übrig, als aus dubiosen Bekundungen dennoch Schlüsse zu ziehen. Anders kann der nicht verfahren, der hier über sein Leben zugleich aussagt und urteilt. Er ist ein mangelhafter Zeuge, wenigstens das weiß er; und ein fragwürdiger Richter, wobei unsicher ist, wann er für, wann gegen sich eingenommen ist.

Es war selbstverständlich ein Zufall, daß er als Nachzügler des 19. Jahrhunderts geboren wurde, in dem er gerade noch 355 Tage verbrachte. Aber solche Daten haben eine ärgerliche Magie. Nie wurde ich die Vorstellung ganz los, aus einem abgelebten Zeitalter zu stammen. Wenn mir schon die mißliche Ziffer 99 anhing, wäre ich gern zweihundert Jahre früher auf die Welt gekommen, um mich mit den Enzyklopädisten an der Hoffnung zu begeistern, Aufklärung werde die Welt von Grund auf erneuern.

Indem ich das notiere, fälsche ich bereits. In Wahrheit bin ich davon überzeugt, wir stünden noch im Zeitalter Voltaires, ja es habe noch kaum begonnen. So tollkühner Optimismus wird derzeit nicht besonders geschätzt. In der Nacht, die unser Saeculum einleitete, scheinen viele ihn geteilt zu haben. Mit Böllern, Leitartikeln und pathetischen Parolen wurde die Zeitwende stürmisch begrüßt. Es war ja gar keine. Ich habe sie verschlafen. Später, als alles sich tatsächlich zu wandeln begann, war ich wach. Hoffentlich.

Das beschreibbare Dasein beginnt, meine ich, mit dem erwachenden Bewußtsein davon, daß man da ist. Wenn ich noch so hartnäckig nach diesem Zeitpunkt forsche, stoße ich allenfalls auf ein paar unscharfe Wahrnehmungen, keine meiner Erinnerungen reicht weiter zurück als bis ins vierte Lebensjahr. Andere schildern frühere Eindrücke. Ich zweifle an solchen Gedächtniswundern; allenfalls mögen sie sich im nachhinein entwickeln, wie Fotos im chemischen Bade.

Irgendwann ruft etwas Grellgelbes Schrecken hervor, ein Spielzeugtier, ein Sandeimer, ich weiß es nicht mehr. Deutlicher haften Geräusche. Eine Nähmaschine rattert, eine Tür knarrt. Draußen wiehert ein Pferd.

Frauenstimmen zanken, ich kann sie keinen bestimmten Personen mehr zuordnen. Etwas aber prägt sich ein: Sie schweigen, sobald ein ernster kleiner Mann eintritt und nachdrücklich Ruhe gebietet. Der Vater. Eine Macht, die Verbote erläßt und Wünsche erfüllt. Da er selten auftritt, bleibt er fern und fremd.

Ihm eignet ein unverkennbarer Geruch: Viel Mensch, viel Seife. Er ist Arzt. Möglicherweise ist das die erste klare Erinnerung. Sie läßt mich noch nach Jahrzehnten in jeder Klinik zu Hause sein. Überhaupt prägen sich Gerüche ein. Das Nachblaken der ausgeblasenen Petroleumlampe. Ein süßliches Eau de Cologne, verwendet von Tante Alma, oder ist es Tante Hanna? Die Hausdamen wechseln mehrfach. Denn es gibt weder Mutter noch Geschwister.

Das fällt dem Kinde nicht auf, erst im Rückblick wird ihm die frühe Umwelt karg und fahl erscheinen. Damals wird sie plötzlich reich und weit durch ein außerordentliches Erlebnis.

Im väterlichen Arbeitszimmer liegt, ganz in Leder gebunden, der Handatlas von Andree. Vermutlich ist es wieder der Geruch, der mich anzieht, dann erst entzückt mich das bunte Kartenbild. Bald lastet spät abends im Bett der gewichtige Band auf dem Bauch des Fünfjährigen.

Die Betrachtung erzeugt einen Rausch der nahen Ferne, eine abstrakte Lust am Abenteuer, die niemals abstumpfen wird. Eines Tages will der Vater sich über den russisch-japanischen Kriegsschauplatz unterrichten. Der gesundheitswidrige Kraftakt wird entdeckt und streng untersagt. Doch die Strapaze wird fortgesetzt, zu noch späterer Stunde, wenn alles schläft. Der Vater findet einen weisen Ausweg: Auf dem Geburtstagstisch liegt bald danach ein kleiner Taschenatlas, alle anderen Gaben bleiben daneben unbeachtet.

Fast jeden Abend fällt durch die Ritzen der Jalousie schmales

Licht auf die ganze Welt. Und nachher steckt sie unter dem Kopfkissen, auf dem von Atollen geträumt wird, von der krakenförmigen Insel Celebes, vom plumpen Nilpferdkörper Afrikas.

Bald gewinnen auch die Schriftzeichen Sinn. Schon entstehen eigene Kartenskizzen, anfangs zittrige Krakeleien; das Craquelé alter Keramiken wird lebenslang an solche ersten Versuche erinnern. Sie werden rasch vollkommener und gewinnen dann im Gymnasium manches Lehrers Gunst. Und sie tröstet der Verfertiger noch in der Gefängniszelle, im ersten Hitler-Jahr, dort übt er sie auf grobem Klopapier.

Als Sechsjähriger ordnet er auch die politische Welt nach seinem Geschmack, nämlich nach dem Umriß der Staaten. Norwegen und Baden sind langgestreckt, also Chile verwandt, dem offensichtlich gebrechlichen Gebilde. Frankreich hingegen und Spanien breiten sich rund und sicher hin. Und doch zog Napoleon bis Moskau und Cortés nach Mexiko. Historie, so scheint es, besteht darin, daß Grenzen verändert werden. Da entwickeln sich bedrohliche Vorstellungen.

Die Gestalt des deutschen Reiches erscheint unfertig, gegen Osten hin verfließt sie. Oder sperrt sich da ein Maul auf? Dann liegt zwischen den bißbereiten Kiefern Ostpreußen und Schlesien das russische Polen, grünfarbig vor Angst, dem Biß eines hungrigen Wolfes preisgegeben, der seinen Hintern dem Westen zukehrt. So arglosen Imperialismus hegt ein Söhnchen des mittleren Bürgertums um 1910.

Das Kartenblau der Meere mutet immer ein wenig öde an, mag es auch die Tuscaroratiefe verbergen. Ozeane bleiben für immer zweidimensional. Doch alle Gebirge der Welt stellt der unermüdliche Reisende sich wildgezackt vor. Er kennt sie nicht, die Tieflandbucht rings um Leipzig, wo er aufwächst, ist flach.

Mit neun Jahren reist er mit dem Vater nach Berchtesgaden. Er ist wohlvorbereitet. Die Alpen übertreffen alle Erwartungen. Schon vom sich nähernden Zug aus jubelt er: Da, der Watzmann, 2714 Meter, der ist am höchsten! Der Hochkalter, 2606! Und beinahe wegwerfend: Göllstein, nur 1843 ... Zwei Wochen später prahlte er mit dieser Höhe, da darf er oben stehen.

Fortan, alpinbegeistert, plant der Heranwachsende dereinst den Gaurisankar, 7150, und den Aconcagua, 7000, zu bezwingen.

Warum nicht gleich den Mount Everest? Weil er den nicht kennt. Exotische Namen merken sich besser als englische.

Heftiger noch, durchaus sinnlich, begehrt und verehrt er die großen Ströme, launische Geliebte, die Anlaß zu mancherlei Zweifel bieten. Da heißt der Amazonas der größte, und ist doch nicht der längste, wie ärgerlich. Die Ehre gebührt dem Nil, den sechs Katarakte turbulent unterbrechen.

Sein Delta-Wirrwarr fasziniert den Betrachter weit mehr als die banalen Mündungstrichter von Elbe und Jangtsekiang. Noch abenteuerlichere Gebilde aber baut der Mississippi ins Meer hinaus. Er wird Favorit, gewiß auch um seines Namens willen. Der schwärmende Schiedsrichter fällt seinen Spruch. Bald kennt er sich in Louisiana besser aus als in Thüringen. New Orleans, schwimmend im Sumpfland, wird ihm zum Schauplatz fabelhafter Geheimnisse.

Nie sollte ich die Stadt sehen. Aber fünfzehn Jahre später kam aus ihr, auf weiten Umwegen, ein Gegenstand, der mich bis heute begleitet. Er liegt neben der Schreibmaschine, die eben jetzt seinen Steckbrief aufzeichnet.

Gegenstand. Ein Zwitterwort. Es balanciert zwischen konkretem und abstraktem Sinn. Poeten sprachen einst gern, sprechen zuweilen wohl noch heute vom geliebten Gegenstand, wenn sie schamhaft ihr Begehren nach Fleisch und Blut sublimieren. Hier geht es um ein Konkretum, ein Stück Materie. Oculo objectum: Dem Auge entgegenstehend, und der zugreifenden Hand. Kein Talisman indessen, der durch Sentiments geweiht ist. Ein Ding, für den täglichen Gebrauch fabriziert.

Länge: Elf Zentimeter. Breite: Anderthalb bis drei, ein Ende verjüngt sich. In Längsrichtung ausgehöhlt. Gewicht: Siebzehn Gramm. Material: Eisen, unverformbar hart. Farbe: Ursprünglich schwarz, der Lack ist abgewetzt, zu silbrigem Schimmer. In Zierschrift liest man, vom Umriß einer menschlichen Sohle eingerahmt: POKORNY'S. Darunter: CORDWAINERS SINCE 1860. Daneben: 124 ST. CHARLES STREET. NEW ORLEANS.

Ein Schuhlöffel. Billiger Werbeartikel.

Pokorny ist ein tschechischer Name. Ein Großvater mag nach 1848 über den Atlantik gefahren sein. Sein Enkel, Urenkel betreibt nun Schuhhandel, vielleicht Schuhmacherei. Betrieb sie jedenfalls noch um 1912 in New Orleans. Damals, ungefähr, kaufte sich dort der aus Bremerhaven stammende Vollmatrose Rudi Kegel ein Paar Segeltuchschuhe. Das bescheidene Präsent steckte er ein. Im Seesack reiste es mit über viele Meere, kaum je benutzt. Als 1914 der Krieg ausbrach, befand sich Kegel in Tampico. Manche Kameraden schlugen sich nach Hause durch, ihn zog es nicht zur kaiserlichen Marine. Er musterte ab, blieb in Mexiko, brachte sich mühsam über die nächsten Jahre. Generale kämpften um die Macht, ihm war's gleich, bis dahin hatte er sich kaum um Politik gekümmert.

Dann besetzten US-Truppen den wichtigen Ölhafen. Kegel wurde als feindlicher Ausländer interniert, was ihn erbitterte, hatte er nicht bewiesen, daß er's nicht war? Im Camp hörte er von der großen Revolution in Rußland. Um seine Bewacher zu ärgern, erklärte er sich zum Bolschewiken, und wurde entsprechend behandelt.

Aus einer Laune wurde Überzeugung. Gegen Kriegsende zogen die Yankees ab, Kegel kam frei, fuhr als blinder Passagier auf einem spanischen Schiff nach Europa und schloß sich den meuternden Matrosen an, die ein paar Wochen lang in ganz Deutschland als Herren auftraten. Bald spielte er eine Rolle in der roten Seeleutegewerkschaft. 1923 reiste er mit einer Abordnung nach Moskau.

Dort teilte er im Hause der *Internationalen Arbeiterhilfe* die Kammer mit einem jungen Genossen, der dadurch auffiel, daß er sich in der roten Hauptstadt auskannte, als sei er hier aufgewachsen. Er stammte aber aus Leipzig. Irgendwo hatte er einen alten Stadtplan aufgetrieben und, so schien es, auswendig gelernt. Stundenlang durchstreifte er die Straßen, hinkend, in Flandern hatte er ein paar Granatsplitter abbekommen.

Sein rechter Fuß, entstellt durch Operationen, ließ sich nur mühsam in den Schuh zwängen. Kegel sah es mitfühlend und kramte das halbvergessene Souvenir heraus.

Ich, der Beschenkte, bat entzückt, von New Orleans zu erzählen. Leider hatte der ehemalige Seemann enttäuschend wenig zu bieten.

Das Ding blieb bei mir, lag in Pappkoffern, Rucksäcken, Zigarrenkisten; später im Saffianetui neben verchromten Maniküregeräten. Manche Freundin verzog das Gesicht, wenn ich ihr morgens den schäbigen Helfer anbot. Nicht jede erfuhr seine Geschichte, die noch längst nicht zu Ende war.

1933 avancierte der zerkratzte Gegenstand im Konzentrationslager für ein paar Monate zum Eßlöffel. Heute klappert er im Chaos meiner Nachttischlade, ich bin unbekehrbar unordentlich. Erstaunlich, daß ich ihn niemals verlor, da ich doch mehr als einmal um jede Habe kam. Er hat alles mit mir überlebt, das macht ihn respektabel.

Doch ich rufe mich zur Ordnung und kehre zurück in die frühen Jahre.

Es heißt, sämtliche Zellen unseres Körpers erneuerten sich unaufhörlich, etwa alle sieben Jahre seien wir gleichsam neugeboren; Charakter und Begabung aber blieben im wesentlichen erhalten. Diese lebenslange Fortdauer mag manchem als Beweis dafür dienen, daß er eine Seele hat, mich hat das nie beunruhigt. Soviel aber scheint mir klar: Wir sind jederzeit verantwortlich für unser ganzes Leben. Und so muß ich die Identität mit dem halbwüchsigen Bösewicht von 1912 anerkennen. Ich kann nur versuchen, einigermaßen zutreffend zu erklären, wie er zu einem Bösewicht wurde.

Ich könnte es mir leichtmachen und sagen: Alles kam eben daher, daß ich keine Mutter hatte, oder nur eine, die nicht mehr als ein ferner Schatten sein konnte. Das wäre unwahr. Ich wußte immer, daß sie krank sei, auf ungewisse Art anders krank als Vaters Patienten. Daran war ich gewöhnt. Ich litt nicht darunter, ich war nur neugierig auf sie. Völlig sicher ist mir, daß ich mich kaum jemals nach ihr gesehnt habe. Wenn man mich bedauerte, was natürlich oft vorkam, spielte ich mit Virtuosität das arme, einsame Kind.

Insgeheim hegte ich einen unerfüllbaren Wunsch: Ich sehnte mich nach einer Schwester. Ich baute mir ein Idol auf, von dem noch zu reden sein wird. Ganz unbegreiflich war mir, daß andere Jungen sich ihrer Schwestern schämten, um die ich sie beneidete. Aber das gestand ich keinem ein, alle waren für mich zufällige und gleichgültige Altersgenossen. Freunde fand ich erst spät.

Für eine so auffallende Abkapselung gab es Ursachen. Eine entdecke ich in dem gutgemeinten Beschluß meines Vaters, sein Einzelkind nicht in die öffentliche «Bürgerschule» zu schicken, sondern ihm bis zur Gymnasialreife den Privatunterricht zu gönnen, der in sogenannten besseren Kreisen vielfach üblich war. Drei halbe Tage in der Woche genügten Herrn Markgraf, einem vortrefflichen Pädagogen, um das Pensum spielend zu schaffen. Meine vier Mitschüler waren sämtlich Söhne von Universitätsprofessoren.

Ich war gewiß unfertiger als mancher Gleichaltrige, als ich, um ein Jahr verfrüht, in die Sexta des Thomas-Gymnasiums aufgenommen wurde. Da bekam ich zu spüren, daß ich bis dahin unter einer Glasglocke gelebt hatte. Es war schwierig, sich gegen drei Dutzend an Kameraderie gewöhnte Klassengenossen zu behaupten. Respekt verschaffte ich mir als Raufbold, dann fand ich heraus, daß es wirksamere Methoden gab. Es gelang mir, den oder jenen zu beeinflussen, wenn mir daran lag. Ein paar gemeinsame Schulwege, ein Tausch von Schokoladebildchen, schon waren sie gewonnen, und sichtlich betroffen, wenn ich mir schon wieder ein neues Versuchskaninchen ausgesucht hatte. Es handelte sich wirklich um Experimente.

Ich hoffe, nach und nach den Wert menschlicher Bindungen erfaßt zu haben; damals kannte ich ihn nicht, ich übertreibe kaum, wenn ich sage: Nie waren mir Mitmenschen so tief gleichgültig wie damals.

Und mit ziemlich ähnlichem Gleichmut stand ich meinem Vater gegenüber. Ich war daran gewöhnt, daß er selten Zeit für mich hatte. Dann gab er sich herzlich und verständnisvoll. Ich erwiderte das mit einer nur gespielten Offenheit. Darin verhielt ich mich ja wohl normal. Die meisten Kinder entdecken irgendwann, wie leicht sich Erwachsene täuschen lassen. Mich hat diese zweifelhafte Kunst lange darum gebracht, meinen Vater als den ungewöhnlichen Mann zu sehen, der er war. So frei von Vorurteilen und Konventionen habe ich nur wenige gefunden. Beispielsweise hat er mich so behutsam und klug sexuell aufgeklärt, daß mir davon nichts mehr erinnerlich ist. Nie war mir verboten, in seinen Büchern zu stöbern, auch in den medizinischen Fachwerken nicht.

Überhaupt war er ein human und sozial denkender und handelnder Arzt. Unbemittelte Kranke behandelte er umsonst, wozu er unverblümt bemerkte: Das muß Meyer mitbezahlen! Dieser Rauchwarenmillionär, nicht der einzige in Vaters Klientel, lud uns manchmal ein. Die Villenpracht ließ mich kalt, Eindruck machte mir nur das Billardzimmer. Ich habe weder Neid noch Standesdünkel kennengelernt, mein Vater trat jedermann mit der gleichen ruhigen Autorität gegenüber. Auch seinen zum Teil recht berühmten Freunden, von denen Tante Hanna, die Hausdame, etwas zu viel hermachte. Das rief bei mir eine Abneigung gegen Prominente hervor, die sich nie ganz verloren hat. Natürlich sagte es einem Kinde wenig, wenn es seinen Kratzfuß machen mußte vor dem Dichter Liliencron, dem Intendanten Martersteig, dem Architekten Schumacher. Ein wenig Interesse erregte der Thomaskantor Karl Straube, dessen Freundlichkeit mich wunderte. Er leitete den berühmten Knabenchor. Fünf der Alumnen saßen mit mir in Sexta B, arme Schlucker vom Lande, befreit vom Schulgeld, oft müde vom ständigen musikalischen Drill. Mir schien, sie seien benachteiligt, aber sie empfanden es als hohe Ehre. Ich fürchte, daß ich dem großen Musikmann darüber unpassende Fragen gestellt habe.

Fasziniert aber war ich von dem damals überschwenglich bewunderten Bildhauer Max Klinger, oder eigentlich von seiner unzertrennlichen Begleiterin, die den untersetzten rotblonden Mann um Haupteslänge überragte. Die aus Bulgarien stammende Elsa Assenieff hüllte sich in eigenwillige, bunte Gewänder, verfaßte in jedem Sinne freie Rhythmen und hat durch ihre Extravaganz und völlige Ahnungslosigkeit in Geldsachen die Phantasie der Leipziger Honoratioren noch beschäftigt, als sie als verarmte alte Frau in einer Anstalt endete.

Vater spielte Cello, oft lud er abends zwei junge Konservatoristen zum Essen und anschließendem Trio. Häufiger Gast war Max Reger, dessen Ruhm damals im Zenit stand. Ich habe einen bajuwarischen Zornesausbruch erlebt, als der Arztfreund ihm das zehnte oder zwölfte Glas Bier verbot. Er ist, erst Anfang Vierzig, an seiner Trinkerleber gestorben. Mich erklärte er für musikbegabt, wohl mit Recht, ich habe ein gutes Gehör, soll vor dem Stimmbruch ganz hübsch gesungen haben, aber mit dem Klavierunterricht kam ich nicht recht voran. Ich behielt alles sofort und lernte nie vom Blatt spielen. Es hat im Laufe der Zeit bei mir Perioden intensiver Musikbegeisterung und dann wieder völliger Gleichgültigkeit gegeben. Daraus läßt sich auf eine Sprunghaftigkeit schließen, die mir auch sonst eignete.

Von früh an hatte ich eine sozusagen indirekte Beziehung zur Natur. An Sonnenaufgängen kann ich mich nicht sattsehen, ein klarer Sternenhimmel regt mich zu kosmischen Überlegungen an. Daß Asphalt in der Sonne von ferne wie eine Wasserfläche aussieht, ist wie ein Wunder. Spaziergänge hingegen sind mir fürs Leben verhaßt geblieben, weil die Haustanten mich auf das Rauschen der Bäume und auf lauschige Lichtungen hinwiesen, deren Grün doch ganz selbstverständlich war.

In meinem Zimmer richtete ich ein «Museum» ein und verwaltete es mit einer Pedanterie, die meiner sonstigen Liederlichkeit durchaus widersprach. Säuberliche Listen wurden geführt, eine Zeitschrift in mühsam gemalten Blocklettern herausgegeben, alles für ein paar Kästen voller Steine und getrockneter Seetiere. Dazu kamen Schatullen mit aufgespießten Schmetterlingen und Käfern, nicht von mir erlegt – Geschenke vom Patenonkel Heinrich Curschmann, dem großen Internisten, Vaters verehrtem Lehrer. Er hinterließ mir auch ein Dutzend ausgestopfter Vögel. Prunkstück war ein Uhu, dessen Kopf ich gern streichelte, er fühlte sich an wie eine Katze.

Liebe zu Katzen muß mir angeboren sein. Ein Foto zeigt den Zweijährigen in sonderbarem Kittelkleid, vor einem imitiert maurischen Taburett. Darauf steht eine kleine Katze aus Samt, die er verzückt anstarrt. Tauchte irgendwo eine lebende Katze auf, schrie ich begeistert los. Unmöglich kann ich damals schon die Selbstherrlichkeit dieser Wesen bewundert haben, die als einzige freiwillig unser Leben teilen, sich nie unterworfen haben. Über sie habe ich später mein erstes Buch geschrieben. Vielleicht reizte mich schon früh die Mißachtung, der sie als Feinde der Hunde begegneten; die mochte ich nicht, sie waren demütig und rochen schlecht.

Trotz so heftiger Vorliebe habe ich eine kleine getigerte Katze um ein Haar umgebracht. Sie lag bei mir im Bett, als ich, nach verbotenem Schwimmen in der dreckigen Pleiße, Typhus bekam. Ich wollte sie an meinen Prießnitzpackungen teilhaben lassen, das bekam ihr nicht gut, sie wurde mir fortgenommen. Nachher schämte ich mich so, daß ich nie mehr um eine andere bat.

Krank war ich nicht selten. Diesen Typhus genoß ich als etwas Außerordentliches. Das Fieber stieg auf 40,8. Darauf war ich stolz, als sei es eine Leistung.

Frieda, unser Hausmädchen, verriet mir aufgeregt, bei 42 stürbe man. Ein paar Tage lang malte ich mir aus, wie man mich eines Morgens tot im Bett finden werde. Diese unbekümmerte Herzlosigkeit wollen Erwachsene bei Kindern nicht wahrhaben. Zu konventionellem Gefühlsleben werden wir aber erst erzogen. Selbstverständlich meiden wir aus Instinkt, später aus Vernunft die Lebensgefahr. Da man den Kindern aber jede Berührung mit dem Tode vorenthält, machen sie sich ihr eigenes Bild von ihm – oft ein Zerrbild. Ich war da besser daran, denn im Arzthaus wurde natürlich oft vom Sterben gesprochen, es war mir spätestens mit acht Jahren ganz natürlich, und so ist es geblieben.

Daß dennoch der Tod, eine bestimmte Art des Todes, zu einem grauenhaften Problem wurde, lag an dem einzigen Menschen, zu dem ich ganz offen war, an Großmama, der Mutter meiner Mutter.

Sie war die Witwe eines seinerzeit angesehenen Ordinarius der Nationalökonomie, stammte aus baltischem Adel und fühlte sich mit Recht als Mittelpunkt der recht zahlreichen livländischen Kolonie Leipzigs. Jedermann erwies ihr Achtung, sie erwartete das, bei mir machte sie eine Ausnahme. Zwischen uns entwickelte sich eine Kameraderie, die um so erstaunlicher war, als sie gewiß die fehlende mütterliche Autorität ersetzen wollte. Das bekannte Überspringen einer Generation spielte bei unserem sehr unbefangenen Verhältnis mit; aber, wenn mich nicht alles täuscht, noch etwas anderes.

An ihren drei Söhnen hatte sie nämlich manches auszusetzen. Vielleicht bilde ich es mir nur ein, daß sie bei mir eine Bindung wiederfinden wollte, die dort verlorengegangen war, aber es ist doch bemerkenswert, daß sie mich, ein Kind, an ihren kritischen Erwägungen teilnehmen ließ. Kurt, der älteste, war Richter und sollte nochmals zu hohen Würden aufsteigen. Fritz, der zweite, war Offizier in fernen Garnisonen, später wurde er ein Vertrauter Ludendorffs. Beide waren eingefleischte Patrioten von der wilhelminischen Art. Kurt liebte es, den militärischen Bruder karikierend nachzuahmen. Wenn einmal im Monat bei Großmama ein gewaltiger Braten aufgegessen war, versäumte er nicht, mit lauter Stimme zu kommandieren: Die Herren Offiziere zum Bluttrinken! Worauf mein Vetter Gustl, seine beiden kleinen Schwestern und ich antraten und je einen Löffel Saft eingeflößt bekamen. Das machte mir damals Spaß, später erinnerte ich mich an die harmlose Szene mit Widerwillen, als ich mich in öffentliche Auseinandersetzungen mit dem nahverwandten hohen Juristen einließ.

Und dann war da der jüngste, Onkel Paul, Ingenieur in England und unstandesgemäß verheiratet, was mich, als ich etwas älter wurde, zu ausschweifenden Spekulationen veranlaßte. Zu seinen seltenen Besuchen kam er stets ohne seine Frau, ausgerüstet mit fremdartigen Seifen und Rasiergeräten, die mir gefielen.

Die ummunkelte Tante Steffi lernte ich erst 1914 kennen, eine liebenswürdige, gescheite kleine Österreicherin, freilich aus nichtakademischen Kreisen. Es hieß, ihr Mann habe sie in London als Kellnerin kennengelernt. Das genügte zur Ächtung, gegen die er sich kräftig zur Wehr setzte; ich bin einmal unbeachtet Zeuge einer Auseinandersetzung zwischen ihm und seiner Mutter geworden, der Sinn ging mir erst nach und nach auf. Ich möchte kein übertrieben ideales Bild von Großmama zeichnen, auch sie war in Vorurteilen befangen, die damals das bürgerliche Leben beherrschten.

Doch sehe ich vor mir eine lebhafte, völlig unsentimentale Frau von sechzig, in irgendein neues Buch vertieft, das ihr eben zugeschickt worden war, auch das modernste war ihr recht. Für meine vorerst noch harmlosen Streiche hatte sie Verständnis. Wenn ich mich beklagte, daß mir die Gartenarbeit bei der anderen, holsteinischen Großmutter in den Ferien zuwider gewesen sei, lachte sie mich aus: Jungchen, du bist eben eine Asphaltpflanze! Unauffällig verhinderte sie aber jede Verzärtelung. Von ersten sportlichen Leistungen ließ sie sich geduldig berichten, bestärkte mich in meinem angeborenen Hang zum Frühaufstehen und der Vorliebe dafür, den Tag mit einer eiskalten Dusche zu beginnen. Wenn man die Menschheit, soweit sie nicht überhaupt wasserscheu ist, in Bader und Duscher einteilt – was einiges über sie aussagt –, dann war sie eine entschiedene Duscherin. Die Prozedur vollzog sich in einer riesigen, zusammenfaltbaren Gummiwanne, die auch auf Reisen mitgenommen wurde, Baderäume in Hotels waren noch rar.

Sie nahm mich mehrmals auf Urlaubsreisen mit, wir hausten dann in einem Zimmer, und wenn es sich ergab, sah ich mir ihr munteres Planschen an, jede Prüderie war ihr fremd. Gern ließ sie sich von mir sogenannte Vorträge halten, dazu wurden befreundete Damen als Publikum geladen, vor denen ich mich über den damals aktuellen Streit verbreitete, ob Peary oder Cook als erster den Nordpol erreicht hätte. Auch Sven Hedins Forschungen und Stanleys klassischer Bericht über die erste Durchquerung Afrikas waren Themen. Dabei verlernte ich jede Scheu, vor einem Auditorium zu reden. In angelsächsischen Ländern gehört das zur Erziehung, bei uns war es zu jener Zeit gänzlich unbekannt.

Vieles habe ich der Großmutter zu verdanken, wohl auch recht wichtige Dinge. Und doch wurde diese eigentliche Vertraute ahnungslos zur Urheberin einer Krise, die über Jahre hinschwelte und sich schließlich um ein Haar zur Katastrophe steigerte.

Eine vergilbte Aufnahme, angefertigt etwa 1895 vom «Königlich Sächsischen Hof-Fotografen N. Perscheid», zeigt eine junge, zarte, blasse Blondine, man nannte das bleichsüchtig, es galt für ausnehmend reizvoll und weiblich. So habe ich meine Mutter nie erlebt, aber oft davon schwärmen hören. Gegen Jahrhundertende huldigte man, wie Literatur und Malerei zeigen, einem etwas morbiden Romantizismus. Auch der privateste Bereich, der erotische, wird durch solche Zeitströmungen beeinflußt. So mag sich erklären, daß mein Vater, ein Mann der Vernunft, diesmal blind seinem Gefühl folgte, als er eine Frau heiratete, deren Gefährdung er als unbeteiligter Arzt erkannt hätte. Darüber sagt er offen in Aufzeichnungen, die er in seinen alten Tagen niederschrieb:

«Ich frage mich, ob das Schicksal aufzuhalten gewesen wäre. Doch wohl nur, wenn man die Heirat nicht zugelassen hätte. Daß ich in der Verlobungszeit nicht klar gesehen habe, ist nicht verwunderlich. Es ist die Tatsache, daß Ärzte häufig kranke Frauen haben, wohl so erklärbar, daß sie bei der Wahl Kritik und Diagnose ruhen lassen. Denn man kann nicht immer Arzt sein, und will es auch in so gehobenen Stunden nicht sein.»

Die Krankheit des Gemüts war in meiner Mutter von jung auf angelegt. Bald nach meiner Geburt, zweifellos im Zusammenhang damit, brach sie aus. Bis zu ihrem Tode wechselten zwanzig Jahre lang leidliche und unerträgliche Zustände einander ab. Das Leiden galt als unheilbar, seither wurden zahlreiche neue Therapien entwickelt, bezwungen ist das Elend keineswegs.

Die Bezeichnung «manisch-depressives Irresein» verfälscht die wahre Tragödie. Der Kranke ist nicht wahnsinnig, nicht wenigstens zeitweise sich selbst entrückt, sondern geistig klar. Er kontrolliert sich unaufhörlich und bleibt doch machtlos gegen die alles überflutende Gewalt seiner Gefühle.

Oft ist beschrieben worden, wie nahe diese Enthemmung mit dem künstlerischen Produzieren verwandt zu sein scheint. Beide Male nimmt eine gesteigerte Empfindungskraft jede Regung auf wie ein Seismograph; der Kranke geht im Erdbeben unter, der Dichter oder Musiker macht es zu seinem Gegenstand. Oft genug erliegt auch er.

Als ich acht oder neun Jahre alt war, nahm mein Vater mich mit zu einem Weihnachtsbesuch bei der Mutter, nach Jena in das Sanatorium des Geheimrats Binswanger. Ich lernte sie eigentlich erst jetzt kennen. Ich hatte fast vergessen, wie sie aussah, und war sehr gespannt.

Sie lag zu Bett. Die Bescherung war kurz und beklemmend. Ich übergab mein Geschenk, ein Kästchen mit Spritzarbeit; mit Haarsieb, Pinsel und bräunlicher Farbe hatte ich nach aufgedruckter Vorlage Arabesken angebracht, eine beliebte Pflichtbeschäftigung für unruhige Kinder, mir verhaßt, weil sie der Phantasie keinen Spielraum ließ.

Meine Mutter war gerührt, sie weinte unaufhörlich, ich wurde bald schlafen geschickt.

Am nächsten Morgen saß ich allein bei ihr. Vater beriet sich wohl mit dem berühmten Kollegen. Sie streichelte mich unaufhörlich, und schon wieder kamen die Tränen.

Was nun geschah, habe ich mich erinnernd tausendmal wiedererlebt. Sie greift hastig unter ihr Kissen, sucht, ruft aufgeregt: Wo ist mein Taschentuch? Springt auf, steht groß und schwer im langen Nachthemd. Bückt sich unters Bett, streichelt mich obenhin, läuft umher, immer wilder wird das Schluchzen: O Gott – mein Tuch! Eine Pflegerin stürzt herein, will sie beim Arm nehmen, holt ein neues Taschentuch aus der Kommode, aber sie wird heftig beiseite geschoben. Das Weinen wird zum Ächzen, Schreien, die Verstörte ist außer sich. Sie leidet, als sei ihr ein geliebter Mensch gestorben: So hat mein Vater es später einmal beschrieben.

Da ist er im Zimmer, endlich, nach stundenlangen Minuten. Obwohl viel kleiner, zwingt er sie leicht zurück ins Bett, sie gehorcht, die Hand der Schwester greift ins Leere, ein Wink von Vater, sie geht hinaus. Noch immer wimmert Mutter vor sich hin. Und da, das erschreckt mich tiefer als alles vorher, da beugt er sich über sie, streichelt ihr die Wangen so hart als wolle er sie schlagen, aber das bilde ich mir ein, es ist nur seine Hilflosigkeit, sein Entsetzen. Und nun redet er auf sie ein, in einem schroffen, fordernden Ton, den ich nie von ihm gehört hatte, niemals wieder hören werde. Und gerade das beruhigt sie. Es ist vorüber.

Weder auf der Heimreise noch nachher verlor mein Vater ein Wort über das Geschehene. Er rechnete wohl damit, daß ich es vergessen hätte, da ich nicht danach fragte.

Nichts hatte ich vergessen und nichts begriffen, es war zu unheimlich gewesen, ich traute mich nie zu fragen. Das Erlebnis in Jena grub sich so tief ein, daß ich noch heute, als alter Mann, oft vergesse, ein Taschentuch mit ins Bett zu nehmen. Ich kenne die Ursache, und doch erschrecke ich immer wieder. Und muß, widerstrebend, an das denken, was ungefähr ein Jahr später begann.

Da meinte ich, den Schlüssel zum Geheimnis entdeckt zu haben, es war ein falscher Schlüssel, er öffnete die Tür zu einem Labyrinth, in dem ich mich für lange Zeit verirrte.

Spät abends. Ein Geräusch weckt mich.

Ich liege in einem Zelt, in Bärenburg, Erzgebirge, Großmama hat mich hierher mitgenommen. Eine Schnur ist durchs Zimmer gespannt, darüber hängt ihr kariertes Plaid.

Drüben halblaute Stimmen. Sie hat Besuch, zwei Freundinnen, auch aus Livland. Sie denken, ich schlafe. Und gleich werde ich auch wieder eingeschlafen sein.

Doch ich fahre hoch, richte mich vorsichtig auf, horche nun angestrengt. Sie sprechen von meinen Eltern und von mir. Aus abgerissenen Sätzen, erregten Fragen erfahre ich:

Zum zweitenmal hat meine Mutter versucht, ihrem Leben ein Ende zu machen. Einmal wird es ihr gelingen, sagt Großmama, ganz ruhig. Und das wäre eine Erlösung, für sie selber und für ihren Mann. Was für ein Leben, gekettet an eine unheilbare Kranke. Und dann der Junge. Immer in der Obhut bezahlter Domestiken. (Das herablassende Wort habe ich nie von ihr gehört, es kommt spitz und feindselig heraus.)

Pause. Schon reden sie weiter, sind sich einig: Ich brauchte unbedingt eine neue, richtige Mutter. Ob mein Vater davon jemals gesprochen hätte? Gleichmütig die Antwort: Nicht direkt – möglich ist es, daß da jemand ist ...

Psst! macht Großmama, ich muß eine unwillkürliche Bewegung gemacht haben. Schritte nähern sich. Ich atme tief, spiele den Schlafenden. Die Damen gehen bald.

Ich ziehe die Decke über den Kopf, liege wie in einer Höhle, hellwach, regungslos, wie gelähmt durch das Gehörte. Nun weiß ich alles, werde es nie vergessen. Wie soll ich das ertragen? Er wartet auf den Tod meiner Mutter. Dann wird er eine andere heiraten. Wen? Vielleicht eine der jungen Krankenschwestern, im Heim, wo er dreimal in der Woche Praxis abhält. Begönnern die mich deswegen so überfreundlich? Vor allem die Oberin, nie vergißt sie meinen Geburtstag, sie ist es! Er nennt sie beim Vornamen, Fanny, den mochte ich schon immer nicht. Ich versuche, mir Fanny als meine Mutter auszumalen, es gelingt nicht.

Aber es kann ja sonstwer sein, wie viele Frauen kennt er. Ich werde damit überrumpelt werden. Sagen wird es mir vorher keiner, die behalten alles für sich. Lauter Heuchler. Und der schlimmste ist Vater. Ein Verbrecher.

Mein Vater ist ein Verbrecher.

Erst regt sich der Gedanke zaghaft, dann immer verbissener, er setzt sich fest. Am Morgen ist er mir schon vertraut, ich habe kaum geschlafen. Großmama schüttelt den Kopf: Ist dir das viel zu fette Pensionsessen wieder nicht bekommen?

Vielleicht, sage ich.

Mein Vater ein Verbrecher: Mit diesem Wahn habe ich jahrelang gelebt. Er beherrschte mich völlig. Nie verriet ich mich, keiner entdeckte das Geheimnis, wie dumm sie waren! Ich war mit ihnen fertig, für immer. Ein dumpfer, ungezielter Trotz wuchs in mir. Ich wünschte mir, ich könnte sie alle herausfordern. Ihnen einen Schrecken einjagen, den sie nie mehr vergäßen. Ich könnte spurlos verschwinden. Mir ein Ohr abschneiden. Oder – mich umbringen? Nein. Den Gefallen wollte ich ihnen nicht tun. Der Einfall streifte mich nur, ernstlich wollte ich das keinen Augenblick lang.

Wer weiß, was für Verrücktheiten ich begangen hätte. Mich ret-

tete, vorläufig, die unerwartete Heimkehr meiner Mutter. Es scheint, daß mein Vater es für besser hielt, sie zeitweise bei sich zu haben. Mich bereitete er behutsam auf ihre Ankunft vor, ich müsse besonders lieb und ruhig sein. Ich nickte nur und biß die Lippen zusammen. Und dachte: Jetzt wird etwas geschehen ...
Dem Wiedersehen sah ich mit unerträglicher Spannung entgegen. Dann saß ich vor ihr. Sie weinte, nahm sich zusammen, sprach liebevoll auf mich ein. Ich sah sie an und dachte: Wann wird sie es tun?

Und im selben Moment spürte ich erschrocken, daß ich sie nicht liebte. Ich kannte sie ja fast gar nicht, und nun war sie mir noch fremder. Ich litt darunter und konnte es nicht ändern. Viel später habe ich nach Gründen gesucht. Es war wohl so: Mitleid erstickte die Liebe. Beides halten wir für verwandte Gefühle, sie sind es aber nur bis zu einem gewissen Grade. Wird das Mitgefühl übermächtig, dann schwindet nach und nach die Zuneigung, auch bei Erwachsenen, sie täuschen sich nur darüber hinweg. Ein Kind ist in allem naiver, oft auch grausamer; und es wird rasch unduldsam. So ging es mir.

Zum Mitleid kam die grauenhafte Angst. Sie peinigte mich unaufhörlich. Als ich zufällig in der offenen Schreibtischlade meines Vaters einen kleinen Trommelrevolver liegen sah, wurde er sofort zur Waffe des Selbstmords. Oder gar des Mordes? Selbst mit diesen Gedanken spielte ich. Tagelang bekämpfte ich meine Feigheit, dann versteckte ich das Ding hinter Bücherreihen, und mir war ein wenig wohler. Doch sagte ich mir, daß es hundert andere Möglichkeiten geben müsse. Ich legte den ungeladenen Revolver wieder an seinen Platz, niemand hatte etwas bemerkt.

Eine Zeitlang überwachte ich meine Mutter wie ein Detektiv. Nachts horchte ich an ihrer Tür, ob sie noch atme. Wenn sie allein das Haus verließ, schlich ich hinterher, Ecke um Ecke. Nie geschah etwas – und eben deshalb machte ich, von einem Augenblick zum andern, an mir selber eine bestürzende Entdeckung: Ich war enttäuscht, ich wartete förmlich auf das Ereignis. Ich sehe die Situation noch genau vor mir: Hinter einer Litfaßsäule stehe ich, die grellen Plakate verschwimmen vor meinen Augen, ich stütze mich haltsuchend gegen eine vollbusige Reklamedame, die lächelnd verkündet: AMOL TUT WOHL! Der Slogan wurde zum Zauberspruch, zum Fluch der Selbstverdammung, noch nach Jahrzehnten wiederholte sich, wenn ich ihn irgendwo las, diese Sekunde der Selbstvernichtung. Ich wußte plötzlich: Auch ich war ein Verbrecher. Um nichts besser als mein Vater. Und so unglaubhaft es klingt, just dieser Gedanke gab mir wieder eine Art inneres Gleichgewicht. Eine neue, ruchlose Harmonie. So hatte alles seinen Zusammenhang, ich fühlte mich befreit. Wenn ich das ertrug, was ich eben begriffen hatte, dann war ich gewappnet und zu allem fähig. Niemand würde mich hindern, wenn ich – ja, was tun würde? Etwas Ungeheuerliches mußte es sein.

Was zunächst geschah war banal. In der Schule, wo ich mich bislang leidlich gehalten hatte, ließen meine Leistungen abrupt nach. Die schlechten Zensuren häuften sich, selbst in meinen Lieblingsfächern, Deutsch und Erdkunde, mein Vater wurde benachrichtigt, er nahm mich energisch ins Gebet. Ich wich seinem Blick aus und dachte hochmütig: Rede du nur! Nichts wurde besser.

Um diese Zeit verließ uns meine Mutter wieder. Die neue Trennung bedrückte mich kaum. Beim Abschied ermahnte sie mich eindringlich; ja sie machte sich Vorwürfe, weil ich offensichtlich unaufrichtig war. In diesem Augenblick hätte ich ihr alles eingestehen können, aber das war undenkbar. Sie sah mich lange forschend an, dann war sie fort. Und diesmal vergaß ich die Angst um sie, so besessen war ich vom Bewußtsein meiner eigenen Schlechtigkeit. Ich genoß den elenden Zustand, der auf irgendeine Weise zu einer Katastrophe drängte.

Es ist bekannt, daß der diagnostische Scharfblick der Ärzte sich zu trüben scheint, wenn es um ihre Angehörigen geht. Meinem Vater mußte auffallen, wie ich mich veränderte. Gelassen nahm er hin, daß ich meist mürrisch und abweisend war. Er sah darin den Beginn der Rüpeljahre. Ärgerlich machte es ihn freilich, wenn ich mich gegen Fremde linkisch und unhöflich benahm. Um mir die vermeintliche Scheu abzugewöhnen, nahm er mich manchmal zu Krankenvisiten mit, zumal in befreundete Familien. So kam es zu einem Besuch bei Reichsgerichtsrat Ditzen.

Der angesehene Jurist war ratlos. Sein Sohn Rudolf hatte sich schon früher bedenkliche Streiche geleistet und kürzlich einen

Selbstmordversuch gemacht, einer Mädchengeschichte wegen. Der Hausarzt wurde ins Vertrauen gezogen, konstatierte schwere seelische Störungen und riet dringend, den Gefährdeten in eine neue Umgebung zu bringen, am besten aufs Land. Erschrocken wehrte der Richter ab, sein guter Ruf ging ihm über alles, wie sollte er solch eine Verbannung erklären? Die Sache zog sich hin, mein Vater half fürs erste mit Beruhigungsmitteln. Täglich wurde telefoniert, er achtete nicht darauf, daß ich immer öfter wie zufällig im Zimmer war und aufmerksam horchte. Er konnte nicht ahnen, weshalb mich der Fall brennend interessierte.

Da war nun einer, ebenso bedroht wie meine Mutter, um den sorgte er sich. Die tarnende Vokabel Suicid verbarg mir nichts, längst hatte ich alles Erreichbare nachgeschlagen. Mit mühsam verhehlter Spannung begleitete ich meinen Vater, der kaum die Absicht gehabt haben kann, mich mit seinem Patienten allein zu lassen. Doch der Reichsgerichtsrat drängte auf ein entscheidendes Gespräch unter vier Augen, und so kam es, daß wir ziemlich lange in Rudolfs Zimmer ungestört blieben.

Zuerst enttäuschte mich die Begegnung. Ein durchaus nicht auffälliger, selbstbewußter junger Mensch behandelte mich, den mindestens fünf Jahre Jüngeren, von oben herab. Er befragte mich nach Schule, Liebhabereien, wollte wissen, ob ich gern läse und was wohl. Ich nannte meine Lieblingsbücher, ‹*Robinson*› und ‹*Lederstrumpf*›. Darauf er, mit großer Geste: Und den da kennst du hoffentlich auch? Er wies auf eine lange Reihe grüner Bände. Mir waren sie fremd. Im Nu ereiferte Rudolf sich: Dreizehn Jahre – und will nichts von Karl May gelesen haben? Das kannst du deinem Vater vormachen, mir doch nicht!

Die Wahrheit war, daß ich irgendwann in ‹*Old Shurehand*› geschmökert hatte, ohne rechte Passion. Bei aller Aufsässigkeit hatte ich ein scharfes Ohr für kritische Urteile der Haustanten, sicher auch meines Vaters. Und eben weil ich wußte, daß fast alle Schulgenossen den gewaltigen Abenteurer verehrten, übernahm ich das Verdikt: Ein wertloser Kram, alles in Radebeul aus den Fingern gesogen! Nie war dieser sächsische Trapper in Arizona gewesen! Das gab ich jetzt achselzuckend weiter.

Rudolf lachte mich aus. Sofort sagte er mir auf den Kopf zu, das hätten mir die Großen eingeredet. Ob ich denen immer so brav auf den Leim ginge? Empört widersprach ich, und als er mir nicht glauben wollte, vergaß ich meine ganze Zurückhaltung und beschrieb den Kriegszustand zwischen mir und meiner Umwelt. Eine Schleuse war aufgezogen, es tat wohl, endlich einmal jede Verstellung aufzugeben. Rudolf staunte, dann war er überzeugt. Glücklicherweise fragte er nicht weiter nach, es genügte ihm, eine gleichgestimmte Seele zu finden. Und nun änderte sich sein Ton, wie zu einem Eingeweihten sprach er zu mir.

Ich erfuhr die Lebensgeschichte des vor kurzem verstorbenen Vielschreibers, und es kam heraus, daß Rudolf nicht so sehr den Autor bewunderte, der Kara ben Nemsi in unerhörte Abenteuer verstrickte, nicht den Schriftsteller Karl May, sondern den Mann, der jahrelang im Gefängnis saß, ein Dieb, ein Feind der biederen Bürger, ein Verbrecher. Der dann doch reich und berühmt wurde. Aber nie vergaß ihm die zahme Bande der Richter und, nun ja, die Ärzte und Beamten und Lehrer seine Vergangenheit. Er blieb für sie alle ein Verbrecher! Darum gerade müsse man ihn lieben!

Rudolf spürte, daß ich gebannt zuhörte, und ereiferte sich mehr und mehr. Eine wilde Lobpreisung der ewigen Opposition gegen das Bestehende war es, Namen fielen, die ich nie gehört hatte, Bakunin, Stirner, Krapotkin. Eine Flut unbekannter Wörter verwirrte mich: Rebellion, Anarchie, Nihilismus. Wenig verstand ich, eines aber mit heißer Freude: Das gibt es! So kann man denken! So will ich auch sein! Da brach er brüsk ab: Aber das ist noch nichts für dich! Und legte den Finger auf die Lippen, die beiden Väter traten eben ein. Sie waren erfreut, uns so kameradschaftlich zusammen zu finden.

Als mein Vater auf dem Heimweg fragte, wie mir der neue Bekannte gefiele, meinte ich wegwerfend: Er sei ganz nett, aber viel zu alt für mich. Und dann wurde er kaum mehr erwähnt.

Das Gespräch, das höchstens eine halbe Stunde dauerte, blieb haften. Ich will nicht behaupten, daß es der unmittelbare Anlaß zu verwegenen Plänen war. Aber soviel scheint mir bei ruhiger Überlegung wahrscheinlich: Die hemmungslose Kampfansage an Ordnung und Gesetz imponierte mir. Meine bis dahin ins Leere schweifende Auflehnung bekam nun eine ganz bestimmte Richtung. Ins bewußt Kriminelle.

Bald danach kam Rudolf doch fort, erst zu Verwandten, dann in ein ländliches Thüringer Internat. Dort ereignete sich wenige Monate später eine Tragödie. In einem Scheinduell erschoß Rudolf seinen besten Freund, dessen Waffe war ungeladen, es wurde von geplantem Mord gesprochen. Dem Vater gelang es, ein gerichtliches Verfahren zu verhindern, der Täter kam vorübergehend in eine geschlossene Anstalt. Dann wurde er Gutseleve, später Inspektor und beging Unterschlagungen, sein Leben schien verpfuscht.

Jahre verbrachte er im Gefängnis, wie sein Idol Karl May. Zwischendurch begann auch er zu schreiben. Ein halbes Jahrzehnt später war er weltberühmt und blieb es, auch während der Hitler-Zeit, bald danach starb er, erst 54 Jahre alt, zermürbt von lebenslangem Hunger nach Alkohol und Rauschgiften, unbegreiflich produktiv bis zuletzt.

Ich bin ihm nur noch einmal flüchtig begegnet, in der Redaktion der *Literarischen Welt*, an der Potsdamer Brücke in Berlin. Ich besitze noch die allererste Nummer dieser Zeitschrift. Da sind wir beide, neben Berühmtheiten wie André Gide, Thomas Mann, Albert Einstein, abgedruckt als Vertreter einer jungen Generation. Ich, ganz und gar unbekannt noch, und Rudolf Ditzen, der gerade Aufsehen zu erregen begann. Unter dem Namen Hans Fallada.

Die meisten Heranwachsenden träumen zeitweise davon, Lokomotivführer, Artisten oder Kapitäne zu werden. Ich kann mich nicht an solche Wünsche erinnern, allenfalls sah ich mich zuweilen als künftigen Forschungsreisenden, aber auch das wohl mehr auf der Landkarte. Nun aber entschloß ich mich plötzlich zu einer Laufbahn, denn allen Ernstes stellte ich mir das Verbrechen als erlernbare Profession vor, von der ich freilich nicht ahnte, wie man sie beginnen könne. So viel war klar, daß ich mich auf eigene Faust umsehen müsse.

Insgeheim stöberte ich in der Zeitung nach Berichten über Einbrüche und Überfälle. Ich entdeckte, daß es ringsum von Gewalttaten wimmelte. Meine Phantasie entzündete sich an Vokabeln wie Erpressung und Defraudation, die ich kaum verstand.

Es läßt sich annehmen, daß hinter jedem Rechtsbruch, zumal dem ersten im Leben, ein Protest gegen die gewohnte Ordnung steckt. Wenn das zutrifft, dann ist eine kriminelle Anlage in vielen von uns vorhanden.

Sie wird freilich unterdrückt und so weit abgeschwächt, daß der Trieb sich in erlaubten Grenzen ausleben kann; überall im privaten und beruflichen Leben äußert er sich verdeckt, gewitzt, nicht selten tückisch. Mit der Versuchung zu dieser straflosen Kriminalität haben manche lebenslang zu kämpfen. Wer in seiner Jugend handfeste Sünden begeht, wird möglicherweise dagegen immun, mir scheint jedenfalls, daß ich als Dreizehnjähriger diese Schutzimpfung bekam, und sie wirkte stärker nach als die schönsten moralischen Lehren.

Damit erkläre ich mir eine bleibende Abneigung gegen alles, was nur entfernt ans Kriminelle grenzt. Selbst Gangsterfilme und Krimischmöker sind mir zuwider, sie langweilen mich, was Freunde oft als Manko rügten. Gilt es doch als ausgemacht, daß diese Produkte nützliche Blitzableiter heimlicher Süchte seien. Die habe ich damals ein für allemal befriedigt oder, um genau zu sein, durchaus nicht befriedigen können.

Denn mit meinen bösen Vorsätzen ging es kläglich aus. Ich brachte es nur zum Ladendiebstahl. Eines Tages faßte ich mir ein Herz, betrat ein Geschäft, in dem allerlei Krimskrams verkauft wurde, und griff mir die erste beste Beute, ein Holzkästchen gleich jenem, das ich meiner Mutter nach Jena mitgebracht hatte. Die dürftige Trophäe barg ich im gebauschten Bauchteil der Matrosenbluse, die ich gleich vielen Altersgenossen trug.

Es war geschehen. Nichts war geschehen.

Nichts von Triumphgefühlen, auch nicht beim zweiten-, beim drittenmal, es fehlten Bewunderer meines Wagemuts. Ich suchte sie unter den Klassenkameraden, ein paar wollten gleich mitmachen. Einen wies ich ab, den mochte ich nicht. Drei schlossen sich mit mir zu einer Bande zusammen, der Reiz der Verschwörung und die Rolle des planenden Chefs befriedigten mich ungemein.

Unsere Taktik war simpel. Einer lenkte den Verkäufer ab, die anderen rafften im Hintergrund zusammen, was sich bot. Wert und Nutzen waren uns gleichgültig. Natürlich ließen wir bei Gelegenheit Schokolade und Zigaretten mitgehen, aber das meiste war für uns wertlos. Kartoffelstampfer, Teesiebe und Vasen im Jugendstil warfen wir nach vollbrachter Tat in die Aschkästen, sonderbare Banditen, die ihre Beute schleunigst wieder loswerden wollten. Mit Eau de Cologne bespritzten wir uns einmal und nicht wieder, der Wohlgeruch hatte uns ums Haar verraten. Rasierklingen wurden an noch nicht sprießenden Bärten ausprobiert, dann gehortet. Ein ziemlich großer Schwan aus geblasenem Glas blieb als Beweis besonderer Kühnheit erhalten. Wettbewerb gehörte zum Räuberkomment, deshalb wurden alle Erfolge säuberlich in einem Oktavheft registriert.

So ging es wochenlang, nie wurden wir auf frischer Tat ertappt. Doch jener von mir Abgewiesene hatte uns neidvoll beobachtet und verpetzt. Eines Morgens erschien der Klassenlehrer mit zwei jüngeren Kollegen. Während er unheildrohende Worte an uns richtete, durchsuchten die beiden schon jeden Winkel. Im Lehrmittelschrank fand sich, unter Schaubildern versteckt, der alberne Schwan, auch sonst übergenug Belastendes, in meiner Mappe die närrische Buchführung. Wir vier wurden hinausgeführt und einzeln verhört.

Bei mir war das rasch erledigt, sie wußten, daß ich der Rädelsführer war. Der Pedell stand schon bereit und brachte mich in den Karzer; ein Ereignis, das sich sofort in der ganzen Schule herumsprach, denn diese schwerste Strafe wurde sonst nur nach umständlichem Verfahren verhängt.

Stunden vergingen, es dauerte lange, bis sie meinen Vater erreicht hatten. Zeit genug, die kahle Zelle kennenzulernen, mit der wackligen Holzbank, dem vergitterten Fensterchen, den krakeligen Inschriften an der Wand, mit denen andere Sünder studentenhaften Witz nachgeahmt hatten. In diesem ersten Gefängnis meines Lebens fühlte ich mich am richtigen Platz, so viel Trotz brachte ich noch auf, doch schwand er mehr und mehr, da ich an das dachte, was unweigerlich bevorstand.

Ich wurde nach Hause geschickt. An den Heimweg erinnere ich mich genau. Mit jeder Minute wurde mir miserabler zumute. Der Gedanke an ziellose Flucht streifte mich kurz. Auch überlegte ich, was geschehen würde, wenn ich mich aufs Pflaster fallen ließe und liegenbliebe. Dann stieg ich langsam die zwei Treppen zu unserer Wohnung hinauf. Und stand vor meinem Vater.

Er verhielt sich ganz anders als ich erwartet hatte. Keine Vorwürfe, nur wenige trockene Fragen, die zuerst so klangen, als erwarte er, ich würde leugnen, wenigstens beschönigen. Das verbot mir ein Rest von Stolz, es war ja auch zwecklos, ich gab alles zu, ohne den Zerknirschten zu spielen, aufsteigende Tränen unterdrückte ich, weil er im gleichen Augenblick sehr ernst sagte: «Deine Mutter darf von dieser ... von alldem nichts erfahren, das ist dir hoffentlich klar?»

Er ahnte nicht, daß diese Bemerkung mir inneren Halt gab. Trotz und Abneigung waren wieder wach, ich fühlte mich ihm insgeheim überlegen, er hatte mich daran erinnert, daß er nicht besser war als ich. Bis dahin hatte ich ihn fortwährend angeblickt, nun saß ich mit gesenktem Kopf, es mochte nach Reue aussehen. Nach langem Schweigen fuhr er fort:

«Was soll nun werden?»

Er las aus einem Papier vor: Die Schule verlange meine sofortige Entfernung, auch würde geraten, mich in ein strenges Internat zu geben. Der Vorschlag ärgerte meinen Vater sichtlich.

Er hatte sofort begriffen, was den Lehrern entgangen war: Nicht aus Habsucht hatten wir gestohlen, sondern aus einer Art sportlichem Ehrgeiz. Er verlor nur wenige Worte über unsere Taten, aber sehr nachdrückliche über unseren bodenlosen Leichtsinn. Daß ich andere ohne Bedenken hineingezogen hatte, nannte er unanständig; noch schlimmer wäre es freilich gewesen, wenn ich mich hätte verführen lassen. Dann konnte ich gehen, das weitere würde sich finden.

Tagelang saß ich untätig in meinem Zimmer, alles war leer und sinnlos. Es ist unbegreiflich, daß mich die behutsame Klugheit meines Vaters nicht zum Nachdenken brachte. Doch in Wahrheit verachtete ich seine Großmut beinahe. Sie könne, meinte ich, nur aus schlechtem Gewissen stammen, so fest war ich von seiner Schuld überzeugt, die mein Vergehen überreichlich aufwog. Diese Wahnidee beherrschte mich völlig.

Natürlich machte ich mir Gedanken über meine Zukunft. Ich entwarf törichte Pläne. Solche wie mich ließ man Schiffsjunge werden, das hatte ich gelesen. Auch das Kadettenkorps fiel mir ein, aber da würden sie mich nicht haben wollen. Nach einer Woche war ich soweit, mich als Stift in einer Kaufmannslehre zu sehen.

Doch da eröffnete mir mein Vater, ich sei bei einer anderen

Schule angemeldet worden. Dem Rektor, einem alten Bekannten von ihm, sei mein Fall bekannt. Ich würde gut daran tun, sonst mit keinem darüber zu sprechen.

Es war eine recht heilsame Verbannung.

Das Nicolai-Gymnasium lag in einem entfernten östlichen Stadtteil. Es hatte keine imposante Geschichte, seine Schüler wurden von den Thomanern als mindere Gattung betrachtet. Zumeist waren es Kinder aus kleinbürgerlichen Familien, es gab auch Proletariersöhne, was in den höheren Schulen selten war.

Mich behandelten die neuen Kameraden unverhohlen als Eindringling, auch als Streber; denn rasch gehörte ich zu den besseren Schülern, was kein Kunststück war, der Rektor hatte mich im Einvernehmen mit Vater eine Klasse tiefer eingestuft.

Leicht hatte ich es nicht. Hier waren Raufereien eine ernsthafte, zuweilen bösartige Sache, ich zog dabei oft den kürzeren. Bisher hatte ich gern allein sein wollen, nun wurde ich planvoll isoliert. Vertraut wurde ich mit keinem.

Vergnüglich war der lange Schulweg durch die halbe Stadt. Ein für Weihnachten versprochenes Fahrrad bekam ich nun natürlich nicht, aber ich durfte meine Rollschuhe benutzen, was beneidet und verhöhnt wurde. Ziel des allgemeinen Spotts aber wurde und blieb ich aus einem anderen Grund: Mich ließ gleichgültig, was die anderen unaufhörlich beschäftigte, die Sexualität.

Während der Pausen war es üblich, angebliche oder wirkliche Erlebnisse auszutauschen. Das geschah in einem Jargon, der mir bis dahin unbekannt war. Ich konnte mich nicht beteiligen, mochte es auch gar nicht und galt deshalb als prüde. Insgeheim hielt ich selber mich für zimperlich, bis ich Zeuge einer vulgären Unterhaltung wurde, die sich um verschiedene Methoden der Selbstbefriedigung drehte. Im Nu gewann ich meinen Hochmut wieder und mußte an mich halten, um nicht herauszuplatzen: Wenn ihr Trottel wüßtet, was ich euch sagen könnte!

Von klein auf schlief ich auf einem harten Roßhaarkissen, mein Vater hielt das mit Recht für gesund. Während einer Krankheit wollte ich den Kopf zum Lesen höher legen, das Ding ließ sich zusammenbiegen, und da entdeckte ich, daß es sich nun anfühlte wie ein Stück Körper, ein Schenkel. Es wurde zu meiner ersten

Geliebten, einer allnächtlich gegenwärtigen Schwester. Der erträumte Inzest nährte sich bald auch aus anderen realen Erfahrungen.

Mit ungefähr neun Jahren durfte ich einmal dabeisein, als mein Vater ein Essen gab. Mittelpunkt der kleinen Gesellschaft war eine schlanke Frau in schwarzem Seidenkleid, ungefähr dreißig Jahre alt. Vater nannte sie beim Vornamen: Helma; ohne Zweifel brachte ich auch sie mit meinen bösen Verdächtigungen gegen ihn in Verbindung. An jenem Abend aber war ich von ihr bezaubert.

Sie kam aus Chile und war für kurze Zeit in Europa. Ich stellte vorwitzige Fragen nach ihrer exotischen Heimat, die sie amüsiert beantwortete. Gegen Ende des Diners fiel ihr das Handtäschchen zu Boden, sie wollte sich bücken, mein Vater rief mir zu: Junge, bist du kein Kavalier? Ich verschwand unter dem Tisch und kniete plötzlich neben den Beinen der Bewunderten, ich konnte nicht widerstehen, ein paar Sekunden lang drückte ich mein Gesicht an die straff gespannte Seide, ich spürte die Wärme dahinter, und sie zog ihre Füße nicht zurück. Verwirrt, mit heißem Kopf tauchte ich wieder auf. Mir schien, als sähe sie mich forschend an, eine Mitverschworene. Kein Wort wagte ich mehr, wurde bald zu Bett geschickt und genoß erinnernd den Augenblick wieder und wieder, der mich in eine wunderbare Unterwelt entrückt hatte.

Mit der Zeit gewann die Gestalt der Chilenin immer stärkere Macht, sie wurde zum vertrauten Trugbild, verschmolz endlich ganz mit der schwesterlichen weißen Nachtgefährtin. Die sah ich immer deutlicher vor mir: Viel älter als ich, zugleich herrisch und schutzbedürftig. Wir gerieten in außerordentliche Gefahren, waren ausgesetzt auf Robinsons Insel oder hatten uns gleich Kaiser Maximilian in der Martinswand verstiegen, tief unten lag Innsbruck, auf schmalem Felsband genossen wir einander noch einmal vor dem Absturz in die Tiefe. Dem Sturz in tiefen, glücklichen Schlaf.

Wie hätte ich sprechen können von diesem Geheimnis, das seine Kraft über viele Jahre hin bewahrte, das noch in erste Erfahrungen mit Frauen hineinwirkte. Freilich trug es dazu bei, daß ich mich auserwählt fühlte vor den prahlenden Toren ringsum.

Der Rektor der Nicolai-Schule hatte mich im Auge behalten, er war sich mit meinem Vater einig, daß ich in seiner Anstalt nie heimisch werden könne. Ich kehrte auf das Thomas-Gymnasium zurück, alles regelte sich ohne Aufsehen, über mein Delikt war Gras gewachsen. Natürlich trat ich auch dort in die niedrigere Klasse ein. Das war der große Glücksfall meiner Kindheit. Denn nun fand ich einen Freund, für immer.

Unsere Väter waren Kollegen, hatten aber kaum Fühlung miteinander. Dr. Köster las als Extraordinarius über Neurologie und praktizierte als Nervenarzt. Wie so mancher seines Fachs schien er selber leicht gestört, der ständige Griff nach dem rutschenden Klemmer, die fahrige Sprechweise legten diesen Verdacht nahe. Seine Frau blieb immer im Hintergrund, still und vergrämt. Von der etwas freudlosen Stimmung dieses Elternhauses hatten beide Söhne sich freigemacht. Der Ältere, kurz vor dem Abitur, war ernst und zurückhaltend, neidlos erkannte er die Vorzüge des fünf Jahre jüngeren Bruders an.

Denn Hellmut war mit vierzehn ein erstaunlich fertiger Mensch. Als begeisterter Sportler hatte er seinen von Natur etwas schweren Körper von klein auf trainiert, zumal als Mittelstreckenläufer errang er Preise. In seinem Rundschädel saßen zwei herausfordernd helle Augen, die ironisch blitzten, wenn sie eine Torheit erkannten. Hellmut begegnete jedermann vollkommen sicher, beherzt diskutierte er mit Erwachsenen, auch mit Lehrern. Dabei wurde er lebhaft, ohne sein jeweiliges Thema aus dem Blick zu verlieren. Taten das andere, dann nötigte er sie ruhig und hartnäkkig zur Sache zurück. Das alles verriet einen Charakter, der sich selbstbewußt äußerte und doch niemanden absichtlich verletzte. Seine angeborene Überlegenheit wurde auch von älteren fast allgemein respektiert.

Die Erinnerung idealisiert vieles, doch bin ich sicher, nicht zu übertreiben, wenn ich Hellmut einen ungewöhnlich begabten Jüngling nenne. Frühreif, doch keineswegs altklug, konnte er kaum noch als Kind gelten. Sich selbst sah er als künftigen Historiker. Machtprobleme fesselten ihn stark, darin war er ein Sohn der Epoche. Doch lag ihm der wilhelminische Chauvinismus fern, schon war die kritisch-konservative Denkweise deutlich, die sein Leben bestimmen sollte. Er war auf das *Militär-Wochenblatt* abonniert und hätte als Tertianer über die Geschichte des preußisch-deutschen Generalstabs doktorieren können. Auch war er beschlagen in Literatur und Kunsthistorie und vertraut mit der neuesten Malerei und Plastik. Er schrieb bereits einen mit Zitaten gespickten, etwas altväterlichen Stil, der an Vorbildern wie Storm oder Fontane geschult schien.

Alles, was die Schule erforderte, erledigte er mit der linken Hand, am liebsten morgens in zehn Minuten vor Beginn oder unter der Bank, während der weniger anstrengenden Stunden. Mit dieser lässigen Methode war er Klassenerster, von Sexta bis Unterprima; und das, obwohl er häufig eine mangelhafte Note für Betragen bekam. Bei der Versetzung nach Oberprima wurde er dann doch zweiter, dem Kollegium erschien ein aufsässiger «Primus omnium» untragbar. Er lachte darüber, wir alle empfanden die Degradierung als ungerecht.

Denn er war Liebling aller. Jeden ließ er aus seinen Heften abschreiben, nicht ohne Tips zu geben, wie man durch absichtliche kleine Fehler unentdeckt bleiben könne, und er war Anführer vieler Streiche.

Mir, dem denn doch etwas unsicheren Rückkehrer, kam er sofort herzlich entgegen. Eines unserer ersten Gespräche drehte sich um meine Mutter, hellhörig erfaßte er den wunden Punkt. Von ihrer Krankheit sprach er sachlich, wie von einem Fall aus der Praxis seines Vaters. So blieb das auch später. Niemals beichtete ich ihm, was ich gegen meinen Vater auf dem Herzen hatte; leider, Hellmut hätte mir den Kopf energisch zurechtgesetzt. Übrigens merkte ich bald, daß auch er auf seine bedächtige Weise mancherlei gegen die Welt unserer Väter einzuwenden hatte.

Ein Freund wurde er schnell. Wir entdeckten gemeinsame Interessen, er verstand es, neue bei mir zu erwecken, ohne den Überlegenen herauszukehren. Mit Zinnsoldaten hatte ich wenig anfangen können, ein paar Kästen waren Geschenke des militärischen Onkels Fritz. Hellmut brachte mir bei, historische Schlachten so getreu wie möglich nachzuspielen. Das Taschengeld ging für immer neue Truppenkontingente drauf. Unsere kriegerische Begeisterung war vorläufig frei von jedem Patriotismus, diese Unschuld ist schwer vorstellbar, aber so war es.

Wie in den meisten Bürgerhäusern wurde auch bei uns kaum je

über Politik gesprochen. Das änderte sich, seit der neue Freund häufig zu uns kam.

Mein Vater fand Gefallen an ihm, ihren Gesprächen vermochte ich anfangs kaum zu folgen. Es mag sein, daß mein Vater mit Hilfe des klugen Vermittlers Zugang zu mir gewinnen wollte; daß ich mich ihm mehr und mehr entzog, mußte ihm aufgefallen sein.

Hellmut entdeckte unter Vaters Büchern ein paar abgegriffene Bände, Schriften von Louis Blanc und Proudhon. Er kannte sich auch mit diesen Frühsozialisten aus und stellte Fragen, die Vater nach einigem Zögern ausführlich beantwortete. Er hatte als Student einem radikalen Kreis nahegestanden, zum Kummer meines Großvaters, eines hohen preußischen Verwaltungsrichters. Später entsagte er diesen Jugendträumen, die er dennoch nicht als Irrweg ansah. Er pflegte noch Freundschaften aus jener Zeit. Dann kam er auf seine Eltern und Schwiegereltern zu sprechen, dabei ging mir die Bedeutung einer Szene auf, die ich Jahre zuvor verständnislos miterlebt hatte.

Wir waren in Berlin zu Besuch bei Großvater. Mein Entzücken dort war ein plastisches Wandbild, eine Landschaft; ließ man den Mechanismus ablaufen, dann erschien aus dem Tunnel links ein Eisenbahnzug, überquerte eine Brücke und verschwand rechts in einem zweiten Tunnel. Mit diesem Zauberspiel beschäftigt, achtete ich nicht darauf, daß im Nebenzimmer, die Tür stand offen, Vater und Großvater erregt stritten. Ich erfaßte einzelne scharfe Worte, die keinen Sinn ergaben. Jetzt fielen sie mir wieder ein, und ich wagte, Vater danach zu fragen.

Er gab ruhig zu, daß es sich um ein Nachspiel jener alten Verstimmung gehandelt habe. Dabei erläuterte er loyal die Ansichten des pflichtbewußten Beamten, die nun einmal anders seien als die eines freidenkenden Arztes. Der Gegensatz war bis zu Großvaters Tod, vor einem Jahr, niemals ganz überbrückt worden. Das alles erinnerte mich an den eigenen geheimen Groll gegen Vater. Nie hatte ich ihn so reden hören, tat ich ihm am Ende unrecht? Der Gedanke wurde sogleich wieder zugeschüttet, denn nun erzählte er von den Eltern meiner Mutter, den verstorbenen Geheimrat hatte er hochgeachtet, und über Großmama, die erstaunlich liberal denkende Aristokratin, sprach er geradezu enthusiastisch. Mein ganzes Mißtrauen war wieder wach, ich schwieg so abrupt, daß es auffiel, ich redete mich auf Ermüdung heraus. Ein Augenblick war vorüber, der vieles hätte klären können.

Offen aber besprachen Hellmut und ich erste kleine Liebeserlebnisse. Ich übertrieb die Schwärmerei für eine spröde, präraffaelitisch-fade Thea, der ich ein paarmal anonym Blumen und Pralinés schickte. Bei den wenigen Begegnungen benahm ich mich tölpelhaft, wozu merkwürdigerweise beitrug, daß sie eine Tochter aus reichem Hause war. Das gab den Anstoß zu gemeinsamen Überlegungen mit Hellmut, ob unsere Väter wohlhabend seien.

Wir bezweifelten es, ich konnte Vergleiche anstellen; denn inzwischen hatten sich noch andere Beziehungen angesponnen. Walther List, unser Klassenkamerad, war der Sohn eines bedeutenden Verlegers. In dessen Villa verwirrte mich anfangs ein dort selbstverständlicher Luxus. Und man begegnete Berühmtheiten wie Arthur Nikisch, dem Leiter der Gewandhaus-Konzerte. Der große Dirigent war stets mit ausgesuchter Eleganz gekleidet. Über seine Eskapaden, amouröse und andere, wurden zahlreiche Geschichten herumerzählt. Nikisch war ein wilder Hasardspieler, es hieß, die Stadt habe mehrmals in den Säckel greifen müssen, um ihn zu sanieren. Doch wurde er allgemein verehrt, die Frauen von Pelzimporteuren und Fabrikherren himmelten ihn an. Diese Mäzenatenkreise gaben als «Gewandhaus-Gesellschaft» überall den Ton an.

Mitja Nikisch, Arthurs Sohn, parlierte über diese Dinge verblüffend unbefangen. Etwa gleichaltrig mit mir, schon ein nahezu fertig ausgebildeter Pianist, war er auf ganz andere Weise als Hellmut über seine Jahre hinaus entwickelt. Gern spottete er über seine labile Gesundheit, gab sich überhaupt als ironischer Libertin, das machte mir Eindruck. Vom Glücksspiel besessen wie sein Vater brachte er uns Bakkarat und Poker bei, was bei den sehr unterschiedlichen Taschengeldern der Teilnehmer bedenklich war; ein Wunder, daß es glimpflich ausging.

Mitja verschaffte mir Zutritt zu den Generalproben des weltberühmten Orchesters. Das war nur möglich, indem ich Schulstunden schwänzte, musikbegeisterte Lehrer duldeten es.

Diese erschlichenen Mittwochvormittage machten mich zu einem wenn auch bescheidenen Kenner klassischer Musik. Namen und Eigenarten prominenter Solisten wurden mir geläufig, ich genoß Beethoven und Brahms, zumal wenn ich neben Mitjas Schwester Nora sitzen durfte. Sie war eine dunkle, ein wenig fremdartige Schönheit; wieder beneidete ich einen um seine Schwester. Mich beneideten andere um diese Bekanntschaft, mit der ich zweifellos angab, auch vor Hellmut. Die platonische Beziehung zu Nora bestärkte mich in eindeutigen Neigungen und Abneigungen, so lehnte ich Richard Wagner entschieden ab. Das verstärkte sich noch, als ich mich mit Erich Hirschfeld anfreundete, dem Sohn eines Arztes und gleich diesem begeisterter Wagnerianer.

Er wollte mich zu seinem Abgott bekehren. Stundenlang spielte er mir Klavierauszüge von *‹Ring›* und *‹Lohengrin›* vor, die Gesangspartien markierte er recht eindrucksvoll, doch die wallenden Klangströme waren und blieben mir zuwider. Auch mokierte ich mich über Erichs fanatische Parteinahme gegen ein gerade heftig umstrittenes Sakrileg: Das geheiligte Weihespiel *‹Parsifal›* sollte erstmals auch außerhalb von Bayreuth aufgeführt werden, was ihn tief empörte.

Die Wagner-Verehrung war gerade in jüdischen Kreisen verbreitet. Daß Erich Jude war, zog mich auf unbestimmbare Weise an, was er selber lächerlich fand. Durch ihn erfuhr ich, daß es Antisemitismus gebe, den ich in aller Unschuld als eine unwichtige Albernheit ansah. Ihn bedrückte die Sache insgeheim erheblich, in späteren Jahren mußte ich ihm recht geben, wir blieben immer in lockerer Verbindung.

Nach dem Tode seines Vaters adoptierte ihn Wedekinds Freund Kurt Hezel, als Erich Hezel machte er Karriere, wurde Opernintendant in Essen, dann in Belgrad, wohin er im Dritten Reich emigrierte. Dort kam er um, als Hitler 1941 seinen Balkanfeldzug mit einem brutalen Luftbombardement der Stadt eröffnete.

Durch Erich kam ich in eine Runde jugendlicher Literaturbeflissener. Neuromantik war Trumpf, der Geschmack sehr unsicher, Stefan George und Anton Wildgans wurden gleichermaßen gefeiert, Caesar Flaischlen galt so viel wie Rainer Maria Rilke. Mochte darin ein Körnchen Wahrheit stecken – keiner war imstande, die Gewichte recht zu setzen. Hellmut kam ein paarmal hinzu. Er verblüffte den Zirkel durch eine überraschende Kenntnis Nietzsches. Seine Kritik an dem verblasenen Treiben brachte mich dazu, mich zurückzuziehen. Der *‹Zarathustra›* aber ließ mich lange nicht mehr los. Ich zitierte daraus sogar in einem Schulaufsatz, worauf der Deutschlehrer berechtigte Einwände mit roter Tinte an den Rand schrieb.

Im Oktober 1913 beging Leipzig die Hundertjahrfeier der Völkerschlacht. Staatserhaltende Bürger spendeten seit Jahren für den Bau des klotzigen Denkmals, das im Südosten der Stadt emporwuchs. Bei Schülerführungen hatten wir das entstehende Weltwunder gebührend bestaunt, jetzt sollte es unter Teilnahme von halb Europa eingeweiht werden.

Unsere patriotischen Professoren hatten ihre große Stunde. Lateinische Extemporalia handelten vom Freiheitskrieg gegen den Tyrannen Napoleon; auf griechisch hatten wir Vaterlandsliebe und Heldentod zu beschreiben. Es ist nicht zu leugnen, daß wir mehr und mehr von heroischen Träumen erfüllt waren; ich um so stärker, weil ich zu Hause wenig Verständnis dafür spürte. Mein Vater hielt wenig von dem nationalen Rummel. Ich denke mir, daß er denen beistimmte, die das gigantische Wahrzeichen als überdimensionale Nippessache belachten. Vielleicht las er auch, was zum Abscheu der Wohlgesinnten ein junger Literat, Kurt Pinthus, in diesen Tagen drucken ließ: Das prophetische Wort vom «Völkerschlachtfest» ...

Hellmut und ich aber hatten eine halbe Woche schulfrei. Von früh bis spät streiften wir durch die Straßen. Überall Fahnen und Girlanden. Jedermann war oder schien in Hochstimmung.

Kamen wir abends heim, dann wirkte es wie eine kalte Dusche, daß dort nicht der mindeste Trubel herrschte.

Mein Vater hörte sich unsere aufgeregten Schilderungen recht reserviert an. Wieviel hatten wir zu berichten! Ein Höhepunkt war es, als auf dem Roßplatz über ein Dutzend regierende Monarchen in Prachtequipagen vorüberrollten, begleitet durch klirrende Reitereskorten. Da vergaß auch Hellmut seine sonst so abgewogene Ruhe und jubelte mit der Menge. Nur als der König von Sachsen leutselig aus seiner Kutsche winkte, meinte der kundige Freund ironisch: Eigentlich sei es etwas unpassend, daß der Nachfahr jenes Wettiners mitfeiere, der als treuer Verbündeter Napoleons zu den Geschlagenen von einst gehörte.

Als alles vorüber war, fühlten wir uns ernüchtert und auf besondere Art bedrückt. Hellmut sprach aus, was uns verbitterte:

«Mensch, das waren noch Zeiten! Wir in unserem lahmen Jahrhundert werden so etwas nie erleben dürfen ...»

Das bombastische Spektakel hinterließ in uns ein dunkles Verlangen nach blutigen Abenteuern. Ein verderblicher Keim war gelegt, bald sollte er sich entfalten.

Erst einmal hatte der Alltag wieder begonnen. Dazu gehörte in jenem Winter der Unterricht, der uns zweimal in der Woche auf die kommende Konfirmation vorbereiten sollte. In dieser Zeit kam meine Mutter zu uns zurück. Sie äußerte den Wunsch, daß mich Superintendent Cordes einsegnen solle. Mein Vater hatte keine sonderliche Vorliebe für diesen strengen Lutheraner, aber Fragen der Religion behandelte er mit tolerantem Gleichmut, auch wollte er der Heimgekehrten ihren Willen lassen.

Es verwirrte mich, daß Mutter mehr als einmal von dem Trost sprach, den jeder im Glauben finden könne. Solche Äußerungen hatte ich weder zu Hause noch bei Großmama jemals gehört; und für Hellmut war Religion ein historisches Thema, Kirche ein Teil der gesellschaftlichen Ordnung. Ich nahm mir vor, es nun gerade mit dem Christentum zu versuchen, weniger nüchtern läßt es sich nicht ausdrücken, wer weiß, was sich daraus entwickelt hätte, wäre ich einem anderen Leitbild als Cordes begegnet.

Der hohe Kirchenmann war ein Eiferer. Ehedem hatte er am «Rauhen Haus» gewirkt, der bekannten Hamburger Anstalt zur Besserung gefährdeter Jugendlicher. Offensichtlich sah er auch in uns Konfirmanden vor allem Sünder, die er mit strenger Hand auf den rechten Weg bringen müsse. Häufig warnte er vor den Anfechtungen des modernen Lebens, unterband aber rasch alle anzüglichen Fragen, die nicht ausblieben. Katechismus und Choraltexte mußten fehlerlos aufgesagt werden. Konvention wurde eingeübt, dabei klangen patriotische Untertöne mit, Thron und Altar erschienen als gottgewollte Einheit. Mochte das geisttötend sein, es blieb leider doch einiges davon hängen.

Am Palmsonntag 1914 kniete ich in der Thomas-Kirche neben Walther List, unbestreitbar nun vollgültiger Christ und damit fast erwachsen. Es gab zu Hause eine fröhliche Feier mit prachtvollen Geschenken. Von Vater erhielt ich die sechs Bände der Ullstein-Weltgeschichte, vom Berliner Patenonkel His eine goldene Glashütter Uhr mit Sprungdeckel und Monogramm. Und wie sich's gehörte, trug ich den blauen Konfirmandenanzug mit langer Hose.

Doch nur an diesem einen Tage, danach verschwand er für lange im Kleiderschrank, ich blieb bei meinen kurzen Jungenshosen, obwohl oder vielmehr gerade weil die Kameraden mich damit neckten. Das war mir recht, ich wollte anders sein. Es reizte mich nicht im geringsten, den Erwachsenen zu spielen. Schon gar nicht bei heimlichen Kneipabenden, wo studentische Bräuche nachgeahmt wurden. Ich glaube, daß eine Bemerkung meines englischen Onkels Paul nachwirkte: Er hatte irgendwann wegwerfend von törichten deutschen Akademikerbräuchen gesprochen.

In der Schweiz, wohin ich in diesem Sommer erstmals mit beiden Eltern reiste, trafen wir diesen Onkel und seine Frau. Von Braunwald aus nahm er mich mit auf ein paar Hochtouren, die diesen Namen verdienten. Davon machte ich so viel Aufhebens, daß er sich über meine Prahlerei in der Hotelhalle mokierte. Durch ihn lernte ich das «understatement» kennen, die Zurückhaltung, die uns Deutschen so schwerfällt. Weniger gefiel mir, daß er sich als überzeugten Zivilisten und Demokraten gab. Das trat mehr und mehr hervor, als alle Gespräche gegen Juli-Ende immer politischer wurden. Scharf verurteilte er das frivole Ultimatum Wiens an Serbien. Er sagte voraus, es werde einen europäischen Krieg geben. Vater widersprach, er glaubte nicht an die Katastrophe. Ich fand das kläglich, mein Herz schlug höher, als ich hörte, Österreich habe gegen die elenden Balkanschurken mobilisiert.

Ich spielte gerade Tennis mit Michelle, einer kleinen Französin aus Saint-Étienne, Onkel Paul hatte die jugendliche Völkerversöhnung offen protegiert. Jetzt störte er uns, zog mich beiseite und sagte sehr ernst:

«Wir reisen. Noch heute. Komm!»

Michelle und ich versprachen einander Briefe. Sie wurden nie geschrieben.

Am Abend des 31. Juli saßen wir unter Lampions in einem Gartenlokal am Zürcher See, ein Bild, das sich mir auf lange mit dem Begriff Friede verbinden würde. Auf dem Rückweg ins Hotel blieben wir vor einer Zeitungsredaktion stehen, ein neues Telegramm war angeschlagen worden:

ZUSTAND DROHENDER KRIEGSGEFAHR IN DEUTSCHLAND

Es war unsinnig, länger zu bleiben. Am 1. August fuhren wir heim, quer durch ein kriegstrunkenes Land. Es gab endlose Verspätungen, die Strecken waren durch Truppentransporte blokkiert. Soldaten in der neuen feldgrauen Uniform winkten aus Güterwagen, an deren Wände großmäulige Siegesparolen gemalt waren, die ich aufgeregt vorlas. Die Eltern saßen still da.

Zu Hause erklärte Vater, er müsse sich zur Verfügung stellen, Ärzte würden gebraucht. Vor vier Wochen war er fünfzig geworden, nie hatte er gedient. Mutter widersprach nicht, sie war sehr gefaßt. Am Tag nach unserer Rückkehr nahm sie mich mit in die Thomas-Kirche.

Dort fand ein feierlicher Gottesdienst statt, die Menge stand Kopf an Kopf bis hinaus auf die Ringstraße. Gewaltig dröhnte die Orgel, die Thomaner sangen. Jedermann war ergriffen, auch ich. Jäh riß mich die grollende Stimme des Superintendenten aus dieser Stimmung:

«Ja, jetzt kommt ihr! Jetzt sucht ihr Trost und Zuflucht bei der Kirche, die viele von euch vergessen hatten! Das wird euch vor Gott nichts nützen, wenn ihr später wieder lässig und gleichgültig werdet. Ein Sprichwort sagt: Not lehrt beten. Es ist kein gutes Wort. Sei getreu bis in den Tod, heißt es in der Offenbarung Johannis. Denkt daran, wenn eure angstvollen Gebete erfüllt werden. Sonst seid ihr dennoch verworfen!»

Ich erschrak. Dunkel empfand ich, wie lästerlich solche drohenden Worte in dieser Stunde waren.

Wir Zeitgenossen zweier Weltkriege sind außerstande, glaubhaft zu beschreiben, was wir erlebt haben. Es hat ja auch noch kein Dichter das Debakel so umfassend darstellen können, wie es Stendhal oder Tolstoj mit einstigen Völkerkriegen gelang. Hilfloser noch sind wir Millionen Statisten der Zeitgeschichte. Unser Gedächtnis läßt das Ungeheure einschrumpfen und bewahrt zuletzt nur noch Details, versteinerte Insekten im Lavagestein, das die universalen Katastrophen hinterließen.

Was erhielt sich in der Erinnerung eines damals Fünfzehnjährigen aus dem turbulenten August 1914? Ein paar Gerüche. Der Krieg roch anders als der Friede.

Nach der Appretur nagelneuer Uniformstoffe. Schneidermeister Apel hat über Nacht das Nötige für Vater angefertigt, der reist ab, er soll in Westpreußen ein Seuchenlazarett leiten. Bald zum «Beratenden Inneren Mediziner eines Armeekorps» ernannt, trägt er nie andere Abzeichen als den bescheidenen Äskulapstab am Kragenspiegel. Die halbzivilistische Würde werte ich auf, bis zum Generalsrang. Hellmut findet das übertrieben.

Nach Lysol und verschüttetem Bier stinkt es auf dem Hauptbahnhof. Dort melde ich mich jeden Morgen zum Dienst, als frischgebackener Pfadfinder. Der humane Bund, mit seiner Parole «Tue jeden Tag eine gute Tat!», hat sich in eine Horde halbwüchsiger Heimkrieger verwandelt. In unseren martialischen Schlapphüten stehen wir den Schwestern vom Roten Kreuz im Wege, wenn sie die Landser mit Limonade und Broten laben wollen. Verlangt wird Schnaps, den es nicht gibt. Plötzlich Geschrei, alles rennt in eine Richtung: Ein Spion! Festhalten! Unwillig lassen wir uns davon überzeugen, der russische Agent sei ein harmloser, bärtiger Gleisarbeiter.

Dann zehn Tage lang Schweißdunst und staubiges Stroh, draußen vor der Stadt. Wir sind abkommandiert zur Erntehilfe, beim Garbenbinden bluten die Hände, die Bauernjungen verhöhnen uns «Fadenfinder». Wir sind froh, daß die Ferien zu Ende gehen.

In der Schule läuft alles ab wie eh und je. Die ersten gewonnenen Schlachten werden noch in der Aula gefeiert. Einige jüngere Lehrer lassen sich in Uniform bewundern. Vaterländische Kraftworte beleben die Lateinstunden, ganz wie im vergangenen Herbst, der Krieg ist Lehrpensum. Nach und nach wird auch uns klar, daß wir zu Weihnachten die versprochene Heimkehr der Sieger nicht erleben werden. Wir gewöhnen uns an die große Zeit, sie wird langweilig.

Auf meine Mutter wirkte diese große Zeit sonderbar günstig, als besänftige das allgemeine Verhängnis ihre unruhige Seele. In den ersten Kriegsjahren erlebte ich sie stets ausgeglichen, nun hätte ich doch noch eine Mutter gewinnen können, doch die Erfahrung kam zu spät. Ich hatte mich daran gewöhnt, alles Wesentliche zu verschweigen.

So hielt sie mich für einen braven Schüler. Wirklich hatte ich nun gewisse Erfolge, aber die kamen auf eigentümliche Weise zustande. Um das zu verstehen, muß man sich klarmachen, wie stiefmütterlich lebende Sprachen und Naturwissenschaften im alten humanistischen Gymnasium behandelt wurden. Es war recht ungefährlich, darin wenig zu leisten. Und so blieb bei mir nur ein bißchen Französisch hängen, Englisch war ein Wahlfach, das ich törichterweise rasch wieder aufgab. Von Physik und Chemie weiß ich bis heute wenig, von Mathematik gar nichts.

Aber in Deutsch und Geschichte tat ich mich mühelos hervor, weil mir das Spaß machte. Und über recht mäßige Kenntnisse der alten Sprachen mogelte ich mich hinweg, weil in den höheren Schulklassen die sogenannten klassischen Realien ernstgenommen wurden. In den Lebensgewohnheiten der antiken Völker kannte ich mich vorzüglich aus. Und ganz besonders blendete ich mit meinen Künsten als Kartenzeichner. Ich lieferte sorgfältig angefertigte Pläne der Kriegsschauplätze, das schuf Ansehen bei den patriotisch gesinnten Paukern, sie sahen gern über manche Wissensmängel hinweg.

Kurzum, ich glänzte mit meinen Liebhabereien und versagte auf anderen Gebieten völlig. Das wurde zur bewußten Taktik, ich hielt mich dadurch bis zum Abitur im oberen Drittel der Klasse. Das Ergebnis war eine humanistische Scheinbildung. Und doch nahm ich diese auf meine Art ernst, auf eigene Faust und so zufällig und unmethodisch, wie ich alles betrieb; was gelegentliche Perioden der Pedanterie nicht ausschloß.

Noch immer hielt ich bei Großmama gelegentlich meine Vorträge. Einmal, im zweiten Kriegsjahr, war der Ordinarius für klassische Philologie an der Universität zugegen. Erst skeptisch, dann zunehmend interessiert hörte er sich an, was ich über die Schlacht bei Issos zum besten gab. Mir war aufgefallen, daß der hellenistische Alexander-Biograph Arrian, der keineswegs zum Lehrstoff in Sekunda gehörte, bestimmte Truppenbewegungen durch zwei verschiedene Verba kennzeichnet, die der deutsche Übersetzer nicht auseinanderhielt. Daran knüpfte ich Überlegungen, die offenbar nicht ganz verkehrt waren; der kundige Zuhörer nahm sie ernst, er ermutigte mich, in meinen Forschungen fortzufahren.

Es ergab sich zwanglos, daß ich den Gelehrten mehrfach besuchte. Unter seiner Anleitung entstand ein Elaborat, das er, zweifellos allzu optimistisch, als möglichen Ausgangspunkt einer künftigen Doktordissertation lobte. Indessen nahm der Traum von der akademischen Blitzkarriere ein jähes Ende, als mein Vater auf Urlaub kam und vom Umgang mit dem Professor hörte. Kurzerhand verbot er mir jeden weiteren Verkehr, was meine schwelende Abneigung gegen ihn anfachte. Den Grund erfuhr ich viel später. Mein Gönner stand im Ruf, homophil zu sein. Vielleicht grundlos. Möglicherweise wurde so eine geistige Entwicklung unterbrochen, die mich auf völlig andere Wege geführt hätte.

Eine Erfahrung aber hatte ich gemacht: Es war möglich, durch bruchstückweises Wissen Eindruck auch auf solche Menschen zu machen, die den Bluff durchschauen müßten. Der Mentor mochte aus Wohlwollen über mein löcheriges Griechisch hinweggesehen haben. Doch ein ähnlich unbekümmertes Gaukelspiel glückte auch bei argwöhnischen Lehrern. So mag sich erstmals eine Veranlagung gezeigt haben, die mir im späteren Leben ebenso gefährlich wie dienlich wurde: Eine kecke Wendigkeit, die nicht nur zum journalistischen Metier gehört, sondern jedem berufsmäßig Schreibenden bis zu einem gewissen Grade eignen sollte. Auch der anspruchsvolle Autor darf mit seinem Pfunde wuchern, das wird gern schamhaft bemäntelt. Der Lebensweg so manches scheinbar weltfremden Poeten zeigt, daß er sich recht gut zu «verkaufen» wußte oder weiß.

Großmama kümmerte sich nach wie vor viel um mich. So gab sie mir eine Biographie ihres Mannes zu lesen, von ihr vor Jahren verfaßt und als Gabe für Verwandte und Freunde gedruckt. Mich befremdete der etwas pathetische Stil mancher Partien, er paßte wenig zum kühlen Realismus der Schreiberin. Doch war ich ihr dankbar, denn die Lektüre entführte mich in eine reizvolle Welt, in das alte Livland, auf große Güter mit lustigen Namen wie Tammist oder Koiküll. Bewohnt schienen sie von lauter exzentrischen Leuten, die alle auf irgendeine Weise miteinander verwandt waren. Und auch mit mir; zum erstenmal beschäftigte mich meine Abstammung.

Ich stellte Fragen und erhielt Auskünfte, zuweilen leicht komische. So schilderte mir Großmama das beschauliche Leben an der Universität Dorpat, dabei meinte sie unbekümmert:

«Lauter anjenehme Leute waren das, auch Birjerliche darunter.»

Es fiel ihr nicht auf, zu wem sie das sagte; ich war taktvoll genug, sie nicht darauf aufmerksam zu machen. Doch ärgerte ich mich, daß gewisse Dinge offensichtlich begatellisiert wurden, natürlich erregten just diese die Neugier. Sie konnte befriedigt werden, als Onkel Paul auf Urlaub kam, aus Belgien, wo er als Eisenbahnerleutnant Etappendienst tat, was seinen friedlichen Neigungen sicherlich entsprach. Ihm machten meine Fragen Spaß, weniger zurückhaltend als seine Mutter weihte er mich in Einzelheiten unserer Ahnenhistorie ein, nicht ohne mir Geheimhaltung anzuraten, was die Wirkung erhöhte. Mir wurden die Augen auf nunmehr als eine Weise geöffnet. Da gab es die Urgroßtante Juliane von Krüdener, die Vertraute des Zaren Alexander I. Ihrer hätten wir uns zu schämen, erfuhr ich, nicht aus moralischen, sondern aus politischen Gründen. Die frömmelnde Ratgeberin hätte die Gründung der Heiligen Allianz inspiriert. Dieser Bund der alten Monarchien sollte verhindern, daß sich die schrecklichen Ideen der Französischen Revolution weiter über Europa ausbreiteten, als es durch Napoleon schon geschehen war. Davon hatte ich noch nie etwas gehört. Der Onkel erklärte mir, eben dies mache den Ruhm des Korsen aus, nicht die Schlachten von Austerlitz und Wagram. Das leuchtete mir durchaus nicht ein, ich vergaß es bald wieder. Andere Bemerkungen machten mehr Eindruck, so die beiläufig hingeworfene: Selbstverständlich habe diese Juliane ihren Einfluß nicht am kaiserlichen Schreibtisch, sondern im Bett zur Geltung gebracht; eine frappierend neue Art Geschichtsbetrachtung, für die ich noch ein anderes Beispiel kennenlernte, das der Plaudernde, amüsiert durch meine Verblüffung, freilich selbst als unbewiesenes Gerücht in Frage stellte.

Eine noch frühere Ahnin sollte eine Liaison mit dem wahnsinnigen Zaren Paul gehabt haben, kurz ehe er von verschworenen Offizieren umgebracht wurde. Deren Anführer Graf Pahlen war wiederum einer aus dem miteinander versippten baltisch-deutschen Adel, da seien delikate Verwicklungen vorstellbar, vorausgesetzt, daß die ganze Geschichte überhaupt stimmte. Den Vorbehalt vergaß ich, die dubiose Affäre beschäftigte mich eine Weile lang lebhaft, ich spann die Fäden weiter und verdrehte den Zusammenhang so gegen alle Vernunft, daß ich mir schließlich einbildete, von einem geisteskranken Kaiser abzustammen. Mich beschäftigte die abwegige Überlegung, ob die Krankheit meiner Mutter da ihre Wurzel haben könne.

Die letzten anderthalb Gymnasialjahre sind in meiner Erinnerung merkwürdig verblaßt; vermutlich aus schlechtem Gewissen, dem Zurückblickenden erscheint es beschämend, wie wenig er vom großen Unheil des Krieges wahrnahm. Alle Kameraden waren ebenso blind gegenüber den sich mehrenden Anzeichen des kommenden Zusammenbruchs.

Unsere Klasse hatte jeden Monat einen bestimmten Straßenzug mit Lebensmittelkarten zu versorgen. Dabei fühlten wir uns als Amtspersonen. Es hätte uns auffallen müssen, daß verhärmte Kriegerfrauen uns an den Wohnungstüren mit Klagen überschütteten, als wären wir für die zunehmende Knappheit verantwortlich. Ich fürchte, daß wir uns durch eingelernte Phrasen über die Pflicht zum Durchhalten unbeliebt machten.

Dann wurden Rohstoffe und Altpapier gesammelt, dabei suchte jeder sich hervorzutun. Bei häufigen Ausmärschen und sinnlosen Geländeübungen fühlten wir uns schon als Soldaten. Die meisten wollten Offizier werden, auch ich vergaß alle früheren Pläne. Uns beunruhigte die Sorge, der Krieg könne zu Ende sein, ehe wir dabei wären. Das hatte, ich versichere es, nicht das mindeste mit patriotischem Enthusiasmus zu tun. Wir konnten es nicht erwarten, in das Abenteuer zu entlaufen, von dessen Schrecken wir keine Vorstellung hatten. Daß es hie und da Demonstrationen und Streiks gegen den Krieg gab, muß ich in der Zeitung gelesen haben; es machte mir keinen Eindruck.

Mein Vater hätte mich über manches aufklären können, irgendwann 1916 kam er heim; Andeutungen hat er wohl gemacht, ich überhörte sie. Ihn nahm, neben der Praxis, eine bedeutsame Aufgabe völlig in Anspruch. Die Tuberkulose breitete sich erschrekkend aus, er gründete und leitete ein Amt für öffentliche Lungenfürsorge. Bei Kriegsende war er eine anerkannte Autorität auf diesem Gebiet.

Der Zustand meiner Mutter verschlechterte sich auffallend, seit sie nicht mehr allein war. Wieder kamen Pflegerinnen ins Haus, dessen bedrückter Stimmung ich mich entzog, sooft ich konnte. Häufig war ich mit Hellmut zusammen, bis er, der Alleswisser, mit siebzehn vorzeitig sein Notabitur machte und sofort als Fahnenjunker zu einem elsässischen Infanterieregiment ging. Im nächsten Frühjahr würde es auch bei mir soweit sein. Meinem Entschluß, Offizier zu werden, stimmte Vater ohne sonderliche Begeisterung zu; vielleicht dachte er, der Drill würde mir guttun. Und in späteren Jahren hat er mir gesagt, er habe nicht damit gerechnet, daß ich noch ins Feld könne. Er hatte keine Illusionen über den Ausgang des Krieges.

Onkel Fritz, nun Chef des Stabes einer Armee im Westen, hatte die notwendigen Verbindungen. Das 1. Thüringische Feldartillerieregiment in Erfurt nahm mich als Junker an. Nun war noch die Oberprima zu absolvieren, eine Formalie, nach nur drei Monaten in der obersten Klasse wurde angehenden Kriegern das Zeugnis nachgeworfen. Das spielte natürlich bei unseren Plänen mit.

Ehe es soweit war, gewann die Freundschaft mit einer fünf oder sechs Jahre älteren Frau Bedeutung.

Dix, wie jeder sie nannte, war die älteste von drei Töchtern eines Generals. Damals stellte man sich ein Offizierskind allerdings anders vor, sie unterstrich das selbst nicht ungern. Ein wenig Blaustrumpf, vielseitig interessiert, schwärmte sie für alles Schöne und Gute, wobei ihr Urteil manchmal fehlging. Überaus anziehend war ihre heitere, bisweilen derbe Unmittelbarkeit. Eine Spießbürgerin war sie jedenfalls nicht.

Ich lernte sie in den Lausitzer Bergen kennen, wo «Tante» Lene, eine von Vaters ehemaligen Hausdamen, ein Pensionshaus gebaut hatte. Dorthin fuhr ich mehrmals allein während der Ferien. Dix verehrte ich vom ersten Augenblick an als große Schwester, sie übernahm die Rolle bereitwillig. Ihr Mann, ein Gymnasiallehrer, war nach ganz kurzer Ehe gefallen. Sie selbst unterrichtete nun aushilfsweise in Dresden. Dort besuchte ich sie ziemlich häufig.

Unsere Beziehung war durchaus unschuldig, daß Dix meine Phantasie zuweilen in weniger keuscher Art beunruhigte, mag sie geahnt haben, nie sprachen wir davon. Im übrigen war ich ihr gegenüber aufrichtiger als jemals sonst. Ich beichtete die Verwirrungen vergangener Jahre. Dabei verlor sich die Abneigung gegen meinen Vater einigermaßen. Behutsam korrigierte sie meine recht ruppigen Manieren, das sei, fand sie, bei einem angehenden Offizier dringend nötig. Daß ich einer werden wollte, gefiel ihr, in diesem Punkt war sie die Tochter ihres Vaters. Doch waren unsere gemeinsamen Interessen von friedlicher Art. Wir lasen die gleichen Bücher, wechselten gefühlvolle Briefe, ich schickte ihr Gedichte, in dem nachempfundenen Zeug meinte sie eine Begabung zu entdecken, die ich pflegen müsse; ein Irrtum, der mich in meinen poetischen Ambitionen leider bestärkte.

Am meisten genoß ich gemeinsame Theaterabende, die stets bei einem kriegsmäßig frugalen Souper im noblen Hotel *Bellevue* an der Elbe endeten. Bis in die Nacht redeten wir uns die Köpfe heiß. Ich kannte bis dahin nur ein paar lieblose Schülervorstellungen. Nun erlebte ich atemlos gespannt, wie der Star des Schauspielhauses Bruno Decarli als Faust über die Welträtsel grübelte; wenn er die Freiheitstiraden Wilhelm Tells schmetterte, rumorten in mir Träume von künftigem Heldentum. Poesie und Heroismus vereinten sich zu einem Rausch, ich sah mich als siegreichen Krieger und gefeierten Dichter zugleich. Und die Freundin fand diese Schwärmerei natürlich. Noch in einem anderen Punkt stimmten wir überein: Die Oper erschien uns beiden als ein zweifelhaftes Zwittergebilde, eine Überzeugung, die ich nie aufgeben sollte.

Anfang 1917 kam die Reifeprüfung heran. Ganz unnötigerweise bildete sich in meiner Klasse ein Kreis, der sich angeblich emsig auf das Examen vorbereitete. Reihum tagten wir in elterlichen Wohnungen, scheinbar beflissen büffelnd. Mütter stärkten uns mit Limonade und Keks; Väter opferten edle Weine, die für große Tage aufgespart worden waren, unser Fleiß verdiente Belohnung. Doch kaum schlossen sich die Türen hinter den Spendern, wurden die unter Sophokles und Logarithmentafel versteckten Spielkarten wieder hervorgeholt. Noch am Morgen vor der mündlichen Prüfung half ein letzter Poker über die nun doch aufkommende Unruhe hinweg. Natürlich ging dann alles glatt, wir bestanden sämtlich. Bei einer kurzen Feier überreichte der Rektor jedem das Zeugnis, den Paß ins Leben, ins große und, wie wir zuversichtlich hofften, freie Leben.

In Wahrheit endete ein Leben, das für uns Bürgersöhne freier war als das, was uns bevorstand.

An den Abschied von zu Hause erinnere ich mich kaum. Meiner Mutter ging es schlecht, sie weinte oft, ich umarmte sie mit einem Gefühl, das recht schnöde war: mit Erleichterung, daß nun dies alles hinter mir lag. Vater brachte mich zur Bahn, ich reiste, meinem künftigen Rang entsprechend, diesmal nicht dritter Klasse, sondern zweiter.

Als der Zug an der Rudelsburg vorbeifuhr, saß ich im Speisewagen und erkundigte mich weltmännisch:

«Filetsteak werden Sie kaum haben, was können Sie mir denn so offerieren?»

Es gab Bratkartoffeln in unangenehm riechendem Fett.

Im pompösen Hotel *Kossenhaschen*, gegenüber dem Erfurter Bahnhof, nahm ich ein viel zu teueres Zimmer. Abends schrieb ich einen sentimentalen Brief an Dix. Am anderen Morgen, einem regnerischen Märztag, stand ich erwartungsvoll vor den roten Ziegelgebäuden der Kaserne. Sie war nach der nahe gelegenen Cyliaxburg benannt. Das klang wie die Verheißung unerhörter Erlebnisse.

II
Der Krieg erzieht keinen

Jemand, ich glaube Alfred Polgar, hat behauptet: Die Welt ist genauso, wie der kleine Moritz sie sich vorstellt. Häufig stimmt das, auf den Krieg trifft es nicht zu. Er ist anders als unsere Vorstellung von ihm.

Allgemein wird angenommen, ganze Generationen seien durch ihn geprägt worden. So redet man an Stammtischen, so stellt es die Literatur dar, ob sie ihn als Wahnsinn verdammt oder als Schicksal verklärt. Immer wird als selbstverständlich vorausgesetzt, das Erlebnis des Todes, erst recht des Tötens, müsse unweigerlich jeden verändern.

Doch die weitaus meisten Menschen bleiben auch unter extremen Umständen dieselben wie vorher. Die Fähigkeit, sich anzupassen, ist außerordentlich entwickelt. Im Gleichmaß des normalen Daseins fällt das nicht auf, im Kriege erweist sich die Trägheit unserer Natur, dieses Unheil der Völker, als Selbsterhaltungstrieb des einzelnen. Er wäre verloren, wenn er sich nicht im permanenten Entsetzen einrichten könnte wie in einem Alltag. Entgegen einer verbreiteten Ansicht ist der Krieg kein Lehrmeister. Andernfalls hätte die gepeinigte Menschheit ihm längst ein Ende gemacht, für immer.

Einiges spricht aber dafür, daß sich im Kriege die vorhandenen Anlagen steigern und bereits vorher erworbene Überzeugungen festigen. Deshalb wird er irrtümlich für schöpferisch gehalten, ja für den «Vater aller Dinge». Er erschafft indessen gar nichts, aber er verändert vieles. In Ausnahmefällen zum Besseren, fast stets zum Schlimmsten.

Jeder mag entscheiden, ob er diese Überlegungen auf sich beziehen will. Der damals Achtzehn- und Neunzehnjährige entsprach ihnen aufs Haar. Er verhielt sich weiter als privilegierter Bürgersohn, er ordnete alles seinem vorgefaßten Ideal vom Abenteuer unter: Mühe und Gefahr, Grausen und selbst eigene Leiden. Erst lange nachher wurde ihm bewußt, was er erlebt hatte. Das bedeutet: In Wirklichkeit hatte er nichts erlebt. Er war nur dabei gewesen. Unwissend speicherte er Stoff für spätere Einsichten auf. Ohne Übertreibung läßt sich sagen, daß seine Entwicklung um Jahre verzögert wurde. Bis heute weiß er nicht, ob sie je eingeholt wurden.

Es begann damit, daß mir ein winziges Kämmerchen zugewiesen wurde. Junker steckte man nicht in Mannschaftsstuben. Daß ich mein Quartier selbst saubermachen mußte, machte eher Spaß. Ein zweiter Aspirant, der ein paar Tage nach mir eintraf, fand es blamabel, vielleicht war er als Kaufmannssohn in Lübeck wirklich unter so großartigen Verhältnissen aufgewachsen, wie er anzudeuten liebte. Wir kamen einander kaum näher.

Oft ist beschrieben worden, daß künftige Offiziere von ihren Ausbildern besonders bösartig geschunden worden seien. Ich kann mich daran nicht erinnern. Das Geschützexerzieren war ein Sport, der Fußdienst natürlich öde. Marschierte ich dreißigmal an einem Unteroffizier vorbei und grüßte durch Anlegen der rechten Hand an die Kopfbedeckung, dann tröstete der Gedanke: Bald wird der mich so grüßen müssen!

Anstrengend war der Stalldienst, dabei konnten wir einen alten Wachtmeister nie zufriedenstellen. Die Hufe der schweren Artilleriegäule mußten sauber ausgeputzt sein, die Striegelstriche der Kardätsche hatten scharfe Muster zu bilden.

«Habt ihr auf eurer Schule nicht gelernt, was eine Parallele ist? Das Pferd ist ein Mensch und will gepflegt werden!»

Zu meinem Glück erwies ich mich als leidlicher Reiter. Vom ungesattelten Roß fiel ich nur zwei- oder dreimal herunter. Den obligaten «Wolf» ritt ich mir allerdings, im Revier wurde eine schauderhafte Salbe eingerieben.

Nach wenigen Wochen durfte ich in ein Privatquartier ziehen, zu einer alten Dame gegenüber der Kaserne. In dem Zimmerchen gab es Bett, Schrank, Waschtisch und viele Zierdeckchen. Hier ließ sich's hausen, wofern ich mich überhaupt da aufhielt. Denn von jetzt ab hatte ich zu allen Mahlzeiten im Kasino zu erscheinen, das weit entfernt in der Stadt lag. Damit begann eine völlig unerwartete Quälerei.

Dreckig vom Exerzieren, machte man sich in Windeseile fein, die Straßenbahn fuhr nur selten, atemlos raste man durch die Straßen und meldete sich stramm an der Tür des Speisesaals: «Fahnenjunker E. bittet, eintreten zu dürfen!»

Er durfte, saß dann unten an der Tafel, von einem Dutzend Augenpaaren kritisch beobachtet. Kein Wunder, daß es nicht schmeckte. Mittags konnte man sich ausnahmsweise mit Dienstpflichten entschuldigen, abends galt keine Ausrede. Da wurde nicht selten bis in die Nacht hinein getrunken, Anlässe dazu gab es immer. Dem Junker wurde zugeprostet, jedesmal hatte er hackenknallend aufzuspringen, das Glas im rechten Winkel vor der Brust. Bald drehte sich alles um einen, verzweifelt dachte man an den Stalldienst, der in fünf, in vier Stunden begann. Zu Anfang wagte ich einmal, daran zu erinnern, und wurde angepfiffen:

«Quatsch! In Ihren Jahren braucht man wenig Schlaf. Prost ex!»

Mit Eifer widmete sich ein blutjunger Leutnant der Junkererziehung. Er war nach schwerer Verwundung halbwegs hergestellt, kaum ein Jahr älter als ich, manche Kameraden riefen ihn Mäxchen. Solche Verniedlichungen waren unter aktiven Offizieren nicht selten, möglicherweise verriet sich dabei eine verdeckte Homoerotik. Kein Reserveoffizier wagte den vertraulichen Necknamen zu verwenden. Mäxchen schärfte uns ein, da müsse auch im Krieg ein deutlicher Abstand innegehalten werden. Er konnte aber recht umgänglich sein. Märsche und populäre Operettenschlager pfiff er mit Begeisterung. Wenn niemand zugegen war, probierte er mühsam ein paar Griffe auf dem arg verstimmten Kasinoklavier. Einmal überraschte ich ihn dabei und erwähnte meine dilettantischen Pianokünste. Das hatte Folgen.

Eines späten Abends traf ein angeheiterter, sonst als Musikus beliebter Reserveleutnant keine Taste mehr. Mäxchen winkte mich herbei, ich hämmerte mein knappes Repertoire herunter. Lärmender Beifall, alles trank mir zu. Mäxchen pfiff neue Melodien, die ich, so gut ich's vermochte, in Harmonien brachte. Darauf allgemeine Bewunderung, ich sonnte mich im Erfolg. Der Stolz verging schnell, als es von da an bei jeder Gelegenheit hieß: «Junker – Klavier!» Hundertmal habe ich meinen Vorwitz verflucht.

Als hätte er mir eine Belohnung zugedacht, wollte Mäxchen mich bald darauf mit in den Puff schleppen. Das verbot der Major mit Nachdruck. Ein paar Tage danach machte ich auf eigene Faust meine erste Erfahrung. Nach 24 Stunden Wachdienst vom Kasino dispensiert, wollte ich ausschlafen. Am Kasernentor stellte sich mir eine magere Blondine in den Weg, sie kam mir bekannt vor und entpuppte sich als Tochter eines Schreibstuben-Sergeanten, dem sie manchmal half. Wie selbstverständlich begleitete sie mich auf meine Bude. Ich wollte Konversation machen, sie fiel förmlich über mich her, höchst erheitert, als sie merkte, daß ein Novize neben ihr lag. Die Überrumpelung enttäuschte mich ungemein. Es kam zu keinem zweiten Zusammensein, traf ich sie, dann lächelte sie spöttisch und ich sah verlegen weg.

Mäxchen war Zeuge einer solchen Szene, fragte nach Einzelheiten, als ich auswich, schnarrte er: «Verstehe. Kavalier genießt und schweigt. In diesem Falle blödsinnig, Dame sozusagen Regimentsbesitz.» Die Blamage bewahrte mich vor neuen Versuchungen, bis auf weiteres. Im Café ließ ich kichernde Mädchen unbeachtet und schlürfte mit ernstem Gesicht zahllose Portionen eines Eisgebräus, das sich «Punsch Romain» nannte.

Handfeste kulinarische Genüsse erwarteten mich alle vierzehn Tage bei der Frau eines im Felde stehenden Obersten, der ein Freund meines Onkels war. Sie bemutterte mich. Erstaunlicherweise wußte sie über politische Vorgänge Bescheid, die im Kasino nie besprochen wurden; so über die russische Revolution, zum erstenmal hörte ich den Namen Lenin. Vor allem war die liebenswürdige Dame musisch angehaucht; als ich zugab, Verse geschrieben zu haben, fand sie das charmant und wollte Proben hören, jedesmal neue Proben. Ich lieferte sie ab, einen dünnen Aufguß von Rilke oder Dehmel. Im Grunde war mir unbehaglich zumute, wenn ich mit dem obligaten Blumenstrauß bei meiner Gönnerin antrat, um mich sattzuessen, sie hatte ihre Verbindungen auf dem Lande. Zum Dank mußte ich meine mühselig gedrechselten Ergüsse vortragen, dabei war ich dann doch recht eitel. Freilich mehr noch auf die Gefreitenknöpfe, die ich im Frühsommer an den Kragen heften konnte, ehe es nach Belgien auf Schieß-Schule ging.

In Beverloo waren die meisten Junker aus anderen Regimentern schon Unteroffiziere. Als minderer Mensch galt ich wenig. Der Dienst war hart, stundenlang zerrten wir die Geschütze durch knietiefen Sand. Täglich wurde scharf geschossen, dabei schnitt ich gut ab. Entfernungsschätzen und Berechnung nach der Karte waren mein Fall.

An jedem Wochenende gab es Urlaub. In den großen Etappenstädten spielten erfahrene Kameraden den Fremdenführer, manchmal sogar in Museen, meist bei ausgefallenen Attraktionen. In Antwerpen mimten zwei fette Damen hitzigen Verkehr mit einem Schäferhund, der enorme Eintrittspreis ärgerte mich. In Brüssel aber traf ich Onkel Paul. Er nahm mich mit in eine *«Egmont»*-Aufführung des Deutschen Theaters. Nachher saßen wir im Vergnügungspalast *Gaîté*, er fand, so etwas müsse ich auch kennenlernen, es sei fast ein Stück Paris. Dorthin würden wir ja kaum noch kommen in diesem Kriege. Er war unverkennbar defätistisch, doch ich hörte kaum hin, mich entzückte der Spiegelglanz des Etablissements, natürlich auch die glitzernde Eleganz der vielen Sirenen. Damit ich keiner von ihnen in die Hände fiel, begleitete der umsichtige Onkel mich bis zum Bahnhof.

Einmal gab es drei Tage Urlaub. Die Westdeutschen fuhren nach Hause, für mich war der Weg zu weit. Ich erwähnte es in einem Brief, überraschend telegrafierte mein Vater, er wolle mich in Koblenz treffen; wie er annahm, die letzte Möglichkeit, ehe ich ins Feld käme. Beim Wiedersehen vergaß ich alle Spannungen, einen Tag lang ging es zu Schiff die Mosel hinauf und herab, ich war bald trunken von Wein und Landschaft. Abends stahl ich mich noch einmal aus dem Hotel, trottete schwankend durch die Straßen, es begann zu regnen. Unter einer zugigen Bahnunterführung fand ich mich unversehens neben einem Mädchen. Sie erwartete gewiß etwas anderes als meine gestammelten Bekenntnisse: Ja, ich sei achtzehn ... Soldat, natürlich ... Aber eigentlich ein Dichter! Ob sie das verstünde? Ein Dichter! Am anderen Morgen schämte ich mich sehr. Nachmittags setzte Vater mich in den Urlauberzug.

In Lüttich gab es keinen Anschluß mehr. Ich traf noch andere Beverlooer, wir zogen auf Abenteuer aus und landeten in der *Cinquième Étage*, einer Bar unterm Dach eines Warenhauses. Ein forscher Stabsarzt lud uns ein, winkte später ein paar bereitwillige Damen an den Tisch und erörterte unbekümmert deren Qualitäten, auch den Gesundheitszustand, den er amtlich zu überwachen hatte.

Mit mir plauderte eine unaufdringliche Dreißigerin, in fließendem Deutsch, über völlig abgelegene Dinge: Was in der Schule meine liebsten Fächer gewesen seien, ob man als Soldat noch Lust und Zeit zum Lesen hätte, Bücher seien das einzig Wahre, das würde ich noch herausbekommen.

Daß die anderen verschwunden waren, merkte ich erst, als die kundige Adlatus mich anstieß: «Marsch ins Bett, sonst versäumen Sie noch Ihren Zug!» Während meine Partnerin voranging, meinte er gnädig: «Sie sind fürs Solide, bravo! Viel Vergnügen!» Das war kaum als Schmeichelei gemeint.

Anni hatte eine gemütliche kleine Wohnung. Zunächst redeten wir unentwegt weiter. Sie war Lehrerin gewesen und in Lüttich hängengeblieben, die Eltern im Rheinland wollten nichts mehr von ihr wissen. Und leben müsse man ja irgendwie ... Dann forderte sie mich auf, den Uniformrock auszuziehen: «Der Knopf da ist locker, du wirst morgen auffallen!» Flink nähte sie ihn fest. Noch immer saßen wir einander gegenüber. Ich war todmüde, sie brachte mich zu Bett: «Wenn du nicht magst, muß es nicht sein ...»

Irgendwann erwachte ich. Sie saß neben mir und sah mich an. Ich wollte sprechen, sie legte mir die Hand auf den Mund. Dann umarmte sie mich, zärtlich, zutraulich, diesmal war ich nicht im mindesten verschreckt. Die Wachtmeistertochter hatte es nie gegeben, sogar die Kissenschwester war vergessen, alles war gut und richtig. Schwer riß ich mich los, sie mußte mich mahnen. Sehr bestimmt lehnte sie es ab, Geld zu nehmen. Im letzten Augenblick steckte ich hastig einen Schein unter das Kopfkissen, wenn sie es sah, schwieg sie aus Takt, dessen bin ich sicher. Unser Abschiedskuß war lang und schmerzlich.

Im Zug saß ich, vollkommen glücklich, die unflätigen Prahlereien der anderen hörte ich kaum.

Nach Abschluß des Schießkursus wurde ich in Erfurt zum Unteroffizier befördert, bekam einen kurzen Urlaub nach Hause, dann endlich war es soweit.

Im September hatte ich ein Dutzend Ersatzleute ins Feld zu bringen, alle waren älter als ich, mancher hätte mein Vater sein können. Offensichtlich nahmen sie mich nicht ernst. Ich war entschlossen, mir an der Front Respekt zu verschaffen. Dies und nichts anderes bestimmte mein Verhalten. Sieben Monate lang, bis zu meiner Verwundung.

Das Regiment lag gegenüber von Arras, hier war es ruhig. Weit im Norden war Tag und Nacht das Grollen der Flandernschlacht zu hören. Bei uns wurde kaum geschossen. Leutnant von Brunn, der Batterieführer, lächelte mokant über meinen Tatendrang und teilte mich gleich in der ersten Nacht als Grabenwache ein. Jede grellweiße Leuchtkugel ließ mich hoffen, nun würde eine rote folgen, das hieße Alarm. In der Ferne ratterten Maschinengewehre. Sonst geschah nichts. Nachher zum Schlafen in den tiefen Unterstand, sieben Meter Erde über mir drückten auf den Atem. Morgens juckte der ganze Körper, die Läuse blieben monatelang. Ich nahm sie mit nach Flandern, wohin wir bald darauf kamen.

Aus den Heeresberichten waren mir die Namen Poelkapelle und Paschendaele vertraut, erwartungsvoll stapfte ich durch die im Schlamm versunkenen Trümmer der berühmten Dörfer. Doch eben ebbte die britische Offensive vorübergehend ab. Unser Heldentum bestand aus fortwährendem Kampf mit dem Wasser, das dicht unter dem Boden stand. Flandern war ein Sumpf. Unterstände gab es hier nicht, auf rutschigen Pfahlrostwegen balancierte man durchs Trichtergelände. Einzelne Granateinschläge warfen Dreckfontänen auf.

In Cambrai aber, nahe dem von uns verlassenen Frontabschnitt, überrannten die Engländer die deutschen Linien. Neuartige Ungetüme, Tanks genannt, gewannen Gelände, das im Gegenstoß zurückerobert wurde. Die ganze Batterie war zufrieden, dem Schlamassel entgangen zu sein, selbst von Brunn stimmte zu. Nur ich wäre gern dabei gewesen, ich sagte es offen. Unteroffizier Meyer, ein alter Fronthase mit beiden Eisernen Kreuzen, winkte ab: «Ganz schön verrückt bist du. Das gibt sich. Abwarten!»

Dieser Meyer, ein untersetzter, munterer Mensch von Ende Zwanzig, gefiel mir dennoch. Er gab nützliche Ratschläge. Oft hockten wir auf einer Lafette und diskutierten. In Petrograd war eine neue Revolution ausgebrochen, vielleicht ginge es im Osten zu Ende? Dann käme sicher bald auch bei uns die Entscheidung, meinte ich. Er zuckte die Achseln: «Vielleicht. Wenn es dafür nicht zu spät ist ...» Obwohl mich solche Bemerkungen ärgerten, freundeten wir uns rasch an. Dann wurde ich in die vorderen Linien abkommandiert, als Leiter der Beobachtungsstelle.

Mit zwei Meldegängern saß ich am Rande des Houthulster Waldes, der nur noch ein Gewirr zersplitterter Baumreste war. Eifrig zeichnete ich Ansichtsskizzen der weiten Ebene vor mir, markierte mögliche Zielpunkte und verglich sie mit der Karte. Die topographischen Leistungen wurden vom Batterieführer gelobt, was mir wohltat. Nach und nach verstärkte sich das gegnerische Feuer, unser Telefondraht mußte oft geflickt werden. Ich kam mir wichtig und gefährdet vor. Meine Leute waren weniger begeistert.

Einer von ihnen fragte irgendwann, weshalb ich das Scherenfernrohr immer so merkwürdig verstellte. Da erst merkte ich, was mir noch nie aufgefallen war: Mein linkes Auge ist stark kurzsichtig. Ich forderte den Entdecker energisch auf, über diesen Makel den Mund zu halten, und bot ihm Schnaps an, den hatten wir überreichlich in den Feldflaschen, als Mittel gegen Rheuma.

Auch in der Batteriestellung, wo ich dann wieder Geschützführer war, herrschte ständig eine alkoholisierte Stimmung. Mit Meyer verstand ich mich immer besser. Vor ihm spielte ich mich nicht mehr so läppisch auf. Ein hohler Backenzahn machte mir Beschwerden, Meyer untersuchte ihn und versprach, ihn nächstens im Ruhequartier zu ziehen, so erfuhr ich seinen zivilen Beruf. Es kam nicht mehr zu dem hilfreichen Eingriff.

Denn im Morgengrauen, von einer Minute zur andern, brach überraschend das britische Trommelfeuer los, furchtbarer als ich es mir je vorgestellt hatte. Ringsum wuchsen die Schlammfontänen auf, Granatsplitter klirrten gegen unsere Geschütze, es gab sofort Verluste.

Wir schossen nach längst festgelegten Zielen, die Rohre wurden heiß. Der Tag kam, doch es blieb dunkel, dichte Rauchschwaden umgaben uns, Mund und Augen waren von Dreck verklebt. Meyer nickte mir grinsend zu, als wollte er sagen: Nun bist du wohl zufrieden ... In Wahrheit hatte mich mein Hochmut gründlich verlassen. Doch das ging vorüber, ich wiederholte im stillen wie eine Beschwörung die Formel: Mir wird nichts passieren!

Während des ganzen Tages ging das so weiter. Gegen Abend kamen immer mehr erschöpfte Infanteristen vorüber. Sie schleppten Verwundete zurück. Einer rief: «Sie sind durch!» Brunn brüllte: «Schnauze halten!» Aber kurz danach gab er Befehl, die Stellung zu räumen.

In der sinkenden Dämmerung hastete alles auf den Lattenwegen zurück. Es entstand ein unübersichtliches Gedränge. Plötzlich fiel mir ein: Jetzt oder nie! Das ist die große Gelegenheit! Unauffällig blieb ich hinter den anderen zurück. Nun war ich allein und kehrte um zu meinem Geschütz. Ich setzte mich auf die Lafette. Immer mehr Infanteristen kamen vorbei. Gewehrfeuer näherte sich, mich erfüllte nun wieder eine wilde, vollkommen unsinnige Zuversicht. Es wurde Nachmittag, Abend. Stoßtrupps rückten zum Gegenangriff vor, mich trafen verwunderte Blicke. Ich war auf einmal todmüde, ließ mich in den Schlamm fallen, schlief auf der Stelle ein. Mitten in der Nacht wachte ich davon auf, daß es ganz ruhig geworden war. Ich mußte mich besinnen, wo ich mich befand, dann fiel mir mit jähem, herrlichem Schreck ein: Du bist ein Held!

Als einziger war ich nicht geflohen, hatte die Stellung gehalten, ich würde belobt werden, vielleicht befördert und ausgezeichnet. Leutnant von Brunn konnte stolz auf mich sein.

Gegen Morgen kam er mit allen anderen zurück. Ich meldete mich mit strahlendem Gesicht. Er sah mich von oben bis unten an und sagte eisig:

«So, Sie leben? Wir dachten, es hätte Sie erwischt. Ist Ihnen klar, daß Sie einen Befehl nicht befolgt haben? Darüber reden wir noch. Los – an Ihr Geschütz!»

Ich war aus allen Himmeln des Ruhms gestürzt. Rings lauter schiefe Blicke, auch Meyer schüttelte nur stumm den Kopf. Mir war hundeelend zumute.

Das feindliche Feuer setzte wieder ein. Wir bekamen Munitionsnachschub, schossen verbissen auf irgendwelche Ziele, alle paar Minuten mußte die Entfernung verringert werden, vorn war der Kampf in vollem Gange. Plötzlich warf eine betäubende Detonation mich meterweit fort. Ich war unverletzt, zwei meiner Kanoniere schwer verwundet. Ein Rohrkrepierer hatte mein Geschütz aufgerissen, die Mündung sah aus wie eine stählerne Blume. Tagelang blieb ich halb taub. Tags darauf rückten wir in Ruhestellung ab. Kaum in dem zerbombten Dorf angekommen, erschien ein Meldegänger und überbrachte den Befehl: Zum Abteilungsführer!

Brunn stand neben dem Major. Der teilte mir in schroffem Ton mit, meine Beförderung zum Fähnrich sei bis auf weiteres zurückgestellt. Der Grund sei mir wohl klar? Ich hörte das wie durch einen dicken Vorhang, aber ich riß mich zusammen und sagte möglichst zackig: «Zu Befehl!»

Verbissen nahm ich mir vor, mich bei der ersten Gelegenheit besser zu bewähren. Ich glaubte mich entlassen, doch der Major kniff die Augen zusammen: «Noch was. Ich höre, Sie stecken dauernd mit diesem Juden zusammen. Kein Umgang für einen Junker, verstanden? Wegtreten!»

Das traf mich unerwartet. Nie hatte ich mich darum gekümmert, ob jemand Jude sei. Und nun diese schnöde Ächtung meines guten Kameraden Meyer, meines heimlichen Vorbildes! Sofort wollte ich zu ihm, der kranke Zahn war ein Vorwand, das Verbot zu umgehen, natürlich war es ein Verbot.

Ich traf ihn nicht an. Dann sah ich ihn nur noch einmal. In der kommenden Nacht wurden wir überstürzt alarmiert, tappten durch die Finsternis nach vorn. Kaum waren wir in Stellung, kam ein Volltreffer. Eben noch hatte Meyer schattenhaft zehn Meter neben mir gestanden. Im fahlen Qualm der Detonation verschwand er mit seinen Leuten.

Formlose blutige Klumpen im Schlamm, das war mein Freund gewesen. Wir trugen die Überreste in einer Zeltbahn zusammen. Später wurden sie irgendwo verscharrt. Der Leutnant sprach ein paar würdige Sätze. Mir nickte er zu, als wolle er zu verstehen geben: Ich weiß, was in Ihnen vorgeht.

Aber das wußte ich selber nicht. Ich dachte nur: Zu spät ... Und zugleich war ich erleichtert, weil ich nichts mehr zu entscheiden brauchte. Ein schäbiger Gedanke, er machte mich schuldbewußt. Ich zog mich mürrisch und schweigsam von allen zurück.

Dieser Zustand hielt noch an, als wir kurz vor Weihnachten endgültig abgelöst wurden. Fast die halbe Batterie war gefallen oder verwundet. Das Fest erlebten wir in Brügge. In einem noblen Kasino wurde bei Austern und Chablis gefeiert. Niemand toastete mir zu, ich kam mir wie verfemt vor. Nur ein neu eingetroffener Reserveleutnant, ein Kunsthistoriker, gab sich mit mir ab. Er führte mich in Kirchen und Patrizierhäuser, um mir Verständnis für die flämische Malerei beizubringen. Auch das hörte plötzlich auf, man hatte ihm wohl einiges über mich gesagt. Auch damit fand ich mich ab und redete mir ein, die freundliche Belehrung sei mir nur lästig gewesen.

Bald nach dem Jahreswechsel rückte unser Regiment ab nach Tourcoing nahe von Lille. Rekruten füllten die Lücken auf. Es wurde in größerem Verbande exerziert, lange Ausmärsche drillten uns für den kommenden Bewegungskrieg, denn auf einmal redete alles von einer großen Frühjahrsoffensive. Im Osten sollte es Friedensverhandlungen geben. Optimismus brach aus; wenn erst alle Verstärkungen aus Rußland da wären, würde es zur Entscheidung hier im Westen kommen. Auch mich steckte diese Siegeszuversicht an. Peinlich waren mir manche Prahlereien, die ich früher kaum beachtet hätte, und ganz besonders öde Witze über ein Lazarett für Geschlechtskranke, das nah bei unseren Quartieren lag.

Überraschend wurde ich zum Regimentskommandeur befohlen, den ich kaum kannte. Ich erwartete eine neue Demütigung. Doch der Oberstleutnant empfing mich mit sichtlichem Wohlwollen. Der Grund war ein Brief meines Onkels Fritz, der jetzt Chef des Stabes einer Armeegruppe war. Er wünschte meinen Besuch, das machte Eindruck, umgehend erhielt ich Urlaub, respektvolle Grüße wurden mir mit auf den Weg gegeben.

Ein Auto holte mich ab, nach ein paar Stunden wurde ich unweit von Marcoing vor einem Schloß abgesetzt, das mitten in einem gepflegten Park lag. Der Onkel begrüßte mich herzlich. Ich schwieg über meine Kümmernisse und spielte mit Erfolg das wackere Frontschwein. Abends an der langen, reich gedeckten Tafel sah ich verdutzt das feine Porzellan, die schweren silbernen Bestecke. Das Menu war sorgfältig mit Tusche auf eine kleine Marmorsäule gemalt. Der Kontrast zu den vergangenen Monaten konnte nicht größer sein.

Seine Exzellenz, der Armeechef, begrüßte mich gönnerhaft, als erster trank er mir zu, alle die Obersten und Majore taten es ihm nach. Rasch versank alles, was mich bedrückt hatte, mein Selbstbewußtsein wuchs ins Ungemessene. Es verstärkte sich noch am anderen Morgen, nach einer köstlichen Nacht im breiten Daunenbett. Der Onkel nämlich nahm mich mit an die Front, so drückte er es aus, um mir das Gelände der berühmten Tankschlacht vom Herbst zu zeigen. Es lag ungefähr so weit hinter den Kampflinien wie unsere Ruhestellung in Flandern. Ich riskiere eine vorwitzige Bemerkung. Er lachte und, wahrhaftig, er seufzte:

«Ja, du erlebst etwas ... Ich bin zu alt in diesen Krieg gekommen. Unsereiner muß ja den Überblick behalten. Ihr da vorn könnt unmöglich die großen Zusammenhänge erfassen ...»

Ich beeilte mich, zu versichern, daß mir das völlig einleuchte.

Nachher, im Schloß, schlug er unvermittelt einen ernsten Ton an. Es sei ihm da einiges über mich zu Ohren gekommen, darüber sei zu reden, ich sollte nun mal frisch von der Leber weg berichten. Das tat ich auch, den toten Freund Meyer erwähnte ich nur obenhin. Der Fall war meinem Onkel nicht wichtig. Daß ich auf eigene Kappe bei meinem Geschütz geblieben war, schien ihm gar nicht übel zu gefallen. Nur sei ich für solche Wagestücke zu unerfahren. Die Sache könne natürlich ausgebügelt werden, dazu gebe es nun bald eine Chance. Ich verstand sofort, er meinte die kommende Offensive. Er nickte:

«Sie wird alles entscheiden. Werde nicht ungeduldig, wenn ihr da oben nicht als erste dran seid. Eure Stunde kommt auch noch. Darüber kein Wort! Zu niemandem! Das bitte ich mir aus!»

Ich kam mir ungemein eingeweiht vor. Abends brachte das Stabsauto mich nach Tourcoing zurück. Von da ab erfüllte ich mit doppeltem Eifer meine Pflichten. Mein Ausflug hatte offenbar Eindruck gemacht. Anfang März wurde ich unerwartet Fähnrich und hatte als Zugführer nun zwei Geschütze zu befehligen. In diesen Tagen begann weit südlich von uns die erwartete Offensive, nach anfänglichen Erfolgen blieb sie vor Amiens stecken. An unserem Abschnitt wimmelte es von Truppen. Wir zogen hin und her. Der verrottete Zahn meldete sich wieder, ich hockte auf meinem Gaul und zog verzweifelt an einer Zigarre, um den Schmerz zu übertäuben. Nur jetzt nicht schlappmachen!

Am Morgen des 9. April wurde ich zur angriffsbereiten Infanterie nach vorn abkommandiert, als Verbindungsoffizier, die Bezeichnung ließ mein Herz höher schlagen. Was ich dann erlebte, war wenig sensationell. Nach einem kurzen, heftigen Feuerschlag hatte jeder Widerstand beim Gegner aufgehört. Unsere Angriffswellen gingen rasch durch tiefliegendes, überschwemmtes Gelände vor. Ich konnte nur hinterherlaufen. Die ersten Gefangenen kamen in Trupps vorbei. Allgemeines Hallo, es waren Portugiesen. Die drüben mußten am Ende sein, wenn sie schon Hilfsvölker aus aller Welt zusammenholten! Bei uns gab es so gut wie keine Verluste, übermütige Stimmung verbreitete sich, als hätten wir einen Spaziergang zum Ärmelkanal angetreten.

Ich war enttäuscht, als ein Meldegänger mich zur Batterie zurückbeorderte. Die war inzwischen abgerückt, einer wartete mit meinem Pferd. Stundenlang ritt ich suchend umher, zwischen endlosen Kolonnen. Es regnete. Der Zahnschmerz wurde wieder unerträglich, Tränen liefen mir herunter, noch nachher, als ich mich bei Brunn meldete.

Er lachte: «Armes Schwein! Bis Calais müssen Sie jetzt durchhalten, da lassen wir das Biest ziehen!»

In den beiden folgenden Tagen ging es nur langsam weiter. Die Offensive geriet ins Stocken, das feindliche Artilleriefeuer nahm zu. Am Nachmittag des 12. April protzten wir auf freiem Felde ab, bei dem kurz zuvor eroberten Dorf Neuve Chapelle. Brunn versammelte uns Portepeeträger und gab bekannt, wir würden auf Anforderung die Infanterie unterstützen müssen, die auf einer vor uns liegenden Höhe in ein Gefecht mit Kanadiern verwickelt war.

Wir würden direkt feuern, auf Sicht, das hatten wir im Stellungskrieg nie erlebt. Es kam dann nicht dazu, Freund und Feind verschwanden drüben hinter dem Hügelkamm. Bei uns trat Ruhe ein. Ich sah rechts von uns eine niedrige Anhöhe und erfuhr, das sei der lange und erbittert umkämpfte Kemmel, jetzt war er in deutscher Hand.

Kanadische Gefangene wurden abgeführt, heitere, wohlgenährte Burschen, unsere Leute machten neidische Bemerkungen. Kurz darauf konnten sie sich trösten, es wurde bekannt, daß sich im Ort eine britische Kantine befände. Von jedem Geschütz durfte einer hingehen. Sie kamen nicht zurück, ich wurde zur Kontrolle nachgeschickt und geriet in eine wüste Szene. Die an schlichte Rationen gewöhnten Landser hatten fabelhafte Schätze entdeckt, Weißbrot, Berge von Konserven. Der Milchkakao in einem Kessel war noch lauwarm, um den kümmerten sie sich nicht, auch Whisky fand keinen Liebhaber, Schnaps hatten wir selber genug. Aber die Büchsen mit Cornedbeef und köstlicher Marmelade wurden mit dem Bajonett aufgebrochen, alles wurde gekostet, das meiste flog weg. Die Verschwendung ärgerte mich, die Gierigen waren nicht zu stoppen, endlich konnte ich die Beute sichern. Säcke voller Leckerbissen wurden zu den übrigen Wartenden geschafft, die Verteilung begann.

Im Abendlicht hockten zwanzig, dreißig Männer rings um mich, hielten Kochgeschirre und Mützen hin, ich kam mir wie der Weihnachtsmann vor. Wir müssen einen seltsamen Anblick geboten haben. Plötzlich rief jemand: «Engländer! Dort drüben!»

Deutlich waren auf der Höhe gegenüber zwei Kanonen zu sehen. Wo steckte unsere Infanterie? Da war etwas schiefgelaufen. Laute Kommandos: «An die Geschütze. Entfernung zwanzighundert!»

Da heulte die Salve heran. Der Gegner schoß direkt.

Ich wurde durch die Luft gewirbelt, wie damals bei dem Rohrkrepierer. Irgendwo schlug mein Kopf hart an. Ich war benommen, rappelte mich hoch, wollte mich aufrichten. Die Hand griff in etwas Nasses. In mein eigenes Blut.

Meine erste Empfindung: Maßloses Erstaunen. Es hat mich also doch erwischt. Kann nicht schlimm sein. Nicht der mindeste Schmerz. Nur der Schädel dröhnt. Rings um mich aber liegen Tote und Schwerverletzte. Schreie: Sanitäter! Niemand ist da. Wer heile Knochen hat, ist hinter die Häuser gerannt. Neue Einschläge. Dann jäh völlige Stille. Nur das Jammern und Rufen.

Endlich kommen die Helfer. Auch zu mir. Immer noch keine Schmerzen. Ich sage: «Muß ein Kratzer am Arsch sein ...»

Der Sanitäter macht ein zweifelndes Gesicht, deutet auf meinen rechten Fuß. Der Reitstiefel ist aufgerissen, das Blut strömt heraus. Als er das Leder herunterschneidet, verliere ich fast die Besinnung, so teuflisch brennt plötzlich alles da unten. Zähne zusammenbeißen. Mullbäusche werden auf Spann und Sohle gepappt, Binden darumgewickelt. Die Hose runter, auch zwischen die Beine kommt ein dicker Verband. Mir wird mulmig zumute. Ich komme zu mir, alles schwankt um mich. Verständlicherweise, ich bin in eine Zeltbahn eingeknöpft, zwei Kanadier tragen sie an einer hindurchgesteckten Stange, Kopf und Füße ragen heraus, sie versuchen, nicht anzustoßen.

Aber in einer Mulde legen sie ihre Last hastig ab und rennen weg. Ich schmecke etwas Süßliches. Verdammt – Gas ... Die Maske hängt noch um den Hals, verzweifelt krame ich das Gummiding heraus, stülpe es über den Schädel. Habe ich schon von dem Zeug geschluckt? Mir wird übel vor Angst. Dann nichts mehr.

Auf dem Verbandsplatz erwache ich, jemand stößt etwas Stumpfes ins Fleisch, Tetanusspritze, fühlt sich an wie das unangespitzte Ende eines Bleistifts.

«So. Eine ordentliche Portion, besser ist besser. Die Lösung wird immer wäßriger ...»

Der junge Feldarzt erklärt mir alles. Glatte Durchschüsse, am rechten Hintern und von oben nach unten durch den Fuß. Schwein gehabt. Dabei wühlt seine Sonde in der rechten Sohle, Messer in der Butterdose, die Schmerzen überschwemmen mich. Sie hören von da an keinen Augenblick mehr auf.

Zwei Tage im Schulhaus von Estaires. Alle paar Stunden die Morphiuminjektion. Ich höre dröhnenden Lärm, den träume ich nicht, durchs Fenster sehe ich Häuser im feindlichen Artilleriebeschuß zusammenstürzen. Alles egal. Nur hier heraus.

Endlich im Sanitätsauto, über löcherige Trichterstraßen. Zu viert liegen wir in dem schaukelnden Kasten. Einer unter mir brüllt ununterbrochen. Hodenschuß. So wäre es auch mir ergangen, wenn der Splitter um ein paar Grad weiter rechts getroffen hätte. Oder links? Wieviel Grad? Darüber kann man phantasieren.

In Lille ist eine große Markthalle mit Stroh ausgelegt. Notlazarett. Alle Dienstränge durcheinander. Kein Arzt. Keine Verpflegung. Nur zwei kleine französische Mädchen steigen vorsichtig über die Leiber hinweg. Die Kleinere schleppt sich mit einer Kanne ab, die Ältere schenkt etwas in eine Schale und bietet überall an. Gleich werden sie bei mir sein. Erst noch mein Nachbar. Gierig streckt er den Arm aus, greift zu. Und fällt lautlos vornüber aufs Gesicht. Braune Flüssigkeit rinnt über den Boden. Die Jüngere kreischt auf, stellt die Kanne weg, läuft davon. Die andere scheint unschlüssig, sie blickt mich an, als wolle sie um Hilfe bitten. Ich versuche ermutigend zu lächeln. Sie nickt mir mit ernstem Gesicht zu, wie zur Bekräftigung eines Entschlusses. Behutsam nimmt sie das Gefäß aus der regungslosen Hand, wischt es mit dem Rockzipfel aus, schenkt ein und reicht mir zu trinken. Etwas Lauwarmes,

Unbestimmbares, vielleicht Malzkaffee. Sie geht weiter. Ich denke: Dies, dies wirst du nie vergessen ... Dann treibe ich fort auf dem Fiebermeer.

Nacht. Bahnhof. Stundenlang liege ich auf der Bahre. Der überfüllte Lazarettzug nach Essen fährt ohne mich ab. Gegen Morgen in einer ratternden Straßenbahn weiter. Nach Tourcoing. Sie tragen mich in ein Haus, das kenne ich doch, die Tripperbude, natürlich! Geräumt für die unerwartet zahlreichen Verwundeten. Hoffentlich haben sie die Wäsche gewechselt. Na wenn schon, ist auch egal.

Ich liege auf dem Operationstisch, die vereiterten Verbände lösen sich schwer ab. Ein Arzt, zwei Schwestern. Narkose. Durch die Maske träufelt Äther. Oder ist es Chloroform? Schmeckt abscheulich.

Ich habe den Eindruck, mit dem Kopf nach unten aufgehängt zu sein. Wüste Gestalten schlagen mit Gewehrkolben auf mich ein. Dann nichts mehr.

Spät in der Nacht komme zu mir. Das rechte Bein hängt hoch über mir in einer Schlinge. Neben dem Bett ein junger Kaplan. Auch das noch, denke ich. Er spricht mich an, frisch, heiter:

«Na, wieder dem Leben zurückgegeben? Sie haben's nun hinter sich. Für Sie ist der Krieg zu Ende.»

Mir fällt als erstes ein: Ob ich noch Leutnant werde? Fragend deute ich auf das schwebende Gebilde. Er lächelt beruhigend:

«Halb so schlimm, mein Freund. Man kann auch mit einem Fuß ganz gut weiterleben!»

Das ist es. Meinetwegen. Es berührt mich überhaupt nicht. Aber durstig bin ich. Als der Geistliche fragt, ob er irgend etwas für mich tun könne, sage ich nur: Mineralwasser! Er zögert, frisch Operierten ist das streng untersagt. Ich rede auf ihn ein. Kotzen würde ich bestimmt nicht. Er solle sich einen Ruck geben. Lauter solche banalen Sätze. Tatsächlich holt er eine große Flasche Selterwasser, ich trinke sie gleich halbleer, nichts passiert. «Na sehen Sie!» Er lächelt: «Andere Wünsche haben Sie nicht? Wollen wir ...»

Ich unterbrech ihn: «Beten? Nein. Ich will Sie nicht kränken. Es wäre fein, wenn wir noch ein bißchen reden könnten. Was Sie wollen. Auch über Religion, das möchten Sie doch?»

«Sie nicht?»

«Ich glaube – nein.»

Der junge Priester ist zu gescheit, oder zu fromm, um das Thema auch nur mit einem Wort zu berühren. Dennoch bleibt er auf unmerkliche Weise seinem Amt treu, als wir weiter miteinander sprechen, ich bemerke das sehr wohl, es macht mir Vergnügen. Wir unterhalten uns über Tiere, Blumen, über das Sonnensystem. Auch über Frauen, er ist der erste, dem ich von Anni erzähle, es wundert ihn nicht. Es scheint ihn zu beschäftigen, daß ich den Krieg als etwas Selbstverständliches hinnehme. Für ihn ist er ein Teil unserer Erbsünde, er lächelt, als ich dazu nur die Achseln zukke. Dann sind wir bei Thukydides und Horaz. Er ist gebildet und sehr human. Seit dieser Nacht werde ich eine heimliche Vorliebe für Gespräche mit intelligenten Klerikern behalten. Zuletzt bin ich es, der sozusagen versuchsweise das Wort Gott ausspricht. Er, sehr ernst:

«Das sollten Sie bleiben lassen. Sie wissen nichts von ihm, oder noch nichts. Manche lernen ihn spät kennen. Wenn es Ihnen so ergeht, werden Sie sich vielleicht meiner erinnern ...»

Beim Abschied nahm er, eine liebenswürdige Geste, die geleerte Flasche mit, um mir Ärger zu ersparen.

Morgens erschien ein Arzt. Er war mit meinem Zustand zufrieden. Ganz nebenbei erfuhr ich, daß ich noch beide Füße hätte. Sehr erfreulich.

«Wir haben die Sohle auseinanderlegen müssen. Von nun an werden Sie als eine Art Zweihufer herumlaufen.»

«Ich kann gehen wie ein normaler Mensch?»

«Selbstverständlich.»

«Und ich kann wieder an die Front?»

«Mal sehen. Geduld müssen Sie haben, der Fuß wird Monate brauchen. Die andere Sache, da hinten, die werden Sie bald vergessen haben.»

Ein Irrtum, wie sich zeigen sollte. Ich ließ mich beruhigt zurückfallen, ein einziger Gedanke erfüllte mich: Ich werde doch noch Leutnant werden!

Die knabenhafte Hoffnung auf zwei schmale Achselstücke half über bittere Monate hinweg, die bevorstanden.

Die Verluste stiegen unerwartet an, jedes Bett in Frontnähe wurde gebraucht, wer halbwegs transportfähig war, kam in die Heimat. Zwei Wochen später lag ich im Offizierswagen eines Lazarettzuges. Ein junger Oberleutnant, kokette Husarenverschnürung am Waffenrock, machte den Spaßvogel. Er konferierte über seinen Bauchschuß, von dem er nichts spüre. Da durfte ich nicht klagen, jeder Schienenstoß stach in den immer noch hochgelagerten Fuß.

Der Stationsname Rüdesheim elektrisierte den Witzbold. Er rief nach der Ordonnanz, niemand kam. Er wälzte sich aus dem Bett, wankte hinaus, kam mit zwei Flaschen Wein zurück. Eine trank er selbst, die andere ging reihum. Eine Stunde später war er tot.

Abends wurden wir in Offenbach ausgeladen. Wieder ging es in eine Schule, bis gestern lagen hier Seuchenkranke, Hals über Kopf war sie ausgeräumt worden. Um mich kümmerten sich zwei eifrige Hilfsschwestern. Sie hatten gelernt, jeder Typhusverdächtige müsse erst einmal gebadet werden, der Läuse wegen. Ich beteuerte, keine mehr zu haben. Sicher ist sicher, lachten sie. Als sie meine Verbände sahen, stutzten sie, legten mich dann doch sehr behutsam in das heiße Wasser. Sofort färbte es sich feuerrot, ich fühlte, wie das Blut aus mir herausschoß.

Ich war zu schwach, um etwas zu sagen, aber ich dachte völlig klar: Der alte Seneca hat recht, so stirbt sich's leicht ... Das wollte ich durchaus nicht. Aber das Gymnasium lag erst ein Jahr zurück, der Einfall war begreiflich. Die beiden schrien um Hilfe, das hörte ich noch.

Schwarzes, samtenes Nichts. Zwölf Stunden oder vierzehn war ich nicht mehr am Leben.

Eine unsinnige Behauptung, ich weiß es wohl. Ich lebte ja weiter. Doch ist mir vollkommen sicher: Damals habe ich so viel vom Tode erfahren, wie uns möglich ist.

Ich erlebte das Nichts. Um so genau wie möglich zu sein: Ich erlebte nichts mehr. Ein wunderbarer, endgültiger Zustand. Wenn das eine Täuschung ist, dann blieb es jedenfalls die wichtigste, die mir jemals widerfuhr. Sie hat mich für immer verändert. Ohne allen Hochmut sage ich, daß ich durch jene Stunden die Furcht vor dem Nichtmehrsein verlor. Ich gewann eine Sicherheit, die sich später in mehr als einer Lage erproben sollte. Heute, da ich alt geworden bin, erwarte ich mit ruhiger Neugier das Ende des Experiments.

Die Rückkehr ins Bewußtsein war schmerzhaft, erschreckend, enttäuschend.

Sie hatten eine Kochsalzlösung in die Adern gespritzt. Bluttransfusionen waren damals noch selten, jedenfalls wurden sie in diesem Lazarett nicht angewendet. Wie sich zeigte, stand es dort überhaupt nicht zum besten. Nach kurzer Zeit war das rechte Bein bis zum Knie vereitert. Die Ärzte erörterten bei den Visiten, ob amputiert werden müsse, ihre lateinischen Fachausdrücke waren nicht mißzuverstehen. Ich war entschlossen, mich zu wehren. Und diesmal tat ich das Nächstliegende, ich alarmierte meinen Vater. Er kam, hatte alles für eine Überweisung nach Leipzig Nötige veranlaßt und nahm mich sofort mit.

Die Bahre stand in einem Güterwagen, er saß neben mir. In Weimar erschien auf dem Bahnsteig einer seiner Freunde und Patienten, Geheimrat Max Martersteig, Intendant der Leipziger Städtischen Bühnen. Er stieg zu uns und begrüßte mich schwungvoll als jungen Helden. Daß ich wenig Lust hatte, über Krieg und Sieg zu plaudern, schien ihn zu überraschen. Nach wie vor war mir jeglicher Patriotismus fremd. Vergnügliche Anekdoten aus dem Theaterleben gefielen mir besser, vor allem aber boshafte Schilderungen über den Umgang mit schwierigen Autoren. Die Begegnung blieb lange in meiner Erinnerung lebendig.

Ich kam in einen Saal mit fünfzehn oder zwanzig Betten, in den folgenden Wochen wurde der Fuß noch mehrmals operiert. Das Austamponieren der Sohle war eine grauenhafte Schinderei, zwei Mann mußten mit aller Kraft das Bein festhalten. Aber die Heilung ging voran. Um die vernarbten Wunden zwischen den Schenkeln kümmerte man sich nicht mehr.

Feierlich wurden mir im Bett EK und Verwundetenabzeichen überreicht, ein Brief meines Batterieführers hatte beides schon angekündigt. Im Sommer konnte ich vorsichtige Gehversuche machen.

Zu ambulanter Behandlung entlassen, spielte ich zu Hause den verwundeten Krieger mit dem gleichen heimlichen Genuß wie einst den Verbrecher. Die Mutter sah ich selten, es ging ihr nicht gut. Vater nahm mich gern zum Essen mit ins Hotel *Deutsches Haus*, wo auf der Speisekarte rar gewordene Dinge standen; auch die entpuppten sich häufig als phantasievolle Ersatzprodukte. «Saatvogel mit Berner Tunke»: eine gebratene Krähe, die Sauce Béarnaise hatte man patriotisch entwelscht, sie war zusammengerührt aus Eipulver und Essig.

In diesen Sommermonaten las ich viel. Eine bedeutsame Entdeckung verdankte ich Nietzsche, der die Bekanntschaft mit Stendhal «einen der schönsten Zufälle meines Lebens» nennt. Ich geriet zuerst an die *‹Kartause von Parma›*, dann verschlang ich jede Zeile der achtbändigen Diederichs-Ausgabe und war hingerissen. War die Nietzsche-Lektüre ein kecker, nicht sonderlich folgenreicher Griff in den Giftschrank der Literatur gewesen, so ließ sich die hemmungslose Bezauberung durch den großen Egoisten mit dem Rausch eines jungen Mannes vergleichen, der unversehens in einen Keller voll schwerer Weine gerät. Ich war trunken vor Begeisterung.

Und natürlich entdeckte ich aufregende Parallelen: Den verbissenen Haß des jungen Beyle gegen seinen Vater, die leidenschaftliche Neigung zur Schwester Pauline, wie inständig wünschte ich mir noch immer solch eine Vertraute! Auch machte es mir außerordentlichen Eindruck, wie nüchtern dieser Autor Welt und Menschen beobachtet, wie er seine stärksten Empfindungen zugleich präzise protokolliert und romantisch genießt.

Immer wieder dachte ich: So müßtest du schreiben können! Die vage Vorstellung spukte gelegentlich in mir, irgendwann so etwas wie ein Schriftsteller zu werden. Leider bestärkte mich Stendhals Vorliebe für heroische Charaktere in meiner eigenen Heldenpose. Viel später erst las ich den Bewunderten kritisch, distanzierend; doch blieb ich ihm treu, über alle Wechselfälle des Lebens hin, bis heute.

Ein paarmal besuchte ich Hellmut. Ihn hatte es schlimmer als mich getroffen. In Rumänien war er, beim Vorgehen durch ein Kornfeld, in eine russische Maschingewehrgarbe gelaufen. Beide Beine wurden zerschmettert, nach vielen Operationen lag er noch immer fest. Er wußte, daß er ein Krüppel bleiben würde. Ruhig erwog er Zukunftspläne, er wollte Geschichte studieren. Mir riet er, gleichfalls an später zu denken. Der Krieg könne nicht mehr gewonnen werden, was nachher komme, wisse niemand. Ich schob solche Überlegungen beiseite und fand: Er hat gut reden, er ist immerhin Leutnant ...

Diese Chimäre beherrschte mich weiter. Sonderbarerweise hing ich überhaupt nicht am Offiziersberuf, nie sah ich mich als Hauptmann oder Oberst. Nur die nächste Beförderung, die nicht kommen wollte, war ein kindlicher Wunschtraum.

Der Krieg hatte mich nicht verändert, ich faßte ihn nach wie vor als abenteuerliches Spiel auf. Weder die zunehmend pessimistischen Heeresberichte noch die gedrückte Stimmung rings um mich nahm ich zur Kenntnis. So erklärt sich auch ein peinliches Erlebnis aus dieser Zeit.

Gern trieb ich mich allein in der Stadt umher. An einem heißen August-Nachmittag saß ich auf der Terrasse des berühmten *Café Felsche*, befriedigt davon, nun als Erwachsener hier ungehindert ein und aus gehen zu dürfen. Als Pennäler hatte ich das ein paarmal angstvoll und ohne rechtes Vergnügen riskiert.

Durch die Tischreihen kam ein bärtiger älterer Mann, seine schäbige Kleidung fiel auf, schon stand er vor mir und fragte, ob ein Platz frei wäre. Mir war's nicht recht, aber da saß er schon, musterte meine Orden, den Krückstock und begann eine Unterhaltung.

Zuerst schien es ein belangloses Plaudern. Er bedauerte mich, so jung sei ich und schon verwundet. Ich hörte erst hin, als er dazu überging, den Krieg mit bitteren Worten anzuklagen. Er sei das schlimmste aller Verbrechen. So schroff hatte ich das noch niemals gehört, ich fuhr auf. Er wehrte mit sanftem Lächeln ab und meinte, ich solle darüber nachdenken. Das täten jetzt viele. Das Unheil gehe dem Ende entgegen, die Anzeichen dafür mehrten sich. Müßte ich nicht dankbar sein, alles hinter mir zu haben?

Genauso hatte der junge Kaplan in Tourcoing gesprochen. Ich widersprach heftig: Nichts wäre vorüber, ich hoffte, bald wieder an die Front zu kommen.

Er sagte mit einem tiefen Seufzer: «Ja, wenn Sie meinen, das hilft irgendwem ...»

Abrupt stand er auf, legte Geld auf den Tisch, war schon verschwunden. Plötzlich fiel mir ein, daß ich allerlei von Defätisten und Hetzern gelesen hatte. War das so einer gewesen? Dann hätte ich ihn auf der Stelle festnehmen müssen!

Ich malte mir die Szene aus, im Grunde recht froh, daß nichts geschehen war. Es paßte in das Spiel, das ich fortwährend mit mir selbst trieb. Ich lebte gedankenlos dahin.

Im September meldete ich mich in Erfurt, noch immer am Stock humpelnd, niemand bewunderte mich deswegen. Ich bildete unwillige Rekruten aus, ein Rest Vernunft hielt mich davon ab, den schneidigen Vorgesetzten herauszukehren. Im Kasino trafen sich ein paar Rekonvaleszenten und eine Menge mir unbekannter, durchaus gesunder Reserveoffiziere. Die meisten verbargen nicht, daß sie das herannahende Kriegsende hier abwarten wollten. Es wurde lebhaft politisiert, ein paar Drückeberger führten das große Wort, was mich ärgerte. Ich mischte mich dreist in die Diskussionen; etwa über die Frage, ob wir vor einer Revolution stünden. Ich hielt das für völlig undenkbar und attackierte die Schwarzseher. Das fand ein hochdekorierter, schwerverwundeter Hauptmann höchst unpassend. Er gab mir den Spitznamen Bolschewistenfähnrich, was mir gefiel, aber die Dinge auf den Kopf stellte.

Ich hatte nichts im Sinn, als schleunigst zum Regiment geschickt zu werden, das irgendwo zwischen Lille und Gent in schwere Rückzugsgefechte verwickelt war. Wenn ich das Kasino betrat, ließ ich den Krückstock in der Garderobe. Mit dem Stabsarzt trank ich viele Flaschen Rotwein und beschwor ihn, mich für frontdiensttauglich zu erklären. Im Oktober erfüllte er, offensichtlich gegen sein ärztliches Gewissen, meinen Wunsch.

Am 10. November sollte ich einen Rekrutentransport nach Belgien führen. Vorher bekam ich ein paar Tage Urlaub, fuhr aber nicht nach Hause, da ich den energischen Einspruch meines Vaters voraussah. Ungeduldig saß ich herum. Es verbreiteten sich beunruhigende Nachrichten. In Kiel hatten die Matrosen revoltiert, der Aufruhr ergriff das ganze Reich. Der bayerische König sollte abgedankt haben, überall bildeten sich Arbeiter- und Soldatenräte. Bei uns war alles ruhig, ich stellte mich taub und blind.

Am Morgen des 9. November, einem kalten, nebligen Tag, wollte ich einen Appell der mir anvertrauten Leute abhalten. Aber ich fand sie nicht, der Kasernenhof war voller palavernder Gruppen, vor ihnen standen vier oder fünf Gestalten, gegen jede Vorschrift in offenen Mänteln. Ging es nun auch hier los? Waren das die Rädelsführer? Ich ging entschlossen auf sie zu – und blickte verblüfft in die wohlbekannten Gesichter alter Wachtmeister und Unteroffiziere. Ehe ich etwas fragen konnte, nahm einer mich gemütlich beim Arm:

«Ich muß Sie verhaften, Fähnrich. Tut mir leid ...»

Töricht genug murmelte ich: «Was ist denn hier los?»

«Tja ... Wir haben eben Revolution ...»

Ich wurde in ein Zimmer der Kommandantur gebracht, wo sich nach und nach zahlreiche Offiziere zusammenfanden. Keiner hatte den mindesten Widerstand geleistet. Ich war wütend, auf mich, auf die anderen, die eher amüsiert als besorgt waren. Sie hatten recht. Am Nachmittag konnten wir unbehelligt gehen.

Der Aufstand der Wachtmeister hatte gesiegt, geruhsam und ordentlich. Ich kann mich nicht entsinnen, daß bei uns einem Offizier die Epauletten heruntergerissen wurden. In der nahen Infanteriekaserne soll das geschehen sein, doch war es möglicherweise nur eines von zahllosen Gerüchten. Eine Tatsache aber war, zwei Tage später, der Abschluß des Waffenstillstandes.

Der Krieg war zu Ende. Ein paar Landser hauten sofort ab, die meisten blieben und wollten in aller Form entlassen werden. Das zog sich über viele Wochen hin. Unmerklich nahmen ein paar Offiziere das Heft wieder in die Hand. Der irgendwie zusammengekommene Soldatenrat half ihnen dabei, *Ruhe und Ordnung* aufrechtzuerhalten. Das war die Parole des Tages. Es entwickelte sich wieder ein wenn auch konfuser Dienstbetrieb. Daß an vielen Orten Räte die einzig reale Macht in Händen hatten, daß sich auf sie die Regierung in Berlin stützte, daß sie rasch an Bedeutung verloren – von alldem wußten wir wenig.

Im Kasino gaben die meisten sich heiter resigniert. Die Restbestände des Weinkellers schwanden, bis jemand daran erinnerte, die heimkehrenden Frontkameraden würden auch gern noch etwas vorfinden. Im Dezember rückte dann das Regiment mit klingendem Spiel in die Stadt ein, feierlich vom Bürgermeister begrüßt. Danach wurde ein großer Teil in umliegenden Dörfern einquartiert. Auch ich verbrachte dort die nächsten Wochen.

Auf dem Lande war nichts vom Umsturz zu bemerken. Die

Bauern luden zu Schlachtfest und Tanz, wir aßen uns satt wie seit Jahren nicht mehr. In vorgerückter Stunde ereiferte sich alles gegen die Roten, die in den großen Städten schrecklich wüten sollten. Es wurde bekannt, daß die Regierung der Volksbeauftragten dazu aufrief, in Freikorps einzutreten, die der drohenden Gefahr begegnen sollten. Einige Offiziere und Unteroffiziere meldeten sich sofort. Das Abenteuer lockte zwar, doch blieb ich unentschlossen.

Schon auf dem Dorf, und mehr noch, als ich gegen Weihnachten wieder in Erfurt war, erlebte ich hitzige Debatten darüber, wie ein preußischer Offizier sich jetzt zu verhalten habe. Im Kasino überwog die Meinung, die neuen Herren sollten sehen, wie sie zurechtkämen. Im Januar sollte eine Nationalversammlung gewählt werden und im nahen Weimar zusammentreten. Es hieß, eine Truppe solle dann diese «Schwatzbude» vor den Spartakisten schützen. Einen solchen Polizeidienst fanden wir unzumutbar. Doch an der Wahl müsse jeder teilnehmen. Und es komme selbstverständlich nur eine Partei in Frage, die sich zu den alten, jetzt in den Schmutz getretenen Farben Schwarz-Weiß-Rot bekannte: Die Deutschnationale Volkspartei.

Mich beschäftigte diese Frage wenig, mit neunzehn hatte ich noch kein Wahlrecht. Das ständige Diskutieren im Kasino ödete mich an. Ich ließ mich dort nur noch gelegentlich sehen, zumal ich durch Zufall in eine völlig andere Umwelt geriet.

Ich traf einen der Rekruten, die ich nicht mehr hatte ins Feld führen können. Er hieß Schmidt, war Kapellmeister am Stadttheater und hielt sich für einen begnadeten Komponisten des leichten Genres. Ich begleitete ihn in seine Garderobe, erlebte eine Lehár-Aufführung hinter den Kulissen mit und lernte eine etwas puppenhafte, wie sich aber zeigte recht angenehme junge Dame kennen. Mady Meisen war der Star des Ensembles. Sie spielte alles, von der Ophelia bis zur Csárdásfürstin. Schon vor Jahr und Tag hatte ich sie aus der Ferne bewundert, das halbe Kasino schwärmte von ihr.

Jetzt machte ich ihr unverhohlen den Hof und sah mich, über meinen Erfolg selber erstaunt, liebenswürdig aufgenommen. Es kitzelte meine Eitelkeit, daß ich mich in ihrer Begleitung zeigen durfte. Ich verbrachte viel Zeit unter den Theaterleuten. Schmidt setzte mir den Floh ins Ohr, ich solle mich doch als Dramaturg bewerben, der Posten war gerade freigeworden. Mady war vernünftiger. Sie fand, ich müsse schleunigst nach Hause, Ordnung in mein Leben bringen, ob ich denn nicht studieren wolle? Darüber hatte ich noch nie nachgedacht.

Plötzlich, nach einem Probenkrach, verließ sie Erfurt, ging nach Berlin, ein paar Zeilen luden mich ein, sie dort gelegentlich zu besuchen.

Der brüske Abschied kränkte mich. Ich trieb mich in den Weihnachtstagen ziellos in Lokalen herum, die nach neuestem Brauch Dielen hießen. Dort lernte ich Li Mergel kennen.

Genauer gesagt: sie bemächtigte sich meiner. Ich verliebte mich nicht, aber ich war behext von ihr. Ich konnte aus ihr nicht klug werden. Eben noch aggressiv, konnte sie im nächsten Moment unerträglich sentimental werden und sich gleich darauf selbst darüber lustig machen. In allen Bars wurde sie von Geschäftemachern cordial begrüßt, ich vermutete, sie selber sei eine Schieberin. Das galt damals als angesehene Profession. Dabei war sie höchstens ein oder zwei Jahre älter als ich.

Wir trafen uns täglich, meist zu später Stunde, die sie überpünktlich innehielt. Das Nachtleben erschöpfte rasch meine bescheidenen Finanzen. Als ich ihr das andeutete, zog sie aus der Handtasche einen Packen Scheine und schob ihn mir hin. Ich protestierte, sie lachte mich aus, ich solle mich nicht so anstellen, sie wisse gar nicht, wohin mit dem Zaster. Ich wurde schwach und ließ mir's gefallen, daß sie die Zeche zahlte, nicht nur dies eine Mal.

Ihre Wohnung war überladen eingerichtet, sie wußte aber selbst, daß ihr Geschmack nicht der beste sei. Und wollte mein Urteil hören, wenn sie wieder neue Kostbarkeiten erworben hatte, vor allem Schmuck. Dabei kam es zu einem mich beschämenden Vorfall.

Li trug stets, auch zu schweren Goldketten und Armbändern, einen ganz einfachen Ring, den ein roter Glassplitter zierte, offenbar als Imitation eines Rubins. Ich hatte im Felde erlebt, wie Landser solche Souvenirs aus dem weichen Metall von Granat-Führungsringen zurechtfeilten. Als ich Li auf die unpassende Zusammenstellung aufmerksam machte, wurde sie ernst:

«Den habe ich von meinem gefallenen Bruder. Ich werde ihn auch weitertragen. Er bringt Glück. Wenigstens bilde ich mir's ein.»

Im Januar, eben war ich zwanzig geworden, wurde ich zur Entlassung bestellt. Die Formalitäten waren rasch erledigt. Zuletzt verabschiedete ich mich vom Adjutanten, einem mir nur flüchtig bekannten Offizier. Er meinte kühl, in letzter Zeit hätte ich mich ja kaum noch im Kasino sehen lassen. Na, das sei ja nun egal. Eine letzte kameradschaftliche Frage müsse ich erlauben: Ob ich Schulden hätte? Ich war so sichtbar verblüfft, daß er deutlicher wurde:

«Ihr Umgang muß Sie eine schöne Stange Geld kosten. Die gute Li ist nicht besonders billig. Machen Sie sich nicht unglücklich wegen einer ... na, Sie verstehen, was ich meine ...»

So wurden mir die Augen geöffnet. Auch an diesem Abend war ich wieder mit Li verabredet, in ihrer Lieblingsbar. Ich würde natürlich nicht mehr hingehen. Mechanisch packte ich meine Siebensachen zusammen, schaffte sie zum Bahnhof, kaufte die Fahrkarte nach Leipzig. Der Nachtschnellzug fuhr erst in drei Stunden.

Mit leerem Kopf hockte ich auf meinem Gepäck. Je später es wurde, desto unsicherer fühlte ich mich. Jetzt wartete sie wohl schon auf mich. Es war schäbig, sang- und klanglos zu verschwinden. Was hatte sie mir denn getan? Nun ja, sie hatte mich getäuscht. Offenbar, um mich zu schonen, mir auf ihre Art etwas Gutes anzutun.

Es war feige, sich zu drücken. Ich mußte sie noch einmal sehen. Vor allem war ich sehr neugierig darauf, wie sie sich verhalten würde, wenn ich offen mit ihr redete. Das gab vielleicht den Ausschlag.

Doch als wir dann zusammensaßen, fand ich nicht den rechten Absprung. Sie merkte, wie ich herumdruckste, und fragte. Stokkend berichtete ich von meiner Entlassung, mit undeutlichen Worten auch von einer bevorstehenden Abreise. Sie wollte Sekt bestellen, der große Tag müsse gefeiert werden, nun sei ich ein freier Mann. Ich nahm allen Mut zusammen und sagte, unnötig rauh: «Ich fahre in einer Stunde.»

Entgeistert sah sie mich an: «So plötzlich? Was ist denn passiert?»

Ich senkte den Blick, schwieg. Nach einer langen Pause rüttelte sie mich plötzlich bei den Schultern und rief:

«Heraus mit der Sprache! Hat es – etwas mit mir zu tun?»

Ich brachte nur eine vage Geste zustande. Sie hatte sofort verstanden. Ich war sehr erleichtert, und schon lachte sie wieder, etwas bitter: «Es mußte schiefgehen, schade, daß es so schnell dazu kam. Also Schluß. Gleich hier? Oder kann ich dich auf den Bahnhof bringen?»

Da endlich nahm ich ihre Hand: «Das wäre sehr lieb von dir!»

Untergehakt führte ich sie durch die Straßen. Trotzig dachte ich, jeder solle es sehen. Aber niemand beachtete uns.

Auf dem Bahnsteig standen wir verlegen herum und redeten lauter töricht-vernünftige Dinge: Schön waren die zwei Wochen gewesen, nur zu kurz. Wir würden einander kaum wiedersehen. Komisch, daß man sich auf Bahnhöfen nichts zu sagen hat. Endlich fuhr der Zug ein. Ich verstaute meine Koffer, dann küßte ich sie lange. Es wurde zum Einsteigen gerufen, ich wollte mich abwenden. Sie hielt mich mit hartem Griff fest, ich erschrak, kam nun ein Ausbruch?

Sie zog hastig den Ring ab, probierte ihn an meinen Fingern, nur über den kleinen ließ er sich streifen.

«Dir wird er Glück bringen! Bestimmt!»

Als der Zug anrollte, stand sie da, klein und zierlich, und nickte mir zu. Lächelnd. Mir war miserabel zumute.

Stundenlang hatte ich Zeit, darüber nachzudenken, wie wunderlich und wie passend dieser Abschluß gewesen war. Nun brachte ich ein paar Narben nach Hause. Und das unscheinbare Geschenk eines Mädchens, das ich nicht geliebt hatte. Wie es schien, war das bei ihr anders gewesen. Gesagt hatte sie es nie.

Auf einmal kamen mir die vergangenen 22 Monate wie eine Kette amouröser Abenteuer vor. Das war übertrieben und eitel obendrein. Soviel war richtig: Den Krieg hatte ich nur als Spiel erlebt. Das andere war viel wirklicher gewesen, zumindest manchmal. Wann? In Lüttich. Und heute abend. Das würde es nun nicht mehr geben. So nie mehr. Ich verlor mich in wehmütiges Selbstmitleid. Dann schlief ich ein.

In Weißenfels erwachte ich dadurch, daß ein Paar mit Sack und Pack ins Abteil einbrach, heimkehrend von erfolgreicher Hamsterfahrt, doch offensichtlich noch unerfahren in diesem Unternehmen. Die beiden hatten Angst, daß ihnen ihre Beute bei der Kontrolle in Leipzig abgenommen würde. Es entstand Streit:

«Am besten bietest du den Roten selber was an!»

«Blödsinn! Damit die gleich merken, was wir haben?»

Mehrmals hielt der Zug auf freier Strecke, wir hatten Verspätung.

Die blasse Dame meinte, den Grund zu wissen: «Gestern soll am Augustusplatz wieder geschossen worden sein. Wenn wir mitten ins Schlamassel reingeraten?»

«Ach was, doch nicht frühmorgens! Aber deine Halskette steck lieber weg, die sind zu allem fähig!»

Das klang, als rollten wir in ungewisse Abenteuer hinein. Mir war's nur recht. Ich hatte nie überlegt, was nun aus mir werden sollte. Mein Vater würde Fragen stellen. Wenn es drunter und drüber ginge, würde nicht ich dafür verantwortlich sein, daß ich nicht die geringste Vorstellung von meiner Zukunft hatte.

Um halb sechs kamen wir an. Vor mir her schleppte sich das hochbepackte Paar zur Sperre.

Dort lehnten zwei verwegen aussehende Gestalten, rote Binden am Mantelärmel, Gewehr mit der Mündung nach unten umgehängt. Sie kümmerten sich um niemand, riefen nur fortwährend:

«Weitergehen! Rechtshalten!»

Friedlich quirlte die Menge in der weiten Empfangshalle. Noch immer überwog das fahle Grau der Uniformen. Ein bärtiger Landsturmmann küßte seine hohlwangige Frau, nahm sie unter den Arm wie einen Regenschirm und zog ab. Händler priesen Schweizer Schokolade und garantiert echte Perserteppiche an, niemand kaufte. Überall die gleichen müden Gesichter, stoppelig wie auf Generalstabskarten die Markierung für Heideland. Und der seit langem gewohnte Geruch: Verschwitzte Kleider, Leder, Ersatzseife.

Hoch oben wehten verblichene Transparente: WILLKOMMEN IN DER FREIEN HEIMAT! ES LEBE DIE DEUTSCHE REPUBLIK! Schlaffe Segel einer Fahrt, die nicht recht voranging, soviel hatte ich immerhin begriffen. Die Koffer wurden verdammt schwer. Ich überlegte allen Ernstes: Darf man in der freien Republik einen Dienstmann in Anspruch nehmen? Gleich darauf überzeugte mich ein gutmütiges Hundegesicht unterm Messingschild, Nummer 55 würde alles zuverlässig erledigen.

Es war erst kurz nach sechs. Ich beschloß, zu Fuß nach Hause zu humpeln. Vielleicht würde ich am Augustusplatz noch Spuren der gestrigen Zusammenstöße entdecken.

Dort beendete eben eine Arbeitskolonne ihre nächtliche Wühlarbeit. Doch die sich schließende Wunde im Pflaster war weder ein Granattrichter noch Rest einer Barrikade. Tonröhren lagen herum, die Kanalisation wurde repariert. Nur wenn man sich sehr aufmerksam umsah, entdeckte man Spuren von Gewalt. Löcher in Schaufenstern waren sorgfältig mit Holzplatten verschraubt. Doch sie mochten von simplen Einbrechern herrühren, nicht von Schüssen. Ganz ungeniert waren dahinter Pelzmäntel und Porzellan präsentiert, hier befürchtete niemand Schlimmes.

Die Stadt sah aus wie früher. Manche Fassaden waren in den langen Kriegsjahren abgebröckelt. Ich kam heim wie von einem Schulausflug.

Nur der Fuß begann stark zu schmerzen. Beim Reichsgericht setzte ich mich auf eine Bank an der Pleiße. Ein Bäckerjunge kam vorbei, sein Fahrrad rollte auf kleinen Drahtspiralen, Gummireifen gab es längst nicht mehr. Dann zockelte ein Milchwagen heran, ich winkte, der Kutscher ließ mich aufsitzen. Und so zog mich ein kleiner, dürrer Russengaul bis fast nach Hause. Die zwei Treppen bis hinauf in unsere Wohnung fielen mir schwer.

Eine mir unbekannte Frau öffnete einen Türspalt, löste zögernd die Sperrkette. Die Pflegerin meiner Mutter, wie ich nachher erfuhr.

Vater saß schon am Schreibtisch. Überrascht stand er auf: «Junge ... Weshalb hast du nicht telegrafiert?»

Daran hatte ich nicht gedacht. Er umarmte mich lange, ich spürte dabei, daß ich keine Abneigung mehr gegen ihn hatte. Über seine Schulter hinweg sah ich auf die kleine Plastik, die er als Papierbeschwerer benutzte.

Die Nachbildung einer spätantiken Figur: *Der sterbende Gallier.* Ein tödlich getroffener Gladiator sinkt hin auf seinen Schild, das Schwert ist ihm entfallen ... Vater fragte:

«Was hast du? Na ja, das ist ja wohl ein großer Augenblick ... Heute abend reden wir weiter. Oder morgen. Jetzt geh in dein Zimmer. Und sei leise, Mutter fühlt sich nicht sehr gut ...»

Später durfte ich sie begrüßen. Sie winkte mich an ihr Bett, sichtlich unterdrückte sie ihre Rührung, streichelte meine Hände. Plötzlich begann sie zu weinen: «Was hast du da, Jungchen?»

Der Ring. Den hatte ich vergessen. Ich murmelte: «Nichts Besonderes ... Ein Andenken ...»

Sie, außer sich: «An eine Frau!»

«Aber nein! Ich habe ihn von einem Kameraden, er ist gefallen ...» Mühsam beruhigte sie sich.

III
Chaos

Eine Woche nach meiner Heimkehr war ich Student. Eben begann ein Zwischensemester für Kriegsteilnehmer. Mein Vater riet mir zur Immatrikulation, auf alle Fälle, was weiter würde, müsse sich zeigen. Ich stimmte ziemlich gleichgültig zu.

Als Hauptfach wählte ich Germanistik, daneben Philosophie und Psychologie, aber nicht Geschichte. Den Anstoß dazu gaben, wie mir scheint, Gespräche mit Hellmut Köster. Er hatte noch im Kriege begonnen, neuere Geschichte zu studieren. Der nationalliberal gesinnte Historiker Erich Brandenburg erkannte rasch die Begabung meines Freundes und machte ihn bald zu seinem Famulus. Eine glänzende akademische Laufbahn schien sicher, das freute mich, und doch entstanden jetzt Meinungsverschiedenheiten zwischen uns.

Schon früher hatte Hellmut Sympathie für die Macht entwikkelt. Nun steigerte sich das zu einer wahren Passion. Er überspitzte seine Verteidigung des Staates als eines übergeordneten, organisch gewachsenen Gebildes. Mir entging, daß er die Fehler des vergangenen Kaiserreichs hart kritisierte. Ich hörte nur heraus, daß er die gegenwärtigen Verhältnisse gründlich verachtete. Ich aber fand das augenblickliche Durcheinander reizvoll, ich hatte keinen eigenen Standpunkt und wollte mich erst einmal treiben lassen.

Meine Gleichgültigkeit brachte ihn auf, zu Recht, wie ich im stillen wußte. Ich ließ mich auf Dispute ein, bei denen ich den kürzeren zog. Stendhal hatte mir ein paar unklare Begriffe von der französischen Aufklärung vermittelt, leichtfertig führte ich Rousseau oder die Enzyklopädisten ins Feld. Er überrannte mich mit soliden Kenntnissen. Ich nannte ihn, erst im Scherz, dann ganz ernsthaft, einen greulichen Reaktionär.

Ich erfaßte nicht, daß er sich zu einem Konservativen mit ausgeprägt progressiven Neigungen mauserte.

Diese Spielart des homo politicus ist unter Deutschen nicht eben häufig. Ich bin ihr im Laufe meines Lebens ein paarmal begegnet und habe daraus Lehren gezogen.

Den Fortschrittlich-Konservativen zeichnet eine starke Unabhängigkeit aus. Das macht ihn gewissermaßen zu einem Stiefbruder des oft genannten «heimatlosen Linken». Auch er tritt in der Gesellschaft als Unruhestifter auf. Wenn er sich einer Partei anschließt, wird er zum Sauerteig. Und immer wieder habe ich erfahren, daß er für konsequent radikale Gegner mehr Verständnis aufbringt als für das «juste milieu», das es ja nicht nur unter erklärten Verteidigern des Bestehenden gibt, sondern auch unter Sozialisten und Kommunisten.

Solche Einsichten waren mir damals noch verschlossen. Ich suchte ziellos nach irgendeinem absoluten Wert, der mich vollkommen befriedigen könnte. Der Freund tat das als kindische Verblasenheit ab, das kränkte mich, wir entfremdeten uns für Jahre. Wir fanden in einem Augenblick wieder zueinander, da das ganz undenkbar schien.

Wie immer: die Beschäftigung mit der Historie war mir verleidet, ja geradezu verdächtig geworden. Und so entschied ich mich für die Germanistik, mit den Nebenfächern Philosophie und Psychologie.

Knappe fünf Semester war ich immatrikuliert, und von dieser Zeit habe ich höchstens achtzehn Monate ernsthaft gearbeitet. Die aber nutzte ich energisch aus. Etwas Wichtiges eignete ich mir gleich zu Beginn an: Ich lernte, zu lernen. Schnell begriff ich, daß es unsinnig sei, Dutzende von Kollegheften vollzuschreiben. Was die Dozenten mehr oder weniger routinemäßig vortrugen, fand sich verbindlicher in Büchern. Nützlicher waren Seminare, an denen ich mich eifrig beteiligte.

Zwei meiner Lehrer waren Goethe-Spezialisten. Albert Köster, mit Hellmut nicht verwandt, war berühmt als Mitherausgeber der Cottaschen Jubiläumsausgabe. Er liebte es, Goethe-Gedichte mit dem Pathos eines Hofschauspielers zu deklamieren und dann umständlich zu zergliedern. So ungeduldig mich die Eitelkeit des Kathederstars machte, manches von seinen Darbietungen blieb haften.

Weit mehr profitierte ich von Georg Witkowski, für den ich auf Grund eines Irrtums voreingenommen war: Er galt fälschlich als Bruder von Maximilian Harden. Dessen *Zukunft* hielt mein Vater von jeher, ich hatte schon als Halbwüchsiger in den Wochenheften geschmökert. Von den endlosen Anspielungen verstand ich nichts, mit Hardens Schnörkelstil quälte ich mich ab – und eben deshalb meinte ich, eine höhere Weihe zu empfangen.

Witkowski sorgte für kräftigere Geistesnahrung. In seinem Seminar kam es auf solide Fakten an. Als Dozent tastete er sich Satz für Satz voran, kaum jemals habe ich Kleists «allmähliche Verfertigung der Gedanken beim Reden» wieder so sinnfällig beobachten können. Das Beste waren Teenachmittage in seinem Hause, zu denen er uns Studenten gruppenweise einlud. Dort beging ich einen argen Fauxpas. Zu wiederholten Malen war Witkowski in der Universität als Jude angepöbelt worden, ich entrüstete mich darüber, niemand ging darauf ein. Bei einem deutschen Professor alten Schlages sprach man nicht über dergleichen Dinge ...

Ich selber aber ließ mich in dieser Zeit in allerlei konfuse Eskapaden ein.

Sie sind fünfzig Jahre später kaum begreiflich zu machen, aber charakteristisch nicht nur für meinen damaligen Zustand, sondern für die Ahnungslosigkeit, mit der junge Leute von meiner Herkunft sich in abenteuerliche Unternehmungen verstrickten, die sie für politische Handlungen hielten.

Heute bilden sich schon Dreizehnjährige ihre eigenen Ansichten; das Leben ist politischer geworden, auch wer sich von der Allgemeinheit abwendet, vollzieht einen politischen Entschluß.

Ein um die Jahrhundertwende geborener Bürgersohn aber wuchs in einer politisch keimfreien Umwelt auf. Nach dem Zusammenbruch von 1918 geriet er an der Universität völlig unvorbereitet in einen Wirbel einander widerstreitender Ideen.

Da gab es ein buntes, lärmendes Sektierertum von sozusagen linker Couleur, das fortwährend Krawalle gegen Staat und Gesellschaft inszenierte. Auf der Gegenseite entstand eine wütende Fronde gegen Republik und Demokratie, die sich rasch zu einer Art Landsknechts-Bohème entwickelte. Zu diesen Leuten hätte es mich ziehen können, doch stieß mich der wüste Antisemitismus ab; vor allem bei den Farbenstudenten, in ihnen sah ich fortan erklärte Widersacher.

Und doch meldete ich mich ohne langes Nachdenken, als Plakate zum Eintritt in ein Zeitfreiwilligenregiment aufriefen. Ruhe und Ordnung sollten geschützt werden, was mir wenig sagte. Ich erhoffte ein Abenteuer. Nach ein paar Tagen schied ich schon wieder aus, die zivile Schützengilde war mir zu bieder.

Zudem wurde ich darüber aufgeklärt, wohin ich mich verirrt hatte: und zwar in einen linksradikalen Zirkel, dem ich mich anschloß, noch während ich Soldat spielte; was das schier unglaubliche Ausmaß meiner Unwissenheit zeigt.

Bei den Tumulten im Lichthof der Universität fiel mir ein großer, dunkelhaariger Mensch von Ende Zwanzig auf: Eugen Ortner. Er stand im Rufe, ein Dichter zu sein. Vor allem war er ein mitreißender Redner, der erste geborene Agitator, den ich kennenlernte. Mit seiner dröhnenden Stimme setzte er sich fast immer durch. Einmal hinderten ihn die Korporierten am Sprechen, kurz darauf erschien er wieder, mit einer Leibgarde von roten Matrosen, die gab es auch in Leipzig, bis tief ins Jahr 1919 hinein. Vermutlich waren die Mariner nie auf See gewesen, die blaue Kluft war eine Revolutionsuniform nach russischem Vorbild.

Eine Zeitlang verfiel ich dem derben Charme des temperamentvollen Bajuwaren. Seine verwegenen Unternehmungen hielt ich für historische Entscheidungen. So erschien er eines Sonntags in einer Kirche, wo der als fanatischer Monarchist verrufene Pastor gerade mit der Predigt beginnen wollte. Die blauen Leibwächter drängten ihn von der Kanzel, Eugen bestieg sie und hielt eine flammende Rede. Er verkündete das wahre, ursprüngliche Christentum, die Religion der Armen und Unterdrückten, entgeistert hörte ihn die Gemeinde an. Nachher war die allgemeine Entrüstung groß, doch geschah dem Störenfried nichts, die Obrigkeit war noch verschreckt vom November her.

Eugen verleidete mir das kindliche Soldatenspiel mit kaltem Sarkasmus. Dann geschah etwas ganz Unerwartetes. Er heiratete Lina Carstens, den jungen Star des Schauspielhauses, einen Liebling des Bildungsbürgertums. Nicht nur mir erschien das als glorreicher Sieg der Rebellion über die brave alte Welt. Es war ein Irrtum, in Wahrheit begann damit die Zähmung des wilden Anarchisten.

Denn solch einer war Eugen, nicht etwa ein zielbewußter Revolutionär.

Wer das junge Paar besuchte, mußte erkennen, daß Lina eine vernünftige Dame mit erfrischend klarem Verstand war, alles andere als eine Muse der Rebellion. Und Eugen hörte auf, die Öffentlichkeit zu provozieren. In den folgenden Jahren schrieb er gemäßigt sozialkritische Bühnenstücke; so dramatisierte er die mittelalterliche Verserzählung ‹*Meier Helmbrecht*›. Die Geschichte des aufrührerischen Bauern, der ein Ritter werden will und es doch nur zum Raubritter bringt, mag Eugen als Umschreibung der eigenen Jugendwirrnisse gefallen haben. Er hatte Erfolg, auch mit historischen Romanen in bemüht altväterlicher Sprache.

Er blieb wohlgelitten sogar im Dritten Reich, das er um wenige Jahre überlebte. Immer wenn ich später Lina Carstens als Mütterdarstellerin auf dem Fernsehschirm sah, tauchte vor mir die junge, resolute Schauspielerin wieder auf, die wir damals als Schutzpatronin unklarer Hoffnungen heftig verehrten.

Eugen verdankte ich manche andere Bekanntschaft. Rolf Sievers, ein scheinbar phlegmatischer junger Elefant, in dem ein quicker Geist rumorte, war der erste geborene Literat, der mir begegnete. Ein paar aggressive Glossen von ihm waren in der Berliner *Weltbühne* erschienen, zum erstenmal hörte ich die Namen Kurt Tucholsky und Siegfried Jacobsohn, sie sagten mir wenig. Sievers war ein Vielwisser und ein Gedächtniswunder. Er schüttelte Schlagertexte und Dante-Verse aus dem Ärmel. Als amüsanter Gesprächspartner saß er zuweilen am Stammtisch des Kunsthistorikers Wilhelm Pinder. Dorthin kam manchmal auch mein Vater, unbefangen debattierte jung und alt, bis tief in die Nacht. Nachher schleppte Sievers mich weiter, ins *Café Merkur*, den Tummelplatz der Leipziger *Bohème*. Dort residierte Hans Reimann, der in seiner Zeitschrift *Der Drache* als Präzeptor der jungen Literatur auftrat. Und der Holländer Adriaan Mihiel von den Broeke, ein leicht schwammiger Jüngling, importierte mit einigem Lärm etwas an die Pleiße, was er Dadaismus nannte. Daß er seine krausen Manifeste aus zweiter oder dritter Hand bezog, fiel kaum auf. Mich schüchterte die unbarmherzige Verhöhnung aller überkommenen Werte ein, und doch hätte ich mich gern daran beteiligt. Als geduldeter Zaungast hielt ich den Mund, nur im geheimen versuchte ich mich mit gestammelter Prosa und zerhackten Dialogfetzen, in denen es von haarsträubenden Dingen wimmelte, Mord, Vergewaltigung und, versteht sich, Inzest. Niemand las diese Erzeugnisse jemals. Das aber geschah mit jenen vor Jahren gebastelten Versen, über die ich weit hinausgelangt zu sein meinte, die hatte ich offenbar aus einer Art Pietät aufbewahrt.

Mein Vater lud gelegentlich noch immer junge Leute zu Tisch. Einer davon war Gerhard Herms, der das Druckereiwesen in der altberühmten Offizin Poeschel und Trepte von der Pike auf erlernte. Weiß der Teufel, welche eitle Anwandlung mich dazu brachte, dem liebenswürdigen Jüngling von jenen poetischen Surrogaten zu erzählen. Er las sie, ihm gefielen sie, er machte mir einen Vorschlag, dem ich mit halbwegs schlechtem Gewissen zustimmte. Als eine Art Gesellenstück verewigte er sechzehn meiner Ergüsse, auf edlem Papier, mit der Handpresse abgezogen, in 30 Exemplaren. Zum erstenmal sah ich mich gedruckt, der Stolz darüber verlor sich rasch, die Sache fand unter Ausschluß der Öffentlichkeit statt, ein rechtes Glück, wie ich selber wußte. Ich habe damit nur ausnahmsweise angegeben, so gegenüber Erich Hirschfeld, dem Freund aus Kindertagen. Er bestaunte das schmale Opus ehrlich.

Unbeeindruckt hingegen blieb ein anderer neuer Kamerad, der wichtigste von allen: Arnold Weißberger studierte Chemie, wurde bald Assistent seines Ordinarius, durch ihn kam ich mit dem strengen Geist der exakten Naturwissenschaft in wenigstens flüchtige Berührung. Und er führte mich in einen Zirkel ein, der die Schriften Sigmund Freuds las und diskutierte. Es gefiel mir, daß diese Leute sich als Außenseiter fühlten. Für die offizielle Wissenschaft war die Psychoanalyse nicht viel mehr als ein Bluff; Professor Krüger, der Seelenforschung als meßbare Psychophysik auffaßte, sprach wegwerfend von «jenem Scharlatan Freud».

Eine vage Vorstellung von dessen Lehre hatte ich, seit ich in Vaters Büchern heimlich der Krankheit meiner Mutter nachgeforscht hatte. Nun gewann ich etwas gründlichere Kenntnisse. Begreiflicherweise interessierte mich der Ödipuskomplex, der die jahrelange Feindschaft gegen meinen Vater schlüssig erklärte und damit rechtfertigte. Die Sache hatte indessen einen Haken. Auch bei angestrengter Selbstprüfung konnte ich keinerlei Bindung an meine Mutter entdecken, schon gar keine auch nur andeutungsweise erotische. Dennoch scheint mir heute, daß mein Fall exemplarisch war: Ich übertrug die fehlende Beziehung auf ein Phantasiewesen, auf eine erfundene Schwester. Aber so weit sah ich damals noch nicht.

Doch eine Selbsterkenntnis anderer Art gewann ich in diesem psychoanalytischen Kreis. Mir kam Otto Weiningers Buch *‹Geschlecht und Charakter›* in die Hände. Freud, so erfuhr ich, hielt wenig von diesem Wiener Landsmann, der kurz vor dem Krieg in jungen Jahren Selbstmord begangen hatte. Ich las das genialisch hingeworfene Werk mit Ergriffenheit und Abscheu. Der Haß des Juden Weininger auf alles Jüdische stieß mich ab; die ständige Mißachtung der Frauen als einer minderen Menschengattung mutete krankhaft an. Und doch – eingesprengt in diesen Aberwitz gab es eine Theorie, deren Kern mir auf der Stelle überzeugend schien.

Jeder Mensch, so behauptet Weininger, ist zusammengesetzt aus männlichen und weiblichen Elementen, abgekürzt M und W. Unbewußt sucht jeder nach seiner Ergänzung durch den Gegentypus; beispielsweise ein achtzigprozentig maskuliner Mann nach Frauen mit zwanzigprozentiger M-Anlage. Indem ich die einfache Formel auf mich selber anwendete, wurde mir klar, weshalb es mich von klein auf zu selbstbewußten, aktiven Frauen zog: Mein W-Anteil war eben erheblich.

Die Erkenntnis war zugleich erschreckend und beruhigend. Ich fand mich sofort mit ihr ab, sie wurde ein Teil meines Selbstverständnisses: wie es scheint, für immer. Eine besonders drastische Probe aufs Exempel stand mir unmittelbar bevor.

Erotische und sexuelle Erfahrungen nehmen in diesem Bericht ihren Raum ein, doch habe ich mich kaum in Einzelheiten eingelassen, was im Zeitalter der Pornographie prüde anmuten könnte. Es hat indessen einen ganz anderen Grund. Mich haben die hochgeschätzten Beschreibungen sexueller Details von jeher gelangweilt. In selbstgefälligem Hochmut habe ich mir das manchmal damit erklärt, daß solche Darstellungen nur diejenigen ergötzen, die auf diesem Gebiet zu kurz gekommen sind.

Die Durchbrechung sinnloser, hemmender Sexual-Tabus ist notwendig. Ich habe mich daran als Publizist beteiligt und werde das immer tun. Wenn ich aber von mir selbst berichte, mag ich nicht just dort ins Detail gehen, wo ich bei anderen zu lesen aufhöre. Daran halte ich mich auch jetzt, da ich zu einem zweifellos problematischen Abenteuer komme.

Walther List, der Schulfreund, lud mich eines Tages in die *CT-Bar* ein, einen Treffpunkt der Leipziger Jeunesse dorée. Wir gerieten an den Tisch einiger seiner Bekannten. Ein paar Mädchen gehörten zur Runde. Sofort fiel mir eine blasse, überschlanke Rothaarige auf. Sie hinkte stark, aber sie tanzte leidenschaftlich und gut. Nach einer Weile forderte auch ich sie auf. Sie war mit meinen Künsten unzufrieden, schon fürchtete ich, sie würde mich stehenlassen. Doch es entspann sich ein Gespräch, das mich rettungslos in ihren Bann zog. Jetzt nannte sie ihren Namen: Liane. Und setzte mit einem eigentümlichen Lachen hinzu: «Wie die Schlingpflanze, die keinen losläßt!»

Sie war verblüffend intelligent. Bildungslücken überspielte sie geschickt, beobachtete scharf, ihr alles bestimmender Charakterzug aber war eine zupackende Nüchternheit. Vom ersten Augenblick an behandelte sie mich mit einer kecken Kameraderie, die mir klarmachen sollte: Du kommst für mich nicht in Frage!

Sie machte keinen Hehl daraus, was sie hier suchte: Geld. Viel Geld. «Ich bin ein teueres Mädchen ...»

Ich starrte ihr stumm in die Augen. Sie lächelte zurück, sagte leise: «Schade, nicht wahr?»

Das war alles. Es blieb bei diesem einen Tanz. Aber von da ab war mein einziger Gedanke: Woher Geld beschaffen? Mein Taschengeld würde allenfalls für ein paar Barbesuche reichen. Um mehr wagte ich nicht zu bitten, kürzlich hatte Großmama mich vor unnützen Ausgaben gewarnt, die langen Krankheitsjahre meiner Mutter hätten ein Vermögen gekostet, Vater sei kein wohlhabender Mann.

Ich verhökerte Bücher, alte Münzen, die ausgestopften Vögel meines einstigen «Museums». Das reichte für zwei Abende in der *CT-Bar*. Die Eigenwillige nickte mir zu, diesmal saß sie bei Fremden, ich wagte nicht, sie zum Tanzen aufzufordern.

Ein Zufall half. Der Sohn eines meiner ehemaligen Lehrer lief mir über den Weg, stutzerhaft gekleidet, nun erfolgreicher Schwarzhändler, wie sich herausstellte. Er nahm mich mit in seinen Club – einen Spielclub. Die Villa gehörte einem Pelz-Nabob, der zur Zeit in der Schweiz lebte. Mir imponierte, daß Kaffee und Kuchen gratis serviert wurden. Es wurde Bakkarat gespielt, zu enormen Sätzen. Am nächsten Tage kratzte ich knapp 200 Mark zusammen und ging allein wieder dorthin.

Und ich gewann, unaufhörlich, zuerst mit kleinen Einsätzen, dann als Teilhaber einer Bank, zuletzt hielt ich sie allein. Als ich spät nachts abzog, hatte ich 25 000 Mark in der Tasche. Die *CT-Bar* war schon geschlossen. Am folgenden Abend war ich beizeiten dort und fing Liane ab, ehe andere sie holten.

Mit diesen anderen konnte ich nun rivalisieren, ich erklärte es ihr rundheraus. Sie schien mir nicht zu glauben, ich holte, wenig zartfühlend, einen Tausend-Mark-Schein heraus. Sie stutzte, gab mir eine Ohrfeige, nahm meinen Arm: Komm!

Mit einer Freundin, die zur Zeit verreist war, teilte sie eine kleine Wohnung. Liane wollte wissen, wieso ich zu Geld gekommen sei. Ich erzählte es und konnte der billigen Versuchung nicht widerstehen – ich warf das ganze Bündel mit lässiger Geste auf ihr Bett:

«Nimm, soviel du willst!»

Sie musterte mich mit schmalen Augen. Und nun geschah etwas Unerwartetes. Sie entwarf einen genauen Plan. Wenn ich morgen früh noch Lust dazu hätte, würden wir eine Zeitlang zusammenbleiben. Sie setzte die Bedingungen fest, im kühlen Ton einer Geschäftsfrau. Ein Drittel für sie, man muß leben. Fünftausend für uns, man soll sich nichts abgehen lassen. Den Rest müsse ich aufheben, als eiserne Reserve, für nachher. Sie dachte in diesem Augenblick schon an ein Nachher. Danach wurde kein Wort mehr über Geld gesprochen, viele Wochen lang.

In vollen Zügen kostete sie das aus, was sie «Urlaub von ihrem Leben» nannte. Ein paar Tage verbrachten wir in Bad Elster. Danach waren wir immer von nachmittags bis morgens beieinander. Manchmal ging es ins Hotel *Astoria* oder in haarsträubend kostspielige Nachtlokale, wie die *CT-Bar*. Am liebsten war es ihr, wenn ich teuere Schlemmereien und ausgesuchte alte Weine anschleppte. Champagner war verboten, der sei was für die anderen ...

Liane war eine Lebenskünstlerin, die mich nicht nur in kulinarische Raffinessen einweihte, das versteht sich. Vergebens bemühe ich mich, klarzumachen, worin der außerordentliche Reiz des hinkenden Mädchens bestanden hat. Ihr Bild ist nach einem halben Jahrhundert nicht verblaßt. Vielleicht komme ich der Sache näher, wenn ich von ihrer unglaublichen Sprunghaftigkeit spreche. Eben noch sanft und zärtlich, verwandelte sie sich im Nu zur gewalttätigen Amazone, und eine halbe Stunde später erzwang sie ein ernsthaftes Gespräch. Dabei verbohrte sie sich gern in Betrachtungen der eigenen Existenz; ohne je ihr Schicksal zu bejammern. Sie wollte so sein, wie sie war.

Aber sie hatte eine Vorliebe für erbarmungsloses Sezieren von Empfindungen und Situationen. Dabei kam der wahre, der intellektuelle Charme zutage. Frauen dieses Gewerbes (und Liane selbst nannte es ein Gewerbe) verbergen geistige Ansprüche, weil die Männer das so haben wollen. Sie war eine Ausnahme. In der Entzauberung fand sie eine letzte Steigerung des Genusses. Und genießen wollte sie immer, das erklärt letztlich alles. Sie war ein Genie der Sexualität, durch sie habe ich erfahren, daß es so etwas gibt.

Mein Geld schwand rasch dahin, längst war auch das Sparkapital angegriffen. Merkwürdigerweise studierte ich weiter, sogar recht eifrig, sie bestand darauf. Einmal wurde im Kreis Eugen Ortners über Rußland diskutiert, irgendwer behauptete, dort sei das kapitalistische Übel Prostitution abgeschafft. Ich erzählte Liane in der nächsten Nacht davon, sie runzelte die Stirn, aber aus einem überraschenden Grund:

«Solche Freunde hast du? Die reden ja wie mein Vater!»

Ich bat sie, von ihm zu erzählen.

Sie zuckte die Achseln: «Er ist Schneider, ein kleiner Flickschneider. Wenn ich mich dummerweise in einem neuen Kleid sehen lasse, hält er mir lange Reden. Will wissen, wie ich zu so was komme.»

«Sagst du es ihm?»

«Nicht direkt. Er wird sich's denken können. Schließlich bin ich seit zwei Jahren mündig. Er hat's aufgegeben, mich zu bekehren.»

«Zu was denn?»

«Zu seinem Kommunismus. Er ist auch so ein Verrückter, der meint, die Welt ließe sich ändern.»

«Ist das verrückt?»

«Jedenfalls schaffen die das nie.»

«Wer weiß. In Rußland haben sie es geschafft.»

«Warst du da? Na also! Dann red nicht darüber.» Unvermittelt nahm sie mich bei den Ohren: «Sag mal, Junge, bist du pleite? Das kenne ich, dann werdet ihr alle auf einmal moralisch.»

Sie hatte recht. Von meinem Kapital hatte ich nur noch einen Rest übrig, ich gab es zu. Worauf sie mich stürmisch umarmte, wie es schien geschmeichelt von meinem Leichtsinn. Doch kam etwas ganz Unerwartetes, sie wurde ernst, sah mich lange an und erklärte:

«Keinen Pfennig will ich mehr von dir. Aber – es war schön, nicht wahr?»

«Was heißt das – es war?»

«Du kapierst, was das heißt. Schluß heißt das!»

Erschrocken widersprach ich, irgendwie würde ich wieder Geld auftreiben, durch Pump, beim Spiel.

Sie wurde wütend: «Untersteh dich! Soviel Schwein hat man nur einmal im Leben!»

Alles blieb in der Schwebe, morgens trennten wir uns, ich hatte nicht gewagt, das heikle Thema noch einmal zu berühren. Abends ging ich in die *CT-Bar*, dort lag ein Brief für mich: Sie sei verreist, für lange. Dann bunt durcheinander hanebüchene Obszönitäten und inständige Beschwörungen, ich solle um Himmels willen vernünftig sein. Schiefe Zeilen, eilig hingeworfen in ihrer krakeligen Kinderschrift.

Ich war gar nicht vernünftig. Tagelang lief ich verzweifelt umher, wälzte Pläne, natürlich wollte ich es doch noch einmal im Club versuchen. Der war inzwischen von der Polizei geschlossen worden. Nach und nach fand ich mich ab. Verbissen stürzte ich mich ins Studium, Vater fand, ich übertriebe meinen Eifer. Das Semester ging zu Ende. Abrupt faßte ich den Entschluß, während der Sommerferien zu arbeiten, zu verdienen, das taten viele Kommilitonen. Die hatten es freilich bitter nötig, meinte mein Vater. Aber als ich den vagen Plan erwähnte, mich im Buchhandel umzutun, war er einverstanden. Einer seiner Patienten-Freunde war Anton Kippenberg, Chef des Insel-Verlages und berühmter Goethe-Kenner, zu dem schickte er mich.

Die Unterhaltung muß recht sonderbar gewesen sein. Der große Verleger examinierte mich auf Herz und Nieren, ich faselte allerlei zusammen, unmöglich kann er den ahnungslosen Besucher ernstgenommen haben. Doch er wollte meinem Vater den Gefallen tun. Auf jeden Fall solle ich von der Pike auf anfangen, das hieß nicht in einem Verlag, schon gar nicht in dem seinen. In einem Sortiment, es müsse ja nicht in Leipzig sein, was ich davon hielte.

Viel hielt ich davon, aus guten Gründen. Die Versuchung war noch nicht überwunden. Daß ich ihr widerstand, kam mir wacker vor.

Kippenberg empfahl mich nach Bremen, seiner Vaterstadt, in die Buchhandlung Storm am Wall. Ich reiste ab, voll Zuversicht, daß nun etwas ganz Neues beginnen werde. Wenn alles gutging, wollte ich gar nicht mehr zurückkommen.

Im Hause Storm wurde ich hanseatisch zurückhaltend empfangen. Der Chef verhielt sich uninteressiert, die Angestellten abweisend gegenüber dem Neuling. Als Volontär auf Zeit erhielt ich nur ein Taschengeld. Man ließ mich im Lagerkeller Listen führen, Bücher packen, gelegentlich hatte ich sie auch auszutragen. Ich langweilte mich bald und bat, oben im Laden verwendet zu werden. Das führte zu Ärgernissen.

Viele Kunden verlangten nach einer Art Literatur, die gering zu achten ich inzwischen gelernt hatte: Bonsels, Herzog, Ewers; auch Caesar Flaischlen, den ich einst bewundert hatte. Ich empfahl auf eigene Faust andere Lektüre, was mir übelgenommen wurde.

Schlimmer war, daß auch aufreizend nationalistische Flugschriften auslagen. Ich erinnere mich an ein wüstes Pamphlet gegen Erzberger, den Volksverräter, der für die Folgen des deutschen Zusammenbruchs verantwortlich gemacht wurde. Die haßerfüllten Beschimpfungen widerten mich an, ich versuchte, das üble Produkt den Blicken zu entziehen. Als ich gar behauptete, es sei nicht vorrätig, beschwerte sich ein strammer Marschbewohner; und ich mußte zurück ins Souterrain zu demütigender Handlangerarbeit.

Dabei war nichts zu lernen. Welcher Wahnsinn, deshalb das Studium zu unterbrechen, es womöglich aufzugeben. Wenigstens

die Zeit nutzen, lesen, Bücher standen reichlich zur Verfügung. Selten las ich soviel durcheinander, abends und sonntags, in meinem Kämmerchen bei einer mürrischen Witwe. Nichts lenkte ab. Mittags Würstchen mit Kartoffelsalat, abends Brot mit Sülze oder Magerkäse. So lebten, vielleicht, Proletarier. Lianes Vater? Ich wußte es nicht.
Eine Postkarte von Erich Hirschfeld: Bin ab nächster Woche in Hamburg, bei Verwandten, rutsch mal rüber. Endlich eine Unterbrechung der öden Fron. Doch in der üppigen Acht-Zimmer-Wohnung fühlte ich mich als lästiger Eindringling. Erich am Flügel, natürlich Wagner. Zu schweres Essen. Ich behauptete, umgehend zurückkehren zu müssen. Im Wartesaal des Hauptbahnhofs schlief ich ein, versäumte den letzten Zug. Zufällig steckte in meiner Mappe ein Bogen Packpapier, den breitete ich auf dem geölten Fußboden aus, schlummerte weiter. Nachts weckte die Bahnpolizei unsanft den vermeintlichen Stromer, ohne seine Rückfahrkarte hätten sie ihn hinausbefördert, so wurde er nur barsch ermahnt, anständig am Tisch zu sitzen. Blamabel. Mußte mir's gefallen lassen. Mußte ich?

Die belanglose Episode brachte mich dazu, Bilanz zu machen. Kurzerhand kündigte ich. Der Abschied war frostig. Der Prokurist verkniff sich die Bemerkung nicht, ich hätte alles wohl mehr als Jux aufgefaßt.

Wieder zu Hause in Leipzig fand ich meinen Vater sehr niedergedrückt, Mutter ging es schlecht, apathisch lag sie da, als ich sie begrüßte. Nach wenigen Tagen machte Vater mir überraschend den Vorschlag, an einer anderen Universität weiterzustudieren. Verlockende Möglichkeiten tauchten vor mir auf, Freiburg, Tübingen, das war nicht gemeint. Vater schlug Kiel vor, wo ich im Hause seines Zwillingsbruders leben könne. Mir war auch das recht.

Eine neue, mir völlig fremde Umwelt.

Der Onkel war Amtsgerichtsrat, stolz auf seine unabhängige Stellung, sehr darauf bedacht, diese auch im neuen Staat zu wahren. Ein Mann von trockenem Humor, Pedant, klein und drahtig, nur die Gestalt erinnerte an meinen Vater, sonst waren die Brüder von Grund auf verschieden.

In dem sparsamen Beamtenhaushalt herrschte patriarchalische Ordnung. Beispielsweise war jedes der sechs Kinder für seinen Brotlaib verantwortlich, eingeschnittene Kerben bezeichneten die Tagesrationen. Es wurde einfach, aber ausgiebig gegessen. Pferdebohnen und dicke Milch waren besonders beliebt. Unermüdlich umhegte die Mutter ihre Schar, gütig, zuweilen etwas geistesabwesend, sie war musisch gestimmt, malte Blumenstücke und Landschaften in Öl, die einzige Tochter unter lauter Söhnen hatte das Talent geerbt. Den Künsten wurde ihr Platz gelassen, insgesamt war man mehr auf solide Bildung aus.

Und auf Lebenstüchtigkeit. Dabei verstanden es alle, die kleinen Freuden auszukosten. Die vielen Geburtstage wurden feierlich begangen. Die Tante veranstaltete Leseabende, auch literarische Teenachmittage mit gleichgestimmten Damen. Die Vettern paddelten im Kanu über die Förde, auch durch die Schwentine bis zum Kellersee, ins Haus von Tante Gertrud. Und zur Gartenarbeit, die meine Vettern begeistert betrieben. Es war ihnen unbegreiflich, daß ich mich niemals beteiligte.

Mit den spartanischen Bräuchen des Hauses fand ich mich leidlich ab, doch blieb ich ein Fremder, ein Hereingeschneiter. Die geruhsame Atmosphäre wirkte auf mich wie ein Reizklima. Es war fast unmöglich, allein zu sein; eine völlig neue Erfahrung. Doch bemühte ich mich, Reibereien zu vermeiden. Auch dann noch, als der älteste, mir gleichaltrige Vetter mich durchaus für seine schlagende Verbindung ‹keilen› wollte.

Er studierte Jura. Sein rechter Arm war durch eine schwere Kriegsverletzung verkrüppelt, linkshändig focht er Mensuren, was allgemein bestaunt wurde. Ich fand es albern, seinen Mut noch einmal beweisen zu wollen, gerade das entsprach Erichs Überzeugungen. Erich kehrte auch hie und da den Leutnant a. D. hervor, was mich wurmte, da saß ein Stachel. Ich fragte mich, ob nicht Neid meine Aufsässigkeit gegen alles Hergebrachte erzeuge. In einem Anfall von Selbstkasteiung ließ ich mich dazu überreden, als Gast auf den Paukboden mitzukommen. Die umständlich zelebrierte Schlächterei war grausig und lächerlich zugleich. Mein Widerwille gegen die Korporierten steigerte sich zu offener Gegnerschaft.

Um diese Zeit traten die Buntbemützten immer herausfordernder als Vortrupp nationaler Erneuerung auf. Und als Judenfresser. In Studentenversammlungen wurde unter jubelnder Zustimmung ein Numerus clausus für Semiten gefordert.

Entrüstet sprang ich auf und widersprach, es kam zu Rempeleien, nur wenige Kommilitonen standen mir bei. Einer von ihnen war Ludolf Bachmann.

Er hatte im Krieg ein Bein verloren, man respektierte ihn deshalb, fürchtete ihn zudem als sarkastischen Einzelgänger. Er bereitete sich auf das Referendarexamen vor, wollte Staatsbeamter werden, doch bei jeder Gelegenheit provozierte er die bürgerliche Umwelt, zu der er gehörte. Ein bourgeoiser Nihilist. Ich ahmte seinen Zynismus nach, bald auch seine kuriosen Liebhabereien. So begaben wir uns zum Nachmittagskaffee in ein Bordell. Dort ging es gemütlich zu, jede Obszönität war verpönt, die Extravaganzen holsteinischer Adliger und städtischer Honoratioren wurden sozusagen akademisch erörtert. Verwundert bemerkte ich, daß man sich hier zur bestehenden Ordnung der Gesellschaft bekannte. Ludolf, der angehende Staatsdiener, wurde ernster genommen als ich, der nicht sagen konnte, was aus ihm werden solle.

Diese Frage begann mich zu beunruhigen. In wenigen Wochen würde ich einundzwanzig sein. Meine Unentschlossenheit nahm zu. Dann brachte mich Ludolf mit seinem Freund Eduard Wildhagen zusammen, einem auf vielen Gebieten beschlagenen Universitätsassistenten. Edu sagte mir nach kurzer Bekanntschaft auf den Kopf zu, ich sei für methodische Arbeit gänzlich ungeeignet. Zum Trost lobte er eine gewisse stilistische Gewandtheit, die geduldig entwickelt werden müsse. Das gab den Anstoß, mich mit Schreibversuchen zu befassen. Sie scheiterten kläglich, weil ich nichts zu sagen hatte. Diese Selbsterkenntnis wurde bestärkt, als ich noch einmal in den Bann einer Schwestergestalt geriet.

Ulla lebte auf Abruf in Kiel. Demnächst sollte sie ihrem Mann, einem ehemaligen Kapitänleutnant, nach Argentinien folgen, wo er sich eine neue Existenz aufbaute. Sie lernte eifrig Spanisch, büffelte Fachwerke über Pferdezucht und Schafschur, zuerst hielt ich sie nur für eine handfeste Offiziersfrau. Dann übertreibend für eine verkappte Intellektuelle, weil sie beschlagen war in moderner Literatur. Sie ließ sich gern von mir vorlesen. Ihr Favorit war überraschenderweise Alfred Kerr. Das Feuerwerk seiner Formulierungen entzückte auch mich. Aber dann stieß ich auf eine Sophokles-Kritik, *‹Ödipus auf Kolonos›* wurde da als «Wunderwerk» gefeiert, vom schuldlos-schuldigen König hieß es: «Noch einmal hört einer die Quellen rauschen ... Dies alles ist unsterblich ...»

Jäh brach der hymnische Ton ab, Kerr hatte notiert: «Hier erst beginnt unser Drama. Vorher könnte das Drama ‹Blödipus› heißen.»

Betroffen ließ ich das Buch sinken. Der fade Kalauer hatte einen empfindlichen Nerv getroffen. Die kluge Freundin spürte sofort, daß mehr verletzt war als mein Geschmack. Sie gab sich nicht damit zufrieden, daß ich Beschimpfung des Geblendeten schnöde nannte. Dahinter steckte mehr.

Ich erklärte es ihr. Zuerst vorsichtig, dann immer offener sprach ich zum erstenmal aus, was verborgen geblieben war, im Reden wurden mir Zusammenhänge deutlich. Die Psychoanalyse, die alles und nichts erklärte, seit ich vorwitzig bei Freud dies und das aufgeschnappt hatte. Die wilde, in Wahrheit lieblose, abstrakte Angst um meine Mutter. Die Bezichtigung meines Vaters. Ich erging mich in Schilderungen meiner Kinderjahre, ich übertrieb, die läppische Diebesgeschichte wurde zur Tragödie, Episoden zu Katastrophen. Ich spielte mich auf als Opfer, ich wollte gerechtfertigt sein, gewiß auch getröstet.

Den Gefallen tat mir die resolute Freundin nicht. Sie kanzelte mich ab:

«Gut, nun hast du das alles aus dir herausgekotzt. Das ist ja wohl im Sinne deiner psychoanalytischen Freunde. Ist dir nun besser? Natürlich nicht. Reden kostet nichts und führt zu nichts. Du badest dich in deiner Kindheit. Du bist kein Kind mehr. Aber du nimmst dich wichtig wie ein Kind. Und zugleich nimmst du dich nicht ernst genug. Ich sehe mir das nun seit Wochen an. Du studierst ohne Lust, ohne Ziel. Du läßt dich treiben wie ein Stück Holz. Du mußt dich endlich zusammenreißen, dich für irgend etwas entscheiden.»

Sie hatte nur zu recht.

Am nächsten Tag rief mich ein Telegramm nach Hause. Meine Mutter war gestorben.

Sie selbst hatte ein Ende gemacht, ich wußte es sofort. Aber die Umstände dieses Todes waren schrecklicher als alles, was ich mir in meiner Kinderangst hundertmal vorgestellt hatte.

Monatelang hatte sie das Bett nicht mehr verlassen. Mein Vater rechnete nicht mehr mit Ausbrüchen der völlig Entkräfteten, doch blieb die Wohnungstür auf seine Anordnung stets abgeschlossen.

An einem nebligen Novemberabend zog sie Schuhe an, nahm ein Tuch um ihr Nachthemd und verließ unbemerkt das Haus, durch den Nebeneingang ‹Für Dienstboten›. Weit draußen im Wald ließ sie sich oberhalb eines Stauwehrs ins Wasser fallen. Erst nach Tagen fand man die Tote.

Ein genau überlegter Plan, entschlossen vollendet. Mein Vater erklärte mir, ein Gemütskranker könne übermenschliche Tatkraft entwickeln, um sich selbst zu vernichten. Darüber dachte ich lange nach. Ein Verdacht regte sich: Hatte ich etwas von dieser krankhaften, anfallweisen Energie geerbt? War das die Ursache meiner ziellosen Unternehmungen und jähen Ausbrüche? Allzu bequeme Ausflucht. Doch eine Warnung blieb es. Ich nahm mir fest vor, endlich Klarheit darüber zu schaffen, worauf die Studiererei hinauslaufen sollte. Gute Vorsätze, wieder einmal, und wieder vergaß ich sie bald.

Ich saß tagelang allein in meinem Zimmer und gab mich hemmungslos dem Kummer hin, der unerträglich wurde, wenn ich an den letzten Abend mit Ulla dachte. Ihre Worte bekamen einen düsteren Sinn, sie wurden gesprochen, als meine Mutter schon nicht mehr lebte. Zum erstenmal erlitt ich ein tiefes, ungebrochenes Gefühl, Schuld und Schmerz zugleich, weil es zu spät war.

Die Beerdigung steigerte die Pein noch. Vater und Großmama blieben gefaßt, andere Verwandte aber weinten sehr sichtbar, als wollten sie zeigen, daß es sich so gehöre. Ein Geistlicher sprach zartfühlende Worte über das tragische Geschick der Dahingegangenen, die er nie gekannt hatte. Irgendwer spielte Händels Largo auf dem Harmonium. Dann rieselte Erde aus unseren Händen ins offene Grab.

In Flandern hatten wir manchmal gefallene Kameraden still und ohne Förmlichkeit in die schlammige Erde betten müssen. Verglichen damit erschien mir jetzt die feierliche Zeremonie wie eine Bühnenszene, gestellt für die Überlebenden und von ihnen. Nie wieder wollte ich sie erleben. Daran habe ich mich gehalten, fünfzig Jahre lang.

Bis über Weihnachten blieb ich zu Hause. Meinem Vater kam ich nun näher als je zuvor. Zuweilen drängte es mich, ihm zu beichten, was zwischen uns gestanden hatte. Ich war zu feige und redete mir ein, jetzt sei nicht die rechte Zeit dafür.

Auf der Rückreise nach Kiel suchte ich in Berlin den Patenonkel Wilhelm His auf, dann auch die holsteinische Tante, die dort den Winter zubrachte. Vater meinte, ich solle mich ruhig in der großen Stadt umsehen. Er schien in Sorge, daß ich mich in meinen Gram vergraben könnte.

His, der große Anatom, empfing mich in seiner Grunewaldvilla, voller Anteilnahme an unserem Verlust. Bei einem Badener Wein vertraute er mir etwas an, was mich aufrichtig bewegte.

Von jeher habe er seinen Jugendfreund bewundert. Mein Vater sei zu Großem berufen gewesen, als Arzt wie als Forscher. Sein schweres Schicksal habe ihn daran gehindert, alle Gaben voll zu entfalten. Und in goetheschem Ton beendete der Basler Patriziersohn seine Laudatio auf meinen Vater: In bescheidenem Kreise habe er bedeutend gewirkt. Ich müsse stolz auf ihn sein.

Anderntags begleitete ich Tante Gertrud zu den Bülows, einer adligen Familie, die auf eine mir unklare Art mit uns verwandt war. Das Haus stand in der Voßstraße, genau da, wo später Hitler seine marmorne Prachtresidenz errichtete. Ich bemühte mich, die noble Atmosphäre nicht allzu naiv zu bestaunen. Einer der Söhne, Adolf, ein junger Diplomat, wollte abends in Reinhardts *‹Sommernachtstraum›* gehen. Ich verriet mein Interesse, eine zweite Karte wurde aufgetrieben. Die berühmte Inszenierung nahm mich völlig gefangen, ich fühlte mich in meiner ungewissen Neigung zum Theater bestärkt.

Nachher führte der liebenswürdige Gastgeber mich zu einem Nachttrunk ins nah gelegene *Schwarze Ferkel*. Im einstigen Stammlokal Strindbergs sprachen wir natürlich von Literatur und Theater, unversehens auch von Politik. Adolf vertrat gemäßigt konservative Überzeugungen. Ich provozierte ihn mit allerlei unausgegorenen Theorien, ein Bodensatz der Diskussionen in Eugen Ortners Rebellenzirkel kam zum Vorschein. Ich bestand darauf, die wahre Revolution in Deutschland käme erst noch. Er lachte mich aus und schlug vor, wir sollten uns gemeinsam am nächsten Vormittag eine Demonstration vor dem Reichstag ansehen. Da könnte ich was lernen! Ich war einverstanden. Beim Abschied nannte ich ihn im Scherz einen verkalkten Aristokraten, er mich einen Salonanarchisten.

Nur mit Mühe drangen wir am Morgen bis zum Parlament vor. An diesem Tage wurde über ein Betriebsrätegesetz beraten. Die Unabhängigen Sozialdemokraten hatten zum Protest gegen die Entmachtung der revolutionär entstandenen Arbeiterräte aufgerufen, die Kommunisten hatten sich angeschlossen. Über der unabsehbaren Menge sah man Redner auf improvisierten Tribünen. Die Menge war erbittert, verhielt sich aber ruhig, von einem Sturm auf den Reichstag war keine Rede. Nur irgendwo ganz vorn gab es Plänkeleien mit der absperrenden Polizei.

Plötzlich hämmerten Maschinengewehre. Alles stob in wilder Panik auseinander, Tote und Verwundete lagen auf dem weiten Platz. Wir hatten uns sofort hinter die flache Böschung an der Siegessäule geworfen, die damals noch dort stand. Die Salven gingen über uns hinweg, hörten auf. Adolf sah sich um:

«Da rennt dein revolutionäres Volk wie eine Hammelherde!»

«Wir haben uns auch nicht gerade wie Helden benommen ...»

«Aber wie erfahrene Frontschweine, nicht als Schießscheiben.»

Er begleitete mich bis zum Lehrter Bahnhof, auf Umwegen, viele Straßen waren abgesperrt. Beim Abschied sagte er mit großem Nachdruck:

«So hatte ich mir die Lehre nicht vorgestellt. Da müssen irgendwem die Nerven durchgegangen sein, es war wirklich nicht schön. Für was sind diese Toten nun gefallen? Eines mußt du dir klarmachen: Was zählt, ist die Macht. Die haben die roten Brüder ein für allemal verspielt.»

Ich zuckte die Achseln.

In Kiel ging ich allen aus dem Wege, mit denen ich Umgang gehabt hatte. Ulla war nach Südamerika abgereist. In die Universität trottete ich gewohnheitsmäßig, um die Tage hinzubringen. Ich wartete auf irgendein Ereignis, das alles verändern würde.

Um die miserable Wahrheit ohne Beschönigung auszusprechen: Ich wartete auf eine Katastrophe.

Eines Tages im März verfolgte ich mit halbem Interesse ein Kolleg über Schopenhauer. Plötzlich wurde die Tür aufgerissen, jemand brüllte: «Schluß! Alles hinunter in die Halle!»

Dort drängten sich schon Hunderte von Kommilitonen aufgeregt um ein paar Offiziere, die bekanntgaben, in Berlin habe sich eine neue Regierung gebildet, die Soziminister seien geflohen. Reichskanzler sei nun der ostpreußische hohe Beamte Kapp, militärischer Oberbefehlshaber der Reichswehrgeneral von Lüttwitz. Wie in Berlin die Brigade Ehrhardt stellten sich überall die Freikorps zur Verfügung der neuen Herren. Auch in Kiel.

Hier war soeben die Brigade Löwenfeld aus Livland eingetroffen. Sie übernahm in der Stadt die Macht. Zu ihrer Verstärkung sollte eine Studentenkompanie aufgestellt werden.

Viele Kommilitonen meldeten sich begeistert. Vor allem Korporierte, die mir von Ansehen her bekannt waren. Mit ihnen wollte ich auch jetzt nichts gemein haben. Ich zögerte. Als ich in höhnisch abweisende Mienen blickte, geschah ein Kurzschluß: Von denen lasse ich mir nichts verderben ... Die sollen sich wundern! Nun gerade!

Ich setzte meine Unterschrift unter hundert andere. Blindlings, ohne nachzudenken. Gleich darauf ging es hinaus nach Holtenau. In einer Kaserne empfingen wir Armbinden und Gewehre. Niemand fragte danach, ob wir ausgebildet seien, das wurde als selbstverständlich vorausgesetzt. Stundenlang lungerten wir herum, bekamen Verpflegung aus einer Gulaschkanone.

Aus der Stadt waren Schüsse zu hören. Ein Gerücht lief um, die Werftarbeiter hätten Waffenläden geplündert. Mit dem roten Mob würde schnell aufgeräumt werden.

Doch das Schießen verstärkte sich fortwährend.

Um diese Zeit war der Putsch schon gescheitert. Die Reichswehr hatte sich nicht angeschlossen. Ein Generalstreik legte auf Weisung der Gewerkschaften das gesamte öffentliche Leben still. In Kiel kämpfte die gut ausgerüstete Schutzpolizei gemeinsam mit den Arbeiterwehren gegen die Aufständischen.

Von alldem erfuhren wir nichts.

Die Telefonverbindung zur Innenstadt riß ab. Freiwillige für eine Erkundung wurden aufgerufen, ich trat als einer der ersten vor. Zu viert marschierten wir los. Keinen Augenblick lang dachte ich darüber nach, daß ich in ein Unternehmen verstrickt war, das mir völlig gleichgültig war und mit dessen Urhebern mich nichts verband.

Ungehindert gelangten wir bis in die Nähe der Universität. Der Gefechtslärm schwoll an zu ununterbrochenem Hämmern und Gellen. Die Straßen waren unheimliche, leere Schluchten. Hinter einem verlassen dastehenden Straßenbahnwagen standen Freikorpsleute. Sie winkten uns heran, erfreut über die erhoffte Unterstützung, die wir wenigen nicht brachten. Ein Unteroffizier knurrte:

«Besser als gar nichts. Mitkommen!»

Wir bogen in die Muliusstraße ein. Im nächsten Augenblick brach die Hölle los.

Eckhäuser sind oft durch turmartige Aufbauten erkennbar, eine Bauvorschrift aus der Zeit vor 1914 soll das verlangt haben. Solch einen Zierturm hatte auch das Kaufhaus KEPA an der Bergstraße, Ecke Muliusstraße.

Dort hoch oben saß hinter einem Maschinengewehr der ehemalige Matrose Rudi Kegel, jetzt Führer einer Gruppe der Arbeiterwehr. Neben ihm hockte ein Schupomann. Drei Jahre später tauschten wir in Moskau unsere Erlebnisse aus.

«Wir sahen euch tief unten in der Muliusstraße auftauchen. Jetzt! sagte der Polizist. Ich hob die Hand: Abwarten! Vielleicht würdet ihr nicht weitergehen. Ich mag nicht auf lebende Menschen schießen. Ihr wart ahnungslos. Da drückte er schon auf den Abzugshebel, ein paar von euch erwischte es sofort. Scheußlich. Aber was hättet ihr an unserer Stelle gemacht?»

Das gleiche, ich gab es zu.

Fest presse ich mich in einen verschlossenen Hauseingang. Einem Freikorpsmann ist die Hirnschale weggerissen, zwei andere liegen stöhnend auf dem Pflaster. Blindlings schießen einige auf den unsichtbaren Gegner. Sobald sich jemand bei uns rührt, kommt eine neue MG-Salve.

Der Unteroffizier winkt: Zurück! Wir packen die Verwundeten, rennen ums Leben, im Zickzack, wie gejagte Hasen. Endlos ist die Strecke bis zur Straßenbiegung. Dann sind wir außer Sicht. Keinen Schuß habe ich abgegeben.

Nun erst, da ich gerettet war, stieg heiß die Todesangst bis in den Hals, ich konnte das Zittern nicht unterdrücken. Wir sahen einander nicht an, tappten mit gesenkten Köpfen weiter.

In der langen Holtenauer Straße fanden sich von überallher Trupps der Löwenfelder zusammen. Im Gänsemarsch ging es dicht an den Häusern entlang, jeden Augenblick erwarteten wir, beschossen zu werden. Doch niemand verfolgte uns.

Eine Parole wurde von Mann zu Mann weitergegeben: Sammelpunkt Suchsdorf! Das Nest liegt weit draußen, nahe dem Kaiser-Wilhelm-Kanal. Jeder verstand: Die Stadt ist aufgegeben. Wir sind geschlagen.

In Suchsdorf wartete abmarschbereit der Train der Brigade. Auch ein Teil der Studentenkompanie fand sich ein, viele hatten sich inzwischen stillschweigend verdrückt.

Wir vier von der Stadtpatrouille wurden umringt und ausgefragt, als hätten wir wunder was vollbracht. Nun geschah, was ich mir gewünscht hatte: Korporierte bestaunten mich. Aber ich wollte von denen nicht belobt werden. Einer mit roten Schmissen, an den ich mich seit jenen Händeln in der Universität genau erinnerte, klopfte mir gar auf die Schulter und schnarrte:

«Fabelhaft! Sind zu beneiden! Haben das Pack vor die Flinte bekommen!»

Wütend rief ich: «Unsinn! Kam überhaupt nicht dazu! Hatte viel zuviel Schiß!»

Ich wendete mich ab, er brummte hinter mir her: «Nanana ... Kleiner Nervenschock, was? Das gibt sich.»

Er hatte wohl recht.

Vor allem aber war ich nun, da jede Gefahr vorläufig vorbei war, todmüde. Es ging bald weiter, über die Levensauer Hochbrücke gelangten wir auf das Nordufer des Kanals. Posten sicherten den Übergang, alles suchte sich Quartier.

In einer Bauernkate warf ich mich auf ein unbequemes, viel zu kurzes Sofa. Im nächsten Moment war ich fest eingeschlafen.

Irgendwann nahm ich mit halbem Ohr wahr, daß geschossen wurde. Drüben waren Verfolger aufgetaucht, über das Wasser hin entspann sich in der Dämmerung eine wirkungslose Knallerei. Geschosse klirrten gegen das Stahlgerüst der Brücke. Dann wurde es still, die Nacht verging ohne Störung.

Morgens wurde, bei einem kurzen Appell, bekanntgegeben, es sei mit der Kieler Polizei ein Abkommen getroffen worden, das uns freien Abzug gewähre. Es wurde ein bißchen gemurrt, manche hatten erwartet, wir würden die Stadt angreifen. Im Grunde waren alle zufrieden, daß wir davongekommen waren.

Zwei Tage lang zogen wir, alles in allem an die tausend Mann, in weitem Bogen durch Holstein. Bei Rendsburg überquerten wir wieder den Kanal, nun südwärts. Es hieß, wir würden im Lokstedter Lager unweit von Itzehoe entlassen.

Die niedergedrückte Stimmung hob sich, als in einigen Dörfern die Bauern würzige Produkte ihrer Räucherkammern herausrückten. Unverkennbar sympathisierten sie mit uns, den Geschlagenen. Es wurde auch munter getrunken. Das Kampflied vom Hakenkreuz am Stahlhelm klang auf, als lärmender Landsknechtshaufen zogen wir über die von hohen Knicks eingesäumten Straßen dahin.

Am zweiten Tag machten wir Mittagsrast in Nortorf.

Übersatt von ungewohnten Genüssen, auch leicht benebelt durch viele Gläschen Kümmelschnaps, setzte ich mich neben einen Bagagewagen auf den Boden und lehnte mich gegen ein Rad.

Dumpf ging mir durch den Schädel, daß ich ja wohl in eine böse Klemme geraten war. Wie sollte das Ganze enden? Vielleicht vor einem Gericht, die Anklage würde auf Teilnahme an einem Staatsstreich lauten. Daß in Berlin alles aus war, hatte sich inzwischen herumgesprochen.

Was ich getan hatte, mußte ausgebadet werden. Aber was hatte ich denn getan? Ein Gewehr schleppte ich mit, geschossen hatte ich nicht. Eine jämmerliche Figur hatte ich abgegeben in dieser Muliusstraße. Blöder Name. Wer war Mulius? Bürgermeister, General, Gelehrter? Humanistisch aufgeplusterter Name, Müller werden die Leute geheißen haben. Müller, Mulius, Muli, Maulesel ...

Aus dem dösenden Halbschlaf weckt mich ein Schrei. Jemand ruft in Todesangst um Hilfe. Ich fahre auf.

Drüben auf der anderen Straßenseite hat ein halbes Dutzend

Löwenfelder eine Ladentür eingeschlagen, eine Schneiderei. Den Inhaber treiben sie mit Kolbenstößen vor sich her. Der kleine ältliche Mann sucht seinen Kopf zu schützen.

Ich renne drauflos, werfe mich blindlings dazwischen. Was ist los? Sie brüllen:

«Spioniert hat das Judenschwein! Will uns denunzieren! Weil wir seine Schacherwaren beschlagnahmen!»

Drin räumen andere die Regale aus, schmeißen Stoffballen und Kleider in den Dreck. Jammernd will der arme Mensch sich danach bücken, ein Fußtritt wirft ihn zu Boden.

Mich packt rasende Wut, ich stoße den Peiniger weg, sie umringen mich, gleich wird es mir übel ergehen. Da sind ein paar Studenten bei uns, verlangen Aufklärung. Bekommen sie:

«Der hilft dem Itzig! Wohl selber einer!»

«Seid ihr verrückt? Kennt ihr den nicht?»

Die Bedränger stutzen, fragen, hören tolle Dinge über mich, den Stolz der Studentenkompanie. Die eben noch bedrohliche Szene wird zur grotesken Verbrüderung. Einer der Rabauken umarmt mich, drängt mir seine Schnapsflasche auf. Ich zögere. Doch da beobachte ich aus dem Augenwinkel, wie der kleine Schneider mich fragend anschaut. Ich blinzle ihm zu. Unbemerkt kann er entwischen, sie haben ihn vergessen – und da trinke ich die Pulle in langen Zügen halbleer: Auf meinen bescheidenen Sieg gleichsam.

Gleich darauf wird abgerückt. Ich entere einen Packwagen. Es tut gut, durchgerüttelt zu werden, dadurch kommt Ordnung in meinen trunkenen Schädel. Im Chaos taucht immer wieder ein simpler Gedanke auf: Wenn du je wieder das Leben riskierst, dann muß es einen Sinn haben ...

Bald saß ich wieder in Kiel, wohin ich unbehelligt zurückgekehrt war, in den Hörsälen herum und sinnierte, ob das Studium einen Sinn für mich hätte. Am Ende des Semesters wollte ich mich entscheiden.

Im Germanistischen Seminar lief eine Übung über ‹Sturm und Drang›. Die jungen Originalgenies wurden säuberlich zergliedert und kommentiert. Eines Tages zog jemand Vergleiche zur neuesten, mir noch kaum bekannten Literatur. Ich hörte Walter Hasenclevers flammenden Appell:

Halte wach den Haß. Halte wach das Leid.
Brenne weiter am Stahl der Einsamkeit.

Ich erlebte einen Schock, ergriffen und bestürzt zugleich. So würde ich niemals schreiben können! Auf der Stelle vernichtete ich die eigenen, beschämend blumigen Versuche. «Der Dichter träumt nicht mehr in blauen Buchten» – das leuchtete mir ein.

Ich las hingerissen das Drama ‹*Der Sohn*› und entdeckte zu meiner Überraschung, daß ich meinen Vater nicht mehr haßte. Gegen Hasenclevers grimmigen Abscheu vor der Väterwelt verblaßte mein kindischer Groll. Als ich bald danach heimfuhr, war ich gespannt auf die Begegnung mit meinem Vater.

Er empfing mich wie den verlorenen Sohn, er war sehr in Sorge gewesen und ließ sich ausführlich berichten. Er billigte mein Verhalten in Nortorf. Von einer Aufgabe des Studiums wollte er nichts wissen. Ob ich, nun vor meinem fünften Semester, denn schon einen Plan für die Doktorarbeit hätte?

Zufällig stieß ich irgendwo auf eine beiläufige Bemerkung über Goethes widerspruchsvolle Haltung zum Judentum. Um auf meines Vaters herzliche Anteilnahme einzugehen, meinte ich obenhin, das könne vielleicht ein Thema sein. Er fand den Gedanken originell und schlug vor, ich solle mit Witkowski darüber sprechen.

Tatsächlich trug ich dem alten Lehrer mein noch völlig unklares Projekt vor, nicht ohne weitschweifig auf die Aktualität hinzuweisen; überall rege sich ja jetzt der widerwärtige Antisemitismus. Der Professor sah mich über die Brille hin skeptisch an: Nun ja, das sei interessant, wohl auch nützlich ... Nur frage er sich, ob ich bei ihm an der rechten Stelle wäre.

Ich erschrak. Hatte ich ihn, den Juden, verletzt? Indessen überlegte er etwas ganz anderes:

«Sie werden nie ein passionierter Germanist, das zeigt auch dieser Plan. Sie sind einer von denen, die, wie soll ich sagen, nach einem Schlüssel für ihre Existenz suchen, nach dem Sinn für das Ganze. So etwas kann meine bescheidene Wissenschaft nicht anbieten. Aber Sie hören ja Philosophie als Nebenfach – mag sein, daß Sie dort eher Ihr Rezept finden ... «

Der freundliche Rat wurde befolgt. Ich belegte einschlägige

Vorlesungen, naschte an Logik und Erkenntnistheorie, ohne viel Gewinn. Lohnender erschien mir, was ein junger Dozent über die Geschichte der Philosophie vortrug. Nur mißverstand ich diesen einführenden Kursus als Summe aller möglichen Einsichten, wollte umgehend zwischen den großen Denksystemen das für mich gültige wählen; sehr bald saß ich hoffnungslos fest. Wo verbarg sich im Gestrüpp der Widersprüche die ersehnte Anleitung zum richtigen Denken und Leben? Ungeduldig las ich in Platon und Kant, Locke und Nietzsche herum. Immerhin ahnte ich, daß ich auf dem Wege zu einer fatalen Halbbildung sei.

Um diese Zeit starb Wilhelm Wundt, eine Leuchte der Leipziger Universität. Er war Patient meines Vaters gewesen, zudem mit meiner Großmutter gut bekannt. Ihr zuliebe ging ich zur offiziellen Trauerfeier. Dort eiferte einer der Gedenkredner gegen den Materialismus, den er eine durch den Verstorbenen endgültig überwundene Irrlehre nannte. Wie so oft regte sich mein Widerspruchsgeist. So kam ich dazu, solche verstaubten Größen zu lesen wie Moleschott und Ludwig Büchner; zu meinem Glück aber auch die großen Alten, Demokrit und Epikur, sowenig Texte es leider von ihnen gab.

Einen Rausch der Begeisterung aber erlebte ich durch Ludwig Feuerbachs ‹*Wesen des Christentums*›. Ich fand meine Abneigung gegen jegliche Mystik durch Feuerbachs Diesseits-Theologie bestätigt. Auch mir genügte – und genügt bis heute – das, was er «die fünf Evangelien unserer Sinne» nennt. Ich sehe nicht ein, weshalb der schlichte Sensualismus als platt verdammt, jede metaphysische Spekulation aber von vornherein als höhere Weihe menschlichen Strebens respektiert wird; selbst von solchen, die gleich mir kein Organ dafür besitzen.

Das Bibliotheksexemplar hatte schon bei anderen Lesern heftige Emotionen erregt, zahlreiche Randnotizen verrieten es, zustimmende wie abfällige. Ein Kritikus hatte auf dem hinteren Buchdeckel mit kräftiger Tintenschrift proklamiert: «Kleinbürgerlicher Vorläufer! Marx lesen!» Das störte zwar meinen Enthusiasmus, aber nachprüfen wollte ich's doch. Und so nahm ich gelegentlich ‹*Das Kapital*› vor – um es rasch wieder beiseite zu legen.

Ich hatte läuten hören, das sei ein schwerer Brocken. So hart hatte ich mir die Fron nicht vorgestellt. Mir fehlte jede Voraussetzung zum Verständnis. Totale und entfaltete Wertform, Akkumulation und Mehrwert blieben für mich leere Formeln. Als ich den Band zurückbrachte, sah mir der junge Bibliothekar die Enttäuschung an und riet, es erst einmal mit den Schriften des jungen Marx zu versuchen. So geriet ich, ohne sonderliche Erwartung, an die Hegel-Kritik und die ‹*Deutsche Ideologie*›.

Da wiederholte sich, was ich durch Feuerbach erfahren hatte. Doch die neue Offenbarung war nachhaltiger, denn jeder dieser vor fast einem Jahrhundert niedergeschriebenen Sätze ließ sich unmittelbar auf mich beziehen. Mir ging auf, was ich dunkel geahnt hatte. Ich hatte, so stand es da, «vom wirklichen Menschen abstrahiert oder den ganzen Menschen auf eine nur imaginäre Weise befriedigt». Ich hatte in «Selbstentfremdung» gelebt, hatte mich gedankenlos treiben lassen. Und so war ich einer von denen geworden, die sich «immer nur einmal in Gesellschaft der Freiheit befinden – am Tage ihrer Beerdigung». Zu den Totengräbern hatte ich mich geschlagen, ahnungslos, mir fehlte das Bewußtsein. Dieses aber, so las ich nun, «kann nie etwas anderes sein als das bewußte Sein, und das Sein der Menschen ist ihr wirklicher Lebensprozeß».

Die Lehre, die daraus zu ziehen war, hieß: Keine Philosophie, keine Theorie würde mich befriedigen. Den Lebensprozeß, die Lebensführung würde ich ändern müssen, dann erst könnte das richtige Bewußtsein entstehen. Die Folgerung war einfach. Sie überzeugte mich.

Und diesmal war es nicht möglich, auf der Stelle übereilte Entschlüsse zu fassen, wie ich es so oft, zu oft getan hatte. Ich gab mir eine Frist bis zum Herbst. Bis dahin wollte ich lesen, lernen, mich vorbereiten auf eine Entscheidung, die diesmal endgültig sein mußte. Erfüllt von solchen Überlegungen folgte ich einer Einladung Arnold Weißbergers auf das kleine Landgut seines Vaters, in Gornau, am Fuß des Erzgebirges.

Der alte Weißberger erregte in mir vom ersten Augenblick an widerstreitende Empfindungen.

Er entstammte einem jüdischen Bauerngeschlecht in Böhmen. Daß es so etwas gab, war mir neu. Es nahm mich spontan für ihn ein. Auch gefiel mir, daß er einen originellen, sarkastischen Humor besaß. Zugleich aber sah ich in ihm, der sich aus kleinen Anfängen zum Chef eines großen Chemnitzer Textilwerks hinaufgearbeitet hatte, den notorischen Kapitalisten, den Widersacher, an dem ich meine halbausgegorenen neuen Weisheiten ausprobieren wollte.

Dabei zog ich oft den kürzeren. Wenn ich ihn unverfroren einen Ausbeuter, einen Nutznießer des von anderen geschaffenen Mehrwerts nannte, gab er gelassen zu, solch ein elendes Individuum zu sein. Aber die Sache mit dem Mehrwert sei komplizierter, als ich dächte. Er hatte Marx gelesen, aber auch Lassalle, da konnte ich nicht mithalten, mir fehlten die Kenntnisse.

Dann ging er zum Gegenangriff über. Es sei ja honorig, wenn ich, der Student, der Bürgersohn, mir Skrupel mache. Ihm selbst sei soziales Gewissen durchaus nicht fremd, er richte sich danach in seinem Betrieb, in gewissem Ausmaß. Mich aber koste mein Aufbegehren rein gar nichts!

Unvorsichtigerweise ließ ich mich zu der Bemerkung hinreißen, es sei ja denkbar, auf eine bevorzugte Stellung in der Gesellschaft freiwillig zu verzichten.

Gewiß, so etwas sei schon vorgekommen, erwiderte er. Zum Beispiel bei den russischen Narodniki, Söhnen des Adels und der Bourgeoisie, die ins Volk gingen – das nicht auf sie hörte. Erfolgreiche Rebellen hätten auf solch eine pathetische Geste verzichtet. Übrigens wären sie alle, von den Gracchen bis zu Lenin, aus eben der Schicht gekommen, die sie entmachten wollten. Da befände ich mich also in bester Gesellschaft.

Um mich von dem zu heilen, was er meine vorübergehende Schwärmerei nannte, machte Vater Weißberger einen Fehler: er wurde ironisch. Dagegen ist ein junger Mensch im Stadium der Bekehrung empfindlich. In mir erwachte ein verbissener Trotz, der nichts mehr zu tun hatte mit Vernunft, Erkenntnis, mit Marx. Es war das alte Verlangen, etwas Verblüffendes zu tun, es der Welt zu zeigen. Im Unterschied zu früher richtete dieser Trieb sich jetzt jedoch auf ein greifbares Ziel, das mit jedem Tage deutlichere Form annahm. Ich wollte gerade das tun, was der gescheite Mann mir als Unsinn zu verleiden suchte. Ein Prozeß der Kristallisation war in Gang gekommen, den jedes zufällige Ereignis beschleunigte.

In Chemnitz sollte eine Ortsgruppe des ‹Reichsbundes jüdischer Frontsoldaten› gegründet werden. Ich erhoffte mir eine Kundgebung gegen den Krieg und fuhr mit Arnold hin. Doch gerieten wir in einen Saal voll patriotisch gestimmter wackerer Staatsbürger. Vom Unheil des Militarismus war nicht die Rede, um so mehr von tapferer Bewährung in Flandern. Es war trostlos, bis überraschend ein Ehrengast des Abends aufs Podium gebeten und mit Applaus begrüßt wurde: Walter Hasenclever.

Gespannt erwartete ich seine Rede. Er rief nur wenige Sätze, eine Absage an den Krieg, das gewiß, doch es war wenig zu hören von jener leidenschaftlichen Verkündigung, die mich vor ein paar Monaten begeistert hatte. Kein Wort fiel gegen diese peinliche Veranstaltung, in die er, davon war ich überzeugt, überhaupt nicht hineinpaßte.

Als wir nachher in kleinem Kreise zusammensaßen, sagte ich ihm das rundheraus. Er schien gekränkt, er war wohl daran gewöhnt, als Idol gefeiert zu werden. Etwas herablassend belehrte er mich, man könne nicht immer und überall lärmend revoltieren. Er habe sich eingestellt auf dieses besondere Publikum. Ich schwieg, dachte, vielleicht hat er recht, wartete ab. Hasenclever gab sich, zu meinem Schrecken, als resignierender Fatalist. Mag sein, daß ich ihm Unrecht tat. Vor meinen Ohren und Augen wurde aus dem ekstatischen Propheten des Aufruhrs ein blasser Ästhet; schlimmer noch, ein Mystiker, der in höchsten Tönen über Swedenborg sprach, den Theosophen, dessen Schriften er auf deutsch neu herauszubringen plante. Ich wußte von dem schwedischen Geisterseher nur, daß ihn Immanuel Kant einst böse gezaust hat. Wie kam der junge Poet, wie kam mein Poet auf solche Abwege?

Brüsk brach ich auf. Arnold schalt mich intolerant. Schon auf der Heimfahrt verbissen wir uns in eine Auseinandersetzung, die über die halbe Nacht weiterging. Er blieb ruhig und nüchtern wie stets, meine Tiraden wurden immer wütiger. Ich verstieg mich zu unhaltbaren Behauptungen: Literatur und Kunst sind zu nutzlosen Kulissen geworden, die den Blick auf die wahren Aufgaben der Menschen verdecken! Erst wenn die Gesellschaft verändert ist, darf es wieder ästhetische Werte geben! Bis dahin ist jeder Genuß reaktionär – Schönheit ein Mittel der Unterdrückung!

Arnold lachte mich aus, ich merkte, daß ich mich verrannt hatte. Der Freund meinte einlenkend, diese Fragen seien immerhin des Nachdenkens wert; er könne mich in Leipzig mit kompetenten Kennern zusammenbringen.

Was für Leuten?

Mit Kommunisten. Parteimitgliedern.

So erfuhr ich von seiner Bekanntschaft mit Georg und Gertrud Schildbach.

Es kennzeichnet meinen damaligen Geisteszustand, daß ich mich nie um die persönlichen Lebensumstände des Mannes gekümmert habe, der mein Schicksal auf Jahre hinaus beeinflußt hat. Ich wußte nicht einmal, was für einen Beruf er ausübte.

In Georg Schildbach, den jeder Grischa nannte, sah ich von vornherein den Mentor, der mir den rechten Weg zeigen sollte; eine abstrakte Autorität, keinen Menschen aus Fleisch und Blut. Und so dauerte es einige Zeit, bis ich halbwegs begriff, was für ein warmherziger, lebensfroher Mann mir begegnet war. Vom ersten Augenblick an behandelte er mich als jüngeren Freund. Es fiel leicht, ihm alle Nöte und Zweifel zu schildern. Er verstand zuzuhören und griff nur ein, wenn ich ins Spintisieren kam. Seine scharfen, fragenden Augen konnten spöttisch werden, wenn ich mich in Phrasen verlor. Dabei war er selbst alles andere als ein Dogmatiker; und seine Sprache war nicht die eines eifernden Asketen.

Doch war er kein Träumer. Im Januar 1919 war er unter denen gewesen, die das Verlagshaus der *Leipziger Neuesten Nachrichten* besetzt und dort Flugblätter gedruckt hatten, die der Bevölkerung die Wahrheit über den Mord an Karl Liebknecht und Rosa Luxemburg bekanntmachten. Das erfuhr ich aber erst nach und nach, Grischa machte davon nicht viel her. Bescheidenheit war einer seiner augenfälligsten Charakterzüge.

Bei meinem ersten Besuch traf ich ihn allein an. Wir waren in ein schon vertrautes Gespräch vertieft, als Gertrud Schildbach nach Hause kam. Sogleich änderte sich alles. Trude war eine untersetzte Person. Sie musterte mich unverhohlen durch ihre Brille. Dann stellte sie inquisitorische Fragen. Sie mißtraute mir. In mir entstand ein Schuldgefühl, das ich übrigens nie völlig überwand. Sie durchschaute meinen verlotterten Individualismus, meine Abenteuerlust. Was einer wie ich bei den Kommunisten wolle, fragte sie. Das sei eine Laune. Eine Ansicht, die auch Weißberger teile.

Grischa griff begütigend ein. Er wollte mir helfen, sie mich abschrecken. Gerade darum wollte ich sie vom Ernst meiner Absichten überzeugen. Es mißlang. Wir kamen dann auf meine dilettantischen Marx-Studien zu sprechen. Grischa lieh mir ein paar Bücher, darunter die *‹Lessing-Legende›* von Franz Mehring. Als ich ging, war mit keinem Wort von der Partei gesprochen worden, in der, das vermutete ich, Trude eine wichtigere Rolle spielte als ihr Mann.

In den folgenden Wochen war ich häufig bei den Schildbachs. Das Verhältnis zu Grischa wurde immer herzlicher. Trude behandelte mich herablassend, gab aber Ratschläge, was ich lesen müsse. Ich plagte mich ab mit Lenins *‹Staat und Revolution›*, auch das *‹Kapital›* nahm ich verbissen wieder vor; mit geringem Nutzen, wie sie zutreffend feststellte. Ich verzagte mehr und mehr, bis Grischa eines Abends fragte, ob ich überhaupt daran dächte, in die Partei einzutreten. Hastig bejahte ich und wollte wissen, was ich dafür zu tun hätte. Ich erfuhr, daß es Bestimmungen gäbe, die gerade in einem Fall wie dem meinen strikt eingehalten werden müßten. Doch hätte Grischa mir den Weg geebnet, indem er den für meinen Wohnbezirk zuständigen Zellenleiter auf meinen Besuch vorbereitet hatte. Dort würde dann alles weitere entschieden. Ich bekam die Adresse: Döring, Hohe Straße. Irgendwo hatte ich den Namen doch schon gehört?

Ein halbdunkles Treppenhaus. Steile, ausgetretene Stufen. Im dritten Stock ein Porzellanschild: DÖRING, SCHNEIDERMEISTER. Aufatmend blieb ich stehen und repetierte, was ich mir seit Stunden zurechtgelegt hatte. Dann drehte ich die scheppernde Klingel. Drin rief eine Frauenstimme:

«Ich mach schon auf, Vater!»

In der sich öffnenden Tür stand Liane. Liane Döring. Natürlich! Entgeistert starrte ich sie an. Sie legte einen Finger auf den Mund:

«Kein Wort davon, daß wir uns kennen! Komm nachher in die Kneipe gegenüber. Ich warte.»

Schon schob sie mich weiter, hinein in eine Werkstatt. Völlig benommen nahm ich den ältlichen Mann wahr, der gebeugt auf einem großen Schneidertisch hockte. Liane rief ihm zu, nächste

Woche käme sie wieder vorbei, und ging, ich roch noch ihr Parfum.

Döring winkte mich auf einen Stuhl und entschuldigte sich, eine dringende Arbeit müsse fertig werden, dabei könnten wir ja miteinander reden. Ich hockte da, mit leerem Hirn, stotterte irgend etwas zusammen. Er lächelte freundlich: Aufgeregt? Nun ja, das könne man verstehen.

Um es mir leichtzumachen, stellte er Fragen. Durch Grischa war er gut über mich im Bilde. Vor allem wollte er genaueres darüber hören, wie ich in den Kieler Schlamassel hineingeraten wäre. Ich berichtete, ohne meine Narretei zu beschönigen, traf damit offenbar den richtigen Ton. Er verhielt sich so wohlwollend, daß ich mich schämte, unsere Bekanntschaft mit einer Täuschung zu beginnen. War es nicht anständiger, ihm reinen Wein einzuschenken? Aber das wäre Verrat an Liane. Ich war außerstande, mich auf das zu konzentrieren, was Döring mir auseinandersetzte. Und so war ich erleichtert, als er ziemlich bald abbrach und meinte, nun hätten wir uns erst einmal beschnüffelt, in der kommenden Woche solle ich wiederkommen.

Gleich darauf saß ich neben Liane in dem kleinen Bierlokal. Sie lachte: Na, wie habe ich das gemacht? Ich erfuhr: Sie selbst hatte den scheinbaren Zufall herbeigeführt. Ab und zu kümmere sie sich um ihren Alten, der sonst niemanden hätte. Kürzlich hörte sie durch die schlecht schließende Tür ein Gespräch, mein Name fiel, sie bekam noch einiges mehr mit. Und mit unverhohlenem Spott attakkierte sie mich: Was ausgerechnet ich bei den Kommunisten suche? Ich sei ja wohl endgültig meschugge geworden!

Ich versuchte, ihr meine Motive klarzumachen. Sie glaubte mir anfangs kein Wort. Ich sei also immer noch der alte Hasardeur, der aus einer vorübergehenden Laune mal wieder auf ein neues Pferd setzen wolle! Heftig widersprach ich. Mir war es ja bitterernst.

Sie lachte ironisch: «Sieh mal an ... Nun ja, sogar das kann man sich erlauben, wenn man vom Geld seines Vaters lebt ...»

Sie hatte einen wunden Punkt berührt. Ohne zu überlegen rief ich: «Nicht mehr lange! Ich werde selbstverständlich keinen Pfennig mehr von ihm annehmen!»

Eine törichte Prahlerei, aber Liane glaubte mir: «Das hätte ich dir nie zugetraut ... Es war hübsch, dich noch mal zu sehen. So, nun geh! Ich zahle den Schnaps. Hau bloß ab, sonst werde ich noch sentimental!»

Ich stand auf und ging, in einer Art Trance. Ich war einer Versuchung gerade noch entronnen. Es war nicht mein Verdienst. Ich wußte es nur zu gut.

Das Zusammentreffen mit Liane hatte mir ein Dilemma bewußtgemacht.

Seit Monaten vermied ich selbst flüchtige Begegnungen mit Frauen. Ich hielt die Fiktion aufrecht, Revolutionäre wären notwendig Asketen. Sexuelle Beziehungen unter Gleichgesinnten mochten legitim sein, bürgerliche Frauen waren Gegnerinnen. Nur sie hatte ich gekannt und begehrt. Und häufiger noch Mädchen von Lianes Art.

Sie waren, ich wußte es aus meiner marxistischen Lektüre, Opfer des Kapitalismus, auch wenn sie aus freiem Entschluß zu den Ausbeutern übergingen wie Liane, die ich als Feindin hätte verabscheuen müssen. Statt dessen war ich nahe daran gewesen, ihrem Reiz von neuem zu erliegen.

Diese demütigende Erkenntnis trug wohl dazu bei, daß ich gleich am anderen Morgen einen unwiderruflichen Schritt wagte. Ich erklärte meinem Vater, ich sei fortan kein Student mehr, würde mir Arbeit suchen und sein Haus so rasch wie möglich verlassen. Er hörte es nicht zum erstenmal und nahm es nicht allzu ernst, bis ich trotzig fortfuhr, ich sei im Begriff, in die Kommunistische Partei einzutreten.

Das war die Kriegserklärung, der unvermeidliche Bruch, dachte ich. Ich unterschätzte meinen Vater. Er blieb vollkommen ruhig und forderte mich auf, genauer zu berichten. Es müsse doch Gründe dafür geben, daß ich von einem Extrem ins andere gefallen sei.

Ich erzählte von Grischa, von meinen monatelangen Studien, deren Bedeutung ich übertrieb, ich wurde recht pathetisch. Später hat mein Vater angedeutet, die Szene sei nicht frei von Komik gewesen. Damals ließ er es mich klugerweise nicht spüren. Zuletzt schlug er vor, ich solle den neuen Freund einmal mitbringen, diese Neugier sei einem Vater wohl nachzusehen. Liebevoller ließ sich das kaum vorbringen, ich stimmte sofort zu, wobei ich darauf rechnete, meine nach wie vor reichlich verfahrene Lage mit Grischas Hilfe zu bereinigen.

Die Begegnung verlief anders als ich erwartet hatte. Zwei von Grund auf tolerante Männer waren einander auf Anhieb sympathisch, über alles Trennende hinweg. Ich saß dabei, ein Knabe, über dessen Zukunft erwachsene Leute sich Sorgen machten. Kein toller Bursche war ich, kein Ausbrecher, sondern Gegenstand einer sozusagen familiären Beratung.

Schmeichelhaft für mich war das nicht, ich mußte mich damit abfinden, zumal gerade Grischa unmißverständlich gegen ‹anarchische Handstreiche› war; sie entsprachen weder seiner Natur noch seiner festgegründeten politischen Überzeugung. Ich sah ein, daß ich vernünftigerweise mindestens vorläufig zu Hause wohnen bleiben müsse. Im übrigen sollte ich mein Heil versuchen.

Das tat ich, eifrig und ohne jeden Erfolg. Jeden Morgen studierte ich die Stellenangebote in der Zeitung und meldete mich als Bote, Nachtwächter, Reisender in Haushaltsartikeln. Schriftliche Bewerbungen wurden nie beantwortet, wo ich mich selbst vorstellte, wurde ich abgewiesen.

Ein paarmal ging ich zu Döring, in der Hoffnung, etwas über meine Aufnahme in die Partei zu hören. Er vertröstete mich. Ich begann zu argwöhnen, daß man mich ablehnen würde. Der ungewisse Wartezustand wurde unerträglich. Die Schildbachs waren verreist. Zufällig traf ich Hellmut Köster, den ich lange nicht gesehen hatte. Wir gerieten in ein langes Gespräch; er war kaum verwundert, meine Wendung zur radikalen Linken schien er geradezu erwartet zu haben. In seiner gründlichen Art meinte er, nun müsse ich bei der Stange bleiben und durchhalten. Sogar die Arbeitssuche fand er in Ordnung. So wurde ich in meinen vagen Absichten just durch den konservativen Freund bestärkt.

Eines Abends nahm mich dann Döring mit in seine Parteizelle. Plötzlich war die Entscheidung da.

Wir gingen ein paar Ecken weit in ein bescheidenes Lokal. An einer Hintertür stand das Wort CLUBZIMMER, was mich merkwürdig berührte. Drin saßen schon etwa zwanzig Männer und Frauen, neugierige Blicke musterten mich, ich bekam einen Stuhl neben Döring, der gleich darauf die Versammlung eröffnete.

Es ging damals sehr demokratisch in der KPD zu, jedenfalls in diesem kleinen Gremium. Über meinen Antrag war, wie sich zeigte, längst diskutiert worden; nun sollte ich selbst ihn begründen. Das tat ich, sehr kurz und ohne hochtrabende Phrasen. Ich sei, sagte ich, nach mancherlei Irrwegen zu der Überzeugung gekommen, daß ich von nun an für den Kommunismus leben und wirken wolle. Natürlich sei ich ein unbeschriebenes Blatt und müsse mich erst bewähren. Das wolle ich nach besten Kräften tun, wenn sie mich haben wollten.

Ich hatte instinktiv den rechten Ton getroffen. Als Döring wissen wollte, ob noch jemand Fragen hätte, schwiegen alle. Darauf bat er diejenigen, die für meine Aufnahme wären, um das Handzeichen. Nur zwei Arme hoben sich nicht. Döring wendete sich zu mir und sagte trocken:

«Damit bist du aufgenommen in die Kommunistische Partei Deutschlands.»

Das kameradschaftliche Du überwältigte mich, ich brachte kein Wort heraus. Döring gab mir die kleine rote Mitgliedskarte, drückte mir die Hand, schon war der große Augenblick vorüber. Ich war ein Genosse geworden und durfte dabeisein, als nun allerlei Fragen und Pläne besprochen wurden. Später wurden Freiwillige verlangt, die noch in dieser Nacht Aufrufe an die Mauern zweier Betriebe kleben sollten, in denen ein Streik bevorstand. Auch ich meldete mich, Döring übersah es, wie mir vorkam absichtlich.

Danach fragte ich, als ich ihn nachher heimbegleitete. Er belehrte mich:

«Die Polypen brauchen dich nicht gleich heute beim Plakatieren zu erwischen, das ist nämlich verboten. Halte du dich überhaupt vorläufig zurück. Du wirst bestimmt noch gebraucht werden ...»

Die Mahnung klang nach, als ich ruhelos grübelnd im Bett lag. Nun war geschehen, was ich mir gewünscht hatte, aber alles war enttäuschend nüchtern abgelaufen. Doch das Stückchen rote Pappe bewies, daß ich wahrhaftig und unbestreitbar zu denen gehörte, die eine andere, bessere Welt erkämpfen wollten. Ich würde alles tun, um mich dessen würdig zu erweisen.

Erst am anderen Morgen überfiel mich ein heißes Glücksgefühl. Ich war am Ziel angelangt. Ich war geborgen in der Gemeinschaft der Auserwählten dieser Erde.

Macht unsre Bücher billiger! …

... forderte Tucholsky einst, 1932, in einem «Avis an meinen Verleger». Die Forderung ist inzwischen eingelöst.

Man spart viel Geld beim Kauf von Taschenbüchern. Und wird das Eingesparte gut gespart, dann zahlt die Bank oder Sparkasse den weiteren Bucherwerb: Für die Jahreszinsen eines einzigen 100-Mark-Pfandbriefs kann man sich zwei Taschenbücher kaufen.

IV
In der alleinseligmachenden Kirche

Der Übertritt zum Kommunismus wird oft mit einer religiösen Konversion verglichen. Bei mir ließe sich eher von einer gewaltsamen Heidenbekehrung sprechen. Ich hatte bis dahin an nichts geglaubt, jetzt wollte ich glauben, an Marx, an Lenin, an den historischen Materialismus. Doch von der Heilslehre, die alle Zweifel beenden sollte, begriff ich zunächst nicht viel mehr als ein flink getaufter Ureinwohner Neuguineas von der Dreieinigkeit Gottes.

Zur Partei kam ich nicht durch verstandesmäßige Einsicht, sondern aus verschwommener Sehnsucht. Gerade deshalb wünschte ich, andere und vor allem mich selber von der Glaubwürdigkeit meiner neuen Rolle zu überzeugen. Es war eine Rolle, der Novize spielte den Fanatiker, bis er merkte, daß seine radikalen Phrasen die Genossen skeptisch stimmten. Und nicht die mindeste Anerkennung fanden meine hektischen Bemühungen, irgendeinen Broterwerb zu finden.

Grischa und Döring hielten sie für reine Narretei. Ich blieb verbissen dabei, mit der Begründung, ich müsse von meinem Vater unabhängig werden. Im stillen stellte ich mir vor, ich könne mich dadurch in eine Art Proletarier verwandeln.

Dieses romantische Hirngespinst trieb mich zu einer Reihe von teils unerfreulichen, teil possenhaften Unternehmungen.

Als ich auf dem Hauptbahnhof den Kofferträger zu spielen versuchte, machten die professionellen Dienstmänner dem Eindringling klar, daß er hier nichts zu suchen hätte. Dann fiel mir ein, daß sich Auswanderer in New York angeblich als Tellerwäscher durchbringen. Erfolglos bot ich mich in einem Dutzend Hotels und Lokalen an. Schließlich stand ich vor einer Weinstube, in deren staubigem Fenster ein Zettel hing: ‹Pianist gesucht. Gute Bezahlung, Essen frei›. Freilich keine ehrliche Handarbeit, aber etwas mußte geschehen, ich wagte mich in die düstere Höhle.

Der wortkarge Wirt ließ sich ein paar Melodien vorklimpern. Am selben Abend durfte ich antreten. Zwar sollten jeden Tag nur 5 Mark ausgezahlt werden, aber es würde Trinkgelder geben. Und das Essen war überraschend gut, die Kneipe entpuppte sich als Treffpunkt von Schiebern, die sich nichts abgehen ließen. Auch den Mann am Piano ließ man hier weder hungern noch dursten. Eine Weile lang gedachte ich auszuhalten. Wie sich die abendliche Tätigkeit mit den Parteipflichten vereinen ließ, wußte ich nicht. Aber die Sache endete schon nach wenigen Tagen abrupt. In später Stunde forderten ein paar angetrunkene Stammgäste, ich solle endlich mal etwas Anständiges spielen, ‹*Die Wacht am Rhein*› oder ‹*Heil dir im Siegerkranz*›. Ich stellte mich taub und drosch weiter die ‹*Peruanerin*›. Die lärmenden Patrioten wurden wütend, bedrohten mich, der Wirt griff ein, ich blieb halsstarrig. Gleich darauf stand ich auf der nächtlichen Straße, hinausgeworfen, aber zufrieden mit meinem Verhalten.

Das Erlebnis machte mir bewußt, in welcher Zwangslage sich der Rebell gegen die herrschende Ordnung ständig befindet. Er bekämpft sie und muß doch innerhalb ihrer Möglichkeiten existieren. Das zwingt zu Kompromissen, die mir, dem neubekehrten Eiferer, verächtlich vorkamen.

Auf ein Inserat hin bewarb ich mich als Stadtreisender bei einer Papiergroßhandlung. Diesmal hatte ich Glück, man schickte mich zur Probe los, ich ergatterte ein paar Bestellungen und durfte als Vertreter auf Provision mein Heil versuchen. Zwei Monate lang klapperte ich von früh bis spät eine Vorstadtstraße nach der anderen ab und lernte die Misere dieses Berufes gründlich kennen. Meist kam ich gar nicht soweit, meine Muster vorzulegen, Tüten und Beutel, rauhe und satinierte, braune und blaue Bogen. Es war demütigend, von strammen Schlachterfrauen als Schnorrer verjagt zu werden. Am freundlichsten wurde ich in armseligen Kramläden behandelt, wo man, wie es schien aus Mitleid, ein Dutzend Packbogen bestellte, die ich anderntags abliefern mußte. Mein Anteil an solchen Geschäften reichte kaum für Malzkaffee und Margarinebrot. Abends im Parteilokal knurrte mein Magen, spät nachts schlich ich mich zu Hause in die Speisekammer, nun doch recht froh, den Rückhalt des väterlichen Hauses zu haben. An Wegziehen war nicht zu denken. Ich war drauf und dran, die sinnlose Beschäftigung aufzugeben, da verschaffte mir der Zufall einen größeren Auftrag.

Ich begegnete einem Schulfreund, dessen Vater das größte Teppichhaus Leipzigs besaß. Befremdet hörte er von meiner Lage, bot seine Hilfe an, mein Zögern ließ er nicht gelten. Er veranlaßte, daß gewaltige Rollen von Packpapier bestellt wurden, meine Firma gratulierte mir. Die ansehnliche Provision machte mir Skrupel, ich verdankte sie ja der Vergangenheit, die ich loswerden wollte. Keiner der Genossen hätte solche Bedenken verstanden.

Übrigens stieg ich allmählich in ihrer Achtung. Nachts wurden oft auf einem klapprigen Hektografiergerät Flugblätter abgezogen. Die Texte waren schwunglos, ich schlug zaghaft Verbesserungen vor, die angenommen wurden. Bald forderte man mich auf, selbst solche Manifeste zu entwerfen. Ich kam mir dabei wie ein Hochstapler vor, denn die meisten Mitglieder der Zelle waren mir an politischem Wissen weit überlegen, dennoch respektierten sie meine bessere Schulbildung.

Monate gingen hin. Insgeheim hoffte ich auf dramatische Ereignisse, bei denen ich mich bewähren könnte. Doch es blieb ruhig. Nur innerhalb der Partei spitzten sich Gegensätze zu, die mir zum erstenmal bekannt wurden, als uns ein führender Mann der Partei besuchte: Paul Frölich, Mitbegründer des Spartakusbundes und Vertrauter der ermordeten Rosa Luxemburg.

In ihr verehrte ich eine Heilige meines neuen Glaubens. An jenem Abend hörte ich zum erstenmal von Rosas kritischer Haltung gegenüber Lenin. Sie verstand die Revolution als einen unaufhaltsamen Prozeß, sie vertraute der Kraft der unterdrückten Masse. Die Diktatur des Proletariats war für sie ein Übergangszustand, bis zur völligen Entmachtung der Klassenfeinde. Lenin aber hatte den Umsturz nicht nur mit einer Elite von Berufsrevolutionären organisiert, sondern regierte nun diktatorisch. Der Terror richtete sich mit aller Schärfe auch gegen anfänglich mit den Bolschewisten verbündete sozialistische Gruppen.

Nicht einmal innerhalb der siegreichen bolschewistischen Partei gab es eine freie Meinungsbildung. Dagegen hatte Rosa noch aus dem deutschen Gefängnis protestiert, in dem sie seit 1916 saß. Über diese Gegensätze entspann sich in unserer Zelle eine Diskussion, die Frölich vergebens zu dämpfen versuchte. Mir als einem Neubekehrten waren Lenins Methoden ohne viel Nachdenken richtig erschienen. Nun wurde ich hoffnungslos verwirrt, denn auch mein Idol, die tote Märtyrerin, wollte ich nicht ins Unrecht gesetzt sehen.

Rat suchte ich bei Grischa Schildbach. Es traf sich, daß die strenge Gertrud in Diensten der Partei verreist war. Es tat mir wohl, daß der Freund die selbstlose Menschenliebe Rosa Luxemburgs rühmte. Es beruhigte mich, daß Humanität und politischer Elan einander nicht ausschlössen; das bewiesen auch Rosas Schriften, die Grischa mir zu lesen gab, vor allem die ‹*Junius-Broschüre*›, die ihren Bruch mit der Sozialdemokratie besiegelte.

Es scheint, daß mein Mentor recht bewußt eine Art Kur mit mir vorhatte. Zu dieser Therapie gehörte es wohl, daß er mich zu einer Matinee mitnahm, bei der Rosa Luxemburgs Briefe aus dem Gefängnis vorgetragen werden sollten. Die Sprecherin war Margarete Anton, von der ich nur obenhin wußte, daß sie im Alten Theater der Stadt in expressionistischen Dramen, vor allem denen Fritz von Unruhs, als Hauptdarstellerin Erfolge feierte.

Auf dem verdunkelten Podium eines Konzertsaales saß eine überschlanke Frau, ihr asketisch anmutendes Gesicht war von der einzigen Lampe matt angestrahlt. Sie las mit spröder Stimme, scheinbar unbeteiligt, das nahm den Briefen den Überschwang des Gefühls, in den jeder Einsame in der Gefängniszelle so leicht gerät, dem auch Rosa Luxemburg hie und da verfällt. Die Zuhörer erlebten die kleinen Freuden mit, die der Eingekerkerten Mut und Kraft gaben: Eine unerwartet naive Bindung an die Natur, beim täglichen Spaziergang beobachtet sie Amseln, Ameisen, Schmetterlinge. Häufig spricht sie auch von Kunst und Literatur. Und doch bricht immer wieder ihr revolutionäres Temperament durch:

«Ich habe das Gefühl, daß dieser ganze moralische Schlamm, durch den wir waten, dieses große Irrenhaus, in dem wir leben, auf einmal, so von heute auf morgen, wie durch einen Zauberstab ins Gegenteil umschlagen, in ungeheuer Großes und Heldenhaftes umschlagen kann, und – wenn der Krieg noch ein paar Jahre dauern wird – umschlagen muß!»

Darin fand ich meine eigene Sehnsucht, mein Verlangen nach einer vollkommenen Erneuerung der Welt wieder. Diese ekstatischen Zeilen habe ich in den folgenden Jahren mehr als einmal wiedergelesen, wenn die Unruhe über mich kam, wenn ich zweifelte und verzagte.

Und noch etwas geschah. Obwohl ich mir durchaus darüber im klaren war, daß es nicht die mindeste Ähnlichkeit zwischen der Schreiberin dieser Briefe und der Interpretin gab, verschmolzen beide für mich zu einem Wesen.

Margarete Anton galt als unzugänglich und ein wenig exaltiert. Grischa deutete an, sie sympathisiere mit dem Kommunismus. Daran war nicht mehr als die unverbindliche Neigung vieler Künstler zu weltverbessernden Ideen, wie ich sehr bald merkte.

Denn ich lernte sie kennen. Es entwickelte sich zwischen uns eine kühle Freundschaft. Manchmal durfte ich sie beim Rollenstudium abhören. Und gegen Weihnachten nahm sie mich überraschend zu einem Kollegen mit, der mir vielleicht zu einer Arbeit verhelfen könnte.

Er gab sich als Gesinnungsfreund, dahinter steckte nicht viel. Der smarte Mann hatte Verbindungen zum Film, einem damals noch völlig verachteten Amüsiergewerbe. Eben hatte er einen Geldgeber dazu gebracht, ihm eine Regie zu übertragen. Ohne lange Vorreden schlug er mir vor, sein Assistent zu werden. Margarete hätte ihm genug von mir erzählt, ich sei der richtige. Ich nahm an. Und geriet in ein abenteuerliches Milieu.

Der Geldmann war ein Teppichhändler aus der Levante. Er hatte den aparten Einfall, Haremsgeschichten zu verfilmen, die Dekorationen dafür besaß er ja. Gedreht wurde in einem vorstädtischen Gewächshaus. Ich spielte, für eine mir enorm erscheinende Gage, das was man im Jargon der zwielichtigen Branche einen ‹Schlattenschammes› nannte. Ich mußte säumige Darsteller im Taxi abholen, Schnaps besorgen und Botengänge machen, mit Möbelfirmen Verleihverhandlungen führen. Ich hatte die schludrig hingeschriebenen Manuskripte zu korrigieren, auch Szenen dazu zu erfinden, kurzum – ich war Mädchen für alles.

Der einzige Fachmann in einer Horde von Dilettanten war unser Kameramann, ein fröhlicher Trinker. Ihm verdanke ich ein paar Grundkenntnisse des Metiers, in dem ich keinesfalls Fuß zu fassen gedachte. Schwierig wurde meine Lage, weil der Regisseur mich zum Prellbock machen wollte, als es mit Komparsen Streit um die Gage gab. Der angeblich Gleichgesinnte entpuppte sich als Ausbeuter, der seinem Mäzen gefällig sein wollte. An diesen wendete ich mich keck und hatte damit erstaunlicherweise Erfolg. Die Stimmung blieb von da ab gereizt, aber entlassen wurde ich nicht, man hatte sich an meine Hilfe gewöhnt.

Das alles erlebte ich mit schlechtem Gewissen, es schien eines Revolutionärs so ganz unwürdig. Vor allem wurden weibliche Rollen auf die Art besetzt, die noch heute vielfach als filmüblich gilt.

Die Filmchen wurden meist in einem Tag hastig heruntergekurbelt; es war daher überraschend, daß unser Mäzen ankündigte, er plane einen Großfilm, für die Hauptrolle sei ein veritabler Star aus Berlin engagiert, Manja Tschatjewa, eine junge Bulgarin, populär durch die Verkörperung männermordender Vamps. Die Diva entpuppte sich als stille, zurückhaltende Blondine, der Chef hofierte sie dennoch so zudringlich, als habe er mit der hohen Gage auch ihre Gunst erkauft. Doch sie wies ihn ab, denn vor kurzem hatte sie «die Libbe meines Lebbens» erlebt, wie sie offenherzig verkündete. Der Auserwählte war ein junger Flieger, der sich bei den Resten deutscher Freikorps im Baltikum herumtrieb und häufig im Aeroplan nach Heringsdorf flog, um seine Geliebte zu treffen, von Berlin ein Katzensprung.

Nun aber war sie in Leipzig, und schon tauchte der Jüngling bei uns auf. Ungeniert turtelten die beiden, die Aufnahme wurde gestört, der Boss geriet in wilde Eifersucht, das ganze Atelier beobachtete amüsiert den Fortgang des Dramas. Es endete mit einem Hausverbot, der Eindringling brüllte, das ginge gegen seine Offiziersehre. Damit verscherzte er sich die Sympathie der Bühnenarbeiter, unsanft beförderten sie ihn hinaus. Die Dame schluchzte, grollte, spielte dann brav weiter, recht lebenswahr, es wurde just eine herzzerreißend traurige Szene von ihr verlangt.

Solche Episoden waren ja ganz lustig, aber nachher packte mich der Katzenjammer. Vergebens redete ich mir ein, mich ginge das alles nichts an, ich könne als revolutionärer Parsifal unberührt durch dieses fragwürdige Milieu wandeln. Als die Produktionen im Februar 1921 für einige Zeit unterbrochen wurden, nahm ich mir vor, meinen Posten aufzugeben, sobald sich etwas anderes fände.

In dieser Zeit vollzog ich auf dem Standesamt den längst geplanten Austritt aus der Kirche, so gehörte sich's für einen Kommunisten.

Eifriger als in den vergangenen Monaten widmete ich mich den Parteipflichten. Zwischen den Genossen hatten sich inzwischen heftige Auseinandersetzungen entwickelt. Im Dezember 1920 hatte sich ein Teil der Unabhängigen Sozialdemokraten mit der KPD vereinigt. Darin sahen manche einen Beweis für unser unaufhaltsames Wachstum; andere befürchteten eine Schwächung des revolutionären Elans. Aber befanden wir uns in einer revolutionären Phase? Diese Frage erhitzte die Gemüter.

Nicht nur in unserer Zelle, sondern bis hinauf zur Führung. Paul Levi, Mitbegründer des Spartakusbundes, trat aus dem Parteivorstand aus. Man munkelte, aus Protest dagegen, daß Moskauer Emissäre unüberlegt zu Aktionen gedrängt hätten. Niemand wußte Genaues, viele waren unsicher. Zur Verwirrung trug bei, daß unerwartet eine radikale Splittergruppe Unterhändler schickte, um mit uns gemeinsam den angeblich nahe bevorstehenden Aufstand auch für unser Stadtviertel vorzubereiten.

Zwar galt diese KAPD, die Kommunistische Arbeiterpartei, als eine Sekte, die wir ablehnten. Sie verfocht jenen blinden Radikalismus, den Lenin als «Kinderkrankheit des Kommunismus» verdammt hatte; seine Kampfschrift hatten wir in einem Lehrgang durchgearbeitet, wir hielten nichts mehr von der «direkten proletarischen Aktion auf unterer Basis». Und doch war der Gedanke nicht völlig abwegig, daß diese Abtrünnigen sich gerade jetzt auf dem rechten Weg befanden. Auf dem Weg zur Tat.

Ungeduldig warteten wir auf die Entscheidung unserer Führer. Sie blieb aus. Noch wurde Disziplin gehalten, aber überall gärte es in den Zellen. Wir erfuhren, im Mansfelder Revier sei Polizei gegen streikende Bergarbeiter vorgegangen und auf bewaffneten Widerstand gestoßen. Max Hölz sollte ihn organisiert haben, der

Name war auf einmal in aller Munde. Er hatte während des Kapp-Putschs auf eigene Faust im Vogtland eine Rote Armee aufgestellt, sich eine Zeitlang sogar gegen Reichswehr behauptet. Ein Anarchist, gewiß, aber mancher von uns bewunderte seinen Schneid. Funktionäre unserer Bezirksleitung bekamen das zu hören, wenn sie erschienen, um die zunehmende Unruhe zu dämpfen.

Ich hielt mich zurück, soviel Selbstkontrolle hatte ich unter Grischas Einfluß immerhin gewonnen. Nachts freilich, wenn ich allein war, verlor ich mich in wilde Visionen: Schüsse, Blut, Tod, atemlose Flucht, auch Todesangst, wie damals im Kieler Straßenkampf – aber jetzt würde ich auf der richtigen Seite stehen.

Doch alles schien im Sande zu verlaufen. Halbe Tage hockte ich im Parteilokal, zu versäumen hatte ich nichts. An einem Märznachmittag klingelte das Telefon. Ich wurde verlangt. Grischa. Ich sollte so rasch wie möglich zu ihm kommen.

Diesmal erwarteten mich beide Schildbachs. Trude musterte mich durch ihre blitzende Brille, dann fragte sie mich in ihrer inquisitorischen Art aus: Ob es stimme, daß mein Vater verreist und ich ganz allein in der Wohnung sei? Ich nickte. Das Mädchen? Auf Urlaub. Sprechstundenhilfe oder so was? Ebenso. Sehr gut, aber möglicherweise kämen mal Patienten? Ich zuckte die Achseln. Sie überlegte kurz, verfügte dann, ich solle eben nicht öffnen.

Noch wußte ich nicht, worauf das hinauslief. Nun erfuhr ich es:

«Die Partei braucht dich. Für ein paar Tage wird ... jemand bei dir untergebracht. Absolut unauffällig, niemand darf davon etwas merken! Wenn es dunkel ist, wird er viermal läuten und vier Worte sagen: ‹Ich bin der Kleine›. Noch Fragen?»

Ich hatte keine. Grischa klopfte mir nur stumm auf die Schulter.

Als ich durch die Dämmerung heimeilte, schlug mir das Herz bis zum Halse. Da war sie, die Stunde der Bewährung, anders als ich sie erträumt hatte. Fortwährend wiederholte ich mir Gertruds Satz: Die Partei braucht dich!

Am westlichen Horizont hörte ich ein dumpfes Grollen, wie ferner Kanonendonner an der Flandernfront. Es mußte ein Gewitter sein ...

Was ich ganz am Rande des sogenannten ‹Mitteldeutschen Aufstandes› erlebte, gleicht einem Stück Kolportageroman. Ein Autor, der das ankündigt, will sich entschuldigen. Ich könnte mich, durchaus zu Recht, darauf berufen, daß die Wirklichkeit eben manchmal unglaubhaft und kitschig sei. Und leider muß ich hinzufügen, daß ich genau diese Art Wirklichkeit herbeisehnte.

Noch immer sah ich in meiner Wendung zum Kommunismus ein Heldenstück. Aus Abenteuern war ich in ein neues Abenteuer geflüchtet, es war keines, ich hatte mich bescheidenen Pflichten zu unterziehen, die Genossen taten das nüchtern und willig. Sie waren durch die Erkenntnis ihrer Klassenlage zur Partei gekommen, das würde mich immer von ihnen unterscheiden, ich ahnte es. Ich bemühte mich, ihnen so ähnlich wie möglich zu werden. Insgeheim aber hoffte ich auf unerhörte Ereignisse, die alle Zweifel beenden würden.

Nun waren sie plötzlich da. Ich fühlte mich wie ein Hasardeur, der die große Chance zum Greifen nahe sieht. Aufgeregt erwartete ich den geheimnisvollen Besucher.

‹Der Kleine› war ein Krüppel. Als wir die Treppe hinaufstiegen, berührte ich ungewollt seinen unförmigen Buckel. Pardon! Er lachte: Abergläubisch? Soll ja Glück bringen ...

Rasch vergaß ich meine Verlegenheit. Ich hatte ein paar Brote hergerichtet, er aß mit Appetit. Und verstand es meisterhaft, mich zum Sprechen zu bringen, in perfektem Deutsch, ein ganz leiser Anklang verriet den Russen. Alles wollte er wissen:

Wie alt? Seit wann in der Partei? Schule? Vater? Beruf? Da konnte ich nur herumstottern, erwähnte das abgebrochene Studium. Oh – warum? Ich erklärte es. Er lachte ironisch: Aha – Romantiker? Ich wehrte mich hastig, nein, jegliche Schwärmerei sei mir zuwider. Er, fast ärgerlich: Wäre schlimm! Ohne einen Prozentsatz davon änderte sich die Welt nie! Auch der junge Marx war ein Utopist. Und Lenin in Zürich – ein Don Quijote! Aber, unterbrach er sich, das sei natürlich ein Scherz. Und schon war er bei Georg Büchner, der dort in der Spiegelgasse, im Nachbarhaus, gestorben sei, das wisse ich doch? Von da kam er zu Heine, dann zur ganz neuen deutschen Literatur, bewanderter als ich. Als er mein Erstaunen sah, warf er hin: Vier Semester Heidelberg, vor dem Kriege ...

Das alles begleitet von Gesten der zartgliedrigen Hände. Dazu ein sanftes Gesicht, fast mädchenhaft, nur die dunklen Augen packten zu, ließen mich nicht los. Wer mochte er sein, dieser anziehende Mann? Selbstverständlich fragte ich nicht.

Später bot ich ihm das Bett meines Vaters an, doch er wollte nah am Telefon schlafen. Während ich auf dem Praxisdiwan ein Lager herrichtete, öffnete er die Tür zu einem kleinen Balkon. Wieder war, deutlicher als vor Stunden, das dunkle, ferne Dröhnen hörbar. Ich trat zu ihm, er sagte vor sich hin:

«Im Leunawerk kämpfen sie ... Noch ...»

Betroffen sah ich ihn an. Lange standen wir schweigend im kalten Wind. Wie unter einem elektrischen Schlag krümme ich mich, stehe da wie ein zusammengeklapptes Taschenmesser, verdammt, ein Hexenschuß! Ich halte mich am Türpfosten fest, versuche den Schmerz zu überspielen, kann mich nicht rühren. Er hat schon erkannt, was mit mir los ist, wirft die Jacke ab, ein Gestänge aus Riemen und Metallstäben wird sichtbar, er nestelt es hastig los, auch der Buckel fliegt in einen Sessel, ein ausgestopfter Lederwulst. Ein gerade gewachsener, schlanker Mann schleppt mich zum Sofa, er brummt:

«Praktisch, was? Von dem Gewächs steht nichts in meinem Steckbrief. Ach wie gut, daß niemand weiß, daß ich Rumpelstilzchen heiß!» Ohne zu fragen holt er aus dem Medikamentenschrank Tuben und Röhrchen. Mit festen, kundigen Griffen massiert er mich.

«Man muß ein bißchen Arzt sein, siehst du!»

Nachher deckt er mich sorgsam in meinem Bett zu, ich muß Tabletten schlucken, falle rasch in einen tiefen Schlaf.

Morgens war ich imstande, mich wieder leidlich frei zu bewegen. Mein Gast bestand darauf, seine Kur zu wiederholen. Ich kaufte dann ein, beim Heimkommen hörte ich ihn erregt telefonieren, das wiederholte sich am folgenden Tage. Er wurde immer finsterer, ich traute mich nicht, zu fragen. Noch eine Nacht ging vorüber, ich horchte am Fenster. Nichts. In Leuna war wohl alles zu Ende.

Am dritten Morgen begann er abrupt von sich aus zu sprechen, das sei er mir schuldig:

«Die Partei hat sich erst hinter die Revolte gestellt, als sie nicht mehr aufzuhalten war. Es ist nicht gelungen, auch nur Teile der Sozialdemokratie mitzureißen. Der Aufruf zum Generalstreik wird nicht befolgt. Die Reaktion schlägt brutal zu. Jeden Tag kann die KPD verboten werden, für die Illegalität seid ihr nicht begabt. Der Bankrott einer Schaukelpolitik, er war vorauszusehen ...»

Seine Bitterkeit bedrückte mich, ich saß stumm vor ihm, als sei ich mitschuldig am Versagen der führenden Leute. Plötzlich ging die Türklingel. Ich rührte mich nicht, dachte an Trudes Mahnung. Das Läuten wiederholte sich. Er schlich auf Strümpfen hinaus, spähte durch das Guckloch, öffnete, kam mit einem Unbekannten zurück, den er noch im Eintreten mit Vorwürfen überhäufte: Ob er verrückt geworden sei, hierher zu kommen?

Der Fremde warf einen unsicheren Blick auf mich, ich verließ diskret das Zimmer. Nach einer Weile ging die Wohnungstür. Ich wurde gerufen. ‹Der Kleine› war dabei, sich wieder in seine Mißgestalt zu verwandeln.

«Ich muß weg. Du auch, sicher ist sicher. Die Bezirkszentrale ist von der Polizei besetzt, nicht mal die Kartei haben eure Dilettanten beiseite geschafft ... Ich will nicht, daß du durch mich in die Patsche gerätst!»

Hastig packte ich einen Handkoffer. Schrieb einen Zettel, um meinem Vater das unerwartete Verschwinden zu erklären. Ich hätte plötzlich Filmarbeit in Berlin bekommen, etwas Besseres fiel mir nicht ein.

Mein Gast kam dazu: Wie steht's mit den Finanzen? Ich zögerte. Er zog die Brieftasche, ich wollte abwehren, ganz stolzer Rebell, lächelnd steckte er mir ein paar Scheine in die Jackentasche.

Kurzer Abschied. Einzeln verließen wir das Haus. Ich habe ihn niemals wiedergesehen.

Und nie mit Sicherheit erfahren, wer er war. Indizien sprechen dafür, daß er während des Spanischen Bürgerkriegs liquidiert wurde, durch die Schergen Stalins, der diesem eigenwilligen Emissär mißtraute.

Auf dem Hauptbahnhof nahm ich den ersten abgehenden Zug, er ging nach Hamburg, von da war es nicht weit bis Kiel, dort würde ich weitersehen. Mit Mühe fand ich Platz in einem Abteil vierter Klasse, es war überfüllt. In Halle gab es stundenlangen Aufenthalt. Die Leute gerieten aneinander; einige fanden, es sei höchste Zeit gewesen, daß die Ordnungsmacht ein Exempel statuiere; die meisten schimpften darüber, daß friedliche Bürger durch militärische Maßnahmen behindert würden. Ich hielt den Mund.

Draußen wimmelte es von Reichswehr. Zwei Polizisten kontrollierten unseren Wagen, ich zeigte meinen alten Studentenausweis vor, er genügte. Später hielten wir noch mehrmals auf freier Strecke. Ich kam mir vor wie in einem feindlichen Land. So ging das bis Magdeburg, erst am Abend war ich in Hamburg, der letzte Anschluß nach Kiel war verpaßt.

Um mit meinem Geld hauszuhalten, blieb ich im Wartesaal hokken. Die Luft war zum Ersticken heiß, ich wurde immer schläfriger. Schließlich verzog ich mich in eine Ecke, hängte die Jacke über eine Stuhllehne, streckte mich auf ein paar Zeitungsbogen aus und zog den Mantel über mich, den Kopf auf dem Koffer. Ich schlief wie ein Murmeltier.

Am Morgen war das Jackett verschwunden, mitsamt dem Geld. Nur ein kleiner Rest steckte noch im Portemonnaie.

In Kiel war Ludolf Bachmann, der Kumpan vergangener Tage, nicht allzu erstaunt. Ein Windbeutel wie ich mußte früher oder später in eine solche Bredouille geraten. Meine politischen Motive nahm er nicht ernst, doch gab er den Anstoß zu einem Entschluß. Ich erwähnte ganz nebenbei den Zettel, den ich meinem Vater hinterlassen hatte. Da hakte Ludolf ein: Warum nicht nach Berlin zum Film? Dort könne mir möglicherweise Edu Wildhagen nützlich sein. Ich erfuhr: Der amtiert jetzt als Sekretär der ‹Notgemeinschaft der Deutschen Wissenschaft›, was seinen vielfältigen Fähigkeiten aufs glücklichste entspräche. Wahrscheinlich hätte er Beziehungen, die auch mir helfen könnten.

Ich hatte nichts zu versäumen. Zwei Tage später besuchte ich Edu in seinem Berliner Büro, einem pompösen Raum im ehedem kaiserlichen Schloß. Da stand ich nun, in meinem reichlich desolaten Zustand, auf höfischem Parkett, was für ein verrückter Zufall! Auch Edu mußte lachen, er hatte mehr Verständnis für meine Lage als Ludolf.

Und er vermittelte mir ein Quartier. Flüchtig kannte er einen gewissen Herrn Reulaux, der es offenbar nicht übelnahm, wenn man ihn ‹Jraf Jalousie› nannte, auch Edu redete ihn am Telefon frotzelnd so an, die Sache war abgemacht. Ich erfuhr: Der ‹Jraf› hatte ein Maleratelier, das er aber nicht bewohnte und aus irgendwelchen Gründen vermieten wollte, sogar möbliert, aufs Geld kam es ihm nicht an. Die billige Miete sei an den Portier zu zahlen, dort lägen auch die Schlüssel bereit. Landauer Straße, Ecke Südwestkorso, in Friedenau.

Ich habe gewiß einen Hang zur Schlamperei, aber was ich zu sehen bekam, überstieg jedes Maß. Seit langem schien hier kein Mensch gewesen zu sein. Das riesige senkrechte Atelierfenster war blind von Staub, fingerdick lag er auf dem einzigen wackligen Tischchen, der Rest des Mobiliars bestand aus zwei ramponierten Korbsesseln. An den Wänden ein paar Aktbilder, in expressionistischer Manier hingefetzt, falls sie von der Hand des Hausherrn stammten, konnte der auf sein Studio leichten Herzens verzichten. Offenbar war er ein Sonderling, ich habe ihn nie kennengelernt.

Nebenan eine Schlafkammer. Auf dem zusammengekrachten Bett ein verklumptes Plumeau, aber die Matratze war tadellos, und im offen klaffenden Schrank fand sich eine pikfeine Wolldekke. Das gleiche Nebeneinander von verrotteten und tadellosen Dingen in der Küche, die, ein Unikum, mit Bad und WC eine traute Dreieinigkeit bildete.

Töpfe mit Speiseresten neben wertvollem Porzellangeschirr, silberne Gabeln und angerostete Blechlöffel, über dem kaum gebrauchten Schrubber ein löchriger Scheuerlappen. Am Herd baumelte ein ‹Groschen am Strick›, der sich aus dem Gasautomaten nach Gebrauch wieder herausziehen ließ. Und da stand ein großer Papiersack voll Reis. Für Reis hatte ich von jeher eine Vorliebe, gern übernahm ich diesen Notproviant für magere Tage, die zweifellos kommen würden.

Diesmal gönnte ich mir in der Eckkneipe zwei Bouletten und eine Molle. Dann säuberte ich, so gut es ging, die Plattform vor dem Atelierfenster, schleppte dorthin die Matratze und richtete mir ein Lager.

Lange blickte ich hinaus in den hellen Himmel über der Stadt.

Das ungeheure Flammenzeichen kündigte Triumphe an. In mir regte sich jener herausfordernde Trotz, mit dem Balzacs ehrgeiziger armer Student Rastignac der glanzvollen Metropole Paris zuruft: «Und nun wollen wir uns messen!» Freilich dachte ich nicht an Karriere und Reichtum, auf andere Art wollte ich siegen. Tröstlicher Traum des kleinen Rebellen, der sich verborgen hielt. Hier würde ihn niemand suchen. Das war der letzte beruhigende Gedanke vor dem Einschlafen.

Die beiden folgenden Monate zutreffend zu beschreiben ist kaum möglich. Es geschah so gut wie nichts. Ich lebte dahin, ein Eremit über den Dächern Berlins, untätig, in zunehmender Not, gegen die ich nichts unternahm.

Schriebe ich einen Roman, dann wären diese fünfzig oder sechzig Tage als eine Krise darzustellen, etwa so: Der Zweiundzwanzigjährige hat den Schritt getan, von dem er seit langem träumte. Er hat wirklich alle Brücken hinter sich abgebrochen, das wird ihm jäh bewußt. Er will mit sich ins reine kommen, Pläne machen, dabei wird ihm seine Überzeugung, für die allein er fortan leben will, den rechten Weg zeigen. Noch zögert er, sammelt Kräfte, holt Atem, nimmt einen Anlauf. So oder ähnlich ließe sich seine sonderbare Lethargie begreiflich machen.

Doch das wäre irreführend. Die Wahrheit ist, daß mich fortwährend das Schuldgefühl des Deserteurs quälte. Nur einmal, ganz zu Anfang, fuhr ich zur Berliner Parteizentrale, in die Münzstraße hinter dem Alexanderplatz. Meine Adresse wurde notiert, es hieß, die Ortsgruppe Friedenau würde sich um mich kümmern. Das geschah nie, damit fand ich mich ab.

Die Verbindung zu Edu Wildhagen ließ ich abreißen. An Arbeit beim Film hatte ich ernstlich nie gedacht.

Mein bißchen Geld schmolz rasch dahin. Nur jeden zweiten Tag gönnte ich mir eine Erbsensuppe in einem jener Aschinger-Restaurants, wo man gratis ein Halbdutzend kleiner Semmeln vertilgen konnte. Dort kam es zu einer Zufallsbekanntschaft.

Ein stämmiges blondes Mädchen, durchaus nicht mein Ideal, amüsierte sich über meinen Appetit, sprach mich an, wir gingen gemeinsam fort. Sie hieß Hanne, arbeitete als Verkäuferin in einem Lederwarengeschäft. Unbekümmert fragte sie mich aus, ich machte aus meiner Lage kein Hehl, sie schlug vor, mich im Atelier zu besuchen, darauf sei sie neugierig. Mir war nicht ganz wohl dabei, Eskapaden konnte ich mir nicht leisten, selbst die bescheidenste Bewirtung überstieg meine Mittel, nun, vielleicht würde sie gar nicht kommen.

Sie kam, am Samstag, bewaffnet mit einem dicken Stullenpaket und einer Flasche Korn. Mein Domizil gefiel ihr sehr, nur sei es grauenhaft dreckig. Ein Scheuerfest wurde veranstaltet. Dabei mußte die Matratze von ihrem luftigen Platz herunter, was Hanne einleuchtend so begründete:

«Sonst knallen wir nachts durch die Scheiben – und die können uns morgen früh vom Trottoir abkratzen!»

So kam ich zu einer veritablen proletarischen Geliebten. Darauf hätte ich mir gern etwas eingebildet, leider erklärte sie alles, was auch nur entfernt an Politik erinnerte, für ‹Stuß›. Überhaupt hatten wir wenig miteinander zu reden. Noch drei-, viermal erschien sie am Wochenende. Dann blieb sie ohne Abschied weg, ich war, um ehrlich zu sein, mehr erleichtert als gekränkt.

Und nun kam der Hunger. Nicht der elende, unausweichliche Hunger der Armen. Ein Experiment, das ich trotzig durchstehen wollte. Mal sehen, wie lange man das aushalten kann. Eine Zeitlang las ich von früh bis spät. Bücher lieh mir ein Nachbar, der ein Atelier im anderen Flügel des fünften Stockwerks bewohnte, wir waren einander ein paarmal im Fahrstuhl begegnet. Er hieß Otto Schmalhausen. Es wunderte ihn, daß mir die Namen Jack London und Upton Sinclair unbekannt waren, er brachte mir einen Stoß ihrer Werke herüber. Auch ein Band Zeichnungen von George Grosz war dabei: ‹*Das Gesicht der herrschenden Klasse*›. Ich war von der bösen Kraft dieser Graphik gepackt. Es lag nahe, in Schmalhausen einen Gesinnungsgenossen zu vermuten, ihn zu besuchen, näher kennenzulernen. Aus schlechtem Gewissen schob ich das so lange auf, bis ich zu schlapp dafür geworden war.

Denn nun war schon wochenlang der Reis aus jenem Beutel meine einzige Nahrung. Erst dachte ich: Warum nicht, Kulis leben ja, heißt es, von einer Schale Reis am Tage. Daß sie dabei schwer arbeiten, erschien mir rätselhaft, ich kam rasch von Kräften. Reis mit Salz, Reis mit Zucker, Wasserreis, manchmal mit einer Messerspitze Margarine, ich vermochte das weiße Zeug kaum mehr herunterzuwürgen. Ich döste vor mich hin, schaute auf die Rauchfahnen über der großen Stadt, schlief zuweilen im Sitzen ein. Der Hunger schmerzte nicht mehr, ich geriet in eine ständige Benommenheit, die ich beinahe genoß ...

Es läutet. Einbildung, wer soll hierherkommen? Da, schon wieder. Wird der Portier sein, seit Wochen schulde ich die Miete. Der Mann ist hartnäckig, jetzt klopft er energisch. Nur nicht rühren. Der lädierte Korbsessel gibt einen knarrenden Seufzer von sich. Draußen wird gerufen:

«Machen Sie auf! Ich weiß, daß Sie zu Hause sind!»

Hilft nichts. Hin zur Tür, öffnen. Vor mir steht Schmalhausen. Sieht sich um. Ich stotterte: Die Bücher, ich hole sie gleich, verzeihen Sie ... Ach was, sagt er. Hat Zeit. Und dann:

«Haben Sie Lust, bei uns eine Tasse Tee zu trinken?»

Sehr taktvoll. Ich zögere. Schon nimmt er meinen Arm, wir gehen über den Flur, sind drüben in seinem Atelier. Die resche Frau nickt mir zu, betrachtet mich nicht allzu freundlich. Und da ist noch jemand.

Ein ungefähr Dreißigjähriger steht auf, fleischig, strotzend gesund. Sein Händedruck schmerzt. Dann sitzen wir auf niedrigen Lederhockern, vor dampfenden Tassen. Zwei Platten stehen da, Brote mit Wurst, Käse, Marmelade. Seit Wochen ist mein Magen solche Dinge nicht mehr gewohnt. Es geht gut. Da ist auch Schnaps. Wohlige Heiterkeit rieselt durch die Glieder. Was für nette Leute.

Schwäger, so scheint es. Der Hausherr wird ‹Oz› gerufen, sein Gast ‹Böff›. Ulkige Namen. Tröpfelndes Gespräch kommt in Gang.

Nach und nach komme ich in Fahrt. Es tut gut, endlich einmal zu reden. Warum nicht offen sein, die beiden sind in Ordnung. Doch unverkennbar wird die Unterhaltung zu einer Art Verhör. Und plötzlich duzt ‹Böff› mich:

«Nun paß mal auf: Dir geht's dreckig, gib's zu. Ich wüßte was für dich. Du kennst doch den Malik-Verlag?»

Ich nicke, so ungefähr weiß ich Bescheid, die meisten entliehenen Bücher sind dort erschienen.

‹Böff› fährt fort: «Mein Freund Wieland Herzfelde sucht einen Mitarbeiter. Du könntest sofort anfangen. Na?»

Kein schlechter Vorschlag. Was habe ich zu tun? Einfach hinfahren, gleich morgen. Und einen Gruß bestellen. Danke! Von wem?

Nun erst erfahre ich, wer vor mir sitzt: George Grosz, der Zeichner. Da verschlägt es mir doch den Atem.

Nachts schlafe ich unruhig. Es ist nicht nur die Aufregung, auch das ungewohnte Sattsein.

An einem strahlenden Maimorgen stehe ich vor dem Haus Kurfürstendamm 76, Ecke Lehniner Platz. Protziges Wohnpalais, im Stil von 1905. Am Seitentreppchen zum Souterrain ein Dekret: EINGANG FÜR DIENSTBOTEN UND LIEFERANTEN.

Das bei einem Rebellenverlag? Doch es stimmt, neben dem pompösen Hauptportal meldet ein kleines Schild: MALIK-VERLAG 5. STOCK.

Eben geht eine gravitätische Dame hinein, begleitet von zwei kleinen Mädchen. Ich folge zum Fahrstuhl. Im letzten Augenblick springt noch jemand hinein, ein schwerer Mann. Ächzend setzt der enge Kasten sich in Bewegung.

Und bleibt gleich darauf stecken, rührt sich nicht mehr. Kein Mensch hört die Alarmklingel. Die Würdevolle bemerkt spitz etwas von Überbelastung. Der Vierschrötige flucht, erst halblaut, dann vernehmlich, in bayerischem Dialekt. Die Gouvernante, das ist sie offenbar, stellt sich vor ihre Küken.

Der Fremde wird immer drastischer: «Wann's scho kan anständigen Lift bauen können in Berlin, sollten's an Lokus einbauen! Wenn ma hier 'leicht stundenlang eingesperrt bleiben, garantier i für nix!»

Die Kinder kichern, werden auf französisch zurechtgewiesen. Nach einer Weile knirscht das Vehikel, hebt sich, hält an. Die Entrüstete rauscht mit einem vernichtenden Blick auf den bösen Mann hinaus. Der fährt mit mir hinauf bis ins Dachgeschoß.

Dort wird er von fünf, sechs Leuten mit Hallo empfangen, als Freund und Autor des Hauses. Oskar Maria Graf heißt er. Mich hält man für seinen zufälligen Begleiter, beachtet mich kaum.

Begrüßt werde ich von zwei Katzen, die ihre blanken Felle an meinen Beinen scheuern. Freundliches Omen. Ich kann mich in aller Ruhe umsehen. Mansardenräume mit schrägen Wänden, Rohholztische, Bücherstapel, Kleistertöpfe. Überall Sonnenlicht.

Nach einer Weile stellt sich dann heraus, daß ich derjenige bin, den ‹Böff› angekündigt hat. Wieland Herzfelde, klein, drahtig, quick, schüttelt mir die Hand. Ob ich was vom Packen verstünde? Na ja, mit Packpapier kenne ich mich ein bißchen aus ...

Noch am selben Tage fange ich meine Arbeit an, als Packer, Bücherbote, auch Aushilfsbuchhalter. Der erste Beruf, der diesen Namen verdient. Wahrhaftig eine richtige, proletarische Handarbeit. Das war eine Selbsttäuschung. Ein Bürgersohn wird nicht dadurch zum Proletarier, daß er mit seinen Händen arbeitet, wenig verdient und in einer winzigen Kammer schläft. Er tut das alles aus freiem Entschluß, der wirkliche Proletarier hat keine Wahl, das unterscheidet beide von Grund auf.

Das ging mir schließlich auf, und ich zog daraus Folgerungen. Bis dahin aber, achtzehn Monate lang, lebte ich in drei unvereinbaren Bereichen, im Verlag, in der Partei und bald auch in jenen Randgruppen des Bürgertums, für die es keinen deckenden Namen gibt.

Bei dieser Einteilung fällt auf, daß ich Verlag und Partei auseinanderhalte. Dafür gibt es gute Gründe.

Ohne jeden Zweifel war Wieland Herzfelde ein überzeugter Kommunist. Er brachte nur solche Bücher und Zeitschriften heraus, die offen oder verdeckt die Weltrevolution vorantreiben konnten.

Aber der Malik-Verlag war ein Privatunternehmen, auf das die KPD keinen unmittelbaren Einfluß hatte.

Gerade diese Tatsache erleichterte den Erfolg, Ende der zwanziger Jahre war der Name Malik ein Berliner Begriff. Das war 1922 nicht vorauszusehen. Damals mochte ein Zufallsbesucher das muntere Treiben in den wenigen Mansardenräumen für ein Stück Bohème halten, was in mancher Hinsicht zutraf. Man wirtschaftete von der Hand in den Mund, ob es eine kaufmännisch genaue Geschäftsführung gab, wurde mir nie klar. Manchmal stritten Wieland und seine Frau ‹Frosch› darüber, ob vom letzten Geld das Abendbrot eingekauft oder noch ein Stoß Pakete zur Post gebracht werden sollte.

Und doch erschienen fortwährend neue Bücher, die nötigen Mittel waren weiß der Teufel wie vorhanden. Wieland war unglaublich geschickt im Aufspüren von Geldgebern, er brachte es fertig, wohlhabende Leute zu interessieren, denen klassenkämpferische Literatur gänzlich fern lag. Sie hatten zu dem jungen Verleger, er war wenige Jahre älter als ich, das gleiche Vertrauen wie wir zwei oder drei Angestellten. Er sah aus wie ein vergnügter Junge, aber hinter dem kindlich runden Gesicht steckte eine ganze Portion Härte, Tüchtigkeit und vor allem politische Begeisterung.

Als Sanitätssoldat in Flandern war Wieland zum erbitterten Kriegsgegner geworden, er desertierte, wurde gefaßt, Ärzte und ein paar einflußreiche Leute halfen ihm. Bis dahin war er ein Verfasser lyrischer Gedichte gewesen, nun wurde er zum kommunistischen Agitator. Übrigens behielt er eine Vorliebe für leicht esoterische Verse.

Noch im Kriege gründete er den Malik-Verlag. Den Namen entlieh er einem Roman Else Lasker-Schülers, die mit ihm befreundet war. In einem Erinnerungsbuch hat er beschrieben, wie dabei die Militärzensur hinters Licht geführt wurde: Die Konzession wurde erteilt, weil der Antrag erläuterte, Malik sei ein türkischer Prinz und man wolle die verbündeten Osmanen populär machen. Das Wort Malik, in korrektem Hebräisch Melech, bedeutet Anführer, auch König; eine immerhin eigenwillige Losung für einen Revolutionsverlag. Der war geplant, von Anfang an.

Zwar nahm Wieland zeitweise an der Dada-Bewegung teil; aber nicht um lärmend gegen verstaubte Kulturideale zu protestieren, sondern um Politik zu machen. Die Titel seiner Flugschriften klangen nach bloßem Jux: ‹*Jedermann sein eigener Fußball*› oder ‹*Die Pleite*›: Scharfe politische Pamphlete, wichtigster Mitarbeiter war George Grosz, den der Malik-Verlag zuerst populär machte. Die graphische Aufmachung stammte von Wielands fünf Jahre älterem Bruder Helmut, dem Meister der Fotomontage. Er betrachtete sich als Techniker, nicht als Künstler. Seine strahlend blauen Augen hätten einem Träumer gehören können, doch er verachtete jegliche Romantik. Wenn er verschmitzt lächelte, kamen nie reparierte schlechte Zähne zum Vorschein. Er war fanatischer als sein

Bruder, aber im Grunde ein Menschenfreund, der Gemeinheit und ihren Stumpfsinn nicht ertragen konnte. Aus Haß gegen deutschtümelnde Kriegshetze hatte er seinen Namen anglisiert und nannte sich John Heartfield.

Zu den Brüdern stieß nach dem Kriege ein dritter, Julian Gumperz, Deutschamerikaner mit einigem Geld. Er brachte die Zeitschrift *Der Gegner* ein. Im Verlag wirkte er wie ein seriöser Herr unter Lausejungen. Um diese drei sammelte sich eine Schar denkbar verschiedener Leute. Ein naher Freund war Erwin Piscator, der im Berliner Norden sein erstes, noch durchaus proletarisches Theater leitete. Aufgeführt wurden vorwiegend Malik-Autoren, so der Deutschitaliener Felix Gasbarra, ein dramaturgisches Naturtalent, der ein groteskes Spiel in Knüttelversen schrieb, *‹Preußische Walpurgisnacht›*; eine politische Tragödie *‹Rote Soldaten›* stammte von Karl August Wittfogel, einem marxistischen Theoretiker, der später zum China-Experten amerikanischer Universitäten wurde.

Der Verlag war ein Treffpunkt radikaler Intellektueller, viele sind heute vergessen, manche wurden berühmt. Ein paar will ich kurz charakterisieren, um die bunte Fülle anzudeuten.

Es erschien Georg Lukács, Kultusminister der kurzlebigen ungarischen Räterepublik, von Horthy in die Emigration getrieben; zerknittert und gedankenvoll schon damals.

Schweigsam saß Leonhard Frank da, anerkannt als Romanautor wie als Verfasser des pazifistischen Novellenbandes *‹Der Mensch ist gut›*. Mechaniker war er gewesen, Gelegenheitsarbeiter, und trug eine aristokratisch abweisende Miene zur Schau.

Quicklebendig diskutierte Dr. Oskar Kanehl, ein Gedichtband von ihm hieß *‹Steh auf, Prolet!›*. Ohne seine Überzeugung zu verleugnen, wurde er bald danach Dramaturg im Amüsiertheater der Brüder Rotter; eine Schizophrenie, die im Berlin der zwanziger Jahre kein Einzelfall war.

Franz Jung, Anarchokommunist, gab in seiner *‹Technik des Glücks›* psychologische Anleitungen für die Unterdrückten. Er ging dann nach Rußland, um den «schlapp gewordenen Sowjets Pfeffer untern Arsch zu streuen», so hörte ich ihn schwadronieren. Indessen meinte er es ernst, wie ich noch erfahren sollte.

Als nüchterner Gelehrter wirkte dagegen der Professor Emil J.

Gumbel. Seine Dokumentation ‹*Vier Jahre politischer Mord*› hatte die blutige Feme der Rechtsradikalen aufgedeckt und ihm den wilden Haß der Entlarvten zugezogen.

Unter solche Gesinnungsfreunde mischten sich auch ganz andere Gestalten, Kumpane aus den Dada-Tagen. Da war Raoul Hausmann, unermüdlicher Provokateur ruhiger Bürger. Oder Richard Huelsenbeck, Arzt und Mitbegründer des sagenhaften *Cabaret Voltaire*, das von Zürich aus dem Krieg den Krieg erklärt hatte.

Einmal tauchte ein Wotansbart auf, besonders herzlich von Wieland begrüßt: Theodor Däubler. Dessen kosmologische Rhapsodie ‹*Nordlicht*›, 30000 Verse umfassend, hatte unseren Verleger einst in frühen Poetenjahren entzückt; auch als strammer Kommunist hielt er seinen Jugendidealen die Treue.

Und es fanden sich Dandies ein, um sich über den roten Rummel zu amüsieren. Für solch einen hielt ich zuerst Franz Schulz aus Prag, einen jungen Journalisten. Dann erwies er sich überraschend hilfreich, durch ihn fand ich eine bessere, immer noch bescheidene Unterkunft.

Eine dritte Sorte Besucher paßte überhaupt nicht zu uns, diejenigen nämlich, denen Wieland Geld entlockte oder doch finanzielle Verbindungen verdankte. Wenn diese Anwälte, Geschäftsleute und liberalen Publizisten durch die Verlagsräume spazierten, kam ich mir vor wie ein Indianer in der Völkerschau. Lieber waren mir immerhin gewisse Einzelgänger, scheinbare oder wirkliche Originale. Zu denen gehörte wohl auch Harry Graf Kessler, Millionär und Kunstmäzen.

Der Sohn eines in der Bismarck-Zeit geadelten Geschäftsmannes hat Tagebücher geschrieben, die ihn als scharfen Beobachter ausweisen. Im Kaiserreich als ‹*roter Graf*› beargwöhnt, weil er Demokratie und Pazifismus propagierte, stellte er sich der Weimarer Republik vorübergehend als Diplomat zur Verfügung. Vor allem wirkte er als Förderer vieler Künstler, davon verstand er etwas; George Grosz hat er sofort als genialen Satiriker erkannt und auch das Besondere an seiner Begabung begriffen: Er nennt ihn einen «aus Empfindsamkeit Brutalen», was den Nagel auf den Kopf trifft.

Kessler hatte ein Faible für Außenseiter. Er war einer von denen, die Wieland im Kriege aus der Patsche halfen. Vermutlich griff er nachher auch dem jungen Verleger unter die Arme.

Über einen anderen höchst originellen Mann, den Hausarzt des Verlages, werde ich noch genauer berichten, weil ich mich mit diesem Dr. Klapper anfreundete. Das war leicht, ich konnte jederzeit meinen Packtisch verlassen und mich an Gesprächen mit den gerade Anwesenden beteiligen. Es lag allein an mir, daß ich stets das Gefühl hatte, nicht dazuzugehören. Einen bewunderte ich rückhaltlos: George Grosz.

Dem deftigen, lebensfreudigen Genießer sah man den aggressiven Zeitkritiker wahrhaftig nicht an. Zur KPD gehörte er nicht, sein Temperament trieb ihn unwiderstehlich zu den Erniedrigten und Beleidigten, seine Röntgenaugen demaskierten die Mächtigen in Uniform, Richtertalar und Börsenanzug unbarmherzig.

Gern diskutierte er mit den Brüdern Herzfelde über die propagandistische Wirkung seiner Arbeiten. Denn er war, jedenfalls damals, nicht der naiv Produzierende, den ästhetische Kunstkritiker in ihm sahen – noch heute sehen.

Ich war ihm dankbar dafür, daß er mich zu Wieland gebracht hatte. Nie kehrte er den Prominenten heraus. Wenn wir in seiner Wohnung, Nassauische Straße, gelegentlich Schach spielten, schien es mir undenkbar, daß er mir je fremd werden könnte.

So reizvoll der Trubel im Verlag war, er war für mich nur ein Asyl, kein Zuhause. Das suchte ich um so sehnsüchtiger in der Partei; anfangs mit Erfolg.

Ich war Mitglied der Ortsgruppe Wilmersdorf geworden. Und wieder, wie in Leipzig, sah ich mich alsbald in der Sonderstellung des Gebildeten, den Packerberuf nahmen die Genossen nicht ernst. Aber von den doch recht belanglosen Erlebnissen am Rande des Mitteldeutschen Aufstands konnten sie nicht genug hören.

Treffpunkt war meist ein kleines Bierlokal in der Hildegardstraße. Dort wurde die jeweilige Tagesordnung pedantisch erledigt, auch zurückhaltend über Richtungskämpfe in der Parteiführung diskutiert. Oft war der Besuch kümmerlich und eine resignierte Stimmung herrschte vor. Die KPD hatte im Frühjahr eine Schlappe erlitten, niemand glaubte mehr an revolutionäre Ereignisse in absehbarer Zukunft.

Die täglichen Sorgen überschatteten alles. Das Geld war immer weniger wert, schon stand der Dollar auf 300. Daß in den Lohntüten Zehntausend-Mark-Scheine auftauchten, interessierte mehr als Flugblätter und Broschüren über die allerneueste taktische Linie der Partei. Ich lernte die bedrückende Not der Abhängigen kennen und verstand ihre Lethargie.

Plötzlich änderte sich alles, von einer Stunde zur andern.

Am Morgen des 24. Juni erschossen nationalistische Attentäter den Reichsaußenminister Walther Rathenau. Alle großen Werke schlossen sofort, das rote Berlin strömte auf die Straßen, um die ungeliebte bürgerliche Republik gegen die offene Reaktion zu verteidigen. In diesem Augenblick dachte keiner von uns daran, daß Rathenau ein Plutokrat, ein Klassenfeind gewesen war. Aber er war auch der Mann, der in Rapallo eine Annäherung an Sowjetrußland zustande gebracht hatte. Wir kannten den Schmähruf der Freikorpsmörder: «Schlagt tot den Walther Rathenau, die gottverdammte Judensau!» Wir erinnerten uns an das Ende Erzbergers. Die Herausforderung wurde verstanden.

In einem unübersehbar langen Zug marschierten wir über den Kurfürstendamm, riefen wilde Parolen und sangen Revolutionslieder. Lokale machten dicht, Geschäftsleute ließen rasselnd die Rolläden vor ihren Schaufenstern herunter. Es kam zu keinen Gewalttaten, die Polizei war kaum zu sehen.

Ich genoß, ich verhehle es nicht, den Schreck all derer, die etwas zu verlieren hatten. Mich erfüllte die Hoffnung, nun endlich würde nachgeholt, was zaghafte Sozialdemokraten und Liberale versäumt hatten. An diesem Tag triumphierte die Revolution. Doch bald legte sich der Sturm.

Für kurze Wochen sah es so aus, als sei die Demokratie aus ihrem Schlaf erwacht. Reichskanzler Joseph Wirth rief im Parlament aus: «Der Feind steht rechts!» Ein Gesetz zum Schutz der Republik wurde beschlossen. Ein paar besonders reaktionäre Beamte mußten in Pension gehen, der deutschnationale Stahlhelm wurde wenigstens in Preußen verboten. In München aber konnte vor 70000 begeisterten Zuhörern ein Mann mit komischem Bärtchen ungehindert gegen die Novemberverbrecher wettern, die so frech waren, sich zu wehren. Den Namen Adolf Hitler hörte ich zum erstenmal – und vergaß ihn wieder.

Dann ging alles weiter wie vorher. Im Frühherbst stieg der Dollarkurs auf 4000, die Misere des Alltags ließ den Elan jenes Junitages vergessen.

In die Hildegardstraße kamen nur noch die Zuverlässigsten, zu ihnen gehörte Ella, eine junge, schwarzhaarige Textilarbeiterin, die unter den wenigen übermüdeten Frauen durch entschiedene Äußerungen auffiel. Sie schlug vor, die Säumigen zu Hause aufzusuchen und auf Trab zu bringen; das sei jetzt wichtiger als Flugblätter zu verteilen, die in den Mülleimern endeten. Ich unterstützte den Antrag und mußte mich nun natürlich beteiligen, als wir in kleinen Gruppen loszogen.

Es war eine trübsinnige Aufgabe. Die verwohnten Behausungen glichen einander zum Verwechseln, überall traf ich auf das mühsam in Ordnung gehaltene Elend, auf den muffigen Geruch der Armut. Meist führten die Ehefrauen das Wort, klagten über Schulden bei Hauswirt und Kaufmann, erhoben bittere Vorwürfe gegen die Partei, die auch nichts ändere. Ich kam mir wie ein Gerichtsvollzieher vor und hätte aufgegeben, wäre Ella nicht hartnäckig geblieben.

Unmerklich richtete sie es so ein, daß wir dieselben Straßen abklapperten. Und weil sie sich auskannte, hatten wir ein bißchen mehr Erfolg als andere, ihrem berlinischen Mundwerk widerstand so leicht keiner. Spätabends saßen wir dann allein zusammen und machten Bilanz. Sie bestand darauf, ihr Bier selbst zu bezahlen.

Sie war aufgewachsen in einer sozialdemokratischen Familie alten Schlages, den Eltern paßten Ellas radikale Ansichten ebensowenig wie ihr unbekümmertes Sexualleben. Ohne sich aufzuspielen, erklärte sie mir, ans Heiraten dächte sie nicht, aber sie brauche jemand fürs Bett. Und das hörten Männer nicht gern von einem Mädchen, auch Kommunisten nicht. Bei mir, sagte sie, sei das anders. In den Armen der streitbaren Genossin endete mein monatelanges Zölibat, für wenige Wochen nur, so wollte sie es. Und so wollte auch ich es, weil sie mich ein wenig zu gut durchschaute ...

Wenn wir nachts nebeneinanderlagen, führten wir lange Gespräche. Ellas Eltern waren gestorben, ein Bruder irgendwo ein Werkmeister, sie lebte völlig selbständig. Ihr Vorbild war Alexandra Kollontaj, die Verfechterin der freien Liebe, als Volkskommissarin hatte sie sich mit einem Matrosen zusammengetan, nun amtierte sie als Sowjetbotschafterin in Stockholm. So weit würde Ella es nie bringen, aber sie nahm an Volkshochschulkursen teil und las viel, Heine und Zola sagten ihr etwas, die modernen Romane mit ihren komplizierten seelischen Finessen fand sie verstiegen. Sigmund Freuds Buch *‹Jenseits des Lustprinzips›* kannte sie, nun ja, diese Psychoanalyse war wohl etwas für gelangweilte Bürgerdamen, sie wurde mit ihren Problemen selber fertig.

Auf eine merkwürdige Weise auch mit den meinen, das kam heraus, als sie mich über mein Leben ausfragte. Zögernd gab ich Erfahrungen preis, ohne auf die bedenklichen Umstände genauer einzugehen. Sie merkte sofort, daß etwas ausgelassen wurde, sie bohrte, inquirierte, ich beichtete immer aufrichtiger. Ihr kam das alles durchaus nicht abwegig vor, so ungefähr sei das nun mal bei verkorksten Bürgerkindern. Einmal im Zuge erzählte ich von der Krankheit meiner Mutter. Schließlich verschwieg ich auch nicht, was mich immer noch verlockte, das Wunschbild einer großen Schwester.

Es ist fast unmöglich, nach einem halben Jahrhundert eigene Empfindungen von einst verläßlich wiederzugeben. Soviel aber meine ich zu wissen, daß diese Rechenschaft mich dazu brachte, mein ganzes bisheriges Leben in einem neuen Zusammenhang zu sehen. Frühe Phantasien, sexuelle Abenteuer, der Schwestertraum, schließlich die Wendung zum Kommunismus – alles entsprang der Sehnsucht nach einer Autorität, die quälende Widersprüche auflösen sollte. Und immer dachte ich dabei an eine weibliche Macht, auch die Revolution war solch eine Mutter, in deren Obhut ich geflüchtet war, weniger aus verstandesmäßiger Einsicht denn aus dem egoistischen Bedürfnis nach Geborgenheit.

Die fand ich für ein paar Wochen auch bei Ella. Dann verließ sie Berlin, ließ nie wieder von sich hören.

Ich war allein, und auf einmal war mir dieser Zustand unerträglich. Die Packerei im Verlag, die Parteiarbeit muteten mich wie Spielereien an. In dieser unlustigen Stimmung gab ich einer Versuchung nach, der ich bislang widerstanden hatte.

Dr. Klapper hatte mich wiederholt zu sich eingeladen. Daß er politisch nicht zu uns gehörte, war klar, ich hielt ihn für einen Modearzt, seit ich einmal Bücher in seine weitläufige Parterrewohnung in einem klotzigen Haus am Kurfürstendamm gebracht hatte. Doch Wieland Herzfelde begegnete ihm wie einem Freund. Ihm hatte Klapper im Kriege geholfen, indem er bei Wieland durch Medikamente die Symptome eines Herzfehlers hervorrief.

Ich hatte davon reden hören, daß bei dem Doktor jede Nacht der Teufel los wäre. Wieland meinte, ich sollte mir den Rummel ruhig einmal ansehen. Damit hatte ich sozusagen den Ablaßbrief in der Tasche, als ich mich nun, genauso empfand ich es, auf den Pfad der Sünde begab.

Eines Abends spät betrat ich, aus dem Parteilokal kommend, die riesigen Räume, in denen ein abenteuerliches Durcheinander der unterschiedlichsten Leute saß, lag, diskutierte, tanzte, Poker spielte und sich überhaupt so benahm, als befänden sie sich in einem jedermann zugänglichen Lokal; was beinahe stimmte. Ein Neuling kam sich hier verloren vor.

Ganz offen wurde Kokain geschnupft, damals war ‹Koks› die Lieblingsdroge der Süchtigen. In den Inflationsjahren konnte man sie in jedem zweiten Restaurant beim Toilettenmann kaufen. Ich habe das Zeug einmal aus Neugier probiert, die einzige Wirkung war ein dicker Schädel, gegen diese Versuchung war ich offenbar gefeit.

Angeblich konnte man das Gift auch vom Hausherrn beziehen, aber das war wohl Verleumdung. Durchaus zu Recht jedoch führte er den Spitznamen ‹Kinderklapper›, er war stets bereit, unerwünschte Schwangerschaften abzubrechen. Das geschah mit Sorgfalt, nach allen Regeln der Kunst. Denn erstaunlicherweise war er ein ausgezeichneter und verantwortungsbewußter Arzt, keineswegs ein Scharlatan.

Er lebte nach einer verrückten Zeiteinteilung. Irgendwann am Nachmittag stand er auf, hielt eine kurze Sprechstunde ab, machte ein paar Krankenvisiten. Danach fand man ihn bis gegen Morgen in Bars oder Spielclubs. Kam er endlich heim, dann war der Trubel noch in vollem Gange. Bestimmt blieben ihm manche seiner Besucher völlig unbekannt.

Vielleicht wäre ich nach einem Abstecher in diese sonderbare Unterwelt der Bourgeoisie nicht wiedergekommen, hätte ich nicht gleich beim erstenmal ein erstaunliches Mädchen kennengelernt. Ruth Landshoff, die zu beschreiben schwerfällt. Ein Amazonenprofil, lackschwarze, dichte Mähne, unglaublich weiße Haut, das alles sagt gar nichts. Es kam ein Wesenszug hinzu, der jede Bewegung, jede Äußerung kennzeichnete: sie war kühn, das gibt den Eindruck einigermaßen richtig wieder, den sie auf jeden machte.

Ruth stammte aus einer Bürgerfamilie in Berlin W, ein Onkel war der große Verleger Samuel Fischer. Sehr früh machte sie sich vollkommen unabhängig. Man munkelte, sie ließe sich von Bankiers und Diplomaten finanzieren, tatsächlich pflegte sie solche Beziehungen, aber das geschah ohne sexuelle Gegenleistungen. Sie war eine Meisterin des Flirts. Wen sie ganz für sich wollte, den wählte sie selbst aus. Zwischen uns entwickelte sich eine heitere Kameradschaft, niemals mehr. Später war sie jahrelang unzertrennlich von Francesco von Mendelssohn, einem reichen Sproß des berühmten Bankhauses. Dann heiratete sie einen jungen, unauffälligen Uradligen. Als Hitler dem bunten Berlin ein Ende machte, emigrierte das Paar nach New York, wo Ruth sie beide durchbrachte. Sie war vielseitig begabt, eine originelle Zeichnerin, auch eigenwillige Prosa schrieb sie zuweilen.

Sie genoß ihr Leben intensiv und war wohl so etwas wie der Musterfall jener oft beschriebenen Berliner Welt, die damals erst im Entstehen war. Die ‹Goldenen Jahre› standen noch bevor, 1922 herrschte der Taumel der Inflation, der irgendwann zu Ende gehen mußte, das spürte jeder. Was dann kommen würde, wußte keiner.

Meine Besuche im Haus des freundlichen Dr. Klapper hatten ein Ende, als die Partei mir plötzlich neue, ernsthafte Pflichten auferlegte.

Völlig unerwartet wurde ich zum organisatorischen Leiter meiner Ortsgruppe ernannt; nie hatte ich an eine Parteikarriere gedacht, fand mich auch wenig geeignet gerade für diese Aufgabe, und so zögerte ich. Doch es war nicht üblich, ein Amt abzulehnen, und so war ich unversehens ‹Org-Leiter› von Wilmersdorf.

Schon kurz danach geriet ich in einen sonderbaren Konflikt. Ein mir unbekanntes Parteimitglied starb, die Witwe wünschte ein kirchliches Begräbnis. Darauf wurde beschlossen, ich solle im Namen der KPD am Grabe sprechen.

Rundweg lehnte ich ab. Die Genossen hielten mich für zaghaft, ich setzte ihnen meine Gründe auseinander: Auch ein überzeugter Materialist und Agnostiker wie ich trauere um Verstorbene, die ihm etwas bedeutet hätten. Dieser unbekannte Leichnam aber sei mir vollkommen gleichgültig, die Zeremonie auf dem Friedhof hielte ich für sinnlos, auf keinen Fall würde ich daran teilnehmen. Ringsum verständnislose, ja entsetzte Mienen. Dann fielen sie über mich her, nannten mich gefühllos, plötzlich saß ich unter lauter braven Kleinbürgern, die an Tradition und Konvention hingen. Je länger sie auf mich einredeten, desto hartnäckiger lehnte ich ab.

Von da an bekam ich bei jeder Gelegenheit zu spüren, daß unser früheres Vertrauen gestört war.

Mein Atheismus war eine Voraussetzung für das Bekenntnis zum Kommunismus gewesen; den Genossen war die Religionsfrage nebensächlich. Sie waren durch bittere Erfahrung, oft nur aus dem dunklen Instinkt ihrer Klasse zur Partei gestoßen, erst danach eigneten sie sich die nötigsten theoretischen Kenntnisse an. Die waren auch bei mir mangelhaft, der doch durch Nachdenken in ihre Reihen gekommen war. Wie durfte ich mich über sie erheben!

Aus solchen Grübeleien retteten mich glücklicherweise neue Aufgaben. Ich gehörte nun zu einem Gremium, das regelmäßig in der Berliner Zentrale tagte. Dort wehte ein anderer Wind, unter den etwa dreißig führenden Funktionären gaben Intellektuelle den Ton an, die verstand ich. Vielleicht allzu gut.

Die Vorsitzende des Bezirks Berlin-Brandenburg, Ruth Fischer, war erst 26 Jahre alt. Sie arbeitete eng mit Arkadij Maslow zusammen, einem zurückhaltenden Russen, er muß etwa ein Jahrzehnt älter als sie gewesen sein. Zu ihm gewann ich keinen Kontakt, Ruth aber behandelte mich vom ersten Augenblick an mit unverkennbarem Wohlwollen. Sie war gleich mir ein

Bürgerkind. Ihr Vater, der Wiener Philosoph Rudolf Eisler, Verfasser eines Kant-Lexikons und anderer Fachwerke, mag über seine drei Kinder oft den Kopf geschüttelt haben, alle wurden in jungen Jahren begeisterte Kommunisten. Ruth, die Älteste, gründete die österreichische KP, ging nach Berlin, war seit 1921 Bezirksvorsitzende und stieg dann noch höher in der Hierarchie auf.

Gerhart war zum Agitator geboren, er bewährte sich in vielen Ländern, saß manchmal im Gefängnis, kam immer davon und wurde zuletzt ein großer Mann in der DDR. Ihm bin ich nur flüchtig begegnet.

Hanns dagegen, den Jüngsten, habe ich ein paar Jahre später recht gut gekannt; ob wir uns schon 1921 oder 1922 trafen, weiß ich nicht mehr. Sein Lehrer war Arnold Schönberg. Radikale Neuerer solcher Art waren den politischen Revolutionären von jeher verdächtig, längst ehe Stalin den ‹Formalismus› als ideologisches Delikt verdammte. Hanns Eisler aber war und blieb anerkannt, mag sein, daß er Zugeständnisse machte, ich will das als musikalischer Laie nicht beurteilen. Er hat Texte von Brecht komponiert und, wie man weiß, auch die Hymne der DDR. Möglicherweise mit leisem Schmunzeln, sein hervorstechender Zug war ein freundlicher, ein humaner Humor.

Davon war bei der Schwester keine Rede. Ruth Fischer verfügte aber über einen sarkastischen Witz, das kommt bei einer Frau ihres Typus nicht oft vor. Sie war schon ein wenig füllig, und das gefiel den Berliner Arbeitern. Ruth versetzte ohne Zweifel ganze Massenversammlungen in erotische Verzückung. Sie war sich dieser Fähigkeit offensichtlich bewußt, darüber wurde derb gescherzt, auch in ihrer Gegenwart. Nirgendwo ist mir die Wechselwirkung zwischen Revolution und Sexus so anschaulich bewiesen worden.

Clara Zetkin, die Patriarchin der Partei, fand die mollerte Wienerin degoutant. Und Paul Levi, Mitbegründer des Spartakusbundes, Vertrauensmann Lenins, war nur vorübergehend mit Ruth verbündet, dann kapitulierte er vor der deftigen Demagogin.

Levi zog, genau wie die Sowjets, aus dem Desaster von Mansfeld und Leuna nüchterne Folgerungen, revolutionäre Aktionen in Deutschland hielt er auf Jahre hinaus für unsinnig. Auf solche rechneten Ruth und Maslow hartnäckig, das brachte sie in Gegensatz zu Moskau. Darüber wurde verblüffend offen gesprochen, auch wenn sowjetrussische Parteigrößen von Rang unseren Sitzungen beiwohnten.

Diese Emissäre polemisierten nicht nur gegen die Deutschen, sie traten auch mit jeweils eigenen, zuweilen unvereinbaren Argumenten auf. Die westliche Welt hielt die Männer um Lenin für eine konforme Gruppe gehorsamer Paladine, auch mich hatte diese Vorstellung beeinflußt. Nichts war falscher. Damals galt bei den Bolschewiki noch die innerparteiliche Demokratie, ich beobachtete es mit Freude, wenn etwa Bucharin und Radek kurz nacheinander zu uns kamen.

Nikolaj Bucharin war Lenins liebster Schüler, das wußte jeder von uns. Zudem ein einflußreicher Theoretiker, sein ‹*ABC des Kommunismus*› war eine Fibel, die auch ich studiert hatte. Nun saß er da, sanft lächelnd, schweigend ließ er die Diskussion über sich ergehen, verzog nur manchmal sein listiges Gesicht, als sei er angeekelt von zuviel radikalem Unsinn. Endlich hob er die Hand, es wurde still, in abgemessenen Worten gab er zu bedenken, man könne die eben erörterten Fragen auch ganz anders beantworten. Er zitierte Marx und Plechanow, was die linken Berliner Genossen wenig beeindruckte, wahrscheinlich wußte er das selbst.

Ganz anders Karl Radek. Mit Schifferbart und dicker Hornbrille war er ständig auf dem Sprung, einzugreifen. Als vorzüglicher Kenner Deutschlands gab er gern taktische Ratschläge. In jungen Jahren hatte der Sprachbegabte zugleich der polnischen und der deutschen Sozialdemokratie angehört, gleich Rosa Luxemburg, mit der er sich schlecht vertrug. Als Lenins Gefährte im Schweizer Exil, vor allem als Mitbegründer des Spartakusbundes, besaß er Autorität; aber manchen deutschen Genossen war er wegen eines weit zurückliegenden Ereignisses nicht ganz geheuer.

Schon lange vor dem Krieg stand er in radikaler Opposition zum vorsichtig versöhnlerischen Kurs der deutschen Parteiführer Friedrich Ebert und Gustav Noske. 1912 hängte man ihm ein peinliches Verfahren an: er sollte den Mantel eines Genossen entwendet haben. Der Fall wurde nie aufgeklärt, vermutlich war es eine Verleumdung. Freilich nahm auch die in Moralfragen strenge Rosa Luxemburg gegen ihn Partei.

Seit damals haßte er unversöhnlich die SPD-Prominenz, die nun für kurze Zeit die junge Republik beherrschte. Aus jener Affäre hatte er eine für ihn bezeichnende Folgerung gezogen: Herausfordernd nahm er den Namen K. Radek an, unter dem er weltberühmt wurde. ‹Kradek› bedeutet auf polnisch: Dieb ...

Zweifellos war Radek ein erprobter Kommunist. Unentbehrlich machte ihn sein journalistisches Talent, das ihn viel später, während der Stalinschen Säuberungen, als einen von wenigen Verurteilten vor dem Genickschuß bewahren sollte. Aufsehen erregte er 1919, als er fast ein Jahr lang im Berliner Gefängnis Moabit saß. Während draußen spartakistische Unruhen blutig niedergeworfen wurden, konnte er in seiner Zelle Hof halten. Bürgerliche Politiker und deutsche Offiziere gingen bei ihm ein und aus, auch Rathenau soll ihn dort besucht haben. Solche für Moskau wichtigen Beziehungen erschienen manchem braven KPD-Funktionär als fragwürdige Eskapaden. Darüber hörte ich munkeln, dann erlebte ich Radek selber in der Münzstraße. Dem Eindruck seiner bizarren Person konnte ich mich nicht entziehen, und er trug dazu bei, daß mir etwas aufging, was schon durch die Bekanntschaft mit Ruth Fischer vorbereitet war: Zu meiner Überraschung entdeckte ich, daß auch Kommunisten eigenwillige Individuen sein können.

Wer die Umformung eines Bürgersohns in einen aktiven Revolutionär nicht selbst durchgemacht hat, wird eine solche Feststellung närrisch nennen. Indessen finden sich in vielen Selbstdarstellungen von Überläufern meiner Art Zeugnisse für den gleichen Vorgang. Solch ein Bekehrter will sich und anderen beweisen, daß er sich von Grund auf gewandelt hat. Dazu gehört, daß er gewaltsam in sich unterdrückt, was gemeinhin Persönlichkeit heißt. Den zelotischen Proselyten mutet es als böser Makel an, den loszuwerden er bemüht ist. Dadurch lähmt er nicht nur sich selbst, ungewollt verrät er vor allem, daß er ‹die Masse› verachtet, in der ‹aufzugehen› er beschlossen hat. Ganz unbedacht spricht er denen, auf deren Seite er sich geschlagen hat, die Persönlichkeit ab.

Dieser in Wahrheit inhumane Prozeß führt zu einer armseligen

Kastration aller Beziehungen, ich hatte es darin im Laufe von zwei Jahren ziemlich weit gebracht. Weder die Erfahrungen im munteren Malik-Kreis noch die Exkursionen in das bunte Inferno des Dr. Klapper hatten mich vernünftiger werden lassen. Just im nüchternen Milieu der Parteizentrale aber machte ich die Entdekkung, daß Individualität und Treue zum Kommunismus keine Gegensätze sind, ja einander in gewissem Sinne bedingen. Endgültig begriff ich es, als ich Ende 1922 einem revolutionären Einzelgänger von ganz anderem Schlage als Radek begegnete. Ich lernte Willi Münzenberg kennen. Er hat für die nächsten Jahre mein Schicksal entscheidend beeinflußt.

Münzenberg gehörte damals der Berliner Parteileitung nicht an, erschien dort aber oft und wurde respektiert. Der Dreiunddreißigjährige wirkte neben Ruth Fischer und Maslow als waschechter Proletarier; tatsächlich kam er aus dem ländlichen Kleinbürgertum. In der Gastwirtschaft seines Vaters lernte er vermutlich mehr als in der kümmerlichen Dorfschule. Früh verwaist machte er das bittere Lehrlingselend der Zeit nach 1900 durch: erst bei einem Barbier, dann in einer Erfurter Schuhfabrik. Dort gab es organisierte Sozialdemokraten, der junge Liebhaber romantischer Wildwestgeschichten wandelte sich zum Klassenkämpfer; und sogleich geriet er, als radikaler Antimilitarist, in Gegensatz zur offiziellen Parteiführung der SPD.

Münzenberg las viel und eignete sich autodidaktisch eine ziemlich umfassende Bildung an. Dann ging er auf Wanderschaft, seit 1910 lebte er meist in der Schweiz. Dort fand er einen Mentor, den Zürcher sozialistischen Armenarzt Fritz Brupbacher, der ihm eine Neigung zum Anarchismus Bakunins austrieb, übrigens auch den Hang zu poetischem Dilettieren. Genosse Willi wurde Jugendsekretär und entwickelte sein angeborenes Organisationstalent. Er traf mit russischen Emigranten zusammen, so mit der berühmten Wera Figner, die an Attentaten gegen den Zaren beteiligt gewesen war.

Nach Ausbruch des Weltkriegs brach die II. Internationale zusammen, in fast allen Ländern vergaßen die sozialdemokratischen Führer ihre feierlichen Eide, die sie zum Kampf gegen den Imperialismus verpflichteten. Münzenberg blieb seiner Überzeugung treu und agitierte eifrig gegen die Bewilliger der Kriegskredite. Nun lernte ihn Lenin kennen.

Der Erfahrene hielt im allgemeinen wenig von jugendlichen Revoluzzern. Doch begriff er rasch Münzenbergs ungewöhnliche Anlagen und zog ihn heran. Es entstand eine Jugendinternationale, überall in Europa arbeiteten begeisterte junge Leute gegen den Krieg.

Einer von ihnen war der sechzehnjährige Valeriu Marcu, Sohn eines reichen Bukarester Industriellen. Im besetzten Rumänien wurde er zum gewitzten Verschwörer, der radikale Sozialist Rakowski schickte ihn zu Lenin; von den Deutschen verhaftet, entkam er und gelangte über alle Grenzen hinweg nach Zürich. Lenin verwendete den erprobten Kurier dann noch mehrmals für geheime Missionen. Mit dem gescheiten Bürgersproß freundete sich auch Münzenberg an.

Er selber fuhr nach dem Ende des deutschen Kaiserreichs sofort heim, trat der KPD bei, stürzte sich in den Strudel der Nachkriegspolitik, war zeitweise als gefährlicher Hetzer im Gefängnis und spielte bald eine wichtige Rolle. 1920 reiste er auf abenteuerlichen Umwegen nach Moskau. Dort erlebte er eine tiefe Enttäuschung; die inzwischen gegründete Komintern billigte seiner Jugendinternationale keinerlei Selbständigkeit zu. Aber Lenin blieb der Schirmherr seines Zürcher Freundes, und 1921 kam Münzenbergs große Stunde.

Eine Dürrekatastrophe im Wolgagebiet brachte die Sowjetmacht an den Rand des Untergangs. Im Auftrage Lenins organisierte Münzenberg aus dem Nichts die *Internationale Arbeiterhilfe*, die IAH. Dabei bewies er sein Geschick, parteilose Menschenfreunde, vor allem prominente Wissenschaftler und Schriftsteller, für sein Hilfswerk zu mobilisieren. Aus allen Erdteilen strömten Gelder und Sachspenden. Freilich gab es im Chaos der Nachkriegszeit Transportschwierigkeiten, als die Gaben Rußland erreichten, war dort das Schlimmste überstanden. Aber die Aktion hatte Münzenberg binnen kurzem weithin bekannt gemacht.

Mir war sofort klar, daß er gegenüber den Parteiinstanzen vollkommen unabhängig operierte. Aus den Richtungskämpfen hielt er sich heraus, schon erregte er Neid und Mißfallen, aber der Vertrauensmann Lenins war unangreifbar. Da stand er, untersetzt, breitschultrig, und sprach, stockend begann er in singendem Thüringer Dialekt, zuweilen auf Kriegsfuß mit Fremdwörtern. Aber stets fand er dann den treffenden Ausdruck für seine eigenwillige Meinung. Seine Augen fielen mir besonders auf; eben noch blinzelten sie ironisch, plötzlich strahlten sie einen herzlich an. Er war umwerfend sympathisch.

Aus seiner Haltung zu Ruth Fischer wurde ich nicht klug. Es hieß, er habe anfangs ihre Karriere gefördert; als politischer Pragmatiker verhielt er sich gegenüber der fanatischen jungen Frau nun eher zurückhaltend. Doch war er manchmal dabei, wenn sie spätabends nach einer langen Sitzung in irgendeiner Kneipe nahe dem Alexanderplatz ein halbes Dutzend erprobter Genossen um sich versammelte. Daß ich dorthin mitkommen durfte, empfand ich als Auszeichnung.

Erstaunlich unorthodoxe Dinge, höchst ketzerische Behauptungen hörte ich in diesem intimen Kreis. Einmal stellte Ruth herausfordernd die These auf, es würde auch dann noch Kriege geben, wenn die ganze Welt kommunistisch geworden wäre; eine Voraussage, die mich erschreckte. Noch mehr verwirrte es mich, daß niemand ernstlich widersprach. Ich begriff, daß ich manches zu lernen hatte.

Lebhaft wurde über Mussolini gestritten, den ehemaligen Sozialisten, der sich in diesem Herbst zum Diktator Italiens machte. Die einen hielten das für eine vorübergehende Episode, andere prophezeiten, die Faschisten würden sich lange halten. Ihre deutschen Nachahmer aber nahm niemand ernst. Als die wahren Todfeinde galten nun einmal die Sozialdemokraten. Zehn Jahre später, während der Agonie des Weimarer Staates, erinnerte ich mich daran, wie tief der Haß zwischen denen saß, die gemeinsam den Aufstieg Hitlers hätten verhindern können; die Republik ging unter, weil eine Einheitsfront der Linken unmöglich war. Solche Überlegungen waren uns 1922 fremd, wir glaubten an eine deutsche Revolution in absehbarer Zeit. Ich jedenfalls glaubte noch fest daran ...

Natürlich wurden in dieser Runde auch Tagesfragen besprochen. Ich wurde über den Malik-Verlag ausgefragt, Ruth und wohl auch Münzenberg mißtrauten dem selbstherrlichen Wieland Herzfelde. Ich verteidigte ihn lebhaft, obwohl ich ahnte, daß die

Abneigung gegenseitig war. In jüngster Zeit hatte er mir zu verstehen gegeben, daß ich den Eifer für meine Parteiarbeit übertrieb.

Auskunft wollten Ruth Fischer und Maslow auch über die flaue Stimmung in meiner Ortsgruppe. Was ich darüber ehrlich berichtete, wurde so wichtig genommen, daß ich aufgefordert wurde, darüber etwas zu schreiben: In der Berliner Beilage mit dem Titel *‹Taktik und Organisation›*, die einmal wöchentlich in der offiziellen *Roten Fahne* erschien. Ich gab mir Mühe, tippte meinen Text säuberlich im Verlag ab, diese Fähigkeit hatte ich mir inzwischen angeeignet. Und so wurden mehrmals kurze Glossen von mir gedruckt, das war mein journalistisches Debüt. Ich zeichnete nur mit meinen Initialen, weil ich es für bourgeoise Eitelkeit hielt, den vollen Namen darunterzusetzen. Wegen dieses Ticks lachte mich Ruth zu Recht aus, sie sah darin den Ausdruck meiner Unsicherheit.

Willi hingegen, den ich bald wie jedermann beim Vornamen nannte, interessierte sich lebhaft für meine doch recht läppische Leipziger Filmepisode. Auf diesem Gebiet, meinte er, könnte ich mich für meine Überzeugung besser betätigen als am Packtisch. Vielleicht würde er mir nächstens einen Vorschlag machen.

Beide aber, Ruth wie Willi, in denen ich Autoritäten sah, waren sich darin einig, daß es kindischer Trotz wäre, jede Verbindung mit meinem Vater zu vermeiden. Das nahm ich mir zu Herzen, begann mit ihm zu korrespondieren, nie machte er mir Vorwürfe. Nach kurzer Zeit lud er mich überraschend ein, ihn auf einer Kurreise nach Österreich zu begleiten. Ich nahm an, drei Wochen verliefen in heiterer Stimmung, frei von jeder Spannung.

Im November sackte ich beim Bücherpacken mit heftigen Schmerzen zusammen, der hilfsbereite Dr. Klapper erschien, schaffte mich selber ins Krankenhaus, aus dem Sanitätsauto kam ich unmittelbar auf den Operationstisch, der vereiterte Blinddarm war fast schon durchgebrochen.

Wochenlang lag ich in einem kahlen Zimmer mit sechs, sieben Leidensgenossen, um mich kümmerte sich niemand. Ich hatte Zeit zum Nachdenken. Mancherlei Erfahrungen der vergangenen Monate bekamen ihren Sinn. Im Umgang mit führenden Parteileuten hatte sich jenes unklare Glücksgefühl verloren, zu den Auserwählten zu gehören. Ich sah meine Lage nun nüchterner.

Nach der Entlassung aus dem Spital fand ich eine Nachricht von Münzenberg vor, ich solle ihn alsbald aufsuchen. Das geschah kurz vor Weihnachten. Im Büro der IAH hatten wir ein eindringliches Gespräch miteinander, dann bot er mir eine Stellung an. Von Wieland Herzfelde verabschiedete ich mich in Freundschaft.

Und in den ersten Januartagen 1923, eine Woche ehe ich vierundzwanzig wurde, begann wiederum ein neues, wie sich zeigen sollte, ereignisreiches Kapitel.

Durch Lenins Vollmacht gedeckt, verfügte Münzenberg selbstherrlich über die riesigen Mittel, die durch die weltweite Kampagne seiner IAH zusammengekommen waren; auch über erhebliche Beträge in harten Devisen.

Er beschloß, in Rußland Produktionsbetriebe ins Leben zu rufen, aber seine Pläne richteten sich auch auf Deutschland und andere westliche Länder. So entstand ein Geflecht von höchst unterschiedlichen Unternehmungen. Kritische Beobachter verglichen es bald mit kapitalistischen Konzernen, etwa dem des skrupellosen Inflationsgewinnlers Hugo Stinnes; auch Münzenberg profitierte von der deutschen Geldentwertung.

Doch er handelte aus politischer Überzeugung, er wollte den Kapitalismus mit dessen eigenen Methoden bekämpfen; ein kühnes und für strenge Marxisten suspektes Unterfangen. Daher wehrte er hartnäckig jegliche Kontrolle durch die Partei ab.

Eines seiner Projekte betraf den sowjetischen Film, der noch in den Kinderschuhen steckte. Münzenbergs Phantasie sah große propagandistische Möglichkeiten voraus. Er eröffnete auf alle Fälle in Berlin einen Filmverleih. Mit taktischem Geschick gewann er als Teilhaber einen gewissen Studienrat Gutmann; das war einer jener Deutschnationalen, die sich von der Zusammenarbeit mit Sowjetrußland den Wiederaufstieg des geschlagenen Deutschland erhofften. Gutmann begnügte sich keineswegs mit der Rolle eines Strohmanns; zumindest eine Zeitlang amtierte er als recht aktiver Chef der Firma, die *Deutsch-Amerikanische-Filmunion*, DAFU, genannt wurde; eine simple Tarnung.

Die Büros lagen im traditionellen Filmviertel, an der unteren Friedrichstraße nahe dem Belle-Alliance-Platz. An der Tür meines Zimmers prangte die hochstaplerische Bezeichnung PRESSECHEF.

Münzenberg hatte mich dazu ausersehen, den russischen Film populär zu machen. Dafür fehlten mir alle Voraussetzungen; aber da vorerst überhaupt noch keine Kopien angekommen waren, hatte ich reichlich Zeit, mich vorzubereiten.

Unter den Mitarbeitern der DAFU fiel mir ein auffallend eleganter Kollege auf. Er hieß Martynow, war Emigrant, sah aus wie ein Gardeoffizier a. D., doch war er alles andere als ein weißrussischer Emigrant. Er hatte den Sozialrevolutionären nahegestanden, jener Partei mit etwas unklarem Programm, die nach dem Oktober 1917 zunächst mit den Bolschewiken an der Macht war. Dann verübte ihr Mitglied Fanny Kaplan ein fast geglücktes Attentat auf Lenin, und die Partei wurde unterdrückt.

Martynow sympathisierte offen mit dem Sowjetregime, dem er entflohen war; eine Haltung, die unter Exilrussen in Berlin nicht ganz selten war und mich natürlich beschäftigte. In täglichen Gesprächen entpuppte Martynow sich als gründlicher Kenner der Dichtung und des Theaters seiner Heimat, er war an einem Gymnasium Lehrer gewesen. Mit pädagogischem Eifer brachte er mir die neue russische Literatur nahe.

Dies und das hatte ich mir im Malik-Verlag angeeignet. Namen wie Majakowski, Jessenin, Alexander Blok waren mir Begriffe; auch wußte ich, daß Lunatscharski, der Volkskommissar für Bildung und Erziehung, ein Förderer der Musen sei und den Film ernst nahm. Nach meinen kurzen Leipziger Erfahrungen verachtete ich den deutschen Filmbetrieb, von den Russen erwartete ich mir etwas völlig anderes. Ich stellte mir vor, bei ihnen müßten Autoren und Regisseure sich mit der Dichtung verbünden; für die ich auf Grund meiner humanistischen Schulbildung eine vage Hochachtung bewahrt hatte.

In Berlin gastierten, erstmals seit dem Kriege, mehrere russische Ensembles. Gemeinsam mit Martynow sah ich Tschechows ‹*Die Möwe*›, in der Inszenierung Stanislawskis; eine bis ins Detail ausgefeilte, liebevolle Aufführung, die Alfred Kerr, der Papst der Berliner Kritik, hymnisch lobte. Ganz so hingerissen war ich nicht.

Bald darauf aber entzückte mich das Moskauer Kammertheater um so mehr. Da hatte Alexander Tairow das verstaubte französische Boulevardstück ‹*Giroflé-Girofla*› mit einem Feuerwerk von Einfällen aufpoliert, die Darsteller turnten akrobatisch an Gerüsten, sangen parodistisch und blieben doch immer exakt, beschwingt, betont individuell. So etwas hatte ich noch nie gesehen, und sofort war ich überzeugt, das neue Theater der Revolution erlebt zu haben.

Martynow belehrte mich eines Besseren. Dergleichen Experimente würden freilich im Westen bestaunt, in Moskau schätze man die subtile Kunst Stanislawskis weit höher. Dem russischen Wesen, so dozierte Martynow, entspräche die geduldige, in monatelangen Proben erarbeitete ‹Lebenswiederholung› weit mehr, die *perevaschtschenija*, die viel weiter ginge als etwa der Naturalismus des jungen Gerhart Hauptmann.

In meinem seit Jahr und Tag auf die Politik gedrillten Geist regte sich das Vergnügen an ästhetischen Fragen. Und so war ich nicht mehr gänzlich ahnungslos, als endlich der erste Film aus Moskau eintraf. Ich sah ihn drei-, viermal hintereinander, und meine Begeisterung wuchs.

Der Film hieß *‹Polikuschka›* und war vor einem Jahr in eiskalten Hallen und weiten Schneelandschaften gedreht worden. Das Drehbuch hatte Fedor Ozep nach einer Novelle von Leo Tolstoj verfaßt. Der Inhalt: Ein alter, leibeigener Bauer erledigt für seinen Herrn Geschäfte in der Stadt, verliert das eingenommene Geld und hängt sich verzweifelt auf. Nach marxistischen Maßstäben sicherlich kein revolutionärer Stoff, aber so engherzig dachte ich nicht. Auch meinem laienhaften Urteil war auf der Stelle klar, daß dies ein großes Kunstwerk war. Der Regisseur Alexander Sanin hatte auf alle Tricks verzichtet. Die Titelrolle spielte ein Star des Stanislawski-Theaters, Iwan Moskwin, seine wunderbar einfache Kraft überwältigte mich ganz und gar. Dieser Film mußte und würde Aufsehen erregen, und da kam es ja nun auf mich an.

Gutmann schlug vor, die übliche Pressevorführung zu arrangieren, bei der die Rezensenten hofiert und mit Waschzetteln versehen wurden. Es handelte sich meist um drittrangige, schlechtbezahlte Redakteure. Ich hatte einen völlig anderen Einfall, auf den nur ein Neuling wie ich kommen konnte; daß die Sache gelang, rechtfertigte das Vertrauen, das Münzenberg in mich gesetzt hatte. Ich hatte läuten hören, die prominenten Kritikerstars der großen Zeitungen hätten ein Auge auf den Film geworfen.

So Alfred Kerr, immer noch Vorkämpfer des Naturalismus;

aber auch sein erklärter Widersacher Herbert Jhering, Parteigänger des jüngst entdeckten jungen Bertolt Brecht und anderer Neuerer. Munter lud ich die beiden Berühmten ein, natürlich jeden einzeln. Beide kamen.

Der erste war Kerr, herablassend erwiderte er meinen Gruß, lehnte sich zurück, ganz würdiger Richter, und dann wurde es dunkel im Vorführraum. Vorsichtig beobachtete ich den Gast, kein Zweifel, er fing Feuer. Aber als es nachher hell wurde, sagte er kein Wort, zog sich gleichsam hinter seinen Backenbart zurück, und da wagte ich's, warf in bescheidenem Ton hin, natürlich hätte er bemerkt, daß dieser Film ein Musterfall Stanislawskischer *perevaschtschenija* sei. Er lächelte, ging nicht darauf ein und entfernte sich. Ganz sicher war ich nicht, ob meine Frechheit ihn geärgert hatte.

Am Nachmittag saß dann Jhering neben mir, nüchtern, kühl, distanziert, in seinem Gesicht regte sich nichts. Aber er begann dann ein Gespräch, er war vom Gesehenen gepackt, analysierte schon seinen Eindruck. Und ich suggerierte ihm unverfroren das genaue Gegenteil dessen, was ich Kerr angedeutet hatte, ich schwätzte von neuartiger Menschenführung, die in ihrer einfachen, fast abstrakten Stilisierung den revolutionären Geist spiegele. Jhering schien meine tollkühnen Behauptungen nicht abzulehnen, dann ging er, und ich war nun doch unruhig, wie das ausgehen würde.

Anderntags frühmorgens kaufte ich das *Berliner Tageblatt* und den *Börsen-Courier* und las zwei begeisterte Betrachtungen. Und beide Koryphäen hatten ungefähr so geschrieben, wie ich es ihnen souffliert hatte ...

Ich verachtete sie dafür von Herzen, erst lange nachher dämmerte mir, jeder von beiden hatte so geurteilt, wie er selber es für richtig hielt, ich gab nur willkommene Stichworte.

‹Polikuschka› wurde ein großer Erfolg. Daß ich daran einen kleinen Anteil hatte, wurde anerkannt durch eine Gehaltserhöhung. Zum erstenmal bezog ich ein beinahe komfortables Zimmer im Alten Westen. Damit schied ich aus meiner Ortsgruppe aus, um die ich mich letzthin sträflich wenig gekümmert hatte. Fortan gehörte ich zur ‹Betriebszelle› der IAH, was kaum Parteipflichten mit sich brachte.

Münzenberg fand es nützlicher, daß ich Verbindung mit der

Presse hielt. Mit neugewonnener Selbstsicherheit tummelte ich mich in Journalistencafés und Redaktionen, fühlte mich aber nach wie vor als Partisan in feindlichem Gelände. Doch bekam ich einen Vorgeschmack davon, wie leicht es einem Neuling gemacht wurde, in diesem Milieu Fuß zu fassen.

Übrigens wurde mein Widerwille gegen die Usancen der Filmbranche dabei keineswegs geringer, manche erfahrenere Kollegen teilten ihn durchaus. Da war beispielsweise ein junger Redakteur des Fachblattes *Lichtbildbühne*, das erklärtermaßen dem Kino-Kommerz diente. Er hieß Heinrich Fraenkel, erledigte fleißig seine täglichen Aufgaben, hielt aber die Augen offen auch für solche Dinge, über die er nicht schreiben durfte – noch nicht. Nach einem wechselvollen Leben wurde er ein bekannter Autor zeitgeschichtlicher Werke und nebenbei Verfasser einer Historie des Films.

Daß wir uns anfreundeten, hatte aber andere Gründe. Heinz war von Natur ein Liberaler mit deutlicher Schlagseite zum Sozialismus hin. Sein Gerechtigkeitssinn äußerte sich nie fanatisch, vielmehr suchte er seine Umwelt auf sanfte Art zu überzeugen. Das mutete zuweilen naiv an und verblüffte deshalb, weil er äußerlich dem Typus des jüdischen Intellektuellen entsprach, wie ihn antisemitische Hetzzeichner darstellten. Der freundliche, warmherzige junge Mann blieb mir ein hilfsbereiter Kamerad fürs Leben.

Damals bemühte er sich, meine rabiate Verdammung der nichtswürdigen Amüsierindustrie aus seiner besseren Kenntnis zu korrigieren, was natürlich zu Kontroversen führte. Immerhin mußte ich zugeben, daß der deutsche Film just in diesen Inflationsjahren außerordentliche künstlerische Werke hervorbrachte. In aller Welt waren die Regisseure Murnau, Grune, Lang anerkannt. Und Autoren so unbestritten literarischen Ranges wie Hans Janowitz und Carl Mayer gab es nur in Berlin. Diese beiden hatten für *‹Das Kabinett des Dr. Caligari›* ein so originelles Drehbuch geschrieben, daß auch die eher konventionelle Regie von Robert Wiene den Sensationserfolg nicht minderte. Mancher kritische Betrachter fand später, es sei ein fragwürdiger Erfolg gewesen; die gruselige Schauermär, unter Irren und Verbrechern spielend, wurde dann als Zeugnis eines deutschen Hanges zu sadistischen Gewalttaten ausgelegt. Der hochgescheite Siegfried Kracauer hat darüber ein bemerkenswertes, wenn auch überspitztes Buch verfaßt. Wie immer, der ‹Caligarismus› breitete sich damals als epidemische Mode über die Welt aus.

Kein Freund wurde Friedrich Sieburg, den ich ziemlich oft traf. Ich bewunderte ihn sogleich als einen außerordentlichen Stilisten, daran hat sich auch nichts geändert, als unsere Wege später weit auseinander gingen. Noch immer bin ich davon überzeugt, daß Sieburg einer der bedeutendsten Schriftsteller unserer Zeit geworden wäre, hätte ihn nicht seine schier unbegreifliche Eitelkeit auf Irrwege geführt, die man einer Intelligenz seines Kalibers nicht verzeihen kann. Damals äußerte sich dieser Narzißmus noch in harmloser Weise, so als wir gemeinsam im Lessing-Theater die große neue Entdeckung, den Star der Saison bewunderten: Elisabeth Bergner.

Sie spielte Strindbergs Königin Christine als kindhaftes Zwitterwesen, und wie das ganze Haus war ich von ihrer brüchigen Stimme, ihrem morbiden Charme bezaubert. Sieburg merkte das und meinte beiläufig, er wolle mich ihr in ihrer Garderobe vorstellen. Dabei ließ er, ohne jedes plumpe Wort, eine Beziehung ahnen, die so gut wie sicher nicht bestand.

Die junge Diva stand im Ruf, unnahbar zu sein. Mich verblüffte ihre kühle Gescheitheit, die ich bei der beinahe infantilen Person kaum erwartet hatte. Ich habe ein Faible für solche ‹harten Seelchen›; meine Neugier für psychologische Ausnahmefälle war seit einiger Zeit wieder erwacht, ein Anzeichen dafür, daß ich mich von meinem Puritanismus entfernt hatte. Und so freute es mich, daß Sieburg für einen der nächsten Abende ein Essen zu dritt vorschlug, offensichtlich zufrieden, mir seinen Einfluß auf die Umschwärmte beweisen zu können.

Doch da schickte mich Gutmann mit einem ziemlich unwichtigen Auftrag unerwartet nach Rom. Die dazu notwendigen Dollars, die ersten, die ich je sah, holte ich in der IAH ab. Münzenberg vertraute mir eine mündliche Botschaft an, die ich einem Genossen in Neapel ausrichten sollte, das war wohl der wahre Anlaß meiner Entsendung.

Und so kam ich unverhofft zur traditionellen Bildungsreise nach Italien; sie war nur kurz, ich erlebte Neapel bei seltenem Winterwetter, das kleine, ungeheizte Hotel war jämmerlich kalt, das verschneite Pompeji bot einen gespenstischen Anblick. In

Rom brach über Nacht der Vorfrühling aus, unermüdlich streifte ich durch die verwitterten Reste antiker Größe, meine humanistische Schulbildung erwies sich als lückenhaft, ich half mit dem Baedeker nach, wie sich's für einen braven Deutschen gehörte.

Und geschniegelte Jünglinge im Schwarzhemd erinnerten mich immer wieder an die Gegenwart.

Ich kannte keinen Menschen. Aber mit einigen der unzähligen Katzen, die überall in den Ruinen herumwimmelten, freundete ich mich an. Eine arg zerzauste lief mir vom Pantheon bis zum Tiberufer nach, am liebsten hätte ich sie mitgenommen, die Neigung zu diesen selbstherrlichen Wesen erwachte wieder.

Heimgekehrt nach Berlin hörte ich eines Abends am Lützowufer erbärmliches Miauen. Eine winzig kleine pechschwarze Katze war im Finstern kaum zu erkennen, ich lockte sie, zögernd folgte sie mir, ich trug sie in mein Zimmer; nicht ganz sicher, was die Wirtin dazu sagen würde.

Sie war eine Professorenwitwe, ungemein bildungsbeflissen, ich ging ihr möglichst aus dem Wege, seit sie mir gleich bei meinem Einzug mit exaltierter Schwärmerei für Rilke zugesetzt hatte. Unvermeidlich hatte ich in jungen Jahren, wie so viele meiner Generation, im heroischen Pathos des ‹*Cornet*› den Inbegriff aller Poesie gesehen; seither aber den Geschmack an preziöser Wortmusik verloren, und von Lyrik verstand ich rein gar nichts. Das war der Dame unbegreiflich, manchmal lag nun in meinem Zimmer ‹*Das Stundenbuch*› oder ‹*Malte Laurids Brigge*›, vor neuen literarischen Gesprächen hatte ich mich gedrückt.

Nun aber mußte die Katzenfrage geklärt werden. Die gutartige Frau hatte nichts gegen die neue Mitbewohnerin einzuwenden, sie las mir gleich einen französisch geschriebenen Satz ihres geliebten Dichters vor, übersetzte ihn auch sofort: «*La vie plus un chat – ce qui donne, je vous assure, une somme énorme!* Das Leben und dazu eine Katze – welch eine außerordentliche Bereicherung!»

Meisterhaft. Da mußte ich kapitulieren. Einfacher und schöner läßt sich nicht sagen, was ich jedesmal spontan empfinde, wenn solch ein kleines, wildes Tier meine Nähe sucht. Katzen können wir ja nicht zähmen, sie mögen uns oder lehnen uns ab, das macht sie vielen so ärgerlich, die den Gehorsam des Hundes schätzen.

Wen sich aber eine Katze zum Gefährten wählt, der wird um eine kostbare Erfahrung reicher: Ein freies Wesen schenkt ihm Vertrauen, solange er's nicht mißbraucht.

Das begriff ich sofort als den Sinn des Rilke-Satzes, ich vergaß ihn nie mehr, damals beunruhigte er mich sonderbar heftig.

Meine geradezu animalische Liebe zu Katzen entsprang der Bewunderung für ihre vollkommene Ungebundenheit. Nach menschlichen Moralbegriffen sind sie treulos. Ihre Aufsässigkeit gegen jeden Zwang, jede Herrschaft ist reiner Anarchismus. Und ich verhehlte mir nicht, daß just dieses utopische Wunschbild mich immer noch, immer wieder unheimlich lockte. Also war ich ein unwürdiger, beinahe schon abtrünniger Rekrut in der strengen Armee der kommunistischen Weltrevolution?

In tiefere Zweifel stürzte mich eine neue Bekanntschaft.

Das *Tary Bary* in der Nürnberger Straße war eines der zahllosen russischen Lokale Berlins. Möglicherweise waren einige der Kellner tatsächlich vertriebene Aristokraten. Emigranten jedes Schlages verkehrten dort, gerieten zuweilen in Streit über ihre antisowjetischen Pläne. Auch mancher Einheimische schätzte Borschtsch oder Blini. Ich nahm dort gern einen Schlummertrunk, das konnte ich mir jetzt erlauben. Eines Abends war der kleine Raum überfüllt, endlich fand ich Platz am Tischchen eines einsamen Pfeifenrauchers.

Freundliche, wache Augen im weichen, schlecht rasierten Gesicht. Zerknitterter, etwas schmuddeliger Anzug. Ich bestellte mir einen Nikolaschka, ein Glas Weinbrand, zugedeckt mit einer Zitronenscheibe, darauf Zucker und eine Prise Kaffeepulver. Mein Nachbar verzog geringschätzig den Mund:

«So was schmeckt Ihnen? Das ist eine schauderhafte Berliner Erfindung! In Moskau kennen wir das nicht.»

Der Akzent verriet den Russen. Wir kamen ins Gespräch und ziemlich bald zu so entlegenen Themen wie dem Einfluß Stendhals auf Leo Tolstojs Beschreibung der Schlacht bei Borodino, in ‹*Krieg und Frieden*›. Offenbar hatte ich einen literarisch beschlagenen Mann vor mir. Irgendwann fiel der Name Oswald Spengler. Mein Partner äußerte, die Theorie vom eben heraufkommenden Zeitalter neuer Cäsaren sei eine bezeichnend deutsche Lehre.

Oder fände ich etwa an dieser Trostphilosophie für bankrotte Nationalisten Gefallen?

Natürlich protestierte ich. Führte ein paar Argumente aus meinem kümmerlichen marxistischen Arsenal ins Feld. So dieses: Lenins Schrift ‹*Der Imperialismus als höchstes Stadium des Kapitalismus*› deute die Weltlage entschieden zutreffender als Spenglers metaphysischer Fatalismus.

Ein langer, prüfender Blick traf mich. Dann die naheliegende Frage, ob ich Kommunist sei. Ich nickte, wollte wissen, ob ihn das schockiere, er sei ja wohl Emigrant? Den Ton seiner ironischen Antwort habe ich noch heute im Ohr:

«Ein bißchen ... Aber höchstens ein zehnprozentiger.»

Immer stärker interessierte mich der Unbekannte. Es ergab sich von selbst, daß ich ihn nachher begleitete, zum nahen Prager Platz, dort wohnte er in einer Pension. Nun erst erfuhr ich seinen Namen: Ilja Ehrenburg. Und da wußte ich immerhin Bescheid.

Im letzten Monat meiner Malik-Zeit hatte ich den deutsch in einem anderen Verlag erschienenen Novellenband ‹*Dreizehn Pfeifen*› gelesen, mit hohem Genuß. Denn darin bekannte sich ein unzweifelhaft revolutionär gesinnter Autor zu den einfachen, ursprünglichen Gefühlen; zu Liebe, Freundschaft, Haß, Eifersucht, sogar zur Sentimentalität. Das hatte mich berührt, beunruhigt, ich setzte ihm das etwas holperig auseinander, er lächelte und forderte mich auf, ihn nächstens einmal aufzusuchen.

Wir waren vielleicht ein dutzendmal zusammen. Meist in der *Prager Diele*, aber auch in seiner Behausung, einer Arbeitshöhle; seine liebenswürdige Frau Ljuba hatte es längst aufgegeben, im Chaos aus Büchern, Skripten und Tabakasche Ordnung zu schaffen. Ihr Deutsch war amüsant gebrochen, er suchte stets nach dem genau passenden Ausdruck, wenn das nicht gelang, fiel er ins geliebte Französisch. Zehn Jahre lang, auch während des Weltkriegs, hatte er in Paris gelebt.

Dort war er befreundet mit vielen Malern. Wenn er von dem jung zugrunde gegangenen Modigliani erzählte, oder von einem mir völlig unbekannten Genie namens Pablo Picasso, wurde er zum Enthusiasten. Er konnte die Entwicklung der modernen Malerei auf spannende Weise schildern. Als ich einmal törichterweise einwarf, solche Kenntnisse seien für einen Kommunisten nicht unbedingt wichtig, wurde er ärgerlich:

«Ist das Ihr Ernst? Dann sind Sie weiter nichts als ein verdammter Nihilist!»

Das fürchtete ich ja selber insgeheim, ich wollte es zugeben, da lächelte er schon wieder ironisch:

«Genau das sagen allerdings meine Moskauer Freunde auch von mir...»

In Berliner Künstlerkreisen kannte er sich übrigens ebenfalls aus. George Grosz nannte er bewundernd den «Seismographen des deutschen Erdbebens»; vermutete aber hellsichtig, die Kraft des großen Satirikers werde erlahmen, wenn der ganz große Krach gar nicht käme. Es kränkte mich, daß er annahm, die bürgerliche Gesellschaft könne sich erholen. Ein wenig verdächtig wurde er mir, als er rundheraus prophezeite, zu meinen Lebzeiten würde es kein rotes Deutschland geben. In diesem Augenblick hielt ich ihn für das, was seine Gegner – und die hatte er immer – in ihm sahen: für einen fragwürdigen Kumpan. Um so mehr, als er offen darüber sprach, daß er zwar schon als Gymnasiast wegen Teilnahme an bolschewistischen Aktionen im Gefängnis gesessen hatte, später aber lange gezögert hätte, ehe er sich endgültig zu den Siegern vom Oktober 1917 schlug. Seitdem wechselte er, offenbar unbehindert, zwischen Ost und West hin und her.

Er war aber durchaus kein wankelmütiger Überläufer, sondern ein verwegener Patrouillengänger auf eigene Faust. Anfälle von Pessimismus blieben ihm nicht erspart. Er überwand sie, weil hinter allen seinen schillernden, widersprüchlichen Ansichten eine Überzeugung stand, die er niemals in Frage stellte: Rußland gehörte zu Europa, die Sowjetmacht war die legitime Erbin der alten europäischen Kultur, der er selber tief verbunden war. Mit ihrer Gefährdung befaßte sich der Roman, an dem er damals arbeitete.

Er heißt ‹*Trust D. E.*› und stellt die Verwüstung unseres Erdteils in einem neuen Weltkrieg dar. Amerikanische Kapitalisten zetteln ihn an, Faschisten leisten ihnen verruchte Hilfe, unter Führung eines französischen Desperados. Hitler war noch nicht vorauszusehen, die Details stimmen oft nicht. Aber die höllische Vision regte mich auf. Und als ich das Buch nach 1945 wieder las, war ich betroffen von der alles in allem zutreffenden Schilderung, die selbstverständlich damit endet, daß Sowjetrußland als rettender Deus ex machina auftritt.

Wenn auch Paris Ehrenburgs zweite Heimat war, Moskau blieb immer die erste, mochte er auch in Kiew geboren sein. Und wenn er mehr als einmal seinen Kopf riskierte, dann immer mit nüchterner Überlegung. In gewissem Sinne war er ein Nachzügler der ‹Westler›, jener Intellektuellen, die im 19. Jahrhundert Rußland europäisieren wollten. Ich sagte ihm das, er widersprach nicht, bezog die Definition aber auch auf die führenden Bolschewiki, selbst auf Lenin, dem er vor dem Kriege in Paris begegnet war.

Er war ein Erzliterat, unaufhörlich sprudelten die Einfälle. Je häufiger wir zusammen waren, desto deutlicher wurde mir, daß sein Zynismus, seine Provokationen einen im Grunde gütigen Charakter verbargen und schützten. Mir scheint, daß er sich einer bestimmten Aufgabe ständig bewußt war: Er wollte den einzelnen vor dem Versinken in der aufbrandenden Masse der Unterdrückten retten, deren Verbündeter er dennoch war. Ehrenburg wollte mithelfen, die Welt zu verändern – und zugleich sein Leben genießen. Das gelingt nur wenigen. Ich hielt es damals, wie man gemerkt haben wird, für einen frivolen Sündenfall. Von diesem verbohrten Fanatismus suchte er mich abzubringen, behutsam und ohne zu schulmeistern.

Er war der erste Schriftsteller von Rang, der mir Einblick in seine Arbeit erlaubte. Noch dachte ich nicht im Traum daran, selbst zu schreiben. Aber was ich durch ihn erfuhr, wirkte nach. Anderen Anregern sollte ich begegnen, weniger problematischen, das gebe ich zu. Diesen ersten werde ich nie verleugnen.

Ich tat das auch nicht, als gegen Ende des Zweiten Weltkriegs die Goebbels-Propaganda Ehrenburg zum blutdürstigen Untier machte. Es hieß, er hätte in Flugblättern die Rote Armee aufgerufen, deutsche Frauen als Beute zu behandeln. Auch standhafte Hitler-Gegner hielten das für wahr. Längst wurde die infame Verleumdung widerlegt, durch ihn selbst und durch andere, dennoch schwelt sie noch heute weiter. Widerwärtige Legenden sind am schwersten aus der Welt zu schaffen.

Ich bewundere Ehrenburg nicht blindlings. Aber ich respektiere ihn als einen freien Geist, der sich niemals der Parteinahme entzog, dennoch unbestechlich die Barbarei auch bei denen durchschaute und anprangerte, auf deren Seite er stand. Häufig mußte er es verdeckt tun, eine Schlauheit, die man ihm oft genug vorgeworfen hat. Übrigens tat er das auch selber, in seinen umfangreichen und ungemein aufrichtigen Memoiren hat er sich nicht geschont.

Im April 1923 ließ mich Münzenberg kommen und eröffnete mir aus heiterem Himmel «In Moskau fangen sie jetzt richtig an mit der Filmerei. Da mußt du hin, vielleicht für lange. Wann kannst du reisen?»

Im selben Augenblick waren alle Zweifel und Unklarheiten weggeweht, mich überwältigte des unverhoffte Glück, in das Rom meiner alleinseligmachenden Kirche fahren zu dürfen. Vielleicht fühlte ich ganz im geheimen, daß mein unsicher gewordener Glaube der Stärkung bedürfe.

Ehrenburg gab mir beim Abschied allerlei nützliche Ratschläge. Zu entscheiden war dann nur noch, was aus meiner Katze werden sollte. Bei der Wirtin mochte ich sie nicht lassen, die Gute hatte einen Narren an ihr gefressen und mästete sie mit Leckerbissen. Am Tage vor meiner Abreise hatte ich einen unsinnigen Einfall. Unweit von mir wohnte Elisabeth Bergner, zu ihr trug ich einen Blumenkorb, mittendrin lag brav das kleine Tier. Was die Empfängerin sich gedacht hat, weiß ich nicht.

Und dann saß ich im D-Zug nach Königsberg.

V
Moskau–Berlin–Moskau …

1923 und 1924 lebte ich zweimal je ein halbes Jahr in Rußland, während des Winters dazwischen in Berlin.

Ehe ich diese achtzehn Monate chronologisch schildere, führe ich einige politische Tatsachen an, die heute nicht mehr allgemein bekannt sind. Sie beeinflußten mich stark, so daß meine Erlebnisse durch diesen summarischen Überblick besser verständlich werden dürften.

Im Frühjahr 1923 hatte die ‹Neue Ökonomische Politik›, abgekürzt NEP, in Moskau den harten Kriegskommunismus abgelöst. Lenin hatte diese vorübergehende Lockerung der Zügel, wie man heute weiß, gegen erhebliche Widerstände seiner Getreuen erzwungen. Das Ergebnis gab ihm recht. Nach bitteren Jahren erholte sich die Wirtschaft, private Initiativen belebten den Handel, es verbreitete sich eine zuversichtliche Stimmung. Ich hielt diesen Aufschwung naiverweise für einen Erfolg des Bolschewismus.

Zwischen meinen beiden Rußland-Fahrten erlebte ich in Deutschland das wahnwitzige Finale der Inflation und die abrupte Stabilisierung, die offensichtlich auf dem Rücken der arbeitenden Unterschicht erfolgte. Und einige katastrophale Ereignisse schreckten mich auf.

In Sachsen und Thüringen hatten sich legal gewählte Linksregierungen gebildet, zum erstenmal gemeinsam aus Sozialdemokraten und Kommunisten. Auf Grund eines Ermächtigungsgesetzes ordnete Friedrich Ebert, der sozialdemokratische Reichspräsident, eine ‹Reichsexekution› an. Obwohl in Mitteldeutschland völlige Ruhe herrschte, wurden die Regierungen in Dresden und Weimar mit militärischer Gewalt beseitigt. Es gab keinen Widerstand. Eine einzige, sinnlose Revolte flammte in Hamburg-Barmbeck auf, sie wurde blutig unterdrückt.

Vom Münchner Putsch Hitlers und Ludendorffs erfuhr Berlin

erst, nachdem er gescheitert war. Den Zustand, in dem sich dann das Reich befand, hat Arthur Rosenberg in seiner Geschichte der Weimarer Republik unübertrefflich klar geschildert:

«Am Ende des Jahres 1923 war das deutsche Großkapital, zusammen mit den Reichswehrgeneralen, der unbestrittene Sieger. Die KPD hatte sich ohne Widerstand verbieten lassen und focht jetzt mühsam in der Illegalität ihre Richtungsstreitigkeiten aus. Die SPD hatte durch die Annahme des Ermächtigungsgesetzes ebenfalls kapituliert. Der demokratische Zentrumsflügel war als politische Kraft nicht mehr vorhanden. Auf der anderen Seite war jetzt auch die völkische Partei verboten.

Die vollziehende Gewalt hatte die Reichswehr. Die Reichsregierung übte in den wirtschaftlichen und sozialen Fragen eine schrankenlose Diktatur aus: mit Hilfe ihrer Verordnungen auf Grund des Ermächtigungsgesetzes.

Alle demokratischen Kräfte im Lande waren zertrümmert, und die Gegenrevolution hatte alle Trümpfe in der Hand. Als aber der Frühling kam, wurde der militärische Ausnahmezustand sang- und klanglos aufgehoben. Das Ermächtigungsgesetz lief ab, die Währung blieb stabil, und ohne viel Aufsehen und ohne dramatische Kämpfe war plötzlich die demokratische Republik wieder da. Dieses Wunder kam durch die Wendung der Reparationspolitik, durch die Intervention der New Yorker Börse in Deutschland und durch Stresemann.»

Diese Entwicklung durchschaute ich damals keineswegs, war aber davon betroffen, daß selbst Ruth Fischer zu resignieren schien. Münzenberg blieb gelassen, seine IAH arbeitete in Berlin ungestört weiter. Ich begriff, daß die revolutionäre Phase in Deutschland zu Ende ging und war froh, im März 1924 wieder nach Moskau geschickt zu werden.

Lenin war im Januar gestorben, jedermann empfand es als einen Wendepunkt. Im Frühsommer wurde das ganz deutlich, beim 5. Weltkongreß der III. Internationale im Kreml. Deren Führer Sinowjew gab schwere Fehler zu, erprobte Bolschewiken wurden abgekanzelt. Trotzki trat nicht auf, gegen ihn richteten sich die meisten Vorwürfe. Von einer Strategie der Weltrevolution hörte ich wenig, eine neue Lehre wurde verkündet: Aufbau des Sozialismus vorerst in einem Lande, in der Sowjet-Union.

Die Fäden zog aus dem Hintergrund ein Mann, den ich niemals sah – Stalin.

Die Delegation der geschlagenen deutschen Partei spielte eine kümmerliche Rolle. Den Ton gaben in ihr der biedere Thälmann und ein blutjunger Intellektueller, Heinz Neumann, an; er war ein Sprachgenie, diskutierte mit den Genossen in ihren Muttersprachen. Ruth Fischer sprach von ihm wie von einem gefährlichen Intriganten, sie selber hielt sich auffallend zurück.

Einen so wenig sattelfesten Genossen wie mich machten solche Erfahrungen unsicher. Ohne es mir einzugestehen, begann ich an meinem Glauben irre zu werden. Und da ich kritischer wurde, schien mir auch die im Jahr zuvor so optimistische Stimmung der Moskauer erheblich gedämpft. Im Herbst verließ ich ohne allzu tiefes Bedauern Rußland endgültig.

Vor diesem wechselnden Hintergrund also erlebte ich die beiden Jahre, von denen ich nun erzählen will. Ich gehe zurück zum Mai 1923, da ich voller Erwartung nach Osten reiste.

48 Stunden Bahnfahrt. Auf Anschluß warten in Schaulen, Riga, Zilupe. Es lohnte sich, zwei dicke Reclam-Bände als Reiselektüre mitgenommen zu haben, Tolstojs ‹*Krieg und Frieden*›. Scharf kontrollierten mich litauische und lettische Gendarmen, wer ins rote Reich wollte, war verdächtig.

Am zweiten Morgen die russische Grenze. Den abgekoppelten Kurswagen schob eine uralte Lokomotive durch das aller Welt aus Reiseberichten bekannte Empfangstor. Ein unansehnliches Holzgerüst, verwitterte Parolen, Sichel und Hammer waren abgeblättert. Mich focht es nicht an, ich rollte durch die Pforte zum Paradies.

Uniformierte visitierten gleichmütig meine Papiere, der KPD-Ausweis interessierte sie nicht. Weiter ging es, über Welikije Luki, Rschew, endlos dehnt sich die Ebene. Gegen Abend belebte sich das Bild, zahllose kleine Holzhäuser, Fuhrwerke. Und dann Moskau.

Ich wollte mich überwältigen lassen, und so war ich's. Alles erschien außerordentlich, die klapperige Droschke aus Zarenzeiten, die mich über breite Boulevards rings um die Innenstadt beförderte, die hohen, etwas verwahrlosten Häuser. Auf einem langgestreckten Marktplatz wimmelten Tausende.

Vor einem großen Gebäude hielten wir. Hier residierte die *Internationale Arbeiterhilfe*, russisch ‹Meschdunarodnij Rabotschich Pomoschtsch›, abgekürzt ‹Meschrabpom›, an der Triumfalnaja Ploschatj, am Triumphplatz also, ein gutes Omen. Empfangen wurde ich von einem kleinen, adrett gekleideten Herrn, unzweifelhaft einem *burschui*, einem Bourgeois.

Es war Alejnikow, Direktor der Meschrabpom-Russ-Film, die im selben Haus ihre Büros hatte. Den erfahrenen Fachmann hatte Münzenberg mit zehn Prozent beteiligt, das war in der Zeit der NEP möglich; und nun sollte die Produktion in Schwung gebracht werden. Darüber war ich in großen Zügen informiert. Es wunderte mich nicht, daß Alejnikow sich zunächst reserviert gegen den jungen deutschen Kommunisten verhielt, der ihm da vor die Nase gesetzt worden war, er nahm wohl an als Aufpasser.

Das änderte sich noch am selben Abend. Ich wurde erstaunlich großzügig in einem nahen Restaurant bewirtet, ein ganzer Kreis hatte sich dazu gefunden, darunter Fedor Ozep, der Drehbuchautor von *‹Polikuschka›*, und der Regisseur Jakow Protasanow. Alle sprachen mehr oder weniger gut deutsch, einer unverkennbar sächsisch, Max Barthel, Münzenbergs Intimus schon in Zürich. Die handfesten Propagandaverse des Dresdeners hatten vor zwei Jahren wirksam für die Hungerhilfe geworben. Und nun sollte er eine Art Sonderbeauftragter für die wirtschaftlichen Gründungen der IAH sein, ein bezeichnend Münzenbergscher Entschluß.

Überhaupt ging alles höchst unorthodox zu. Meine eigene Aufgabe war mir fürs erste schleierhaft. Alle fanden, ich müsse mich erst einmal in Moskau umsehen, das weitere würde sich finden. Ein junger, mit westlicher Eleganz gekleideter Mensch bot sich sofort als Begleiter und Dolmetscher an, ich hielt ihn für einen Angestellten Alejnikows. Er war in Polen geboren, sprach ein halbes Dutzend Sprachen und erwies sich als äußerst hilfreich. Aus einem Grunde, der später klarwerden wird, nenne ich ihn den Genossen B. Ganz klug wurde ich aus ihm nie, obwohl wir zu manchen Zeiten recht vertraut miteinander umgingen, in Moskau und auch in Berlin.

Am nächsten Tag, noch vor der ersten Stadtbesichtigung, hatte ich ein Erlebnis besonderer Art. Man hatte mich in einem Kämmerchen einquartiert, irgendwo im weitläufigen IAH-Gebäude.

Frühmorgens zog ich mich eben an, da klopfte es, herein trat ein freundlicher Mann in verwaschener Bauernbluse, schüttelte mir die Hand und begrüßte mich als *towarischtsch*. In leidlichem Deutsch stellte er sich als Leiter der Parteizelle vor, wollte wissen, ob ich angenehm gereist wäre, ob mir irgend etwas in meiner Behausung fehle, wie lange ich bleiben wollte.

Dann erkundigte er sich, seit wann ich in der KPD sei, ob ich Funktionen innehätte. Das Gespräch wurde zum formlosen Verhör, ich wußte, was das bedeutete, Ehrenburg hatte mich darauf vorbereitet.

In Moskau war gerade eine *tschistka* im Gange, eine Überprüfung der Parteimitglieder, davon waren auch ausländische Genossen betroffen. Ich war mit dieser revolutionären Wachsamkeit durchaus einverstanden. Schon wollte der Besucher gehen, da bemerkte er auf dem Tisch die beiden Tolstoj-Bände und runzelte die Stirn:

«Unsere jungen Kommunisten lesen Marx und Lenin ...»

Dann war er draußen. Ähnliche Befragungen erlebte ich im Laufe der Zeit noch zwei-, dreimal. Stets verliefen sie in der gleichen beiläufigen Art. Ich lernte Sowjetrußland in einer frühen, vergleichsweise ruhigen Periode kennen. Noch konnte niemand die grausigen Säuberungen der Stalin-Ära voraussehen.

Anfangs führte mich jener B. durch die Riesenstadt, später streifte ich oft allein umher. Bei meiner Vorliebe für alles Topographische fand ich mich schnell zurecht. Die konzentrisch angelegten Ringstraßen erleichterten die Orientierung. Auch trieb ich einen alten Stadtplan auf, viel hatte sich seit der Zarenzeit nicht verändert.

Natürlich schlug mein Herz höher, als ich vom Moskwa-Kai aus zu den steilen Mauern des Kreml hinaufschaute. Dort oben, so dachte ich, lenkte Lenin das Schicksal der Welt ...

B. klärte mich auf. Der ‹Alte›, so nannten ihn viele, lebte meist draußen auf seiner Datscha. Von einer schleichenden Krankheit würde gemunkelt, von einem Schlaganfall.

Gesehen habe ich ihn nicht. Aber überall traf ich auf sein Bild, auch an Stellen, die ich höchst unpassend fand. So am Eingang eines mehrstöckigen Kaufhauses, das ausschließlich Lebensmittel feilbot, einfache und ausgefallene. Dort stand unmittelbar unter dem Konterfei des Mächtigen ein Faß voll Kaviar. Selbst ich in meiner Naivität hielt dieses Sinnbild des NEP-Luxus nicht für einen Beweis allgemeinen Wohlstandes.

Sonst irrte ich mich häufig. So nahm ich an, die zahlreichen Gasthäuser wären nur von NEP-Schiebern besucht. Es gab da köstliche Dinge, die Preise waren recht hoch. Ich erhielt zwar ein Spitzengehalt, wenn ich nicht irre 140 Rubel monatlich, ein Volkskommissar bekam nicht viel mehr. Es erschien mir unerlaubt, mein Geld auf Bürgerart zu vergeuden.

Dann zeigte sich, daß auch viele einfache Leute diese Lokale besuchten. Der Moskauer Angestellte oder Arbeiter liebte handfeste kulinarische Genüsse. Er verhielt sich dabei ganz anders als sein deutscher Kollege. Der spielte, spielt heute noch, ab und zu den feinen Mann, geht mit Familie oder Freundin in Nobelrestaurants oder Bars, wo man schlecht ißt.

Ich sah einen jungen Mann in Russenbluse, der für sich und ein paar Freunde einen ganzen sibirischen Lachs mit vielerlei Zutaten bestellte und liebevoll zerlegte. Dafür ließ er sicherlich einen Wochenlohn springen. Ich fand diese entschlossene Lebensfreude nach langen Notjahren sehr vernünftig.

Sie war überhaupt ein Wesenszug der Moskauer in jenen Jahren. Ein anderer war die schier unerschöpfliche Geduld. Vor den staatlichen Geschäften, in denen es rationierte Waren billiger als in NEP-Läden gab, standen lange Schlangen. Kaum jemand beklagte sich, es wurde geschwatzt, gelacht, manchmal gesungen. Eine junge Genossin aus dem Meschrabpom-Büro nahm mich zu einem *meeting* mit (gewisse englische Begriffe waren sehr beliebt). Es war auf dem Chodinka-Feld eine Flugvorführung der paramilitärischen Organisation Aviochim angekündigt. Die Sache zog sich hin, die riesige Zuschauermenge wurde keineswegs unwillig. Spontan fanden sich Sängerchöre zusammen, wurden aufmerksam angehört. Und kleine Gruppen spielten aus dem Stegreif komische Szenen aus dem Alltag, der Beifall reizte sie zu immer neuen Fortsetzungen.

Viele Abende habe ich in Moskauer Theatern verbracht. Manchmal halfen Begleiter meinem Verständnis mit Stichworten nach, meist war das unnötig. Die Aufführungen waren so bunt und lebendig, daß ich ganz gut folgen konnte.

Am wenigsten galt das für Stanislawskis Künstlertheater, das ich pflichtgemäß zuerst besuchte, in Erinnerung an das Berliner Gaukelspiel mit der *periwaschtschenija*. Gewiß, ich staunte wieder über die finessenreiche Kleinarbeit, die Hingabe der Schauspieler an subtile Nuancen. Doch machte mir selbst der große Moskwin, als Luka in Maxim Gorkis ‹*Nachtasyl*›, nicht ganz den Eindruck, den ich erwartet hatte. Sehr bald erging es mir wieder wie schon in Berlin, ganz andere, tumultuarische, streitbar aggressive Inszenierungen zogen mich in ihren Bann.

So die fröhlichen Exerzitien Alexander Tairows, darauf freute ich mich seit jener Kostprobe in Berlin. Dann rühmte man mir einen anderen Alexander, Granowski, den Chef und Regisseur des Jüdischen Kammertheaters. Dort wurde ‹*Der Dybuk*› gegeben, ein Gespensterstück mit viel rituellem Tanz und Gesang – Mystik und Folklore, beides nicht mein Fall, ums Haar ging ich nicht hin.

Dann erfaßte ich, was Granowski aus dem düsteren Milieu gemacht hatte, dem jiddischen Dialog vermochte ich ganz gut zu folgen: Armselige, bedrängte Menschen behaupteten sich gegen die Schikanen der Obrigkeit; es waren Juden, in einem Städtchen zur Zarenzeit. Und eine ihrer Waffen war die Ironie.

Sogleich begriff das Publikum, das durchaus nicht nur aus Juden bestand, daß die Sache auch aktuell verstanden werden konnte. Die kleine Bühne stand im Ruf, Stätte einer geduldeten Opposition zu sein. Das Regime war im künstlerischen Bereich damals erstaunlich tolerant. Ich erfuhr das nirgends so nachhaltig, so suggestiv wie bei dem großen Neuerer Wsewolod Mejerhold.

Sein Theater lag dem Meschrabpom-Haus gegenüber am Triumphplatz. Dort habe ich, solange ich in Moskau lebte, kaum eine Neuaufführung versäumt, das ganze Repertoire nachgeholt, manchmal auch Proben besucht.

Ich meine, daß von seinen Grundsätzen, seiner Theorie viel zuviel hergemacht worden ist. Er war ein Praktiker, der sich aller Mittel souverän bediente. Manche haben ihn einen bloßen Eklektiker genannt; zu Unrecht, dazu war er zu temperamentvoll und entdeckungsfreudig. Zweifellos liebte er technische Experimente, nie aber wurde die geistige Konzeption einer Aufführung dadurch erdrückt. Sein Geheimnis war, daß drastische und differenzierte Wirkungen einander kunstvoll ergänzten. Er kam ursprünglich von Stanislawski her, daran wurde man gelegentlich erinnert.

Beispielsweise bei Tretjakows antikolonialem Propagandastück ‹*Brülle, China!*›. Die ziemlich simple Vorlage reizte zu krassen Effekten, Schießereien, Massenszenen, Mejerhold beutete sie weidlich aus. Aber irgendwann brach unerwartet der Tumult ab, nun gehörte die Bühne ein paar Kulis, die pantomimisch, mit wenigen gestammelten Sätzen das Elend der Ausgebeuteten ergreifend nahebrachten. Der enorme Apparat hatte zu diesem leisen Intermezzo gleichsam hingeführt, es war der atemberaubende Höhepunkt des Abends.

Oder das alte, fast klassische Lustspiel ‹*Der Wald*› von Ostrowski: Da geht es um den Ruin miserabel wirtschaftender Gutsherren. Karikaturistische Verhöhnung bot sich an, Mejerhold vermied sie fast völlig. Vielmehr machte er die Ahnungslosigkeit einer zum Untergang verurteilten Adelsschicht psychologisch verständlich, auf beinahe rührende Weise. Korrekt marxistisch war das sicherlich nicht ...

Noch weniger ließ sich das von Wladimir Majakowskis ‹*Mysterium Buffo*› sagen, einer tollen Mixtur aus Tragödie und Farce. Vorgeführt wird das Ende der gegenwärtigen Menschheit in einer neuen Sintflut, die aber ist nichts anderes als die rote Weltrevolution! Nichts hält stand, Christen und Agnostiker versinken gemeinsam in einer Arche, Hölle und Paradies sind bloße Wahngebilde, es wird Tabula rasa gemacht mit der gesamten Historie. Wenige Überlebende beginnen noch einmal von vorn, eine bessere Menschheit soll entstehen, im Geiste des Kommunismus. Dieser Schluß macht selbstverständlich den blasphemischen Pessimismus der ungeheuerlichen Utopie nicht wett.

Sie konnte jahrelang ungehindert vorgeführt werden, ein Beweis für die außerordentliche geistige Freiheit jener Zeit. Mejerhold war sich indessen bewußt, wieviel er riskierte. Gelegentlich trat er selber zu Beginn vor die kahle Bühne, einen Vorhang gab es nicht, man blickte bis zur kalkweißen Rückwand, nachher erst wurden Requisiten, Gerüste, Maschinen hereingefahren. Da stand er, strich sich durch die Löwenmähne, erläuterte mit weit ausholenden Gesten das, was nun kommen würde. Das Wichtigste ließ ich mir übersetzen, es war eine politisch-pädagogische Einführung.

Denn Mejerhold war auf seine eigenwillige Manier ein kommunistischer Revolutionär. Und das Publikum ging begeistert mit, der gute Martynow hatte unrecht gehabt: Hier siegte die neue, verwegene Bühnenkunst über alle ehrwürdigen Konventionen. Für immer, so nahm ich enthusiastisch an. Wenige Jahre nur, und Stalin unterdrückte erbarmungslos Mejerholds genialische Schaffenslust. Ich durfte sie noch in ihrer ungebrochenen Fülle bewundern.

Auch sonst entfaltete sich das geistige Leben damals ohne jede Bevormundung. Kurz vorher war der ‹Konstruktivismus› die nahezu offizielle Stilrichtung der bildenden Kunst gewesen, das war schon vorbei. Noch konnte man Wladimir Tatlins Modell für ein Denkmal der III. Internationale bestaunen, ein kühn entworfenes Gebilde aus Stahl und Glas, Ehrenburg hat es als romantische Vision der Zukunftsarchitektur beschrieben. Ausgeführt wurde es nie.

In einem Kellerlokal traf sich die Moskauer Bohème, so etwas gab es zu meiner Verblüffung. Da hockten Majakowski und Jessenin nebeneinander, stritten um literarische und politische Fragen, tranken unheimlich viel. In die Diskussion griff ein robuster Bursche ein: Blumkin, der vor Jahren den deutschen Botschafter von Mirbach erschossen hatte, aus Protest gegen den Friedensschluß von Brest-Litowsk. Niemand nahm Anstoß an diesem Trinkgenossen, auch ein würdiger Herr mit Kneifer und Spitzbart nicht, Anatol Lunatscharski, Lenins Getreuer seit Jahrzehnten, nun als Volkskommissar Herr über Künste und Bildung. Neben ihm seine Frau Anna, eine ehemalige Schauspielerin, herausfordernd elegant, ein bunter, exotischer Vogel unter grauen Krähen. Beide beteiligten sich lebhaft am Streitgespräch der Poeten.

Ich war auch dabei, als Lunatscharski sich einer Versammlung von Tausenden stellte und geduldig Auskunft gab über Verbesserung der Schulbildung, Bekämpfung des Analphabetismus. Auch ein schlimmes Problem wurde offenherzig besprochen, das die Moskauer ängstigte: Tausende von Jugendlichen, in langen Kriegsjahren entwurzelt, trieben sich umher, schlossen sich zu Banden zusammen und verübten Gewalttaten. Die Sowjetmacht wurde mit diesem Übel offenbar nicht fertig. Man versuchte die Halbwüchsigen in Landheimen zu nützlichen Bürgern zu erziehen; ohne rechten Erfolg.

Eine andere Gefahr, die deutsche Zeitungen genüßlich ausmalten, war dagegen ein westliches Wunschbild. Immer wieder hieß es, das Sowjetsystem würde sich nicht halten, ein neuer Napoleon käme dann an die Macht, morgen, übermorgen, nächstes Jahr. Solche Spekulationen knüpften sich an Trotzki, den Organisator der Roten Armee, den Sieger über ein Dutzend Invasionsheere. Tatsächlich war er unbestritten der zweite Mann in Rußland, sein Name wurde stets zusammen mit dem von Lenin genannt.

Eines Tages stand ich ihm gegenüber.

Auf dem Roten Platz hatte eine Parade stattgefunden. Weit weg standen auf einer hölzernen Tribüne führende Bolschewiken, ich war nicht sicher, ob ich Trotzki erkennen konnte. Nachher zogen die Massen ab, ich ließ mich mittreiben. Auf einmal staute sich alles in einer Seitenstraße, ein Auto fuhr langsam durch die Menge, hielt an, Rufe klangen auf, ein damals populäres Lied wurde angestimmt, der Refrain feierte Lenin als den Führer, den *woschd*, der Revolution, Trotzki als Schöpfer der Armee. Und plötzlich stand er über uns im Wagen, Bart, Kneifer, hohe Stirn unter der Uniformmütze.

Dann sprach er. Wenige Sätze nur. Gerade weil ich kaum ein Wort verstand, überwältigte mich der helle, fordernde Klang dieser Stimme. Ich dachte: Das ist die Fanfarenstimme des geborenen Heerführers. Ihr folgten Arbeiter und Bauern in den Verzweiflungskampf. Aber auch altgediente Offiziere des Zaren gehorchten dem Kommando des aufrührerischen Literaten. Ihm gelang, was seit Platons Staatsentwürfen Utopie geblieben war: Der Geist ergriff die Macht, die reale, militärische Macht. Um der Idee willen, die er retten wollte.

Noch jetzt, da ich nach Jahrzehnten die elementare Kraft dieser Stimme zu schildern versuche, dringt sie unwiderstehlich in mein Ohr.

Es war die metallene Stimme der Revolution.

Was ich bisher berichtete, könnte den Eindruck erwecken, ich hätte Moskau als müßiger Tourist durchstreift. Ich war freilich mir selber überlassen. Münzenberg hatte keine klaren Anweisungen für meine Tätigkeit gegeben; auch nicht, als er ein oder zweimal aus Berlin herüberkam. Dann berichtete ich ihm über meine Beobachtungen in der Moskauer Filmwelt, das genügte ihm offenbar.

Dort nämlich begann ich mich, nach den ersten Bummelwochen, gründlich umzusehen. Alejnikow und sein Stab halfen bereitwillig. Für die Meschrabpom-Russ bereitete der Regisseur Protasanow einen aufwendigen Film vor; das Drehbuch schrieb er nach dem Roman ‹*Aelita*› von Alexej Tolstoj, der selbst mitarbeitete.

Dieser Graf, ein entfernter Nachfahre des großen alten Leo Tolstoj, war kürzlich aus der Emigration heimgekehrt und zum erklärten Anhänger des neuen Regimes geworden. Ursprünglich ein Symbolist, ein preziöser Poet im Elfenbeinturm, wandelte er sich zu einem überaus fruchtbaren realistischen Romancier, einem Lieblingsautor der Sowjetrussen. ‹*Aelita*› schrieb er ungefähr während dieser Wendung. Erzählt wird eine phantastische Geschichte, heute würde man sie eine *science fiction* nennen. Marsbewohner landen auf der Erde, sind von den kapitalistischen Ländern enttäuscht, treffen dann mit den Bolschewiken zusammen, deren Gesellschaftssystem ihnen imponiert. Es kommt zu einer interplanetarischen Zusammenarbeit, auch eine Liebesgeschichte entspinnt sich.

Alexej Tolstoj benahm sich auch nach seiner Bekehrung zum Kommunismus wie ein selbstsicherer Aristokrat. Zu meiner Verwunderung nahm ihm das niemand übel. Amüsant waren seine Diskussionen mit der Malerin Alexandra Exter; sie entwarf die Dekorationen und Kostüme zu ‹*Aelita*›, und zwar in der bizarren Manier des deutschen Expressionismus, was nicht schlecht zum Thema paßte. Der deutsche Film ‹*Caligari*› machte seit langem in Moskau Furore, man experimentierte in ähnlicher Weise.

Doch schon bemühten sich russische Regisseure, Kameramänner, auch einige Theaterleute um einen eigenen Filmstil. Die Regierung unterstützte diese Bestrebungen durch die Gründung einer staatlichen Filmakademie. Dieses Institut ist im Westen merkwürdig unbekannt geblieben, obwohl sich die Cinéasten ausgiebig mit dem Welterfolg des Sowjetfilms beschäftigt haben, der ungefähr zwei Jahre später einsetzte. Ich bin davon überzeugt, daß er systematisch geplant wurde; eine seiner Wurzeln war diese bemerkenswerte Filmuniversität.

Sie befand sich im Stadtzentrum Kitai Gorod, was ‹Chinesenstadt› bedeutet und an die Tatarenzeit im 14. Jahrhundert erinnert. Dort zogen sich unter alten Palästen ausgedehnte Kellerräume hin, in denen Hunderte junger Leute ausgebildet wurden, zu Regisseuren und Kameraleuten, Cuttern, Bühnenbildnern und Schauspielern. Auf dem Lehrplan standen Gymnastik und Dramaturgie, Tanz und Literaturgeschichte, vor allem wurde Wert auf die Technik gelegt. Fortwährend entstanden Probestreifen, deren Schnitt und Montage besonders kritisch analysiert wurden.

Für die Aufnahme in die Akademie bedurfte es nicht des sonst vielfach obligatorischen Nachweises einer proletarischen Abstammung.

Der zielstrebige und zugleich ungemein fröhliche Betrieb faszinierte mich mehr und mehr. Ich wurde von meiner summarischen, auf Berliner Erfahrungen beruhenden Geringschätzung des Films kuriert. Da er hier im Souterrain der Kitai Gorod mit soviel Enthusiasmus gelehrt wurde, nahm auch ich ihn ernst. Und ich faßte den Entschluß, selbst in diese Lehre zu gehen; was sich ja wohl durchaus mit meinem vagen Auftrag vereinen ließ.

Freilich waren dazu russische Sprachkenntnisse unerläßlich. Ich suchte und fand eine Lehrerin, eine alte Dame. Nach wenigen Stunden mußte ich den Unterricht unterbrechen. Unerwartet wurde ich auf mehrere Reisen geschickt.

Wie es dazu kam, weiß ich nicht mehr. Möglicherweise hatte Münzenberg angeordnet, daß ich Max Barthel ein Stück weit an die Wolga begleiten müsse. Er sollte in Zaryzin und Astrachan Großfischereien in Gang bringen, auch solche Unternehmen richtete die IAH ein.

Münzenberg setzte als Leiter gern deutsche Genossen ein, die ihm zuverlässig erschienen, aber reine Laien waren. So kam es zu Pannen, sogar zu Skandalen. Über einen, der schon ein Jahr zurücklag, wurde in der Moskauer Zentrale viel geredet. Franz Jung, der eigenwillige Anarchokommunist, den ich im Malik-Verlag kennengelernt hatte, sollte im Ural ein Traktorenzentrum einrichten, um die regionale Landwirtschaft zu unterstützen. Statt dessen hortete er die von amerikanischen Arbeitern gestifteten Traktoren, plante den Bau einer ultramodernen Stadt, dieser Utopien wegen geriet er heftig mit Münzenberg aneinander; es hieß, er habe diesen bei einem Kontrollbesuch mit dem Revolver bedroht.

Barthel war bestimmt gefügiger. Während der langen Fahrt nach Saratow erwies er sich als angenehmer Reisegefährte. Wir sahen überall noch die Spuren der Dürrekatastrophe, tiefe Risse in der ausgetrockneten Erde. In Saratow wurden wir überaus herzlich aufgenommen, westliche Besucher waren selten.

Eine uns zugeteilte Dolmetscherin hüllte sich beharrlich in Schweigen. Als wir abends in einer Versammlung sprachen, half jemand aus dem nahen wolgadeutschen Gebiet aus und übersetzte unsere kurzen Ansprachen. Die eigentlich dafür ausersehene junge Frau saß freundlich lächelnd daneben.

Stumm blieb sie auch, als wir anderntags am Ufer des mächtigen Stromes hockten, Wassermelonen aßen und träge vor uns hin blödelten. Barthel, der Arbeiterdichter aus Dresden, und ich, Leipziger Thomaner, fielen dabei in ein parodistisch übertriebenes Sächsisch, ungefähr so:

«Gugge, da driem liecht nu As'chen!»

«Nee, mei Gudester! Da fehlt noch e ganzes Schtigge. Mir sin' immer noch in Eiroba!»

«Mache geen' Gagsch! Morch'n mach'ch nunder ans Gasbische Meer, das is'n asiadisches Gewässer!»

Plötzlich strahlte unsere Begleiterin und rief: «Chetz, Genossen, gann'ch eich awer guhd verschdehn!»

Lösung des Rätsels: Als Tochter wohlhabender Eltern wurde sie 1914 in einem deutschen Kurort vom Kriege überrascht, in ein Lager für Zivilinternierte gebracht, unweit von Dresden. Von dort stammten ihre Sprachkenntnisse: Sächsisch als Weltsprache.

Zweimal fuhr ich nach Petrograd. Auch dort wurden Filme gedreht, ich sollte mich umsehen und berichten. Das erste Mal kam ich in einem verwohnten Prachthotel unter. Kaum hatte ich mich in meinem Plüschzimmer umgesehen, klopfte es. Es erschien Franz Jung. Er wartete, scheint mir, auf eine neue Verwendung in der IAH, langweilte sich und war froh, einen deutschen Kumpan zu treffen. Mit ihm durchwanderte ich die Stadt Peters des Großen; er sagte gescheite Dinge über die traditionelle Rivalität zu Moskau, über den Vorsprung Petrograds auf künstlerischem Gebiet, vielleicht übertrieb er solche Spannungen, das entsprach seinem Temperament. Abends lud er mich zum Umtrunk, Krimwein und Wodka lösten seine Zunge. Wilder Groll kam zum Vorschein, gegen Münzenberg, gegen den verdammten NEP-Schwindel, gegen das ihm unglaubhaft gewordene Sowjetregime. In einem jähen Wutanfall schoß er mit dem Revolver mehrmals aus dem Fenster, zu seinem Glück war keine Streife der Miliz in der Nähe; die Geschichte aus dem Ural erschien mir durchaus glaubhaft.

Bei der zweiten Fahrt nach Petrograd hatte Alejnikow für Unterkunft bei einem guten Bekannten gesorgt. Und so kam ich in ein völlig anderes Milieu. Mein Gastgeber war ehemals ein schwerreicher Fabrikant gewesen, nun gehörte er zu den Nutznießern der NEP; er war aber alles andere als ein neureicher Schieber.

Er lebte wie vor der Revolution in seiner riesigen Wohnung am Fontanka-Kai. Freilich hatte er die meisten Räume abgeben müssen. In den ihm verbliebenen fühlte man sich zurückversetzt in die kultivierte Atmosphäre einer großbürgerlichen Häuslichkeit. An den Wänden zahlreiche Gemälde, meist moderne Franzosen, Ehrenburg hätte seine helle Freude daran gehabt.

Mein Gastgeber meinte entschuldigend, viel zu dicht hingen sie da, Reste seiner großen Sammlung. Das meiste sei nun in öffentlichen Galerien zu besichtigen, warum auch nicht? Was ich sah, hatte er auf Grund einer Verfügung Lunatscharskis behalten dürfen. Der Kunstenthusiast hatte sich mit den veränderten Verhältnissen offensichtlich abgefunden. Und sein neuer Wohlstand erlaubte ihm eine andere Liebhaberei: Beinahe täglich waren die verschiedensten Leute bei ihm zu Gast, wer von weit her kam, wohnte wochenlang hier.

So auch jetzt gerade der berühmte Pianist Artur Schnabel. Er hatte eine triumphale Konzerttournee durch die Sowjet-Union hinter sich, was ihn nicht daran hinderte, abfällige Bemerkungen über die roten Banausen zu machen, die ja doch nichts von Musik verstünden und überhaupt alle Kulturwerte verkommen ließen. Anfangs hielt ich das für das etwas alberne Mosern des raunzenden Österreichers, dann merkte ich, daß er mich zu provozieren suchte, er hatte wohl erfahren, was für einer ich sei. Da wir beide Gäste waren, blieb ich ruhig, aber schließlich kam es zum Eklat, eines Abends, als wir auf dem breiten Balkon über dem Kanal saßen.

Ein halbes Dutzend mir unbekannter Leute hatte sich zu Ehren des prominenten Musikers eingefunden, der silberne Samowar dampfte, man trank Rabinowkaschnaps, aß schwere Süßigkeiten. Plötzlich begann Schnabel wieder mit seinen feindseligen Bemerkungen. Alle schwiegen betreten. Als er keine Ruhe gab und die Sowjets, deren gefeierter Gast er wochenlang gewesen war, als ein kriminelles Regime bezeichnete, wurde mir's zuviel. Ich fragte, weshalb er in ein ihm derart verhaßtes Land käme? Doch wohl der hohen Honorare wegen?

Nun ging er auf mich los, nannte mich einen ahnungslosen Jüngling, der ja wohl im Dienste der Weltverderber stünde. Es wurde peinlich, vergebens suchte der Hausherr zu schlichten, wir verbissen uns immer mehr.

Auf einmal nahm eine leise, freundliche Stimme meine Partei. Eine Dame von Mitte Fünfzig, die ich bis dahin nicht beachtet hatte, erkärte: Ich sei im Recht. Natürlich sei in Rußland noch längst nicht alles so, wie es sein könnte und wie es geplant sei. Die Geburt einer neuen Welt sei nun einmal eine schwierige, schmerzhafte Sache ...

Schnabel starrte sie an, dann murmelte er entgeistert: «Das sagen *Sie*, Hoheit? Unbegreiflich ... Ihnen haben doch diese Banditen alles genommen ...»

Sie zuckte nur die Achseln. Er schwieg, zog sich bald darauf grollend zurück. Die verblüffende Anrede hatte mich erklärlicherweise neugierig gemacht. Und so folgte ich nur zu gern dem Wink der Unbekannten und setzte mich neben sie. Bald gingen auch die anderen Gäste.

Und nun entspann sich ein Gespräch, dessen meist schweigender Zeuge unser Gastgeber war, der «beleibte Mann, der einem alten Tataren-Khan ähnelte»; das ist ein Zitat, ich werde noch sagen, woher es stammt.

Zuerst muß ich von ihr reden, die mich ausfragte, woher ich käme, wieso ich Kommunist geworden sei, was mich hierher verschlagen hätte. Ich antwortete. Dann erzählte sie mir von sich.

Sie war eine geborene Prinzessin Leuchtenberg, Urenkelin von

Eugen Beauharnais, dem Stiefsohn Napoleons, nach dessen Sturz nahm er den bayerischen Titel an. Seine Nachfahrin wuchs in Rußland auf, wurde in jungen Jahren am Zarenhof eingeführt, irgendwann mit irgendwem verheiratet, all diese Einzelheiten habe ich vergessen; oder richtiger: verdrängt. Um so genauer prägte sich mir ein, was später geschah.

Die Revolution beendete jäh ein Dasein in glanzvollem Luxus. Viele ihresgleichen verließen sofort das Land, viele wurden in der ersten Zeit des roten Terrors umgebracht. Sie hatte Glück, überstand alles in Petrograd. Und sie blieb, nahm ein armseliges Schicksal auf sich, das sie sich bis dahin nicht hätte vorstellen können. Sie lernte ihren Unterhalt zu verdienen, oft auf demütigende Art. Schließlich machte man sie zur Bibliothekarin, das war sie noch jetzt, als sie mir das alles schilderte, nüchtern und unpathetisch. Erfüllt von einer Willenskraft, die in einem langen, nichtigen Dasein gleichsam aufgestaut worden war.

Diese Energie spürte ich damals sofort. Später dachte ich immer wieder über diesen Lebenslauf nach, dessen schwer begreiflichen Ausgang ich kannte. Wie es dazu kam, blieb meiner Phantasie überlassen. Immer neue Überlegungen, Hypothesen, schließlich freie Erfindungen kristallisierten sich um die allmählich entschwindende Gestalt.

Sieben Jahre später schrieb ich den Roman ‹*Leben einer Prinzessin*›. Die Biographie eines überaus problematischen Charakters, wenig hat er zu tun mit der Frau, die mir an jenem Abend ein paar Stunden lang gegenübersaß. Dennoch gab sie den Anstoß zu dem Buch, in dem alles frei ersonnen ist, bis auf den Schluß: Die Begegnung auf dem Balkon über der Fontanka habe ich wahrheitsgetreu aufgezeichnet.

In Moskau stellte es sich heraus, daß es schwierig war, als Hospitant in die Filmakademie aufgenommen zu werden. Ich wurde auf später vertröstet, nun gut, ich würde noch lange in Rußland bleiben. Vorerst konnte ich ja meine Sprachstunden nehmen. Doch die alte Lehrerin war erkrankt, bat mich zu warten. So zog sich alles hin, bis zum Ende des Sommers verlief mein Leben geruhsam.

Manchmal traf ich einen deutschen Genossen, Erich Wollenberg. Hochgewachsen, straff, wirkte er wie ein Offizier in Zivil, zuweilen trug er auch Uniform; man hatte ihm einen Rang in der Roten Armee verliehen, als Anerkennung dafür, daß er sich in den Kämpfen der vergangenen Jahre bewährt hatte; wohl im Ruhrgebiet, vielleicht auch im sowjetischen Krieg gegen Polen, er sprach davon nur in Andeutungen. Überhaupt gab er sich gern geheimnisvoll.

Etwa im September fiel mir auf, daß er zunehmend nervös wurde. Schließlich erzählte er mir Neuigkeiten aus Deutschland. Die Inflation nahm Ausmaße an, die man sich aus der Ferne nicht vorstellen konnte. An der Ruhr wurde ein hartnäckiger Kleinkrieg gegen die Franzosen geführt, die das Revier seit Jahresbeginn besetzt hielten, um verzögerte Reparationslieferungen zu erzwingen. Nationalistische Verschwörer und kommunistische Arbeiter leisteten gleichermaßen Widerstand. Anfangs war das eher Zufall. Aber als der völkische Student Albert Schlageter eines Attentats wegen standrechtlich erschossen wurde, schrieb Karl Radek einen Artikel mit dem Titel ‹*Der Wanderer ins Nichts*›. Von Wollenberg hörte ich, daß darin die Grundgedanken einer Rede wiederholt worden waren, die Radek vor dem Exekutivkomitee der Komintern gehalten hatte. Eine offizielle Stellungnahme also.

Radek bekundete offen Sympathie für den Desperado, den er als einen «mutigen Soldaten der Konterrevolution» bewunderte. Er ging noch viel weiter, er schlug ein Bündnis mit den gleichen Freikorps vor, die jahrelang die Aufstände kommunistischer Arbeiter blutig niedergeschlagen hatten. Nun wurden sie Patrioten genannt, die sich vom Kapitalismus mißbrauchen ließen, in Wahrheit stünden sie an der Seite der Revolution, auch wenn sie das noch nicht wüßten. Historische Reminiszenzen wurden heraufbeschworen: Scharnhorst und Gneisenau, die Schillsche Freischar und der gemeinsame Kampf Preußens und Rußlands gegen Napoleon.

Diese verblüffend neue Taktik regte mich heftig auf, zumal zu gleicher Zeit alarmierende Nachrichten kamen. Ein Reichswehrmajor versuchte in Küstrin zu putschen. In Sachsen und Thüringen saßen SPD und KPD zum erstenmal gemeinsam in Landesregierungen, während in Berlin die Sozialdemokratie mit bürgerlichen Parteien koalierte; da entwickelten sich Spannungen, die zum Konflikt drängten. Und in Bayern trumpfte die Reaktion immer stärker auf.

Das Reich drohte unter dem Druck widerstreitender Kräfte auseinanderzubrechen. Jeden Augenblick konnte es zu einer zweiten Revolution kommen – und ich saß hier weit vom Schuß! Von einem Augenblick zum andern beschloß ich, nach Berlin zu fahren, ich wollte, wieder einmal, dabeisein ...

Wollenberg lächelte über meine Abenteuerlust. Dann aber half er mir mit seinen Beziehungen. Und so saß ich an einem nebligen Oktobermorgen in einem kleinen Kurierflugzeug, das nach Westen startete. 15 Dollar hatte ich in der Tasche, das Gehalt konnte man sich bei der IAH in der Plutokratenwährung auszahlen lassen.

Mehrere Unbekannte hockten mit mir in der winzigen Kabine, mehr auf- als nebeneinander. Bis Smolensk war das nur unbequem, dort wurde aufgetankt. Dann gerieten wir in eine Sturmzone, der Kasten schlingerte, knarrte, fiel in Luftlöcher, allen wurde speiübel, selbst dem Piloten. Er entschloß sich zu einer Notlandung in Kowno. Hastig zerrissen die Mitreisenden Papiere und warfen die Fetzen aus dem Fenster, es ließ sich aufschieben wie in einem Eisenbahnabteil.

Kaum war der Aeroplan ausgerollt, wurde er von litauischem Militär umstellt, niemand durfte aussteigen. Ein Pfahl wurde eingerammt, darauf ein Maschinengewehr montiert, viele Stunden verbrachten wir in der bedrohlichen Lage. Vermutungen wurden angestellt, vielleicht war tatsächlich in Deutschland die Revolution ausgebrochen?

Endlich, gegen Abend, erschien ein Mitglied der Kownoer Sowjetvertretung, wir durften hinaus, das Flugzeug blieb beschlagnahmt. Die anderen entfernten sich, mich beachtete niemand. Eine Dollar-Note tat Wunder, man zeigte mir den Weg zum Bahnhof. Nachts zuckelte ich in einem altersschwachen Züglein der deutschen Grenze zu. In Wirballen langwierige Kontrollen, zum Glück hatte ich mein Geld im Strumpf versteckt. Gegen Morgen war ich im ostpreußischen Eydtkuhnen. Und stürzte mitten hinein ins Labyrinth der Inflation.

Die letzten tollen Wochen vor der Einführung der Rentenmark sind oft genug geschildert worden; fast nur von solchen Beobachtern, die das allmähliche Abgleiten ins blanke Nichts erlebt haben. Mich traf dieses Nichts als Schock. Als ich im März abreiste, stand der Dollar auf 50000 Mark, jetzt erhielt ich Hunderte von Millionen dafür und wurde beim Umtausch bestimmt noch übers Ohr gehauen. Die Fahrkarte nach Berlin bekam ich sozusagen gratis.

Unterwegs verschlang ich die Zeitungen. Die KPD war verboten. In Hamburg hatte es einen kurzen Aufstand gegeben. Die mitteldeutschen Arbeiterregierungen waren durch die Reichswehr kurzerhand abgesetzt worden. Selbstmorde, Verbrechen, Schiebergeschichten füllten die Spalten der Presse. Auf den Bahnhöfen überall Elendsgesichter. Nirgends ein Anzeichen von Auflehnung. Ich begriff, daß ich vergeblich heimgekommen war.

In Berlin ging ich sofort zum IAH-Büro Unter den Linden, es war in vollem Betrieb, als karitative Organisation nicht verboten, niemand wußte, wie lange noch. Münzenberg war aufgebracht über meine eigenmächtige Reise, meinte dann, da ich einmal hier sei, könnte ich mich im Sekretariat nützlich machen. Ein Wohnzimmer fand sich rasch, nahe dem Oranienburger Tor.

In den folgenden Tagen merkte ich, daß die IAH zu einem wichtigen Treffpunkt geworden war, alle möglichen Genossen tauchten hier auf. Ob die illegale Arbeit klappte, wußte ich nicht; hier jedenfalls spannte man mich alsbald ein zur Beteiligung an einem reichlich phantastischen Projekt: Zersetzung der Reichswehr durch Propagandaschriften, dafür sei ich als ehemaliger Soldat ja geeignet. Und so häuften sich in meinem Schreibtisch Aufrufe und Druckfahnen; wenn Münzenberg davon wußte, drückte er beide Augen zu.

Die dilettantische Konspiration tröstete mich halbwegs darüber hinweg, daß ich nutzlos hier herumsaß; um ein Haar wäre mir das Verschwörerspiel schlecht bekommen. Eines Tages erschienen Kriminalbeamte, durchsuchten die Räume, einer inspizierte meinen Arbeitsplatz. Während er irgendwelche Korrespondenzen las, schob ich die belastenden Papiere beiseite, er entdeckte nichts, nachher hielt ich's für möglich, daß er gar nichts finden wollte. Bei der Polizei gab es Gesinnungsfreunde, bei uns vermutlich Spitzel ...

Mehrmals nahm ich an Demonstrationen teil, zu denen es beinahe täglich kam, die verbotene Partei wollte zeigen, daß sie noch da war. Es wurde geschrien, gesungen, mit den Schupos gerangelt, wenn es ernst wurde, liefen wir davon. Einen Hieb mit dem Gummiknüppel kriegte ich ab, irgendwer trat hart auf den lädierten Fuß, der tagelang schmerzte.

Das alles waren, darüber täuschte ich mich nicht, Scheingefechte. Der Schwung vergangener Jahre war dahin. Sprach ich darüber mit Genossen, dann zuckten sie die Achseln: Hast recht ... Kommt nichts dabei heraus ... Ihren Lohn erhielten sie in wertlosen Scheinen. Ich lud sie ein, sie müßten sich mal sattessen. Keiner fragte, woher ich die Mittel dazu hatte, Arbeiter sind in solchen Dingen diskret.

Für wenige Wochen war ich buchstäblich ein reicher Mann. Denn Münzenberg bezahlte auch seine Berliner Mitarbeiter in harter Währung. Ich erhielt jede Woche 7 Dollar, ein Vermögen, für 15 oder 20 wurde so manches Mietshaus erworben. Hinzu kam ein besonderer Vorteil: In der IAH erfuhren wir schon vormittags den amtlichen Dollarkurs, der offiziell erst um 12 Uhr bekanntgegeben wurde. Sofort wechselten alle an der Kasse Milliarden von Papiermark ein, das Büro leerte sich, dann kamen wir von hastigen Einkäufen zurück. Ich kaufte Kleidung, Schuhe; und zum erstenmal eine eigene kleine Schreibmaschine.

Manchem weniger Begünstigten half ich, gewiß, aber ich ging mit dem leicht errafften Mammon auch verschwenderisch um. So besuchte ich mehrmals die großen Kostümbälle, die auch auf dem Höhepunkt der Inflation stattfanden. Zum Smoking aus dem Verleih trug ich ein feuerrotes Hemd, dieser Aufzug symbolisierte ja wohl meinen zwiespältigen Zustand. Und natürlich redete ich mir wieder einmal ein, ich wolle ja nur die aus den Fugen geratene Bürgerwelt beobachten. Spät nachts im schon halbgeleerten Saal saß ich am Flügel und drosch Schlager, russische Lieder, auch die Internationale.

Eine Gefährtin dieser Nächte war ein lustiges, kluges Mädchen, Tochter eines prominenten Anwalts. Aus reinem Jux verlobten wir uns. Sie stellte mich sogar ihren Eltern vor, die erschrocken hörten, wir wollten sofort nach der Hochzeit nach Moskau reisen. Daraus wurde nichts, von meiner Acht-Tage-Braut trennte ich mich in heiterer Freundschaft. Nach Moskau aber sehnte ich mich wirklich, drängte Münzenberg, der winkte unwirsch ab. Er hielt mich mit Recht für einen unsicheren Kantonisten.

Dann lernte ich Eva Herrmann kennen, eine Deutschamerikanerin, in München aufgewachsen, wohlhabend, mit den Kindern von Thomas Mann befreundet. Klaus Mann spricht in seinem Memoirenbuch ‹*Der Wendepunkt*› von Evas «lieblichem Gemmengesicht». So habe auch ich sie in Erinnerung. Sie gefiel mir ungemein, aber so, wie man ein Kunstwerk bewundert, ein Gebilde aus Emaille oder Bronze.

In ihrem Atelier beim Bahnhof Bellevue zeichnete sie witzige Karikaturen von zahlreichen Gästen. Einer war Johannes R. Becher, ich kannte ihn flüchtig durch Wieland Herzfelde und hielt ihn für einen zwar rebellischen, aber recht verstiegenen expressionistischen Versemacher. Beim Tee in Evas Atelier macht ich daraus kein Hehl, wir gerieten uns in die Haare, halb im Scherz, halb ernsthaft begannen wir miteinander zu ringen. Zwei Männchen balzten, rauften vor der Schönen. Ich unterlag kläglich, der Poet erwies sich als trainierter Kämpfer. Nachher stellte sich heraus, daß er seit neuestem mein Genosse war.

Eva aber schritt durch das Chaos jener Tage hindurch, unberührt, eine sanfte kleine Hexe. Unerwartet wurde sie für mich zur hilfreichen Fee. Denn eines Tages war es aus mit meinem Reichtum, die paar Dollar waren nur noch wenige neue Rentenmark wert, die Preise zunächst viel zu hoch, es dauerte eine Weile, bis mein Gehalt sich einpendelte. Selbst das Zimmer im Berliner Norden wurde zu teuer.

Eva verließ Berlin und ließ mich bis auf weiteres in ihrem Atelier hausen. Dankbar nahm ich an. Erst als sie fort war, entdeckte ich für mich bestimmte Vorräte, die wochenlang reichten. Doch wollte ich ihre Großzügigkeit nicht ausnutzen. Anfang Januar ging ich auf Zimmersuche. Zu dieser Zeit kündigte mir Münzenberg an, mein Wunsch werde erfüllt werden, demnächst sollte ich wieder nach Moskau.

Bis dahin genügte eine ganz billige Kammer im Fremdenheim Schmolka, unmittelbar neben dem *Tary Bary*. Daß Ehrenburg nicht mehr in Berlin war, hatte ich inzwischen erkundet.

Frau Schmolka bevorzugte Künstler als Gäste. Ihr Star war ein großer blonder Wikinger, Otto Flake, angesehener Romancier und Zeitkritiker. Mich begrüßte er stets etwas von oben herab, seiner Bedeutung bewußt. Sein späteres, an Enttäuschungen reiches Schicksal bedenkend, freut es mich, daß er damals seinen Ruhm genoß.

Sehr rasch kam ich einem anderen näher, einem blitzgescheiten, wieseligen Pianisten, der eben erst aus Rußland emigriert war, felsenfest überzeugt von künftigem Welterfolg. Vorerst kämpfte er ständig um Erlaubnis, auf dem Flügel im Salon üben zu dürfen. Doch mal saß da Besuch, dann wieder hieß es, der Herr Flake ruhe gerade. Hätte Madame Schmolka vorausgesehen, wie berühmt dieser Wladimir Horowitz in wenigen Jahren sein würde, sie hätte ihr Instrument eigens für ihn stimmen lassen.

Musiker sind nach meinen Erfahrungen entweder völlig auf ihr Metier fixiert, deshalb engstirnig; oder weltoffen und hochgescheit – wie Horowitz. Es war ein Vergnügen, mit ihm zu diskutieren.

Er war kein giftiger Sowjethasser wie Artur Schnabel, obwohl das bei einem Emigranten doch nahelag. Lenin war soeben gestorben, Horowitz erkannte die Bedeutung des großen Veränderers bereitwillig an. Doch fand er es verrückt, daß ich wieder nach Moskau wollte, gerade jetzt, da sich die Verhältnisse in Deutschland stabilisierten.

Aber wir kamen von der Politik rasch zur Musik. Zufällig entdeckte er mein angeborenes gutes Gehör. Ich mußte von den ergebnislosen Klavierstunden in Kindertagen erzählen. Mich an die Tasten setzen und irgendeine Melodie zurechtstümpern, Notenlesen hatte ich ja nie gelernt. Das müsse ich nachholen, jeder sei dazu imstande! Es sei ein Verbrechen, meine Gabe verludern zu lassen!

Nun ja, er hatte recht. Aber indem ich mich verteidigte, entwikkelte ich eine Theorie, die töricht war und durch unzählige Gegenbeispiele leicht zu widerlegen. Ich behauptete, für einen nicht unbegabten Laien wie mich sei das Ausüben der Musik gefährlich, eine Art Gift, die alle anderen Lebenspläne lähme.

Horowitz fragte ruhig: Was für Pläne? Da konnte ich nur dummes Zeug daherreden, ich hatte ja keine. Und doch verbiß ich mich in meine Ansicht. Bei der ich immer geblieben bin, in gewissem Sinne zu meinem Glück. Als späte Folgen meiner Verwundung neue Operationen erzwangen, verlor ich das rechte Handgelenk, welch ein Schlag wäre das gewesen, hätte ich meine Klavierkünste vervollkommnet, wie Horowitz es von mir forderte.

Doch über Grundbegriffe der Musik habe ich von ihm mehr erfahren als von irgendeinem anderen. Und wenn ich auch nie ein Kenner wurde, bewußter verstand ich von da ab zu hören.

Als ich Anfang März 1924 abreiste, auch diesmal wieder von einem Tag auf den andern, nahm ich ungern Abschied von dem anregenden Mann aus Kiew.

Dann saß ich im Zug, erfüllt von der gleichen Spannung wie zehn Monate vorher. Meine Reiselektüre war der gerade erschienene Roman *‹Berge, Meere und Giganten›* von Alfred Döblin. Merkwürdigerweise berauschte ich mich an den mythischen Ausschweifungen, den bedenklichen biologischen Phantastereien, die letztlich auf die Verherrlichung von Gewalt und Vernichtung hinausliefen, ich hätte es erkennen müssen. Die Lektüre paßte wenig zu einem Genossen, der mit offiziellem Mandat in sein rotes Mekka reiste. Denn anders als im vergangenen Jahr hatte ich eine präzise Aufgabe.

Im Frühsommer 1924 fand im Kreml der 5. Weltkongreß der III. Internationale statt. Um die Macht des Kommunismus zu dokumentieren, sollte der gesamte Verlauf gefilmt werden. Mich hatte Münzenberg zum Leiter der deutschen Fassung bestimmt. Die Aufgabe begeisterte mich. Nun würde ich die Heroen der Revolution ganz aus der Nähe beobachten können, ein unverdientes Glück. Denn der tolle Winter in Berlin, den ich ja oft genug genossen hatte, kam mir im nachhinein wie ein Waten im bürgerlichen Dreck vor. In Moskau wollte ich den Sündenfall durch doppelten Eifer wettmachen.

Und so ging ich gleich nach der Ankunft an die Vorbereitungen, drei Monate hielt ich für eine lange Frist. Sie reichten dann kaum aus. Diesmal hatte ich nur wenig mit der Russ-Film und Alejnikow zu tun; ein Genosse von der sowjetischen Wochenschau organisierte das ganze Projekt, von dort kam auch der technische Stab. Alle Kollegen nahmen sich meiner hilfsbereit an, dennoch kam und kam ich nicht weiter.

Denn nun geriet ich zum erstenmal ins Dickicht der Moskauer

Bürokratie. Woche um Woche verging in einem ermüdenden Kleinkrieg. Die verschiedenen, absolut unerläßlichen Ausweise mußten einzeln erkämpft, wenn man sie endlich hatte, mehrmals erneuert werden. Überall stieß ich auf Mißtrauen, nun gut, das war eben die revolutionäre Wachsamkeit. Schlimmer war der unglaubliche Mangel an Zeitgefühl. *Sawtra*, morgen, das hieß: Irgendwann, nächstens mal. *Ssiju minutu* verbürgte keineswegs umgehende Erledigung, ich war froh, wenn nach Tagen, vielleicht, etwas geschah.

Alle Ärgernisse waren vergessen, als am 17. Juni der Kongreß feierlich eröffnet wurde. Unter den strahlenden Lüstern und dem Goldstuck des Andrejewski-Saales im Kreml drängten sich Hunderte von Delegierten aus allen Erdteilen, die meisten in schlichter Kleidung, viele waren illegal auf weiten Umwegen angereist. Noch einmal fühlte ich mich stolz unter den Siegern über die morsche alte Welt, den Trägern der Zukunft.

Die Ernüchterung kam rasch, schon bei den einleitenden Reden der Sowjetführer. Sie saßen an einem langgestreckten Tisch auf dem Podium. Mir fiel sogleich auf, daß Trotzki fehlte; er erschien überhaupt nicht, aber sein Name wurde fortwährend genannt. Stets, ich traute meinen Ohren nicht, in polemischer, manchmal offen feindseliger Weise.

Sinowjew, der Vorsitzende der Komintern, bezichtigte den Abwesenden schwerer Irrtümer. Karl Radek sprach kurz, ohne seinen zündenden Witz, er schien bedrückt. Bucharin aber, der auffallend unsicher wirkte, warf Trotzki unverzeihliche Abweichungen von der Parteilinie vor. Dieses Wort Abweichung wiederholten nachher die meisten Redner, und natürlich fragte ich mich, wovon Lenins großer Helfer, der Schöpfer der Roten Armee, denn abgewichen sein sollte. Nach und nach begriff ich es.

Eine entscheidende Wendung war vollzogen worden und sollte nun vom höchsten Gremium des Kommunismus bestätigt werden. Die neue Parole hieß: Aufbau des Sozialismus in einem Lande, in Rußland. Danach hatten sich alle Bruderparteien zu richten. Die Weltrevolution war vorerst abgesagt. Und erstaunlicherweise erhob sich dagegen kaum Widerspruch.

Natürlich nahm ich mit der deutschen Delegation Fühlung auf. Ruth Fischer ging mir aus dem Wege, andere kannte ich nicht.

Schließlich stellte ich zwei, die mir durch ihren vollkommenen Gegensatz auffielen, den Hamburger Arbeiter Ernst Thälmann und den jungen Berliner Heinz Neumann.

‹Teddy› Thälmann wirkte auf den ersten Blick so, wie ich mir von jeher die Führer meiner Partei vorgestellt hatte: waschechter Proletarier, handfest, bieder, zuverlässig. Dann aber schien es mir, sosehr ich mich dagegen sträubte, als spiele er diese Rolle allzu bewußt. Und bald sah ich in ihm eine Art Galionsfigur des Schiffs, das andere steuerten.

Beispielsweise dieser Heinz Neumann. Der Sohn eines Berliner Bankiers beherrschte ein halbes Dutzend Sprachen, war auf dem Kongreß als Dolmetscher begehrt. Bewundernd erzählte man sich, Russisch hätte er in wenigen Wochen so gut gelernt, daß er öffentlich reden konnte. Mich erinnerte er an Valeriu Marcu, war wohl noch gescheiter, bestimmt ehrgeiziger. Mit Elan vertrat er die neue Linie, dagegen kam ich nicht an, mir fehlte die theoretische Schulung, die er besaß; vielleicht auch nur virtuos vorspiegelte. Ich ahnte nicht, daß er schon Favorit des Mannes war, der unsichtbar alle Fäden zog.

Stalin habe ich mit Bewußtsein nie gesehen, der Name bedeutete mir wenig. Andere haben beschrieben, wie er schweigsam im Hintergrund saß, an seiner Pfeife sog, den und jenen auf die Korridore hinauswinkte und in seinem Sinne bearbeitete. Die Regie klappte perfekt.

Heinz Neumann verhielt sich zu mir recht kameradschaftlich. Unter den jüngeren Russen hatte er einen Geistesverwandten, den eleganten Kostja Umanski. Mit beiden verbrachte ich nach dem Ende der Sitzungen manchen Abend.

Was ich da zu hören bekam, verstörte mich tief. Fragen der revolutionären Politik wurden als Rechenexempel behandelt. Begriffe wie Menschenwürde, Freiheit, Kampf gegen die kapitalistischen Unterdrücker spielten keine Rolle. Es ging um Taktik, um das, was beide das Problem der Macht nannten. Und zwar, das war erschreckend, um Anwendung von Macht weniger gegen die herrschende feindliche Klasse, als vielmehr um ein Instrument, das geeignet ist, Gegensätze zwischen Kommunisten energisch zu erledigen.

Beide haben später Karriere gemacht. Heinz Neumann stieg auf zum Star der Komintern. Stalin schickte ihn nach China, auch Chinesisch soll er binnen kurzem fließend gesprochen haben. Er war der Urheber einer unheilvollen Serie blutiger, sinnloser Putsche. Dann ging er nach Deutschland, gerechterweise muß ich hervorheben, daß er die tödliche Gefahr des Nationalsozialismus beizeiten erkannte und sich, eine Ausnahme unter KPD-Führern, verzweifelt darum bemühte, alle Kräfte gegen diesen Feind zu sammeln. Dadurch geriet er in Konflikt mit Partei und Komintern, die stur daran festhielten, daß die Sozialdemokraten der Hauptgegner seien. Stalin ließ ihn fallen, irgendwo wurde er nach 1933 liquidiert, wie so viele.

Entging Umanski diesem Schicksal? Als Sowjetbotschafter in Mexiko starb er bei einem Flugzeugabsturz, unter nie geklärten Umständen.

Ich behaupte nicht, daß die beiden Zyniker mich in meinem Glauben unsicher machten. Aber eines kam zum andern. Da Ruth Fischer mich mied, suchte ich sie kurzentschlossen im Hotel *Lux* auf. Was ich dort von ihr erfuhr, war so ungeheuerlich, daß ich es zunächst kaum faßte. Maslow war vor einiger Zeit unter merkwürdigen Umständen durch die preußische Polizei verhaftet worden.

Nie war der erfahrene Berufsrevolutionär öffentlich hervorgetreten, alle Regeln des illegalen Lebens hatte er strikt befolgt, und doch hatte man ihn geschnappt. Ruth deutete an, die Sowjets hätten einen Tip gegeben, um den ihnen Unbequemen auszuschalten. Ein haarsträubender Verdacht. Aber alle ‹Linken› galten plötzlich als Störenfriede. Auch Ruth selbst fühlte sich verfemt, aus Rücksicht auf mich hatte sie sich nicht mit mir im Kreml sehen lassen wollen...

Nun, alles konnte sich auch wieder ändern. Sagte sie das, um mich nicht völlig zu verwirren? Nur zu gern ließ ich mich beruhigen. Doch seit diesem Gespräch tauchte der Wunsch in mir auf, Rußland nach dem Kongreß wieder zu verlassen. Mir waren die Augen geöffnet worden, ich begriff, was die tagelangen Diskussionen in Wahrheit bedeuteten: Diadochenkämpfe um das Erbe Lenins.

Übrigens gab es auch heitere Episoden. Auf dem freien Kremlplatz hoch über der Moskwa tobte ein junger Amerikaner mit russischen Genossen umher, er brachte ihnen die Baseball-Regeln bei. Lächelnd stand der dunkle Inder Manabendra Nat Roy daneben und rühmte das Nationalspiel seiner Heimat, Hockey. Diese beiden Delegierten schilderte ich in kurzen Artikeln, dazu hatte mich ein Redakteur der *Iswestija* aufgefordert, sie wurden übersetzt, gedruckt und hoch honoriert. Schriftstellereinkünfte waren nicht begrenzt. Daß ich keine Lust hatte, kleine Porträts auch über deutsche Genossen zu schreiben, erregte Verwunderung. Ich wußte, weshalb ich's vermied.

Die große Heerschau endete mit einer Parade auf dem Roten Platz. Ich war nicht dabei, sondern schon mit dem Schneiden des umfangreichen Filmmaterials beschäftigt. Das dauerte wochenlang.

Danach saß ich wieder im Meschrabpom-Haus herum. Und nun klärten sich die Eindrücke der Kongreßzeit. Vor allem sah ich voraus, in welches Dilemma ich in Berlin geraten würde. Denn am bittersten hatte mich die klägliche Haltung der deutschen Delegierten enttäuscht. Sie waren Statisten gewesen, mehr nicht. Lenin hatte stets verkündet, die Weltrevolution müsse sich in Deutschland entscheiden. Der Schluß lag nahe, daß die deutschen Kommunisten schuld hatten, wenn Sowjetrußland sich fortan allein behaupten mußte.

Oder hatte der große Lehrmeister sich geirrt? Dann geriet alles ins Wanken, so weit wagte ich nicht zu denken. Aber ich fragte mich, ob ich noch mit ruhigem Gewissen in einer KPD arbeiten könne, die so sichtlich versagt hatte. Thälmann konnte mir meine Zuversicht nicht wiedergeben, aber auch die Skeptikerin Ruth Fischer nicht.

Also würde ich meinen Weg auf eigene Faust suchen müssen. Dabei war etwas sicher: In die Welt meiner Kindheit würde ich nicht flüchten. Die alte Ordnung war mir ein für allemal fremd geworden. In demselben Augenblick, da ich an den Hohepriestern meiner alleinseligmachenden Kirche zu zweifeln begann, bekannte ich mich um so entschlossener zu der großen Idee des Kommunismus. Daran hat sich nie mehr etwas geändert, bis heute, da ich das alles niederschreibe.

Ich konnte kein Renegat werden, weil ich ein für allemal davon überzeugt bin, daß jedem Menschen das Verlangen nach gerechterer Verteilung der irdischen Güter angeboren ist. Philosophie und Religion machen daraus eine unverbindliche Moral. Der Staat und alle Mächtigen suchen den natürlichen Trieb zu korrumpieren, indem sie an den Egoismus des einzelnen appellieren. Haben sie damit keinen Erfolg, dann unterdrücken sie gewaltsam die Sehnsucht, von der die Zukunft der Welt abhängt. Aber sie läßt sich nicht auslöschen.

Karl Kraus hat einmal den ihm von Grund auf wesensfremden Kommunismus «das Widerspiel der lebensschänderischen bürgerlichen Ideologie» genannt. Denn er sei «immerhin von Gnaden eines reineren idealen Ursprungs. Der Teufel hole seine Praxis, aber Gott erhalte ihn als konstante Drohung über den Häuptern jener, so da Güter besitzen und alle anderen zu deren Bewahrung, und mit dem Trost, daß das Leben der Güter höchstes nicht sei, an die Fronten des Hungers und der vaterländischen Ehre treiben möchten.»

Freilich hatte ich gelernt, Kritik an allem zu üben, auch meine Genossen sah ich nun aus kritischer Distanz – dennoch gehörte ich noch immer zu ihnen. Ob sie es wollten oder nicht, ihr Verbündeter würde ich bleiben. Diese Vorstellung erfüllte mich mit Freude. In dieser Stimmung nahm ich Abschied von Moskau.

Diesmal wollte ich den Seeweg wählen. Die *Iswestija*-Honorare machten mich finanziell beweglich. In Petrograd, das soeben in Leningrad umbenannt worden war, mußte ich ein paar Tage auf das Schiff warten. Die Fontanka mied ich. Aber in der Redaktion der *Leningradskaja Prawda* verabredete ich, Berichte aus Berlin zu schicken; mir schien so etwas leidlich zu gelingen, und die lokkere Verbindung mit dem Lande, das ich nun verließ, tat mir wohl. Ich bekam sogar eine Bescheinigung mit, die mich als Korrespondenten des Blattes legitimierte.

Und dann glitt ich, vorbei am berühmten Panzerkreuzer ‹Aurora›, an Kronstadt, hinaus in den Finnischen Meerbusen.

VI
Zwischenspiel

Fünfzig Stunden brauchte der kleine, klapperige Dampfer von Leningrad bis Stettin. Es war die einzige Schiffsreise meines Lebens. In den hellen Sommernächten grübelte ich über die nächste Zukunft nach, noch keineswegs entschlossen, meine Partei zu verlassen. Daß ich als Journalist mein Brot verdienen könnte, bezweifelte ich. Nun, für ein paar Wochen würde das Geld reichen, das ich in der Tasche hatte.

Swinemünde kam in Sicht. An der Einfahrt zum Kaiserkanal prangte auf einem Riesenschild der Name Stinnes, dem Heimkehrer erschien er als fatales Losungswort. Ihm war unbekannt, daß der mächtige Inflationsgewinnler kürzlich gestorben war und sein Imperium schon zu zerbröckeln begann.

In Berlin war eine neue Zeit angebrochen, solider vielleicht, jedenfalls teurer, die paar Dollars bedeuteten wenig. Ein bescheidenes Zimmer fand sich nahe dem Nollendorfplatz; wie in der ersten Nacht herauskam, ein Nuttenquartier. Bei zwei Nachbarinnen ging es munter zu.

Studienrat Gutmann war unerreichbar, er schien sich von Münzenberg getrennt zu haben. Dieser ließ sich nur kurz sprechen. Er war mit ausgreifenden Plänen beschäftigt, machte vage Andeutungen, in einer zu gründenden Zeitung könne sich wohl Arbeit für mich finden. Soweit war es noch nicht, sein rotes Pressereich entstand erst in den folgenden Jahren.

Blieb die *Leningradskaja Prawda*. Ein Stoß Briefpapier mit imposantem Kopf kostete fast mein letztes Geld. Ein erster ‹Brief aus Berlin› wollte nicht gelingen. Trocken war das, ohne Schwung. Andere Beiträge folgten, dann tat mir's ums Porto leid, die Sache schlief ein. Erst danach kam einmal ein kleines Honorar an.

Meinen Vater hatte ich kurz nach der Rückkehr besucht. Er steckte mir zwei Hundert-Mark-Scheine zu, von da ab kamen regelmäßig Überweisungen, ich nahm sie an, solange ich nichts verdiente. Als professioneller Skribent konnte ich mich beim besten Willen nicht sehen. Auch dann noch nicht, als sich unerwartet eine Chance ergab.

Der Bezirk Halle-Merseburg der KPD, an Mitgliedern stärkster im Reich, leistete sich ein Organ *Das Wort*. Zweimal in der Woche wurde den Beziehern eine Menge Bildung und Unterhaltung geliefert: Novellen, Glossen, Feuilletons, Buchbesprechungen. Bis auf den Leitartikel war Politik sorgfältig in humanitäre, kulturkritische Betrachtungen verpackt. Ein Unikum, Ähnliches hat der deutsche Kommunismus selten zustande gebracht. Zu seinem Schaden.

Irgendwo kam mir ein Exemplar in die Hand. Kurzerhand schrieb ich nach Halle und legte zwei kleine Texte bei. Und hatte Erfolg. Monatelang erschien alles, was ich schickte.

Der Chefredakteur hieß Bernhard Menne. Ihm stand ein äußerst wechselvolles Leben bevor. Von der KPD sagte er sich los, war wohl linker Sozialdemokrat, bis er nach 1933 emigrierte. In England gehörte er zum Stab jenes Lord Vansittard, der die Deutschen ohne Ausnahme für Hitler büßen lassen wollte.

Nach dem Krieg wurde Menne in Hamburg Chef der von den Briten gegründeten *Welt am Sonntag*. Das war ein gutgemachtes, liberales Blatt, ein paar Jahre lang. Dann ging es ebenso wie die Tageszeitung *Die Welt* im Konzern Axel Springers auf und modelte sich Schritt für Schritt zum Sprachrohr der nationalistischen Reaktion.

Auch das geschah unter Mennes Leitung, der Wandlungsfähige galt als gefügiger Diener seines neuen Herrn. Doch unter vier Augen gestand er ein, wie miserabel er sich fühle. Ein paarmal versuchte er aufzubegehren, den Kurs zu ändern; zu zaghaft, die hochdotierte Stellung lähmte ihn, und eine schleichende Krankheit gab ihm den Rest. In den sechziger Jahren starb er, erfolgreich und tief unglücklich. Ich weiß das, denn eine lockere Verbindung bestand bis zuletzt. Trotz schroffer politischer Gegnerschaft blieb ich ihm dankbar, denn in jenem Winter 1924/25 war er nicht nur mein Brotgeber, sondern ein guter Kumpan, im Metier kannte er sich aus wie wenige.

Unmerklich lernte ich schreibend zu schreiben. Das Selbstvertrauen wuchs, mit ihm der Vorwitz. Wie von selbst ergab es sich, daß ich zum Filmexperten im *Wort* wurde; erst auf Grund der russischen Erfahrungen, bald besprach ich Berliner Premieren. Auf Mennes Anregung interviewte ich populäre Regisseure und Schauspieler; kurioser Auftrag eines immerhin kommunistischen Blattes. Noch bemühte ich mich redlich, ein Soll an richtiger Gesinnung zu erfüllen.

Lebhaft erinnere ich mich an eine Teestunde bei Lil Dagover, Liebling des Publikums damals. Keine aufgeputzte Puppe, sondern eine gescheite Frau. Amüsiert nahm sie zur Kenntnis, es ginge nicht um branchenübliches Geplauder, sondern um gesellschaftskritische Analyse des kapitalistischen Starrummels.

Daran beteiligte sie sich ohne Zögern, steuerte drastische Einzelheiten bei, dem Bericht kam das zugute. Aber so aggressiv wie geplant kann er nicht ausgefallen sein.

Seltener als die Kinopaläste besuchte ich die Theater. In Bertolt Brechts *‹Im Dickicht der Städte›* sah ich Fritz Kortner zum erstenmal, als Shlink. Der anarchische Elan des Stückes packte und verwirrte mich zugleich; eigene heimliche Wünsche wurden aufgewühlt, daran lag's wohl. Daß ich einem Jahrhundert-Dramatiker begegnet war, spürte ich nicht. Noch nicht.

Wirkliches Verständnis für die Bühne hat mir aber, um das gleich hier ehrlich zu bekennen, auch später gefehlt. Meine aus richtigem Instinkt seltenen Theaterkritiken im *Wort* müssen hanebüchene Produkte einer naiven Frechheit gewesen sein.

Über die kleinen literarischen Kabaretts, für Berlin charakteristisch in der Weimarer Zeit, habe ich wohl kaum nach Halle berichtet, aus Scheu vor der eigenen Begeisterung, der ich insgeheim nicht traute. Hingerissen hörte ich die aufreizenden Chansons, ob Walter Mehring, Klabund oder Friedrich Holländer der Autor war. Und was für ebenbürtige Interpreten standen auf den winzigen Bühnen! Trude Hesterberg etwa, pompöse Prinzipalin der ‹Wilden Bühne›. Gleich nach ihr, frappierender Kontrast, die zerbrechliche Blandine Ebinger, als abgehärmtes Proletariermädchen leierte sie mit dünner Stimme: «Een Jroschen liegt auf meiner Ehre, een Jroschen unscheinbar und kleen».

Aufgezäumte Damen bekamen feuchte Augen, betuchte Männer räusperten sich, angerührt nicht vom Elend, sondern durch dessen virtuose Darstellung. Ein abtrünniger Bürgersohn verstand diese Emotionen und schämte sich der eigenen. Vier Jahre als Partisan des Klassenkampfs hatten den arglosen Genuß verdächtig werden lassen. Nicht mehr imstande, zu erleben und erst dann darüber nachzudenken, nahm ich alles sofort durch eine Filtermaske der Reflexion auf. Das begann mich zu beunruhigen.

Um aufrichtig zu sein muß gesagt werden: Mich zog besonders an, daß in den Kabaretts Frauen den Ton angaben. Zwei von ihnen sehe ich noch nach Jahrzehnten vor mir: Anklägerinnen des überstandenen, fortschwelenden Unheils, zugleich Seherinnen des künftigen.

Die eine von ihnen trat lässig durch den Vorhang, als sei sie sich der Magie ihres Namens bewußt: Kate Kühl. Abweisend ging ihr Blick über die Reihen. Plötzlich brach der Vulkan aus: Verachtung, Haß, Rache. Die Fahnenschwingende auf dem Bild von Delacroix. Sexus auf der Barrikade. Eros und Revolution verschmolzen. Mein nie aufgelöstes, mühsam unterdrücktes Dilemma, hier war es für eine Stunde überwunden. Dann sprach ich mit ihr, einer vernünftigen, nüchternen Person, freundlich lachte sie: «Ein Interview? Bitte!» Es wurde nicht geschrieben, wer mag die Zerstörung einer Illusion beichten? Ich wußte noch nicht, daß Wunder einer gewissen Distanz bedürfen.

Die andere: Rosa Valetti. Flammend rotes Haar. Breites Gesicht, eben noch mütterlich, nun in jäher Verwandlung gewalttätig. Drohend sang, sprach, schmetterte sie das Lied, das seit zwei Jahren jedesmal als Zugabe verlangt wurde, die ‹*Rote Melodie*›:

General! General!
Wag es nur nicht noch einmal!
Es schrein die Toten!
Denk an die Roten!

Jedesmal überlief mich eine Gänsehaut. Das lag natürlich nicht nur an der Valetti, sondern vor allem am Text. Geschrieben von Kurt Tucholsky. Wer das war, wußte jeder. Seine Beiträge in der *Weltbühne* verschlang ich immer schon auf dem Heimweg vom Zeitungskiosk.

Erbarmungslos wurden sie entlarvt und gezaust, die Überlebenden des Kaiserreichs. Richter, Beamte, Generale. Alle Schwächen der halbherzigen Demokratie seziert. Und am Pranger stand der Schuldige, der das Unheil gedankenlos hinnahm, der ewige Spießbürger. Eben begann die Reihe der Wendriner-Geschichten zu erscheinen. Daß im Satiriker selbst etwas vom dicken Bourgeois rumorte, daß eben dies zu seinem Talent beitrug, wie hätte ich's damals begreifen können? Ich liebte den Mann mit den fünf Namen, gern hätte ich es ihm gesagt. Er lebte, so hieß es, meist in Paris. Ganz gut so. Wie hätte ich vor ihm bestehen sollen, wenn ich ihn für das *Wort* interviewte. Das lag nahe. Der Filmhistörchen müde, begann ich die literarische Prominenz nach ihren Plänen zu befragen. Dabei geriet ein ahnungsloser Neuling in allerlei Fallstricke.

So gleich bei Leonhard Frank, dem ich im Malik-Verlag flüchtig begegnet war. 1918 als Verwundeter hatte ich seinen schönen, vor dem Krieg erschienenen Roman ‹*Die Räuberbande*› gelesen. Die Indianerabenteuer der Würzburger Halbwüchsigen entzückten mich weit mehr als der Novellenband ‹*Der Mensch ist gut*›. Dieser außerordentlich wirksame Aufruf gegen das große Morden war von der deutschen Zensur verboten, dennoch ging die Zürcher Ausgabe im Lazarett von Hand zu Hand. Mir schienen die fünf Schicksale exemplarischer Opfer konstruiert, die Sprache gefühlig, in meiner knabenhaften Unwissenheit spürte ich nicht, wie redlich und wie wichtig diese Proklamation war. Später erkannte ich, daß hier ein Urteil revidiert werden müsse. Nun endlich war die Gelegenheit dafür da.

Mich erwartete ein eleganter Herr, nein, das sagt zu wenig, ein Grandseigneur, perfekt gekleidet, meine baltische Großmutter nannte so etwas *à quatre épingles*. Erst Jahre später habe ich begriffen, daß ein Rebell durchaus berechtigt ist, Maßanzüge zu tragen – wenn er nur Rebell bleibt. Und das war bei Leonhard Frank der Fall.

Der Sohn eines armen Schneiders, in seinen jungen Jahren Mechaniker und Krankenpfleger, autodidaktisch gebildet, anerkannt endlich als Schriftsteller, gönnte sich, was ihm einst versagt geblieben war. Er gebärdete sich nicht als Revolutionär, aber er schrieb so, lebenslang, mit dem ganzen Ernst eines arbeitenden Proletariers.

Das wußte ich nicht. Und noch weniger sah ich voraus, daß just dieser Arrivierte mir Anfänger einmal höchst nützliche Ratschläge für das Metier des Schreibens geben würde.

Das erste Gespräch fror ein, kaum begonnen. Ich erwähnte, daß ich auch Alfred Döblin aufsuchen wolle; und verschwieg nicht, daß der Gigantenroman meine Lektüre auf der zweiten Moskau-Fahrt gewesen war. Frank fiel über mich her:

«Sie, ein Kommunist, nehmen dies Geschwafel ernst? Ein Gebräu aus ein bißchen Biologie und Physik und viel Metaphysik! Der Döblin wird von manchen für einen Sozialisten gehalten. In seiner sogenannten Utopie steht nichts von gesellschaftlicher Umwälzung. Aber bitte, wenn der mystische Phantast Sie interessiert – gehen Sie nur zu ihm ...»

Damit war ich brüsk verabschiedet.

Leonhard Franks Zornausbruch, maßlos, aber gewiß nicht ganz unbegründet, beunruhigte mich. Dahinter schien Ressentiment zu stecken. Tagelang schob ich den Besuch bei Döblin auf. Dann überwog die Neugier. Ich fuhr in die Frankfurter Allee, weit im Berliner Osten, dort hauste der Doktor in einer recht düsteren Wohnung, die gut zu einem Armenarzt paßte.

Der erste Eindruck war nichtssagend. Ein grauer Mann mit dikken Brillengläsern äußerte Höfliches. Über seine Bücher schien er nicht reden zu wollen, die könne man ja lesen. Ungemütliche Minuten, bis ich beiläufig nach seinem Arztberuf fragte.

Nun ganz bei der Sache, lebhaft, oft ironisch, setzte er mir ungefähr das Folgende auseinander: Die neurologische Kassenpraxis in einem Proletarierviertel ist eine Aufgabe, die noch kaum als soziale Pflicht erkannt wird. Da leben die armen Leute, dichtgedrängt, in schlechten Schulen viertel-, achtelgebildet, dann Jahr um Jahr ausgebeutet und entwürdigt. Sie verkrüppeln seelisch. Den Nervenarzt haben sie nötiger als gelangweilte Bürgerweiber und vom blödsinnigen Gewinnstreben zermürbte Geschäftemacher. Im Grunewald ist Sigmund Freud große Mode – niemand denkt daran, Proletarier psychoanalytisch zu behandeln. Als hätten die keine Nerven!

Noch etwas erbitterte Döblin: Ahnungslos sind auch die Gesellschaftserneuerer! Moderne Psychiatrie ist eine notwendige Hilfe für Reformen wie für Revolutionen. Dieser Dr. Döblin war, es wurde immer deutlicher, kein Wirrkopf, sondern ein Realist, ein Kenner der Unterdrückten. Mehrmals äußerte er sich sarkastisch über die Seelenpflästerchen, die Pfarrer und Priester an Arbeiterfrauen verteilten. Bei allem Respekt vor dem Christentum – da werde die Religion wahrhaftig als Opium mißbraucht. Die Frage lag nahe, ob er ein Agnostiker sei. Nach kurzem Nachdenken meinte er: Ein christlicher Heide. Halb schon für ihn gewonnen, hörte ich gespannt dem zu, was er schließlich über seine literarischen Pläne sagte. Den Dichter-Doktor beschäftigte ein Vorwurf aus der indischen Sagenwelt. Götter und Heroen als uralte Sinnbilder ewiger Grundfragen des Daseins. Die Absicht sei, den Mythos zu entgöttlichen, die Überirdischen als Beispiele für Humanität und Barbarei vorzuführen, je nachdem. Schließlich bemerkte er beiläufig, diese moderne Deutung solle in freien Rhythmen, als Epos geschrieben werden. Eben das entspräche dem Wesen unserer Epoche.

Nun war ich vollends verwirrt. Döblin trug das alles heiter und vergnüglich vor, gelegentlich sich selbst verspottend, in ihm steckte sicherlich ein Eulenspiegel. Nachmals wurde daraus ein Don Quijote, der sich die Windmühlen selber aufbaute, gegen die er mit der Lanze der Theologie anrannte. Doch wer weiß, ob er nicht im Grunde schon immer einer war, der hinter hundert Wahrheiten die eine, allerletzte zu finden hoffte? Hermann Kesten schrieb ein Menschenalter später, Döblin hätte lebenslang «einen gewaltigen Verbrauch von Göttern» gehabt. Eine gute Formel.

Jener Nachmittag bei ihm endete damit, daß er mich einlud, gelegentlich zu einem Stammtisch zu kommen, bei *Schlichter*, in der Ansbacher Straße. Dort würde ich interessante Leute treffen.

Das Restaurant *Schlichter* war bei Gourmets beliebt. Der Besitzer, ein behäbiger, jovialer Schwabe, stand selber am Herd. Als kundiger Jünger Brillat-Savarins wußte er, daß die Genüsse des Gaumens und des Geistes in einem förderlichen Zusammenhang stehen. Mag sein, daß ihn in dieser Überzeugung sein Bruder bestärkte, der Maler Rudolf Schlichter, der mit George Grosz befreundet war. Zeichnungen von beiden hingen sauber gerahmt an den Wänden.

Ein großer Tisch war stets reserviert für Künstler und Literaten.

Sie trafen einander je nach Laune, ohne feste Verabredung. Jede Exklusivität fehlte. Niemand achtete auf mich, den Neuling, der ziemlich verloren dabeihockte und sich unter lauter Fremden nicht zurechtfand. Es wurde diskutiert, daß die Fetzen flogen, über Surrealismus, Neue Sachlichkeit, Max Reinhardts größenwahnsinnige Projekte; inmitten des Durcheinanders thronte lächelnd eine überwältigend schöne Frau, Erna Morena, die mir als große Dame des Films ein Begriff war. Der zerfurchte Kopf neben ihr mochte dem umstrittenen Publizisten Wilhelm Herzog gehören, ob er noch ihr Mann war, weiß ich nicht. Alles spielte sich in einer Distanz ab, die ich nicht zu überwinden vermochte, schon wollte ich mich unauffällig entfernen, da endlich erschien Döblin, der mich freundlich begrüßte. Und gleich danach Bertolt Brecht, in der schon stadtbekannten Lederjacke, eine Zigarre mehr kauend als rauchend. Von mir nahm er keinerlei Notiz.

Umständlich erörterte er mit dem herbeigeeilten Gastronomen die Vorzüge verschiedener Gerichte und entschied sich schließlich für etwas Ausgefallenes. Er erschien mir wie ein Knabe, der einmal selbst bestellen darf, was er haben möchte. Um genau zu sein: Ein verschmitzter Lausejunge führte diesen Vorgang bewußt vor.

Dieser erste Eindruck blieb haften. Unter welchen Umständen immer ich Brecht später traf, jedesmal tauchte er wieder auf. Im Asketen verbarg sich ein Kenner schöner Dinge. Er verkündete möglichst einfache Wahrheiten und ergötzte sich selbst an Differenzierungen. Mich überraschte es nicht, daß er die Franzosen eine glückliche Nation nannte, weil sie dreihundert Käsesorten produzieren. Seine strenge Lehre, Kunst dürfe nicht ‹kulinarisch› genossen werden, hing auf vertrackte Weise zusammen mit der eigenen Freude am naiven Genuß des Daseins.

Brecht begann ein hitziges Wortgefecht mit Döblin. Der Anlaß erschien mir unbedeutend, es ging um das Radio. Von dem knatternden Ding hatte ich natürlich allerlei gehört, seit mehr als einem Jahr sendete die Berliner Funkstunde täglich ein Programm, die Zeitungen waren voll davon, darüber las ich hinweg. Seit meine Beiträge in Halle erschienen, gewann das geschriebene und gedruckte Wort seinen besonderen Rang. Was sollte mir da ein neues technisches Instrument, das offenbar so etwas wie akustischer Kinoersatz fürs traute Heim war?

Döblin aber pries dieses kümmerliche Wunderding, er sah dabei enorme Möglichkeiten für Autoren, Musiker, für die allgemeine Bildung. Brechts rostige Stimme fuhr sarkastisch dazwischen: Ein kolossaler Triumph der Technik! Endlich werden dem ganzen Erdball Wiener Walzer und Kochrezepte zugänglich!

Jemand lachte: Was haben Sie gegen Kochrezepte? Er darauf, verbissen: Alles. Weil sie der Verblödung dienen. Funkwellen sind ein heimtückisches Mittel der Bourgeoisie!

Döblin, ironisch: Aha. Das neueste Opium fürs Volk. Aber auch die Sowjets haben ihre Sender ...

Gott sei Dank, krähte Brecht. Die haben auch eine Armee. Um sich gegen den Imperialismus zu verteidigen. Die Ätherkanonade ist die allerneueste Methode kapitalistischer Aggression. Niemand könne annehmen, daß beispielsweise er selbst, Brecht, in einem deutschen Sender zu Wort käme.

Das sollte freilich nicht allzu lange nachher der Fall sein. An diesem Tisch aber hörte sich's glaubhaft an, und ich gab ihm recht. Der Literat, der ich sein wollte und noch nicht war, fühlte sich in seinem Novizen-Hochmut bestärkt. Erst nach Jahren übersprang ich die Barriere, die den Weg zu diesem Medium versperrte, für das ich – die Erfahrung sollte es lehren – nicht ungeeignet bin.

Bei *Schlichter* sah man jedesmal neue Leute. Es muß schon Anfang Januar 1925 gewesen sein, als ich dort eine beunruhigende Begegnung hatte. Das Gespräch berührte aus irgendeinem zufälligen Grunde den Mitteldeutschen Aufstand vom März 1921. Kaum jemand war darüber so recht im Bilde, doch ich, der Zaungast, zögerte einzugreifen.

Da nahm ein Mann mit auffallend klarem, ausgeprägt geistigem Gesicht energisch das Wort. Überaus kritisch äußerte er sich über das damalige Versagen der KPD, dessen Ursache ein blinder Gehorsam gegenüber russischen Beratern gewesen sei. Die hätten die Lage völlig falsch eingeschätzt. Ohne nachzudenken, warf ich ein:

«Ganz bestimmt nicht alle!»

Der Unbekannte wendete sich mir zu, wollte wissen, woher ich solche Kenntnis hätte, stellte noch ein paar Fragen. Nachher forderte er mich auf, ihn ein Stück zu begleiten.

Da erst erfuhr ich, wer neben mir ging: Der Rechtsanwalt Paul Levi, ehedem führender Kopf meiner Partei, ausgeschieden nach schweren Konflikten, nun Abgeordneter der Sozialdemokratie im Reichstag.

Ich war verstört. Der prominente Renegat sollte mich um keinen Preis beeinflussen! Doch das versuchte er gar nicht. Geschickt brachte er mich zum Reden, ließ sich vom ‹Kleinen› berichten, auch vom Komintern-Kongreß in Moskau. Von der kommenden Umwälzung der Gesellschaft sprach er wie von einem selbstverständlichen Ereignis, das derzeit freilich weit in der Zukunft läge. Erstaunliche Überzeugungen eines Abtrünnigen. Am Ende war er das gar nicht? Jedenfalls nicht mehr und nicht weniger als ich selber.

Es lag nahe, sich dem Erfahrenen anzuvertrauen und seinen Rat zu hören. Doch blieb eine letzte Hemmung. Dieser ehemalige Genosse hatte sich zu den Scheidemann, Breitscheid und Wels geschlagen! Zu denen, die aus der Novemberrevolution eine Farce gemacht hatten. Das saß fest nach jahrelanger Schulung. So weit wie Paul Levi würde ich niemals gehen. Und so schwieg ich.

Er schien zu erraten, was in mir vorging. Als wir uns verabschiedeten, meinte er unversehens:

«Wir haben übrigens einen gemeinsamen Freund, Sie haben ihn bei Münzenberg kennengelernt. Valeriu Marcu. Mit dem sollten Sie sich mal unterhalten.»

Er gab mir die Adresse. Nach ein paar Tagen ging ich hin.

Zwei große Parterrezimmer in der Meinekestraße. Einen riesigen Tisch bedeckten Gebirge von Büchern, Memoiren, Biographien, historische und soziologische Werke. Überall steckten Merkzettel. An den Rändern aufgeschlagener Bände Notizen in zarter Bleistiftschrift. Die Klause eines emsigen Gelehrten.

Dem widersprach die Erscheinung des Hausherrn. Marcu war auch zu Hause sorgfältig gekleidet, adrett, von leicht balkanischer Eleganz. Unser alter Dandy der Revolution, äußerlich unverändert. Doch nun berichtete er auf meine Fragen von sich, lebhaft gestikulierend, außerstande, anders als witzig zu sprechen. Und alsbald wurde deutlich, welche Verwandlung vorgegangen war.

Valeriu hatte sich von seinen Jugendidealen weit entschiedener losgesagt als Paul Levi, den er indessen nach wie vor als einen Mentor verehrte.

Von Münzenberg hatte er sich getrennt, um fortan als freier, in jeder Hinsicht unabhängiger Schriftsteller zu leben. Umfangreiche Arbeiten waren geplant, die gründliche, voraussichtlich jahrelange Studien erforderten. Inzwischen mußte er sich durch kleinere Publikationen über Wasser halten; was natürlich, er nahm den Einwand vorweg, die unbedingte Unabhängigkeit ein wenig problematisch machen könnte. Doch da würde er behutsam taktieren, schon wünschten die großen liberalen Blätter wie die *Vossische Zeitung* ihn als Mitarbeiter zu gewinnen.

Er konnte umwerfend liebenswürdig sein und brachte diese Fähigkeit bewußt ins Spiel. Wenn es sich ergab, machte er kein Hehl aus seiner Vergangenheit als junger Bolschewist, die war ja tatsächlich voller Abenteuer gewesen, niemand stieß sich daran. Der Charme des amüsanten Snobs ließ bei Pressemagnaten und Ministern alle Bedenken schwinden.

Unbefangen berief er sich auf seine genaueren Kenntnisse, wenn allzu unsinnige Ansichten über die rote Weltgefahr laut wurden. Er war zu gescheit, um blindlings gegen seine früheren Glaubensgenossen zu wüten, wie so viele vom Kommunismus Enttäuschte. In dieser Hinsicht wurde er mein Vorbild, in einer anderen entmutigte er mich geradezu: durch seine ungewöhnliche schriftstellerische Begabung.

Mehrsprachig aufgewachsen, hatte er sich zu einem brillanten deutschen Stilisten entwickelt. Wenigen ist es gegeben, gallischen Esprit mühelos in unsere Sprache zu transponieren, ihm gelang es.

Ich bin davon überzeugt, daß er das Schreiben ebenso genoß wie alle anderen Reize des Lebens. Am Schreibtisch war er ein zäher, fanatischer Arbeiter. Doch schätzte er die Nähe des Kurfürstendamms, gern stürzte er sich in den Trubel des Nachtlebens.

Die Gigolos in der *Rio-Rita-Bar* oder im *Kakadu* hielten den kleinen Stutzer vielleicht für ihresgleichen. Bei den Schönen der Nacht war er wohlgelitten, weil er sie ernst nahm. War der Generöse knapp bei Kasse, ließen sie sich mit Bonmots honorieren; in seinem Munde bekamen auch krasse Obszönitäten einen aparten, sozusagen literarischen Glanz. Er verstrickte sich auch fortwährend in ernsthafte Amouren. Aber manche zärtlich Umworbene, die er endlich in seine Eremitage gelockt hatte, mußte geduldig zusehen, bis erst einmal Einfälle notiert, eine Manuskriptseite zu Ende gekritzelt war. Er war ein fröhlicher Besessener.

Nur einmal traf ich Valeriu in verzweifelter Stimmung, er kämpfte mit dem Weinen, berichtete abgerissen: Während einer kurzen Reise hatte er unseren gemeinsamen Bekannten B. bei sich wohnen lassen, als Wächter der Buchschätze. Der arme Teufel hatte einen Stoß dicker Wälzer verramscht, ein schier unfaßbares Verbrechen, die kostbaren Marginalien waren unersetzlich. Tagelang lief der Bestohlene durch alle Antiquariate, nur ein Teil fand sich wieder. Doch er brachte es nicht über sich, den Übeltäter anzuzeigen.

Ein Intimus von Marcu war Franz Schulz, den ich seit den Malik-Tagen aus den Augen verloren hatte. Er stammte aus Prag, überall in den Berliner Redaktionen saßen seine Landsleute, er war zu einem kleinen Star der Boulevardpresse geworden. Im *Acht-Uhr-Abendblatt*, das schon mittags herauskam, liefen seine nicht unbedingt seriösen Serien über ‹Geheimnisse der Fürstenhöfe› und ähnlich sensationelle Themen. Bei der Abfassung profitierte er vom unerschöpflichen Material Valerius; er mokierte sich selber darüber, daß ihn die Brosamen vom Tische eines reichen Geistes nährten.

Schulz trat ähnlich elegant auf wie sein Freund, für dessen Nachahmer ihn manche hielten. Davon war keine Rede, möglicherweise war sogar er das weltmännische Vorbild gewesen. Auch galt er als kalter Egoist, was nun vollends falsch war. Mir gegenüber hatte er sich ja schon vor Jahren als uneigennütziger Kamerad erwiesen. Jetzt kümmerte er sich ganz unauffällig darum, wie und wovon ich denn so lebte. Es wunderte ihn, daß ich nicht Kapital aus meinen russischen Filmerfahrungen machte. Er selbst schrieb neuerdings auch Drehbücher.

Eines Tages machte er einen Vorschlag. Die UFA suche junge Dramaturgen, das wäre doch etwas für mich. Er hätte darüber schon mit Georg Witt gesprochen, einem maßgebenden Mann des Hauses. Der Exilrusse war mit Lil Dagover verheiratet, mein Name ihm irgendwie bekannt, kurzum, ich brauchte nur zuzugreifen. Meine Wünsche gingen nicht gerade in diese Richtung. Aber hatte ich denn überhaupt bestimmte Wünsche? Sicher war nur, daß es so wie bisher nicht lange weitergehen konnte. Ich zog wieder einmal Bilanz. Sie sah nicht gut aus.

Eben wurde ich 26 Jahre alt. Ein halbes Dutzend Anläufe lagen hinter mir, jedesmal hatte ich ein ganz neues Leben anfangen wollen, herausgekommen war wenig. Die kargen Honorare vom *Wort* mußten wohl oder übel durch Zuwendungen meines Vaters ergänzt werden. Ein festes Einkommen war nicht zu verachten, wenngleich ich an meiner Eignung für regelmäßige Büroarbeit zweifelte. Alles würde vermutlich wieder auf ein Provisorium hinauslaufen. Doch was hatte ich zu verlieren? Und so nahm ich das Anerbieten des wohlmeinenden Helfers an.

Der Name UFA hat für viele von uns Älteren einen bösen Klang, weil er sich mit dem von Alfred Hugenberg verbindet. Der fuchsgesichtige Erzfeind der Weimarer Republik bereitete jahrelang durch die nationalistischen Filme seiner UFA den Aufstieg Hitlers vor, zielstrebig und zuletzt selbstmörderisch. Doch das lag 1924 noch in der Zukunft.

Die UFA, ‹Universum Film AG›, im Kriege gegründet, gehörte einem Konsortium von Großbanken. Durch Fusion mit kleineren Firmen war ein Mammutkonzern herangewachsen, der in seinen Ateliers Filme herstellte, sie in eigenen großen Kinos herausbrachte, dann an andere Theater verlieh und ins Ausland vertrieb.

Aus der Abhängigkeit von der Hochfinanz ergab sich zweifellos eine gewisse Vorliebe für vaterländische Stoffe; so hatten die Fridericus-Filme, mit Otto Gebühr in der Hauptrolle, gewiß einen politischen Sinn. Aber man war nicht einseitig, es wurden auch ganz andere Bildstreifen gedreht, sentimentale, grob komische und, gar nicht selten, anspruchsvolle.

Die UFA war ein riesiges Warenhaus, in dem es alles gab, die Platitüde und das Experiment, Kitsch und Kunst. Ein ungewöhnlicher Mann brachte das alles unter einen Hut, Erich Pommer, erst Mitte Dreißig und schon allgemein anerkannt als Potentat des schier unüberschaubaren UFA-Reiches. Mit den Einzelheiten der Produktion war er ebenso vertraut wie mit den Problemen der Kalkulation.

Viele seiner Mitarbeiter sahen in ihm den Geschäftsmann, für den künstlerische Fragen Nebensache waren. Das ist mit Sicherheit nicht ganz gerecht. Pommer hatte Geschmack, entschied sich immer wieder für ungewöhnliche Projekte und riskierte dann viel Geld. An der damaligen Weltgeltung des deutschen Films hatte er erheblichen Anteil. Dennoch blieb er bei liberalen und erst recht radikalen Kritikern umstritten. Im Krieg war er an der Front gewesen, seither hatte er sich eine leichte Neigung zum Patriotismus bewahrt; was ihn, den Juden, seinen konservativen Finanziers gewiß sympathisch machte.

Die Zentrale der UFA befand sich in jenem klotzigen Rundbau am Potsdamer Platz, der später zu dem berühmten Etablissement *Haus Vaterland* wurde. (Dort wurden den Gästen vor spanischer, türkischer, Wiener Kulisse die jeweiligen Nationalgerichte serviert; auf einer Rheinterrasse konnten sie stündlich ein künstliches Gewitter miterleben.)

Die UFA-Dramaturgie amtierte im fünften Stock. Ich hatte eine sinnvolle Arbeit erhofft; doch wir vier oder fünf jungen Leute mußten lediglich eingesandte Manuskripte lesen und möglichst knapp beurteilen, angekauft wurde niemals etwas davon.

Der Chefdramaturg hieß Spiero. Der recht gebildete, mürrische Herr war leicht krankhaft eifersüchtig auf jede selbständige Regung seiner Untergebenen. Es war streng verboten, eigene Ideen zu äußern.

Als ich gleichwohl einen, wie mir schien aussichtsreichen, Vorschlag wagte, kündigte Spiero mir fristlos. Georg Witt, der als rechte Hand Pommers mehr zu sagen hatte, brachte die Sache ins reine; möglicherweise hatte ihm jenes Interview mit Lil Dagover Spaß gemacht.

Meinem Vater aber schrieb ich, seine Hilfe sei nun nicht mehr notwendig. Dennoch kamen ab und zu Überweisungen, wie es schien Ausdruck seiner Zufriedenheit, weil er mich in fester Stellung wußte. Doch bei einem Wochenendbesuch in Leipzig merkte ich, daß er nicht an eine lange Dauer dieses Zustands glaubte; worin wir völlig übereinstimmten. Er wartete in Ruhe ab, wohin die Umwege seines Sohnes führen würden. Es scheint, daß er früher als ich auf meine Zukunft als Schriftsteller rechnete. Diese Gelassenheit trug dazu bei, daß sich von nun ab eine herzliche Freundschaft zwischen uns entwickelte, die ernstlich nie mehr in Frage gestellt werden sollte.

In diesen Monaten verließ ich, nach langem Zaudern, die Partei.

Die genauen Umstände sind meinem Gedächtnis bezeichnenderweise völlig entschwunden. Schrieb ich einen Brief? Gab es noch eine Aussprache in der Münzstraße? Dort waren die maßgebenden Genossen nach wie vor in Richtungskämpfe verstrickt, es fiel nicht auf, wenn ein kleiner Fisch wie ich davonschwamm. Mich aber hatten die vergangenen fünf Jahre geprägt, für immer. Nie mehr habe ich einer Partei angehört, aber jederzeit Partei ergriffen, als Sozialist; oder um es ein für allemal zu klären: als streitbarer LINKER.

Vor einem halben Jahrhundert war das eine unmißverständliche Definition, heute hören wir oft, der Gegensatz zwischen LINKS und RECHTS habe seinen Sinn verloren. Wer das behauptet, gibt sich in meinen Augen als RECHTER zu erkennen; vielleicht als ein Rechter mit leicht linker Schlagseite, oder als Linker mit kräftigem Rechtsdrall, solche Zwitterformen sind häufig. Sie ändern nichts daran, daß zwei unvereinbare Grundhaltungen bestehen, deren sich beide Seiten auch durchaus bewußt sind.

Karl Marx führte alle sozialen Vorgänge auf materielle, ökonomische Ursachen zurück. Er wußte aber auch, daß erst das Bewußtsein ihrer Lage Menschen zu politischem Handeln bringt, nicht die Lage selbst. In der ‹*Deutschen Ideologie*› hat er diesen Zusammenhang einleuchtend dargestellt, am Beispiel der jeweils Herrschenden. Deren «Gedanken und Illusionen» haben bisher die Geschichte bestimmt, sie setzten das eigene Interesse mit dem der Gesamtheit gleich.

Marx lehrte, diesen Anspruch müsse mit weit besserem Recht die «revolutionierende Klasse» erheben. In diesem Zusammenhang benutzt er das Wort ‹Proletariat› nicht. Sein Appell richtet sich an alle, die nicht im Besitz der Produktionsmittel sind; beispielsweise an die Intellektuellen, die ihre scheinbare geistige Freiheit so gern betonen.

Während der seither vergangenen hundert Jahre ist bei der Mehrheit aller Abhängigen tatsächlich ein, wie Marx es nennt, «produziertes Bewußtsein» erwacht. Produziert gewiß aus der Einsicht in die ökonomische Lage, aber im Laufe mehrerer Generationen hat sich noch etwas herausgebildet, was ich, ohne in Mystik zu verfallen, als einen Instinkt bezeichnen möchte.

Es ist der sichere Instinkt dafür, wohin jeder gehört. Er läßt sich einschläfern, auch irreführen, das erklärt vieles am Erfolg Hitlers. Völlig erloschen ist er nie mehr, auch nicht in der modernen Wohlstandsgesellschaft. Bei jedem noch so sittsam ausgetragenen Lohnkonflikt, beim Ringen um Mitbestimmung, im wachsenden Widerstand gegen Konsumzwang rührt er sich kräftig. Und nun geschieht etwas Merkwürdiges. Die Herrschenden rechnen darauf, ein paar materielle Zugeständnisse würden die Spannung verschwinden lassen. Sie denken dabei – als Vulgärmarxisten. Doch mit der Linderung der krassesten Armut, selbst wenn das gelänge, ist das Verlangen nach Veränderung nicht aus der Welt geschafft. Auch im scheinbar zum Kleinbürger aufgestiegenen Proletarier ist der Klasseninstinkt nicht auszurotten. Der gibt sogar immer noch den Anstoß, sich die gesellschaftlichen Zusammenhänge mit dem Verstand klarzumachen.

Natürlich gründet sich meine Ansicht auch auf eigene Erfahrungen. Ich kam nun einmal nicht aus meiner Klassenlage zur Partei der Revolution. Anfangs machte mir das Kopfzerbrechen, bis ich mir sagte: Fast alle Führer im uralten Kampf zwischen Oben und Unten waren keine Plebejer, weder die Gracchen noch Thomas Müntzer, weder Marx noch Lenin. Auch sie zwang ein Instinkt auf die Seite der Unterdrückten, sie handelten nicht nur aus Mitleid oder aus Begeisterung für humane Ideale. Mir scheint, daß sie alle fühlten, noch ehe sie es wußten, daß dort die Zukunft war.

Auch der kleine Partisan braucht solch einen zuverlässigen Kompaß. Ich fand ihn, indem ich die Kategorien LINKS und RECHTS als verbindliche Merkmale begriff. Seither lege ich diesen einfachen Maßstab an jeden an, der in Beziehung zu mir tritt. Das mag man engstirnig nennen; insgesamt hat das Verfahren sich bewährt, auch unter schwierigen Umständen.

Übrigens wendete ich das Schema nicht starr an. Gerade wer die strenge Zucht eines ideologischen Ordens überstanden hat, wird sich bemühen, die Gegenseite zu verstehen, ehe er sie angreift. Er übt auch Kritik an Gleichgesinnten und an sich selber. Entscheidend ist, daß er die Grenze kennt, die er nicht überschreiten darf, ohne sich aufzugeben.

Zu dieser Klarheit fand ich nach jahrelangem planlosem Umherirren; ich hatte dabei zwei Helfer. Beide keine LINKEN, sondern konservative RECHTE, um mich unbefangen meines Schemas zu bedienen; sie stellten mich auf die Probe, und das war das Beste, was mir eben jetzt widerfahren konnte.

Hellmut Köster, mein Intimus aus Schultagen, kam mehrmals nach Berlin. Der längst promovierte Historiker hatte seinen Leipziger Assistentenposten gekündigt und arbeitete nun im Hamburger Institut für Außenpolitik. Dort fühlte er sich wohl und blieb jahrelang hängen, obwohl die Stellung nur als Übergangszeit für junge Wissenschaftler gedacht war. Er wurde ein wenig behäbig, das zerschossene, stark verkürzte Bein machte Beschwerden, wenig erinnerte mehr an den früheren Sportmatador. Eine gelegentlich auftauchende Melancholie war nicht zu übersehen. Noch immer hielt er seine hektischen Monologe, verfiel aber plötzlich in Schweigen, um nach Minuten ebenso abrupt in seiner Suada fortzufahren. Ich machte mir Sorgen um ihn, er schien auf ein Nebengleis zu geraten.

Neuerdings stand er in Verbindung zu dem deutschnationalen Professor Otto Hoetzsch, der zu einer wenig einflußreichen Gruppe gehörte, die in entschlossener Anlehnung an Sowjetrußland das Fundament einer deutschen Außenpolitik sah, obwohl in Moskau ein ganz anderes Regime am Ruder war als zu Bismarcks Zeiten. Von dessen Grundvorstellungen gingen diese neuen Konservativen aus. Die Reichswehr unter Seeckt verfolgte ähnliche Pläne, auf viel gewagtere Weise; dort wollte man den Versailler Vertrag umgehen und mit Sowjethilfe heimlich aufrüsten.

An solche halsbrecherischen Eskapaden dachte Hellmut nicht. Er rechnete auf seine Weise realpolitisch. Frühzeitig sah er Gefahren im Hereinströmen amerikanischen Kapitals.

Vom Alltagsleben in Rußland konnte ich ihm als Augenzeuge erzählen, es interessiert ihn ungemein, immer neue Einzelheiten fragte er aus mir heraus. Das zwang mich, die Fülle der Eindrükke zu ordnen, mir selber Rechenschaft abzulegen.

In unseren stundenlangen Gesprächen festigte sich ganz von selbst die alte Kameradschaft wieder. Sie sollte bis zu Hellmuts Tod alle Wechselfälle überdauern. Nach meiner Überzeugung deshalb, weil jeder von uns die Anschauungen des andern respektierte; weil wir jene bewußte Grenze niemals überschritten.

Mir erscheint er, der ‹heimatlose Rechte›, noch in der Erinnerung als ein Stiefbruder im Geiste.

Der andere Helfer zur Selbsterkenntnis war ein Kollege, der ein paar Zimmer neben mir in der Dramaturgie saß. Er hieß Ludwig von Wohl und wurde allgemein Laczi gerufen. Sein verstorbener Vater war k. u. k. Diplomat mit Beamtenadel gewesen; böse Zungen hielten den für keineswegs erblich. Doch ein Hochstapler war Laczi nicht. Er äußerte ungeniert, er wäre durch Protektion hierhergekommen, sein Onkel war Direktor einer an der UFA beteiligten Bank.
Unsere Beziehung begann beiläufig. Ich hielt den großen, korpulenten Kollegen für einen Schwächling, der im eigenen Fett erstickte, bis ich mit ansah, daß er mühelos einen schweren Tisch hochhob. Auf eine erstaunte Frage gab er lächelnd Auskunft: Jeden Morgen trainierte er in einer Boxschule. Kürzlich hatten ihn nachts zwei Strolche angefallen, blitzschnell schlug er sie k. o. Er ließ mich seine steinharten Muskeln fühlen, nun denn, ein getarnter Athlet, der Fall war immerhin selten.
Die nächste Überraschung erlebte ich kurz danach. Laczi hockte vor einem dicken, altertümlichen Kontobuch und schrieb emsig Seite um Seite voll. Was da verbotenerweise in den Dienststunden entstand, war kein Drehbuch, sondern ein Roman. Ein Reißer mit Kriminal-Effekten. Für dergleichen zahlte die Asphaltpresse Tausende, die würde er sich holen.

Tatsächlich wurde das Produkt angekauft, in Fortsetzungen gedruckt. Umgehend begann Laczi ein zweites. Beide kamen auch in Buchausgaben heraus, wurden später verfilmt. Die UFA verließ der fleißige Schreiber schon nach dem ersten Abschluß, so sicher war er seines Aufstiegs.

Ich hatte ihn schon halb vergessen, als er anrief und mich überraschend einlud, zu einem bescheidenen Abendbrot und einer auch für mich wichtigen Unterredung. Ich dachte an ein Arbeitsprojekt und sagte zu.

Laczi hatte eine hübsche Mansardenwohnung am Bayerischen Platz bezogen. Er empfing mich überaus herzlich. Im Arbeitszimmer fiel ein großes, teuer gerahmtes Porträt Wilhelms II. auf. Ich trat heran, kein Zweifel, der bekannte schwungvolle Namenszug war echt. Trocken bemerkte der Gastgeber, ja, er verehre den Kaiser, jedes Jahr ginge zum 27. Januar ein Glückwunsch ins holländische Exil. Doch das interessiere mich wohl kaum, meine politischen Ansichten seien ihm bekannt.

Das Essen war vorzüglich. Nicht zu vergleichen, meinte Laczi, mit der Bewirtung, die ich demnächst erleben würde. In seinem ruhigen Ton, der eine gewisse Selbstgefälligkeit nicht völlig verdeckte, sprach er von der bevorstehenden Heirat mit einer Rumänin aus fürstlichem Hause. Soviel schien nun sicher: Der pompöse junge Mann war von seiner monarchistischen Marotte förmlich besessen. Oder doch nicht? Ironie klang gelegentlich mit, und ich wurde nun doch recht neugierig, worauf er hinauswollte. Erst als wir nachher bei einem vortrefflichen Bordeaux saßen, kam Laczi zur Sache.

Er offenbarte mir seinen genauen Lebensplan. Zehn oder fünfzehn Jahre lang wollte er noch «dieses Zeug» fabrizieren, so ähnlich drückte er es aus. Mit 35 müsse er eine halbe Million zusammengeschrieben haben. Von da an würde er nur noch zum Ruhme seiner Kirche schreiben!

Über den Glauben wollte er mit mir sprechen. Vor mir saß ein gläubiger Katholik. Keinen Augenblick zweifelte ich an seiner Aufrichtigkeit, sein Ernst war überzeugend. Nur wunderte ich mich, daß er mir, dem völlig Fernstehenden, diese Eröffnung machte. Er fragte, wie ich zum Christentum stünde? Wahrheitsgemäß konnte ich nur antworten: Gleichgültig. Nie war ich davon berührt, geschweige denn beunruhigt worden.

Ausgezeichnet! Er war sichtlich befriedigt. Ich war also kein erklärter Gegner Gottes! Hier war, meinte er, ein Ausgangspunkt, eine Basis zur Verständigung. Niemand könne ohne irgendeinen Glauben leben. Bestimmt nicht ich, darauf bestand er, hätte ich sonst jahrelang der kommunistischen Kirche angehangen?

Dem war schwer zu widersprechen, ähnlich hatte ich es ja selbst oft genug empfunden. Ich schwieg, wartete ab, denn plötzlich war mir aufgegangen, weshalb ich hierher geladen worden war. Es war unglaublich, aber nicht mißzuverstehen: Laczi wollte mich bekehren!

Den Disput setzten wir in der Folge mehrmals fort. Unsere Ansichten änderten sich dabei nicht, aber mein ungeprüfter, instinktiver Agnostizismus festigte sich, da ich ihn verteidigen mußte.

Religion gibt es nach meiner Überzeugung deshalb, weil der Mensch Angst vor dem Tode hat. Das Nichts erschreckt ihn, er kann es sich nicht vorstellen, mit Hilfe des Glaubens gibt er ihm einen Inhalt. Bei mir ist dieses Verlangen spätestens verschwunden, seit ich in jenem Offenbacher Lazarett während langer Stunden nicht mehr vorhanden war – soweit mein Gehirn das registrieren konnte. Ich weiß, daß dies ein Trugschluß ist, nachher lebte ich ja weiter.

Aber ist diese Annahme weniger wert als die andere, meine unsterbliche Seele werde den leiblichen Tod überleben? Und sich gar vor einem höheren Wesen verantworten, das wir unweigerlich mit menschlichen Eigenschaften ausstatten? Gott straft, belohnt, fordert unbedingte Hingabe. Danach soll sich unser ganzes Verhalten richten. Ganz abgesehen davon, daß beinahe niemand dazu imstande ist, erscheint mir dieses aus unseren irdischen Erfahrungen stammende Gottesbild eine Blasphemie zu sein.

Die Behauptung, ohne Religion gebe es keine Moral, ist falsch. Für jeden von uns gilt ein schlichtes Moralgesetz: Verhalte dich zu den Mitmenschen so, wie du es von ihnen erwartest! Man kann das Nächstenliebe nennen oder egoistische Berechnung, es reicht aus für dieses Leben. Immer wieder verstoßen wir dagegen, dann rührt sich unser Gewissen. Auf diesen untrüglichen Kompaß zu achten, ist wichtiger, als sich mit der Frage nach dem Leben im Jenseits zu quälen. Wer im Glauben seinen Frieden findet, dem gönne ich diesen Trost. Alles in allem habe ich unter Agnostikern mehr Duldsamkeit angetroffen als unter Gläubigen.

Aufgebracht bin ich freilich, wenn ich den elendesten aller Scheinbeweise höre: Ich glaube, weil das gegen alle Vernunft ist! *Credo, quia absurdum* ... Da hört meine Toleranz auf.

Laczi hörte sich andere Argumente scheinbar unbewegt an. Er kam mir dann nicht mit theologischen Finessen, sondern erklärte heiter, aus alldem ginge hervor, daß mich das Gottesproblem immerhin beschäftige. Und nun wolle er mir etwas voraussagen: Ich sei einer von der Gattung Glaubensverächter, die eines Tages zur Besinnung kommen, zur Umkehr, und spätestens mit vierzig würde ich ein streitbarer Verteidiger Gottes sein. Ein *defensor fidei*, er wiederholte es auf lateinisch.

Seine Prophezeiung hat sich nicht erfüllt. Er selbst aber wurde zuletzt, solch ein *defensor*, nach seltsamen Umwegen, die nicht vorauszusehen waren.

Zunächst heiratete er seine Rumänin. Als ich ihr zum erstenmal gegenüberstand, verlor ich beinahe die Fassung, so sehr glich die junonische Dame ihrem Mann. Dann gewöhnte ich mich an den Anblick der beiden, denen die gemessene Grazie junger Elefanten eignete. Laczi produzierte unermüdlich seine saftigen Schmöker, war als harter Verhandler verschrien, das Geld strömte ihm zu.

Aber einige Jahre später befreundete er sich mit dem von halb Berlin W angeschwärmten Astrologen Hogerwörth und wurde zum Sklaven der Sterndeuterei. Wenn das Horoskop Unheil verhieß, blieb er untätig zu Hause, ließ wichtige Verhandlungen im Stich, die Arbeit litt unter dem Hokuspokus. Mir war unbegreiflich, wie er den Unsinn mit seinem Glauben unter einen Hut brachte. Vergeblich stellte ich ihn zur Rede, nahm paradoxerweise die Religion in Schutz, wir fielen einander auf die Nerven. Noch glaubte ich an eine vorübergehende Grille.

Doch 1930 brach ich unsere Beziehung ab. Nach dem bestürzenden Wahlsieg Hitlers kam die nationalsozialistische Gefahr drohend herauf. Und Laczi wollte mich schon wieder bekehren, an der großen Volksbewegung sei doch vieles gut und richtig. Da hatte ich genug von ihm. Wenn ich nach Hitlers Machtergreifung überhaupt an ihn dachte, vermutete ich ihn bei den neuen Herren.

Ein Irrtum. Irgendwer erzählte mir, Laczi sei emigriert, weil er mit Schreibverbot rechnen mußte. Er konnte den Ariernachweis nicht erbringen. Zuerst lebte er in England, dann in den USA. Dort änderte er seinen Namen. Als Louis de Wohl war er um 1939 der hochbezahlte Starastrologe der Filmprominenz von Hollywood. Der Abergläubische als Ausbeuter des Aberglaubens, in dieser Rolle konnte ich ihn mir gut vorstellen.

Im Nazireich war die Astrologie offiziell verboten, wenn ihr auch manche großen Bonzen insgeheim anhingen; bei Himmler ist das erwiesen. Auch sonst glaubten viele Leute weiter an den Unfug, erst recht, seit die Städte in Trümmer sanken und Millionen verzweifelten. Goebbels hatte eine ausgefallene Propagandaidee. Er ließ Horoskope herstellen und unter der Hand verbreiten, die den Endsieg voraussagten. Im Bombenkeller habe ich solche Zettel gesehen und ihre vorübergehende Wirkung beobachtet.

Davon erfuhren auch die Gegner. Sie ließen eigene Horoskope aus Flugzeugen abwerfen, in denen der unvermeidliche Zusammenbruch des Reiches prophezeit wurde. Dieses gewitzte Abrakadabra stammte von Louis de Wohl. Amerikanische Gewährsleute haben mir das nach 1945 erzählt.

Da lebte Laczi schon in der Schweiz, Ehrendoktor einer US-Universität, offenbar wohlhabend. Und nun schrieb er tatsächlich das, was er sich einst vorgenommen hatte: Romane, die Gestalten der christlichen Historie verherrlichten. Ich kenne sie nicht, sie müssen mehr getaugt haben als seine ersten Produkte, ernsthafte Nachschlagwerke erwähnen sie anerkennend.

Dort steht auch, daß er 1961 gestorben ist, in der gut katholischen Stadt Luzern, nur 58 Jahre alt. Nie habe ich ihn wiedergesehen. Gern hätte ich noch einmal mit ihm darüber gesprochen, daß wir beide recht behalten haben, jeder auf seine Weise.

Am 28. Februar 1925 starb Reichspräsident Friedrich Ebert. Nachrufe der Liberalen und Sozialdemokraten feierten ihn als den verdienstvollen Schöpfer der Republik. Selbst die nationale Rechte vergoß ein paar Krokodilstränen um den wackeren Mann, der Ruhe und Ordnung verbürgt hatte. Die Kommunisten vergaßen auch dem Toten sein Bekenntnis nicht: «Ich hasse die Revolution wie die Sünde!» Er und sein Helfer Noske hatten kaiserliche Offiziere zu Hilfe gerufen; Freikorps schlugen blutig die aussichtslosen Versuche nieder, aus dem Zusammenbruch eines morschen Regimes die proletarische Revolution zu machen.

Wohl aber bestand die Möglichkeit, daß die Deutschen endlich jene bürgerlichen Freiheiten erhielten, die westliche Völker seit Generationen errungen hatten. Darauf wartete im November 1918 die große Mehrheit des Volkes. Die bankrotten Militärs, Beamten, Richter krochen ins Mauseloch. Da ihnen nichts geschah, kamen sie eilends wieder hervor und nahmen den Staat wie selbstverständlich in ihre Hand, wie eh und je.

Die historische Stunde für eine Erneuerung war vertan. Durch Ebert. Davon sprachen nach seinem Tode nur noch wenige. In der *Weltbühne* zerstörte Tucholsky die schöne Legende vom sozialistischen Gründer der Republik:

«Daß er die Revolution des Vierten Standes nicht machen konnte, mag sein geschichtliches Verhängnis gewesen sein. Daß er nicht einmal die des Dritten machte, ist seine Schuld.»

Ähnlich dachte ich, wenn ich es auch so klar nicht hätte formulieren können.

Der Kampf um die Nachfolge Eberts begann sofort. Von meinem Auslug hoch über dem Potsdamer Platz beobachtete ich Umzüge mit Fahnen und Transparenten. Jedermann war plötzlich politisch interessiert, auch im UFA-Haus gab es lebhafte Diskussionen. Ende März sollten sich die Wähler zwischen nicht weniger als sieben Bewerbern entscheiden. Nach der Auszählung lag ein Mann der bürgerlichen Mitte an der Spitze, kein Kandidat erreichte auch nur annähernd die erforderliche absolute Mehrheit.

Ein zweiter Wahlgang war notwendig, einen Monat später. Und nun standen einander klare Fronten gegenüber. Sozialdemokraten, Zentrum und Deutsche Demokraten bildeten einen ‹Volksblock› und präsentierten den katholischen Zentrumsmann Wilhelm Marx. Der ‹Reichsblock› sämtlicher rechter Schattierungen einschließlich der Nationalsozialisten stellte, zur Überraschung der Welt, den siebenundsiebzigjährigen Hindenburg auf und rührte gewaltig die patriotische Trommel.

Marx gegen Hindenburg, eine fatale Alternative, beide waren mir gleich fremd. Und doch zögerte ich keinen Augenblick lang. Es erschien mir unglaublich, daß der kaiserliche Marschall, der sich offen als Statthalter seines davongelaufenen Herrn bezeichnet hatte, der erste Mann der von ihm verachteten Republik werden könnte. Gewiß war Marx nur das kleinere Übel, aber so fallen nun einmal Entscheidungen in einer parlamentarischen Demokratie.

Auch der Zentrumspolitiker war konservativ bis in die Knochen. Die Wahlaufrufe beider Konkurrenten glichen einem Wettbewerb: Wer ist der bessere Bürger für einen Wiederaufstieg der Nation? Vom Ausbau der Demokratie las man wenig.

Ein knapper Erfolg für Marx war fast sicher, wenn die KPD ihren Thälmann zurückzog. Damit rechnete ich bis zum letzten Moment, nicht ohne Grund. Es sprach sich herum, daß Moskau empfohlen hätte, die deutschen Kommunisten sollten für Marx stimmen, der wenigstens kein geschlagener, revanchelüsterner Feldherr war. Der Rat wurde nicht befolgt. Vielleicht wollte die Richtung, die in der KPD gerade am Ruder war, den Sieg des greisen Schreckgespenstes, in der falschen Annahme, dadurch würde sich der Klassenkampf verschärfen; dann war diese Taktik ein Vorspiel für das, was sich sieben Jahre später mit katastrophalen Folgen wiederholen sollte.

In der Nacht nach dem 26. April erfuhren wir: Hindenburg hatte 700000 Stimmen mehr als Marx bekommen. Zwei Millionen Thälmann-Wähler hatten dem Marschall geholfen.

Betroffen war ich nicht so sehr von dem Ergebnis, wie von dem, was darauf folgte. Die großen Blätter bagatellisierten alles. Auch die Sozialdemokratie kapitulierte vor dem ehrwürdigen alten Herrn, der alsbald feierlich den Eid auf die Verfassung ablegte. Das wurde so anerkennend kommentiert, als sei es etwas Besonderes.

In der UFA sah ich mich auf einmal lauter zufriedenen Siegern gegenüber. Und im nahe gelegenen Weinhaus *Huth*, einem beliebten Treffpunkt von Politikern und Journalisten, hörte ich betroffen mit an, daß Mitarbeiter der Häuser Mosse und Ullstein sich in billigen Spottreden über die schlappe Republik ergingen, gemeinsam mit ihren offiziell bitteren Widersachern von Scherl. In mir rührte sich die alte Abneigung gegen flinke Tagesschreiber. Solch einer durfte und wollte ich nie und nimmer werden. Mein letzter Beitrag im *Wort* war vor Monaten erschienen. Die stumpfsinnige Scheinarbeit in der Dramaturgie lähmte mich. Am Ende war ich ganz unbegabt?

Manchmal verabredete ich mich mit einem neuen Bekannten, dem blutjungen Kurt von Molo, weil er einen Optimismus ausstrahlte, der mir nach und nach verlorenging.

Er hatte die Hemmung überwunden, Sohn eines berühmten Autors zu sein, und wollte sich nun selber die Sporen verdienen. Er knüpfte Verbindungen zu großen Redaktionen an. Eines Abends forderte er mich auf, mitzukommen in einen Kreis von Malern, Literaten, interessanten Leuten jeder Art. Und so kam ich in das Herkuleshaus, ohne das mindeste Vorgefühl, daß mir eine Überraschung bevorstand.

Auf der Nordseite des Lützowplatzes befand sich der Herkulesbrunnen, flankiert von zwei Sandsteinskulpturen, die eine stammte von Schadow. Sie stellte den griechischen Heros im Kampf mit den Kentauren dar. Gegenüber führte die Herkulesbrücke in

Richtung auf den Tiergarten zu. Rechts am anderen Ufer des Landwehrkanals stand das Herkuleshaus, ein klotziger Bau im Stil des späten 19. Jahrhunderts. Von alldem haben die Bomben des Zweiten Weltkriegs nichts übriggelassen.

Die Nobelwohnungen des Herkuleshauses hatte der Besitzer in eine Anzahl kleiner Behausungen aufgeteilt; Appartements, der Begriff war damals neu. In solch einer Klause, bei einem Architekten, saß ich nun, es war halbdunkel, so liebte man es in Berlin W, zu trinken gab es reichlich. Ich kannte keinen Menschen, hörte zu, wie über dies und das geredet wurde. Ein paar Leute tanzten auf engem Raum. Ich langweilte mich und wollte mich gerade unauffällig drücken, da begann irgend jemand mit krähender Stimme über die Rolle der Intellektuellen in der Revolution zu schwafeln. Das ging mich an, ich setzte mich wieder, neben einen kleinen, dicklichen Mann, der gleich darauf dem Schwätzer lebhaft widersprach. Er machte ein paar gescheite Bemerkungen. Nur schien mir nicht ganz zu stimmen, was er über Karl Radek äußerte, ich sagte ihm halblaut meine Meinung.

Nach einer Weile, längst wurde über Mode oder Filme oder irgendeinen Skandal palavert, fragte mich mein Nachbar nach meinem Namen und wieso ich Radek kenne. Ich sagte es. Er wendete sich zu mir herum. Dann sei ich wohl derselbe, dessen Glossen er manchmal im *Wort* gelesen hatte.

Ob ich dort fest gebunden sei? Ich gestand, die Mitarbeit aufgegeben zu haben.

«Hm ...» meinte er. «Um sich anderswo besser zu verkaufen?»

Das traf mich nun wirklich nicht, die UFA spielte keine Rolle, ich konnte nein sagen. Und da kam die unerwartete Frage:

«Warum machen Sie so was nicht mal für uns? Ich rede gleich morgen früh mit S. J., er soll sich mit Ihnen unterhalten. Einverstanden?»

Und ob ich einverstanden war! Die Initialen kannte ich aus der *Weltbühne*. S. J. war Siegfried Jacobsohn, der Herausgeber. Und der kleine Dicke neben mir war Kurt Tucholsky.

Später habe ich ihn höchstens zwei-, dreimal wiedergetroffen, er lebte ja fast immer im Ausland. Im Mai 1925 war er zu kurzem Besuch in Berlin. Dieser Zufall gab meinem Leben eine neue Richtung. Diesmal die endgültige.

Königsweg 33, Charlottenburg, gegenüber dem Lietzenseepark. Vergeblich suchte ich an der Haustür nach einem Schild, dann entdeckte ich, daß sich die *Weltbühne* in einem Eckladen befand, zu ebener Erde.

Drin im ersten Raum, es gab nur drei, empfing mich eine stattliche Dame, Hedwig Hünicke, erst seit kurzem als Sekretärin angestellt; ihr resoluter Ton verriet schon jetzt, daß sie die Seele des Unternehmens werden würde. Nach kurzem Warten ließ sie mich ein ins Allerheiligste, ein winziges Zimmerchen.

Siegfried Jacobsohn stand hinter seinem Schreibtisch auf, reichte mir die Hand, sehr klein war er, darauf achtete ich nicht, sah nur die Augen, schwarze, blitzende, zupackende Augen. Und schon fragte er mich aus.

Ich mußte erzählen, von vertanen Jahren, ziellosem Hin und Her, von der Partei. Die Moskauer Erfahrungen schienen meinem Zuhörer wichtiger, er ermutigte mich, ich solle bloß nicht den objektiven Reisenden spielen, ihn interessiere meine Meinung. Die entwickelte ich, aufrichtig und ausführlich, so verging eine halbe Stunde, ich meinte, viel dummes Zeug geredet zu haben. Das Ergebnis ahnte ich voraus: Na schön, schicken Sie mir mal etwas.

Er aber sagte: «Tucho findet, daß Sie schreiben können. Das genügt mir. Schildern Sie Moskau so, wie Sie es erlebt haben. Nicht zu lang, vier, fünf Seiten Manuskript, möglichst Schreibmaschine. Ich denke, wir werden das bringen.»

Schon war ich wieder draußen.

Nun hätte ich wohl jubeln müssen, statt dessen war ich wie vor den Kopf geschlagen. Auf was hatte ich mich eingelassen! *Die Weltbühne*, das war etwas anderes als das KP-Blatt in Halle. Bestimmt würde ich mich blamieren. Aber nun konnte ich nicht zurück, und so machte ich mich sogleich an die Arbeit, in meinem UFA-Büro. Zu Hause tippte ich den Text auf der kleinen Mignon-Maschine ab, verbesserte, kürzte, er blieb viel zu lang, immer wieder schrieb ich ihn um. Nun denn, sollte der streichen, dem ich beinahe grollte, weil er soviel Zutrauen in mich gesetzt hatte.

Das unbefriedigende Opus lieferte ich bei Fräulein Hünicke ab, und hörte nichts mehr. Sowie am nächsten Donnerstag die neue *Weltbühne* erschienen war, holte ich sie vom Kiosk am Potsdamer Platz. Nichts, natürlich nichts. Wochenlang. Auf dem roten

Deckblatt die wohlbekannten Namen Peter Panter und Theobald Tiger, Alfred Polgar und Kurt Hiller. Verwegene Vorstellung, ich könnte mich jemals in so illustrer Gesellschaft entdecken. Doch am 16. Juni stand da, wahrhaftig und unübersehbar:

Axel Eggebrecht: Die russische Wirklichkeit.

Her mit dem Heft! Ich las mein Elaborat, es war in besonders kleiner Type gedruckt und nahm doch fast sieben Seiten ein. Nichts war gestrichen, leider, nun hätte ich selber gern so manches geändert. Vor allem war das Ganze, wie hatte ich's nicht merken können, eine wahre Hymne auf Sowjetrußland. Keine ‹Wirklichkeit›, auch nicht die meine. Immerhin beruhigten mich die letzten Sätze:

«Wir sollten versuchen, den russischen Weg recht genau kennenzulernen. Nicht das Paradies auf Erden da drüben zu suchen. Vorläufig werden wir das dort auch nicht finden. Wie kämen wir in einer zerstückelten und müden Welt dazu, mit einem Schlage das Paradies zu verlangen?»

Das konnte ich verantworten, Distanz war erkennbar, Sympathie dennoch nicht verleugnet. Zu ändern war nichts mehr. Nach ein paar Tagen rief ich die Redaktion an, die Hünicke sagte, ich könne das Honorar abholen, das geschah noch am gleichen Tag. Ich empfing, wenn ich nicht irre, 100 Mark, für meine Begriffe viel Geld.

Jacobsohn wünschte mit mir zu reden. Ich dachte nur: Aha! Er legte einen Fahnenabzug hin und beobachtete mich genau, während ich las. Eine Erwiderung, sie sollte im nächsten Heft erscheinen. Adolf Grabowsky, ein angesehener Publizist, selbst Rußland-Kenner, kritisierte Einzelheiten und kam zu dem Schluß, ich hätte alles viel zu rosig dargestellt. Ich mußte ihm recht geben, den Einwand hatte ich ja schon selber im stillen gemacht, ich sagte es Jacobsohn.

Ihm gefiel, daß ich nicht gekränkt war. Fröhlich setzte er mir auseinander, daß wir eben in Zukunft gründlicher miteinander arbeiten müßten. Mir sei hoffentlich klar, daß ich noch eine Menge zu lernen hätte. Nun, dabei wolle er mir gern helfen. Ob ich etwas Neues mitgebracht hätte? Nein? Dann sollte ich mich schleunigst auf den Hosenboden setzen! Das Ergebnis müßte ich ihm nach Sylt schicken, dort in Kampen verbrächte er die nächsten Wochen.

Diesmal zog ich in zuversichtlicher Stimmung ab, es sah ja so aus, als bliebe es nicht bei diesem einen Versuch. Ich wollte mir Mühe geben. Den Rußland-Artikel hatte ich schon halb vergessen, als Grabowskys Polemik erschien; dadurch wurden die Leser erst so recht auf den Beitrag des unbekannten A. E. aufmerksam. Mehrere Leute sprachen mich daraufhin an. Und dann ließ mich Spiero zu sich rufen.

Der sauertöpfische Chefdramaturg fragte mit einer wahren Grabesstimme, wie ich dazu käme, etwas Derartiges ohne seine Einwilligung zu veröffentlichen?

Dabei wies er mit einer wegwerfenden Geste auf die beiden vor ihm liegenden roten Hefte. Ich zuckte die Achseln. Wieso hätte ich dazu eine Erlaubnis nötig? Filme dürfte ich nicht schreiben, das wisse ich. Von einem generellen Schreibverbot sei mir nichts bekannt. Spiero winkte ab. Da gäbe es Unterschiede! Selbstverständlich sei nichts dagegen einzuwenden, wenn ich gelegentlich für anständige Zeitungen arbeitete. Auf keinen Fall für dieses Hetzblatt!

«Schade ...» sagte ich. «Ich habe gerade vereinbart, daß ich dort mehr oder weniger regelmäßig schreibe.»

Er starrte mich an. Dann erklärte er mir schroff: «Sie haben zu wählen. Zwischen Ihrer Stellung und ... dem da!»

Keine Sekunde lang überlegte ich, schon war's entschieden: «Wann soll ich gehen? Sofort? Zum nächsten Ersten?»

Aufgebracht rief er: «Hauen Sie ab! Nie wieder kriegen Sie einen so angenehmen Posten!»

«Hoffentlich!» lachte ich. «Bestimmt keinen so vollkommen überflüssigen!»

Er verschluckte sich beinahe vor Wut: «Sie sind ein unverschämter ... ein ... ein richtiger Kommunist sind Sie!»

Das stimmte freilich nicht mehr. Aber es tat mir wohl. Und so räumte ich leichten Herzens mein Zimmer hoch überm Potsdamer Platz. Ich war wieder frei. Und irgendwie würde es weitergehen.

VII
Fünf glückliche Jahre

So unglaubhaft es klingt – der eine, erste Beitrag, den Siegfried Jacobsohn veröffentlicht hatte, erwies sich als ein Passierschein, der viele Türen öffnete.

Nicht nur fand ich mich aufgenommen in die Gilde der berufsmäßig Schreibenden, obwohl ich doch eben erst begann, schreibend das Handwerk zu erlernen. Auf einmal stand mir die Riesenstadt offen, mit allen Möglichkeiten, die ich noch kaum ahnte. Seit dem Ende der Inflation war Berlin in jene bemerkenswerte Epoche eingetreten, die bis heute einen sagenhaften Ruf behalten hat. Klangvolle Namen wurden ihr gegeben, immer wieder ist sie begeistert geschildet worden. Walther Kiaulehn, einer der Chronisten, hat das so formuliert:

«In der Erinnerung Berlins leben die zwanziger Jahre als die goldene Zeit. Etwas von diesem Glanz strahlt auf jeden zurück, der das Glück gehabt hat, damals in Berlin zu leben.»

Ich habe dieses Glück erfahren und gründlich ausgekostet. Und doch muß ich dem Enthusiasten widersprechen, da er fortfährt:

«Nie war die Stadt größer, reicher, bunter, glitzernder als damals, nie hat sie ihren Kindern mehr gehört als in dieser kurzen Zeit.»

Da täuscht den Begeisterten sein Gedächtnis, er vergißt etwas, was auch die Nachwelt vergessen oder verdrängt hat.

Reich und bunt war das Leben keineswegs für alle. Hinter der prächtigen Fassade verbargen sich immer Armut, Hunger und Unzufriedenheit. An dem Glanz hatten nur Bevorzugte teil; Industrie und Wirtschaft profitierten von einer Konjunktur, die durch amerikanische Anleihen aufgeheizt wurde, bis sie in der Weltkrise von 1929 jäh endete.

Aber nicht der vorübergehende materielle Aufschwung gab den kurzen goldenen Jahren ihr Gepräge. Vielmehr entfaltete sich ein tatsächlich großartiges geistiges Leben durch die Aktivität einer verhältnismäßig kleinen Schicht, die sich nur schwer bezeichnen läßt. Man könnte sie ‹die Öffentlichkeit› nennen, doch führt auch das in die Irre.

Es handelt sich um Menschen, die deutlich eine Art Distanz zur Allgemeinheit einhalten, auf die sie dennoch, oder gerade dadurch, Einfluß ausüben. Zu dieser lockeren Gemeinschaft, die sich wie von selbst zusammenfindet, gehören nicht nur Journalisten, Künstler, Theaterleute und gewisse Politiker, sondern auch Anwälte, Ärzte, Wissenschaftler und Kaufleute.

Das Besondere im damaligen Berlin war, daß diese Gruppen oder meinetwegen Cliquen sich durchaus nicht als Elite aufspielten. Ein Neuling, der durch irgendeine noch so bescheidene Leistung auffiel, wurde leicht in den Kreis einbezogen. Freilich hatte er sich ständig zu bewähren, aber das galt auch für die Prominenten. Niemand konnte sich auf seinen Lorbeeren ausruhen, Erfolg mußte immer wieder neu errungen werden, das war geradezu charakteristisch für jene Jahre.

Solch ein dauernder Erneuerungsprozeß wäre undenkbar gewesen ohne eine großzügige Haltung der Beteiligten. Selbstverständlich gab es auch unter ihnen Neider und Bosnickel, es fehlte nicht an Fehden und Intrigen. Aber nicht diese bestimmten das geistige Klima, dafür sorgte schon eine Meinungsfreiheit, die nicht nur ein Ideal war, sondern eine Realität. Und da nun einmal die Schicht, von der ich spreche, stellvertretend für alle auftrat, behaupte ich aus voller Überzeugung: Insgesamt war dieses Berlin eine ungewöhnlich tolerante, eine faire Stadt.

Und eine ungemein erotische Stadt!

Bis heute hält sich hartnäckig die Vorstellung, vier oder fünf glorreiche Jahre hindurch wäre ein Bacchanal dem andern gefolgt. Das ist natürlich barer Unsinn. Gewiß amüsierte sich, wer irgend konnte, auf raffinierte oder populäre Weise, beim Sechs-Tage-Rennen und im Lunapark oder bei Nackttänzen und in snobistischen Etablissements. Dabei wurden ehrwürdige Konventionen über Bord geworfen. So mancher bourgeoise Klüngel leistete sich krassere Exzesse als etwa Literaten und Künstler; das ist ja wohl zu allen Zeiten so.

Doch überall, am Wedding wie in Halensee, in Betrieben und Büros, auf dem Wege zur Arbeit und erst recht nach Feierabend konnte man beobachten, daß sich die Beziehungen zwischen den Geschlechtern erfreulich veränderten. Sie gingen unbefangen miteinander um, eine heitere Kameraderie herrschte. Die Männer traten nicht mehr als Eroberer auf, sie lernten die für Deutsche so schwierige Kunst des fröhlichen Flirtens; die Mädchen und Frauen nahmen die neue Freizügigkeit selbstbewußt in Anspruch.

Berlin bekam in diesen Jahren einen leicht femininen Zug. Die traditionelle preußische Nüchternheit lockerte sich durch die überall spürbare erotische Spannung. Im lärmenden Trubel der Millionenstadt ereignete sich so etwas wie eine stille Revolution, ein Stückchen Emanzipation kam zustande.

Kurt Tucholsky hat in seiner Huldigung ‹*An die Berlinerin*› den kecken, stets ein wenig unterkühlten Ton des berlinischen Eros haarscharf getroffen:

Mädchen, kein Casanova
hätte dir je imponiert.
Glaubst du vielleicht, was ein doofer
Schwärmer von dir phantasiert?
Sänge mit wogenden Nüstern
Romeo, liebesbesiegt,
würdest du leise flüstern:
«Woll mit die Pauke jepiekt?»
...
Wie dich sein Arm auch preßte:
gibst dich nur her und nicht hin.
Bist ja doch Mutterns Beste,
du, die Berlinerin –!

Das spezifische erotische Fluidum durchdrang unwiderstehlich alle Lebensbereiche. Goethes oft zitiertes Wort von den Berlinern, dem «verwegenen Menschenschlag», bekam einen neuen, liebenswürdigen Sinn. Sie waren und blieben fleißig, betriebsam, handfest, skeptisch, keß; aber den scharfen Witz milderte eine ironische Höflichkeit, die sich in jener unbekümmerten erotischen Kommunikation entwickelte. Die Umgangsformen schliffen sich ab, durch die ständige Bereitschaft zu freundlicher Annäherung, und sei sie auch nur ein unverbindlicher, sekundenlanger Blick.

Diese allgegenwärtige sanfte Kraft beeinflußte das künstlerische und intellektuelle Leben. Aber sie veränderte auch das Verhältnis der Hauptstadt zum übrigen Deutschland. Der preußische Wasserkopf war bei Rheinländern und Bayern immer unbeliebt gewesen. Darin begann sich nun manches zu bessern.

In diesen glücklichen Jahren wurde Berlin wirklich das natürliche Zentrum des Reiches. Es stimmte keineswegs, daß es Talente jeder Art nur aufsog; ja, sie strömten von überall herbei, aber viele kehrten wieder zurück und brachten etwas von der leichten Lebensweise mit, die sie sich angeeignet hatten; ein für beide Seiten fruchtbarer Austausch. Erst in der wirtschaftlichen und politischen Misere 1929 wurde er unterbrochen; da erwachte die alte Aversion wieder und spielte eine böse Rolle beim Aufstieg des Nationalsozialismus.

Kein Pessimist konnte 1925 voraussehen, wie bald die Glorie Berlins wieder verblassen würde. Jene, die öffentlich für die Stadt sprachen, waren durch und durch optimistisch gestimmt. Darin wurden sie durch eine weltweite Berlin-Begeisterung bestärkt. Überall verbreitete sich die Kunde, die einst wenig geachtete Residenz der Hohenzollern sei zu einem wahren Dorado der Literatur und der Künste geworden, auch der Architektur. Nichts kennzeichnet den plötzlichen Ruhm Berlins mehr als gerade diese Vorstellung, die eine Illusion war.

Selbstverständlich stand da nach wie vor eine hastig zusammengebaute Millionenstadt, mit Mietskasernen und menschenunwürdigen Hinterhäusern. Der Brite Stephen Spender hat beschrieben, daß die täuschenden Prunkfassaden mit «Stuckadlern» und «waffentragenden Putten» noch immer altpreußische Ideale verherrlichten. Doch inmitten der falschen Pracht planten Architekten ein neues Berlin, im Bauhaus-Stil, der in Weimar, dann in Dessau durch Gropius und Mies van der Rohe entwickelt wurde.

Berlin war der Zukunft zugewandt, zog Gleichgesinnte magnetisch an, sie kamen, blieben oft lange. Vielleicht lag wirklich für wenige Jahre die Welthauptstadt des freien Geistes nicht mehr an der Seine, sondern an der Spree?

Über Nacht geriet ich mittenhinein in den Trubel dieser Metropole. Wer sich so lange ziellos hatte treiben lassen, mochte nun vollends den Kopf verlieren. Daß ich der Gefahr entging, verdanke ich Siegfried Jacobsohn.

Er hatte mir klargemacht, daß Schreiben ein mühevolles Metier sei, das ich nicht so nebenbei betreiben könne. Hatte er womöglich meinen Artikel publiziert, um mir Mut zu machen? Ich wollte ihn nicht enttäuschen, das zwang mich an den Schreibtisch. Und zu meiner Überraschung entdeckte ich, daß ich fleißig sein konnte. Die Arbeitslust ließ sich kommandieren.

Diese neue Erfahrung machte mich sicher und zugleich kritisch gegen mich selbst. Was veranlaßte mich denn zum Schreiben? Das fragt sich irgendwann jeder Anfänger. Wenn er ehrlich ist, wird er sich seinen Geltungsdrang eingestehen müssen; wenn er sich belügt, beruft er sich, und das kommt häufiger vor, auf eine Gabe oder gar eine mystische Gnade, die ihm höhere Weihen verleiht.

Solcher Dünkel ist mir fremd, aber auch mein Ehrgeiz ist von Natur schwach entwickelt. Es bedarf äußerer Anstöße, um die Tatkraft zu wecken, die sich dann als recht hartnäckig erweist. Ich träumte nicht von künftigem Literatenruhm, sondern ging ans Werk, voller Zuversicht, es würde schon etwas daraus werden, wenn ich bei der Stange bliebe. Diese nüchterne Haltung bewahrte mich vor Enttäuschungen, die ein Novize fast unvermeidbar erlebt, wenn er seinem Talent blindlings vertraut.

Die Weltbühne hat noch heute einen legendären Ruf. Nach Jahrzehnten ruft ihr Name Groll bei den einen, freudige Sympathie bei den anderen hervor; erstaunlich lebendige Nachwirkungen eines aktuellen Blattes. Es stimmt offenbar, daß *Die Weltbühne* mehr als andere Zeitschriften für eine Art Steckbrief der Weimarer Republik gehalten wird.

Ich war ihr fast acht Jahre lang verbunden, nicht durch regelmäßige Mitarbeit, in 400 Nummern erschienen vielleicht 40 oder 50 Beiträge, ich habe es nicht nachgerechnet. Aber dort wie nirgendwo anders fand ich das, was man eine geistige Heimat nennt.

Ich gewann Maßstäbe für die publizistische Arbeit. Vor allem festigte sich meine politische Haltung, sie änderte sich von da an kaum noch. Ich war fortan davon überzeugt, daß große historische Veränderungen durch das vorangetrieben werden, was Ossietzky «die spornende und peitschende Kraft verhöhnter und gemiedener Außenseiter» genannt hat. Diese Vorstellung steht nur scheinbar in Widerspruch zum Marxismus. Lenin hat sogar von der «unbedingten Pflicht» gesprochen, aus dem Lager der Nichtkommunisten «alle Anhänger des konsequenten und streitbaren Materialismus zu gemeinsamer Arbeit heranzuziehen». Freilich war gerade die KPD so sehr in starrer Orthodoxie verknöchert, daß sie ein Bündnis mit noch so nützlichen Außenseitern verachtete.

Die Weltbühne hat diese Rolle ohne den Rückhalt bei irgendeiner Partei gespielt, und zwar mit schier unglaublichem Erfolg. Man muß sich klarmachen, wie klein das Unternehmen war. Wöchentlich wurden nie mehr als 15000 Exemplare ausgeliefert. Für 60, seit 1930 gar nur 50 Pfennig bekam der Leser 32 bis 40 engbedruckte Seiten in die Hand. Die wenigen Inserate brachten kaum etwas ein, scharf mußte kalkuliert werden, die Herstellung mußte billig sein: in der bescheidenen Druckerei Edmund Stein, die mitten in Potsdam lag, zwischen Häuschen, die brav in Reih und Glied standen wie friderizianische Grenadiere. Es war paradox, daß just von dort aus die aufsässigen roten Hefte ins ganze Reich versandt wurden.

Dort gingen sie von Hand zu Hand, in manchen Städten bildeten sich Lesergemeinschaften, so vervielfachte sich die Wirkung, zu der auch die Gegner beitrugen; sie nahmen den winzigen Unruhestifter ernst, mehr als einmal wollten sie ihm mit Hilfe der Gerichte beikommen.

Der anhaltende Einfluß der *Weltbühne* bleibt dennoch ein Mirakel. Mir scheint, daß einige charakteristische Merkmale den Ausschlag gaben.

Vor allem war das Blatt vollkommen unabhängig. Selbst böswillige Widersacher konnten nie nachweisen, daß irgendwelche Interessen vertreten wurden. Darauf waren alle Mitarbeiter stolz.

Und diese Mitarbeiter, das war das zweite, ließen sich auf keinen Nenner bringen, sie widersprachen einander, polemisierten einer gegen den andern; ich erlebte das ja gleich bei meinem Debüt, als Grabowsky mich kritisch unter die Lupe nahm. Und doch bildeten wir eine Gemeinschaft, wir hielten zusammen, obwohl oder gerade weil es kein Programm, keine vorgeschriebene Linie gab. Dieser eigentümliche Vorgang hat späteren Betrachtern

Kopfzerbrechen gemacht, sie suchten vergeblich nach einer Formel.

So erschien 1962 eine ausführliche Studie mit dem Titel ‹*Die Weltbühne – Organ der intellektuellen Linken*›. Der Verfasser Alf Enseling analysiert fleißig Hunderte von Heften. Daß wir alle jeden Chauvinismus ablehnten, ist richtig. Aber ein «moralisch begriffener Sozialismus» und eine «Logokratie», die «Herrschaft des Geistes über die Politik» waren keineswegs allgemeine Forderungen, sondern Ideale eines einzelnen Mitarbeiters: Kurt Hiller; also nur eine Farbe im bunten Spektrum der Meinungen. Enseling selbst stellt fest: «Jeder vertrat seine individuelle Ideenwelt!»

Gänzlich verfehlt ist seine These, die Zeitschrift hätte einen «wesentlichen Antrieb» durch die problematische Situation des Judentums empfangen, dem «ein sehr großer Teil der Mitarbeiter angehörte». Das klingt fast nach einem statistisch begründeten Antisemitismus. Ich werde über die unbestreitbar wichtige Rolle der Juden im geistigen Leben Berlins an anderer Stelle noch ohne Scheu sprechen. Hier genüge die offenbar notwendige Bemerkung, daß Carl von Ossietzky, der politisch aktivste der drei Chefredakteure, kein Jude war.

Indessen war *Die Weltbühne* niemals ein ausschließlich politisches Blatt. Das hängt zusammen mit der Person des Gründers und dessen Entwicklung. Siegfried Jacobsohn prägte dem ‹Blättchen› ein für allemal seine Eigenart auf. Er war von Haus aus kein politischer Kopf. Kurt Hiller, der Freund-Feind, hat einmal rundheraus erklärt: «Er verstand alles vom Theater, viel von Literatur und nichts von Politik.»

Als Theaterenthusiast schuf S. J. sich 1905, mit 24 Jahren schon einen der drei oder vier ernst zu nehmenden Kritiker, sein eigenes Sprachrohr, *Die Schaubühne*.

Hier wurde die zeitgenössische Dichtung, nicht nur die dramatische, besprochen und in ausführlichen Proben vorgeführt. Zahlreiche bedeutende Schriftsteller zog S. J. als Mitarbeiter heran. Dabei gaben stilistische Kraft und Originalität den Ausschlag; der Herausgeber fühlte sich als Schüler des Sprachphilosophen Fritz Mauthner, auch bewunderte er schon früh den vom Wort besessenen Moralisten Karl Kraus.

Die Zeitschrift entsprach hohen ästhetischen Ansprüchen, doch wurden alle Themen auch gesellschaftskritisch gesehen. Beides fand Jacobsohn vollkommen verschmolzen bei seinem liebsten Autor Alfred Polgar. Dessen zarte und zugleich unerbittlich aggressive Prosa hat irgendwer einmal mit dem glücklichen Ausdruck «Filigranit» bezeichnet.

Im Januar 1913 wurde zum erstenmal ein Beitrag des jungen Juristen Kurt Tucholsky gedruckt, der zu Jacobsohns vertrautem Freund werden sollte. Und dann kam der Weltkrieg, und mit ihm eine entscheidende Veränderung. Unter dem Eindruck der Katastrophe erwachte im Kunstgenießer Jacobsohn das politische Gewissen. Er stellte sich gegen den blinden Nationalismus, geriet in Konflikte mit der Militärzensur. Anfang 1918 wurde *Die Schaubühne* in *Die Weltbühne* umbenannt, das war ein Bekenntnis. Weil der Herausgeber sich seiner Grenzen bewußt war, holte er gleichgesinnte Publizisten ins Blatt. Es geschah, was Kurt Hiller nachmals so formuliert hat:

«Dieser Unpolitiker war, durch Instinkt und durch redaktorischen, regisseurhaften Enthusiasmus der berufene Leiter einer politischen Wochenschrift; paradox – aber wahr!»

Ihre volle Bedeutung erlangte *Die Weltbühne* nach dem Zusammenbruch des Kaiserreichs. Denn hier wurde rascher als anderswo begriffen, daß gar keine Revolution stattgefunden hatte. Ein kriegsmüdes Volk hatte aufgegeben, die Mehrheit stand der jungen Republik gleichgültig gegenüber. Halbherzige sozialdemokratische Führer ließen das Gesellschaftssystem unverändert, stützten sich in den vorübergehenden Wirren sogar auf nationalistische Freikorps. Richter, Beamte und Militärs blieben unangefochten auf ihren Posten. Deutschland war nur dem Namen nach eine demokratische Republik geworden.

Die Weltbühne kämpfte dafür, daß daraus Wirklichkeit würde. Sie deckte drohende Gefahren auf, die von rechtsradikalen Banditen begangenen Fememorde, die geheime Aufrüstung der Reichswehr und so manchen Skandal in Verwaltung und Wirtschaft. Dafür wurde sie von den Ertappten gehaßt und mit Vorliebe bezichtigt, sie unterwühle den Staat; ein Vorwurf, der noch heute gedankenlos kolportiert wird. Ein Seismograph ist nicht schuld an Erdbeben, deren dumpfes Grollen er registriert.

Erstaunlich war es, wie entschlossen Jacobsohn sein kleines

Schiff steuerte. Die ganze Mannschaft erkannte seine kameradschaftliche Autorität an, jeden erfüllte er mit leidenschaftlichem Elan. So habe ich ihn noch anderthalb Jahre lang erleben können, bis zu seinem frühen Tode.

Wer Rechenschaft über sein Leben ablegt, muß sich vor kategorischen Wertungen hüten, sonst wird er unglaubwürdig. Dies bedenkend wage ich dennoch zu behaupten: Siegfried Jacobsohn war wohl der einzige Mensch, von dem ich bewußt etwas lernen wollte und vieles gelernt habe; merkwürdigerweise war das möglich, obwohl ich ihn kaum häufiger als ein halbdutzendmal getroffen habe.

Um so reger korrespondierten wir, auch dann, wenn er in Berlin war. Ich kann mich nicht erinnern, je mit ihm telefoniert zu haben; rief ich an, dann war Hedwig Hünicke am Apparat. Hatte ich ihm einen neuen Beitrag oder auch nur Vorschläge geschickt, dann kam pünktlich nach wenigen Tagen die Antwort. In knappen Sätzen war Lob wie Kritik einleuchtend begründet, Punkt für Punkt numeriert. Einwände gab es selten gegen Thema und Tendenz, oft gegen den Stil, bis hin zu fehlenden oder unnötigen Interpunktionen. Darin war S. J. unerbittlich genau.

Die kleinen Briefbogen und Postkarten schrieb er mit der Hand. Seine kräftige, zuweilen strotzend fette Schrift bildete wie von selbst ein Muster; Tucholsky hat sie mit einem persischen Teppich verglichen.

Nicht nur mir war S. J. ein liebevoll-strenger Mentor, sondern allen Mitarbeitern, da gab es keine Rangunterschiede. Nur bei Kurt Hiller machte er eine Ausnahme, mit dem geistreichen Dickschädel hatte er sich nach langer Entzweiung ausgesöhnt, ihm waren Eigenheiten gestattet. Sonst war er unendlich genau, aber auch unendlich geduldig. «Es machte Freude, ihm Freude zu machen»: Ein Ausspruch Kurt Tucholskys, der Jahre später auch dies schrieb:

> Ich hab' mich oft in Zweifeln still gefragt:
> Was hätte wohl S. J. dazu gesagt?

So ist es vielen von uns gegangen. Dabei denke ich nicht nur an die gemeinsame Arbeit, etwas anderes war ebenso wichtig: Der unmerkliche Einfluß, den Jacobsohn durch sein ganzes Wesen ausübte. Jemand, der ihn lange kannte, hat erklärt, er sei «halb Kind, halb Greis» gewesen; was eine in der Tat auffallende Mischung von naiver Unmittelbarkeit und besonnener Erfahrung meint. Nimmt man ein ausgeprägtes Gefühl für Gerechtigkeit hinzu, dann hat man im Umkreis eine Vorstellung von dem ganzen Mann, der sich von vielen seiner berühmten Zeit- und Berufsgenossen aufs glücklichste unterschied; so von dem geltungssüchtigen Maximilian Harden oder dem virtuosen Egozentriker Alfred Kerr.

Karl Kraus, der große Wiener Satiriker, wurde in der *Weltbühne* stets mit Achtung behandelt. Doch bestand ein wichtiger Gegensatz zwischen ihm und Jacobsohn. Kraus verkündete den Untergang der Welt durch die «Schwarze Magie» der feilen, korrupten Presse. Sie war für ihn schuldig an allem Unheil, an sozialen Übeln wie am Kriege. Dieser Fanatismus entrückte ihn gleichsam in einen keimfreien Raum; offen erklärte er seinen Verzicht auf unmittelbare Wirkung. Reinheit der Sprache und makellos ethisches Verhalten waren für ihn identisch. Jeder, der das Schreiben ernst nimmt, sollte sich der Prüfung durch den Unerbittlichen unterziehen. Wird er aber dabei zum Kraus-Jünger, dann entzieht er sich allzu leicht der Goetheschen «Forderung des Tages»; die absolute moralische Forderung entbindet ihn letztlich von jeder verantwortlichen Entscheidung.

Eben diese verlangte Jacobsohn, von sich selber und von uns allen. Er war kein zelotischer Prediger, er wollte die Welt ändern, bessern, soweit das in seinen Kräften stand. Das erforderte unaufhörliche Selbstkritik und praktisches, humanes Handeln. Und so konnte er, der Ästhet, den schlichten Satz schreiben: «Wenn ich nichts getan hätte als die Aufdeckung der Fememorde, es wäre mir das genug.»

Es war ein Glücksfall, daß ich nicht dem tyrannischen Eiferer Kraus anheimfiel, nachdem ich jahrelang einer Kirche mit totalen Ansprüchen gedient hatte. Mein Mentor wurde der weniger grandiose, menschlichere Jacobsohn. Er stellte keine Gesetzestafeln auf, er lehrte mich, Menschen, Bücher, Literatur, das ganze Leben unbefangen zu betrachten. Übrigens auch die Musik, er selbst war hochmusikalisch.

Richard Wagner war mir von jung auf zuwider, ohne daß ich's recht begründen konnte. S. J. leugnete keineswegs Wagners theatralisches Genie, aber er wehrte sich gegen die auftrumpfende Heilsbotschaft von Bayreuth. Sein Herz gehörte Mozart. Und so unterscheide ich seitdem, wo immer Musik meine Umwelt bewegt, zwischen Wagner- und Mozart-Menschen; ein sicherlich simples, aber brauchbares Schema.

Und S. J. führte mich, das hatte mancherlei Folgen, zu seinen literarischen Lieblingen. So zu Lichtenberg, einem ihm wohl verwandten Charakter. Georg Büchner, für mich bis dahin ein blasser Schemen aus germanistischen Seminaren, wurde zum einzigen Poeten einer deutschen Revolution, den freilich keine Partei für sich in Anspruch nehmen darf. Einmal besprach Jacobsohn eine Aufführung von *‹Dantons Tod›* und zog dabei überraschende Linien zu Friedrich Nietzsche. Der wurde überhaupt in der *Weltbühne* auffallend häufig zitiert. Natürlich schätzte man vor allem den Verehrer Heines, den Verächter des Antisemitismus und der wilhelminischen Machtprotzerei. Doch dann fand ich auch Schopenhauer, den unzweifelhaften Reaktionär, wie einen Bruder im Geiste gerühmt, um seiner glasklaren Sprache und seines Gedankenreichtums willen.

Das ‹Blättchen› war keineswegs so einseitig radikal, wie seine Gegner behaupten. Kontroverse Meinungen kamen zu Wort, was mich anfangs beinahe verwirrte; unmerklich wurde mir ein Hang zur Intoleranz ausgetrieben, besonders auf einem Gebiet, das in den Beiträgen selten behandelt wurde. Ich stieß zufällig darauf, weil Jacobsohn ab und zu Fritz Mauthner als seinen einstigen Lehrmeister erwähnte. Er war zwei Jahre zuvor gestorben, kurz nach Vollendung seiner vierbändigen Geschichte des Atheismus im Abendlande. Ich begann sie zögernd zu lesen, wurde mehr und mehr gefangen und tief beeinflußt, für immer, wie ich meine. Ich lernte die wechselvolle Historie des religiösen Zweifels in allen Einzelheiten kennen, dargeboten von einem gründlichen Forscher.

Mauthner leugnet nicht im mindesten, daß unsere gesamten Lebens- und Denkformen durch fast zweitausend Jahre Christentum geformt sind. Aber er zeigt, wie dieses Weltzeitalter zu Ende geht. Denn für ihn sind alle Dogmen «geschichtlich gewordene und geschichtlich vergängliche Menschensatzungen», so heißt es gleich im Vorwort. Übrigens ist für ihn der moderne Materialismus, auch der dialektische von Hegel und Marx, solch eine Satzung; den Brocken vermochte ich zuerst nur schwer zu schlucken.

Nächste Etappe meiner publizistischen Laufbahn: Die siebenjährige Zusammenarbeit mit der *Literarischen Welt* und deren Leiter Willy Haas. Ich kannte Haas oberflächlich von der UFA. Er war Redakteur an der Tageszeitung *Filmkurier*, wo er mit unüblichen Ambitionen Film- und Theaterpremieren besprach, auch über Bücher referierte. Außerdem war er ein schon angesehener Drehbuchautor.

Gemeinsam mit dem Regisseur G. W. Pabst schrieb er ‹*Die freudlose Gasse*›; die Vorlage war ein seichter Kolportageroman, der Film stellte ohne Beschönigung das Elend der Wiener Inflationszeit dar. An der scharfen Sozialkritik fand die Zensur allerlei auszusetzen, dann hatte die Uraufführung einen triumphalen Erfolg. Für die junge Schwedin Greta Garbo war es der Start in den Weltruhm.

Ich war einmal bei den Aufnahmen im Staakener Atelier gewesen, einer ehemaligen Zeppelinhalle. Ich wollte die wunderbar souveräne Asta Nielsen erleben; auch Werner Krauß, der einen strotzend-lüsternen Bösewicht spielte. Neben diesen Stars fiel mir die blasse Garbo kaum auf, von ihr machte die Propaganda viel her, ich fand sie beinahe nichtssagend. Auch später, als sie das Idol der Millionen geworden war, erschien sie mir stets wie eine schöne, starre Statue. Über ihre geheimnisvolle Persönlichkeit ist ja endlos gerätselt worden, vielleicht mit Recht, die Ausstrahlung einer schauspielerischen Kraft habe ich bei ihr nie verspürt.

Ganz anders erging es Haas, der in seinen Memoiren glaubhaft erzählt, daß er sofort gewußt habe, die Garbo würde «der größte Filmstar der Erde» werden. Er hat recht behalten, und sicherlich verstand er damals von den Voraussetzungen solch einer Karriere eine ganze Menge.

Doch keineswegs war er, wie ich fälschlich annahm, nur ein Filmmann. Als er mich telefonisch zu einer Besprechung in den

Rowohlt-Verlag einlud und etwas von einer neuen Zeitschrift erwähnte, dachte ich an ein Kinoblatt, darauf war ich nicht neugierig. Aber von dem sagenhaften Ernst Rowohlt hatte ich viel gehört, den wollte ich gern kennenlernen.

Der Verlag befand sich im vierten Stock eines Hauses unmittelbar an der Potsdamer Brücke. Ein gutes Dutzend mir meist unbekannter Leute war versammelt, es gab Bier und Korn, der kugelköpfige Herr des Hauses verbreitete fröhliche Laune, er gefiel mir auf Anhieb ungemein. Dann wurde es offiziell, Willy Haas nahm das Wort, und nun wurde ich doch sehr aufmerksam.

Eine literarische Wochenzeitung sollte unter seiner Leitung herauskommen, ein Novum für Deutschland, vielseitig, bunt und doch mit hohen Ansprüchen. Man habe sich auf den Namen *Die Literarische Welt* geeinigt. Die Geschichte dieser Gründung ist von Haas und anderen ausführlich dargestellt worden. Dabei spielte etwas eine Rolle, was ich vielleicht schon an jenem Tage spürte, bestimmt bald darauf beobachtete: Verleger und Chefredakteur hatten sehr unterschiedliche Vorstellungen von diesem Blatt.

Rowohlt dachte an ein Gegenstück zu den Pariser *Nouvelles Littéraires*, in denen kunterbunt durcheinander jede Art Literatur behandelt, kritisiert, propagiert wurde, von der trivialen bis zur elitären. Zweifellos hatte er dabei auch die Interessen seiner eigenen, weitgespannten Verlagsproduktion im Auge, das war verständlich. Willy Haas dagegen wollte vor allem ein unabhängiges Podium für Dichter schaffen, durchaus im Sinne von jung auf verfochtener Pläne. Geboren und aufgewachsen in Prag, gehörte er schon als Halbwüchsiger zum Kreise um Franz Werfel, Max Brod und Franz Kafka. Unter großen Opfern brachte er eine eigene kleine Zeitschrift heraus. Später lernte er als Lektor des Leipziger Kurt Wolff Verlages einen großen Teil der expressionistischen Autoren kennen. Den Krieg erlebte Haas an der Front, das machte ihn zum überzeugten Pazifisten. Und nun sah er sich mit 34 Jahren in die Lage versetzt, mit Rowohlts Hilfe seinen Jugendtraum zu verwirklichen.

Es ging nicht glatt. Haas hat amüsant geschildert, daß er schon während der Vorarbeiten das Budget weit überschritt. Er lernte das schwierige Geschäft eines Herausgebers erst durch die Praxis.

Ernst Rowohlt verlor bald die Lust und trennte sich von dem Projekt, übrigens in großzügiger Weise. Für eine kurze Zeit war die *Literarische Welt* eine GmbH, mehrere Autoren waren daran beteiligt, auch ich mit einer kleinen Summe, die mir mein Vater gab. Vernünftigerweise schied ich schnell wieder aus, gleich den anderen, Haas war fortan der allein Maßgebende, das Blatt gewann Ansehen und materielle Sicherheit.

Ich blieb, was ich von Anfang an sein wollte, ein freier Mitarbeiter. Gleich in der ersten Nummer stand ein kleiner Beitrag von mir; ich habe früher erwähnt, daß Hans Fallada und ich die einzigen Unbekannten unter lauter europäischen Koryphäen waren. Ich verriß einen Bestseller jener Jahre, ‹*Ariane*› von Claude Anet. An der gefühligen Liebesgeschichte ärgerte mich vor allem ein Zuckerguß aus pseudo-russischer Psychologie, ich nannte das Buch ein reaktionäres Relikt aus Großmutters Nähkästchen. Anet hat's überlebt, noch nach Jahrzehnten spielten Audrey Hepburn und Maurice Chevalier die Hauptrollen im ‹*Ariane*›– Film, der ein Kunstwerk aus dem Schmachtfetzen machte. Über den war Haas völlig einer Meinung mit mir.

Mit der Zeit aber entging mir nicht, daß ihm manches, was ich schrieb, wenig behagte. Mit Nachdruck muß ich betonen, daß er mir niemals hineinredete. Ich glaube, das tat er bei niemandem. Am wenigsten, wenn es um eine Serie ging, die er zu einer Spezialität der *Literarischen Welt* entwickelte; es wurden zwanglose Unterhaltungen mit prominenten Schriftstellern verabredet, bei denen oft erstaunlich viel herauskam.

Ich habe solche Gespräche mit Alfred Döblin und Carl Sternheim geführt, aber auch mit Ludwig Klages, dem Großmeister der Graphologie. Ausführlich verbreitete er sich über seine Philosophie, er sah im «Geist» den «Widersacher der Seele», den Zerstörer der natürlichen Harmonie des Lebens. Dabei argumentierte er selber mit intellektuellem Elan, führte sich also ad absurdum, das sagte ich ihm ins Gesicht, er nahm es hin.

Einmal fuhr ich nach Blankensee südlich von Berlin, zu dem eben siebzigjährigen Hermann Sudermann. Der hatte um 1900, das wußte ich, für einen bahnbrechenden naturalistischen Dramatiker gegolten, einen Rivalen des jungen Gerhart Hauptmann. Dann wurde er von Alfred Kerr förmlich abgeschlachtet; als geschickter Konstrukteur sentimentaler Boulevardstücke lieferte er noch Glanzrollen für Bühnenstars auf Gastspielreisen, und der Film holte sich immer wieder effektvolle Stoffe von Sudermann. Für die ernsthafte Literatur war er mausetot, ein Gespräch mit ihm mußte zur Leichenschändung werden; vielleicht hatte Haas sich einen arglistigen Spaß erlaubt, als er mir just diesen Besuch vorschlug?

Im feudal eingerichteten Gutshaus empfing mich ein reizender alter Herr. Stolz führte er mich gleich zu einer Mauer, in die ein halbes Dutzend Reliefskulpturen aus verschiedenen Kulturen eingelassen waren, heimgebracht von weiten Reisen; das Sammelsurium war erschreckend geschmacklos, es entsprach der Vorstellung, die ich von meinem Gastgeber hatte. Aber dann setzte er mich unter Alkohol, bis in die Nacht hinein spielten wir Billard, von Literatur war nicht die Rede. Sudermann nahm offensichtlich an, der junge Besucher würde, erschlagen von soviel Grandezza, den Ruhm des zu Unrecht mißachteten Dichters verkünden.

Das freilich war nicht denkbar. Doch ging mein Bericht glimpflich mit ihm um, ich fand es sinnlos und schnöde, ihn auf die Hörner zu nehmen. Dafür gab es lohnendere Objekte, Leute vor allem, die sich wehren konnten. Dann kam es manchmal zu hartnäckigen Kontroversen.

So als ich ausnahmsweise über einen Theaterabend referierte, das tat ich sonst nie, ich weiß, daß ich auf diesem Gebiet Laie bin; indessen handelte es sich um ein Ereignis, das von vornherein suspekt erschien, und nicht etwa aus künstlerischen Gründen.

Klaus Mann, der einundzwanzigjährige Sohn des großen Thomas, trat seit längerem selbst als Schriftsteller hervor, hie und da auch in der *Literarischen Welt.* Ein neues Stück von ihm hatte in Hamburg Premiere gehabt; neben dem Autor stand Schwester Erika auf der Bühne, außerdem deren damaliger Verlobter Gustaf Gründgens, der auch Regie geführt hatte: als vierte im Bunde Pamela Wedekind. Sie bewunderte ich, seit ich erlebt hatte, wie sie die großartigen Chansons ihres Vaters mit schneidend kalter Stimme zur Laute vortrug.

Die Gruppe ging auf Tournee, kam, mit einigem Rummel angekündigt, auch nach Berlin. Das Aufgebot von Dichterkindern regte den ortsüblichen Witz an. Bekanntlich plakatieren manche Ausflugslokale an der Spree am Eingang: «Hier können Familien Kaffee kochen», daraus machten Spaßvögel den rasch populären Slogan «Hier können Familien Theater spielen». Auch ich fand, das Ensemble profitiere ungebührlich vom Ruhm der Väter, zweifellos war ich voreingenommen. Das Stück entpuppte sich aber tatsächlich als belanglose Tragikomödie. Klaus Mann hatte pubertäre Nöte ausgewalzt, mit gutem Gewissen schrieb ich eine vernichtende Rezension.

Darauf meldete sich bei Haas Erich Ebermayer, Sohn des Leipziger Oberreichsanwalts, gleich mir alter Thomas-Schüler, inzwischen selber Skribent geworden und frischgebackener Rechtsanwalt. Namens der ihm befreundeten Mann-Geschwister drohte er mit einer Beleidigungsklage.

Haas blieb gleichmütig, es geschah auch weiter nichts. Aber bei irgendeiner Gelegenheit stellte ihn Thomas Mann und beschwerte sich über diesen obskuren A. E., der so wild über die munteren Kinder hergefallen war. Haas nahm meine Partei, seine faire Haltung vergesse ich ihm nicht.

Unvermeidbar traf ich nach einiger Zeit in einem Lokal mit Klaus Mann zusammen. Wir beschnupperten einander wie knurrige Hunde, ich fand ihn ganz nett. Jahre später wurde er ein immer besserer Prosaautor und dann, in der Emigration, ein wichtiger antifaschistischer Publizist. In seinem Bekenntnisbuch ‹*Der Wendepunkt*› stehen scharfsinnige Analysen des deutschen Hitlerwahns. Aber man erfährt auch, wie schwer er, der es in der Jugend allzu leicht hatte, zu innerer Sicherheit gelangte. Gern hätte ich ihm gesagt, daß sich mein Urteil über ihn gewandelt hatte; dazu kam es nie, 1949 machte er seinem unruhigen Leben ein Ende. Jene frühen Versuche waren, so sehe ich es heute, doch schon ernsthafte Zeugnisse eines Begabten gewesen, der spürte, wie gefährdet er war. Das zu erkennen war ich damals außerstande.

Der Eindruck könnte entstanden sein, daß ich die *Literarische Welt* als Tummelplatz für amüsante, zuweilen unbedachte Klopffechtereien betrachtete. In Wahrheit machte ich dort einen gründlichen Kursus durch, meine literarische Bildung wurde bereichert.

Haas war kein Neuerer, kein Freund von Experimenten, sondern ein Mann der gesicherten Tradition. Seine Leitsterne hießen

Hoffmannsthal und Claudel, mit einigem Abstand auch Gide oder Valéry. Doch ließ er immer wieder Richtungen zu Wort kommen, die ihm verdächtig waren. So wurde Brecht, in dem Haas geradezu den Zerstörer aller Werte sah, die ihm selbst heilig waren, zu Beiträgen aufgefordert.

Durch Haas angeregt machte ich eine wichtige Erfahrung: Notwendiger als der beglückende Umgang mit Geistern, denen man sich verwandt fühlt, ist die Konfrontation mit Antipoden. Solch einer war für mich Franz Kafka.

Der kurz zuvor gestorbene Prager war damals erst ein Tip für Eingeweihte. Seither wurde er zu einem Klassiker unseres Jahrhunderts; er hat die Verlorenheit des einzelnen inmitten brutaler Ordnungsmächte so bedrückend dargestellt wie kaum ein anderer. Es war und ist mir aber nicht gegeben, in Kafkas düsterem Fatalismus den Schlüssel zu schlechthin allen Geheimnissen unserer Existenz zu sehen. Dagegen sträubt sich mein Optimismus. Es ist verbohrt, Kafka als Reaktionär abzutun, wie es sowjetische Literaturkritiker tun. Doch haben ihn postum diejenigen zu ihrem Kronzeugen ernannt, die uns aus durchsichtigen politischen Gründen beibringen möchten, die menschliche Gesellschaft sei ein für allemal so grausam, wie er sie sah. Ich bestehe darauf, daß sie sich ändern läßt; nur widerstrebend achte ich die Verzweiflung, die Kafka als Schicksal erlitt und die ihn zum Verkünder einer ewigen Hoffnungslosigkeit machte.

Und alles in mir sträubte sich von Anfang an gegen Marcel Proust, der eben für Deutschland entdeckt und sogleich von den Kennern als Großmeister der Prosakunst gefeiert wurde. Es war mir unmöglich, die subtil aufgefaserten Seelenregungen, die nichtigen Bräuche der Oberschicht so wichtig zu nehmen wie Proust. Ein in seinem Krankenzimmer isolierter Einsiedler opferte sich für ein Riesenwerk, das mich durch seine Monotonie erschreckt und, um ehrlich zu sein, langweilt. Bin ich also ein Banause? Dann entgegne ich, daß weder Balzac noch Tolstoj ähnliche Abneigung bei mir hervorrufen. Bei ihnen kann ja von Übereinstimmung mit meinen Ansichten, gar mit den politischen, nicht die Rede sein; und doch lese ich alle paar Jahre wieder *‹Krieg und Frieden›* und *‹Verlorene Illusionen›*. Und Stendhal, der Napoleon-Verehrer, der in machtbesessene Renaissancenaturen Verliebte, ist ja auch auf der Suche nach einer verlorenen Zeit, die mich nicht das geringste angeht, und doch blieb er für mich der größte aller Romanciers. Prousts Wonnen der Nostalgie kann ich beim besten Willen nicht nachempfinden.

Der ‹*Ulysses*› von James Joyce aber ließ mich nie mehr los, seit ich 1927 die deutsche Übersetzung von Georg Goyert las. Sie gilt heute als unzulänglich, ich kann's nicht beurteilen, die paar Brokken Englisch vom humanistischen Gymnasium reichen nicht aus. Doch nehme ich an, daß mir ein ungefährer Begriff von dem kühnen Versuch des Iren vermittelt wurde, der sich eine neue Sprache schuf, um Niegesagtes ausdrücken zu können.

Ich gestehe rundheraus, daß dieses Experiment an sich mir wenig bedeutet. Auch wenn ich ein perfekter Anglist wäre, würde ich die Wortkaskaden und Assoziationsketten bestaunen, aber kaum bewundern. Sprache ist für mich ein für allemal das Mittel der Verständigung; wird sie verformt und verschlüsselt, dann regt sich mein Widerspruch. Auch meine ich, das Vorbild Joyce ließe sich formal unschwer nachahmen. Scharen betriebsamer Epigonen produzieren seither unsinniges Gestammel, ich halte das für reine Scharlatanerie, womit ich mich freiwillig als literarischen Konservativen denunziere.

Dazu hat mich nun gerade Joyce gemacht. Ihm gelingt noch auf Irrwegen, was mindere Begabungen auf konventionellen Pfaden nie erreichen. Joyce schrieb, so sehe ich es, gleichsam im Widerstreit mit seiner semantischen Besessenheit; der Vorgang hat etwas Ergreifendes. Und er hat meine mit den Jahren zunehmende Beunruhigung durch den ‹*Ulysses*› nie gemindert. Immer wieder wage ich mich in dieses Labyrinth, das kunstvoll aus Phantasie und schier unbegreiflicher Gelehrsamkeit errichtet wurde. Noch jedesmal gewinne ich dabei neue Einsichten. Joyce ist einer von dem halben Dutzend Autoren, die mein Leben reicher gemacht haben.

Außerdem fasziniert mich der verbissene Kampf des einstigen Jesuitenzöglings mit der Religion. Davon erfuhr ich zum erstenmal, noch vor Erscheinen des ‹*Ulysses*›, durch einen Aufsatz von Willy Haas. Er beschrieb den Iren als einen abtrünnigen Katholiken, der nie von Gott loskommt. Das war just jene mir ärgerliche Rabulistik, mit der mich auch Ludwig von Wohl hatte verwirren wollen. Argwöhnisch geworden, entdeckte ich, daß Haas sich auffallend häufig mit Begriffen wie Scholastik und Dogmatik beschäftigte; Kierkegaard und frühchristliche Kirchenväter waren ihm vertraut. Es dämmerte mir, daß ihn selbst ähnliche Skrupel beunruhigen könnten, wie er sie bei Joyce aufgespürt hatte.

Was mich bei diesem anzog, befremdete mich bei Haas, den ich bis dahin für einen Agnostiker gehalten hatte, als welchen er sich selber manchmal irrtümlich sah. Ich nahm ihm das nicht mehr ab, zwischen uns stand eine Wand.

Ein paar Jahre später erregte er Aufsehen durch einen Essay, in dem er Ludendorff als den kategorischen ‹Sünder› unserer Zeit analysierte. Selbstverständlich sah auch Haas die Bedrohung durch den Erzreaktionär, aber er fühlte sich derart in die ‹Dämonie› des Verfolgungswahnsinnigen ein, daß die geistreiche theologische Beweisführung fast schon zur politischen Gefahr wurde. Gewiß wollte Haas nicht vor der nationalistischen Herausforderung kapitulieren; doch frage ich mich, ob er sie von seiner ästhetisch-moralischen Warte aus in ihrer vollen Bedeutung erkannte. Und er war kein Verbündeter, als mich von 1930 an die Abwehr des heraufkommenden nationalsozialistischen Unheils als wichtigste, zuletzt als einzige Pflicht in Anspruch nahm. Damals sah ich ihn nur noch selten, schrieb auch weniger regelmäßig in der *Literarischen Welt*.

1933 mußte Haas emigrieren. 1948 trafen wir einander wieder, zwei Überlebende, die viel zu berichten hatten. Eine Weile lang hoffte ich, wir würden uns näherkommen als früher. Haas zog nach Hamburg, wurde der angesehene Theater- und Literaturkritiker der *Welt*, schrieb dort wöchentlich als ‹Caliban› seine Glosse. Mehrere Bücher zeichneten die Chronik seines erfahrungsreichen Lebens auf. Ich fand darin eigene Erinnerungen bestätigt, oft auch korrigiert.

Haas hatte die zwanziger Jahre offenbar anders im Gedächtnis als ich. Er sah in ihnen eine ‹alexandrinische› Spätzeit. Sein Interesse wendete sich zunehmend der *belle époque* seiner Jugend zu, der er eine kenntnisreiche Monographie widmete. Und deutlicher als einst trat nun seine Neigung zu religiösen Erörterungen hervor. Im indischen Exil war er endgültig der «Theologe der Literatur» geworden, als den ihn der Agnostiker Hermann Kesten charakterisiert hat; in der Vorrede zu einer Sammlung von Haas-Essays, die ungemein freundlich den bedeutenden Literaten feiert.

Ich vermochte nicht über den Schatten zu springen. Mit der Zeit sahen Haas und ich einander kaum noch. Dann starb er einundachtzigjährig. Nie habe ich ihm erklärt, daß ich gerade durch die Erkenntnis unserer unüberbrückbaren Verschiedenheit mich selber besser kennenlernte. Hier habe ich das, so objektiv wie ich's vermag, nachzuholen versucht.

Siegfried Jacobsohn starb am 2. Dezember 1926. Er litt, was nur wenige wußten, an einer leichten Form der Epilepsie. Damit hätte er uralt werden können, doch mit nur 46 Jahren stürzte er während eines Anfalls auf ein Federbett und erstickte.

Ich erfuhr seinen Tod erst nach Tagen, in einer Klinik, dorthin hatte man mich mit hohem Fieber geschafft. Es war eine totale Sepsis, ausgelöst durch einen Granatsplitter im linken Oberschenkel, er wurde entfernt. Ich hielt das schmutziggraue Stück Metall für das letzte Andenken an Flandern. Ein Irrtum, anderthalb Jahrzehnte später sollte eine Kette von weit schwereren Operationen beginnen.

Die *Weltbühne* wurde bis zum folgenden Herbst von Kurt Tucholsky redigiert. Den produktiven Autor belastete dieses Provisorium sehr, und so übernahm Carl von Ossietzky, den noch Jacobsohn als Leitartikler herangezogen hatte, die Leitung; in neuen Räumen, Kantstraße 152, unweit der Gedächtniskirche. Dort habe ich ihn oft aufgesucht. Der lautere Charakter des unauffälligen, nur zuweilen sanft-ironischen Mannes gewann mich von Anfang an.

Und doch kam ich ihm niemals nahe. Er war kein Mentor wie S. J., ihm fehlte die «redaktorische Leidenschaft», so hat der rigoros urteilende Kurt Hiller richtig erkannt, und hinzugefügt: «Unter Ossietzky redigierte die *Weltbühne* gleichsam sich selbst.»

Ich kann mich nicht erinnern, je mit dem neuen Herausgeber über einen meiner Beiträge diskutiert zu haben. Aber ich bewunderte seine wöchentlichen Analysen irgendeines gerade aktuellen Problems, meist ging es um innenpolitische Fragen. In diesen kleinen Essays steckte ein enormes Wissen. Und der ausgeprägte

Stil ließ etwas davon spüren, daß der Verfasser in jungen Jahren eher musisch gestimmt war. Einmal hat er über sich geschrieben:

«Nur die Umstände haben es mit sich gebracht, daß ich entgegen meinen Neigungen im Leben mehr Unfreundliches als Freundliches sagen und tun konnte.»

Ein Ästhet war durch bittere Erfahrungen zum politischen Publizisten geworden, der mit ungewöhnlichem Mut seine Überzeugungen verfocht. Ossietzky war kein Marxist, überhaupt blieb er völlig unabhängig von Denkschablonen und gar Parteiprogrammen. Als überzeugter Demokrat sympathisierte er mit der humanen Idee des Sozialismus, und gerade das machte ihn kritisch gegenüber den Sozialdemokraten, aber auch den Kommunisten.

Sein kompromißloser Pazifismus trennte ihn letztlich von allen formierten Gruppen. Vor allem sah er in der Reichswehr Kräfte am Werk, die den schwachen Staat ins Unheil führen würden. Die abenteuerliche Kumpanei zwischen deutschen Militärs und Roter Armee hat er immer wieder angeprangert; sie war ein offenes Geheimnis, selbst im Reichstag wurde darüber gesprochen, ohne jede Wirkung. Ossietzky ließ nicht locker, und so wurde er schließlich 1931 wegen Landesverrats verurteilt, weil er diese dunklen Beziehungen an einem konkreten Fall hatte darstellen lassen.

Hier lagen, wie ich meine, auch die Motive für seine scharfen Angriffe auf Stalin, den «neuen Zaren». Hinzu kamen die ersten Moskauer Schauprozesse, die Verbannung Trotzkis nach Kasachstan. Ossietzky prangerte erbittert die Unterdrückung jeder freien Meinung an; besonders auch in der deutschen KP, die «mit der Auffassungsgabe eines Papageien das in Moskau Vorgesprochene nachplappert». Mit alldem stand er meinen damaligen Ansichten nahe.

Nicht nur deshalb bedeutete *Die Weltbühne* für mich einen Rückhalt. Wichtiger war, daß sich jedesmal, wenn ich für Ossietzky schrieb, mein politisches Gewissen neu belebte. Ich kam nicht in Versuchung, mich mit der Umwelt auszusöhnen, die ich hatte verändern wollen. Die glücklichen Jahre genoß ich durchaus, aber wie einen langen Urlaub, der eines Tages zu Ende gehen mußte.

Doch es galt, den Unterhalt zu verdienen. Das geschah mehrmals für kurze Zeit beim Film, als Dramaturg und Drehbuchautor sammelte ich einige Erfahrungen und lernte eine Menge anregender Menschen kennen. Mehr oder weniger regelmäßig schrieb ich für die großen liberalen Tageszeitungen. Sie galten als Bollwerke der freien Meinung, und tatsächlich konnte man dort fast unbehindert seinen Standpunkt vertreten. Gewisse Grenzen gab es aber doch; und da hatte ich Glück, weil ich mit Redakteuren zu tun hatte, die Sinn dafür hatten, daß ich auf meiner unbequemen Haltung bestand. Und damit komme ich zu einem bisher ausgesparten Thema.

Erst 1933 wurde mir klar, daß die meisten meiner Brotgeber und Berufskollegen, aber auch fast alle Freunde und Freundinnen Juden waren. Von dem oder jenem wußte ich's, es beschäftigte mich nie; doch muß ich nun notgedrungen davon sprechen, als hätte es da ein Problem für mich gegeben. Es gab nie eines.

Das Dilemma beginnt gleich beim Begriff ‹Jude›. Widerwillig verwende ich ihn, um mich verständlich zu machen. Das gleiche gilt für die Kennmarke ‹Arier›, zwei leere Worthülsen, Fiktionen; daß sie im Hitlerreich mörderische Realität bedeuteten, ändert daran nichts, es zeigt nur, welche grauenhafte Macht Hirngespinste gewinnen können.

Was ist ein Jude? Ich weiß es nicht. Eine vage Definition möchte ich beinahe akzeptieren: Jude ist einer, den andere dafür halten. Das ist natürlich ein Zirkelschluß, der voraussetzt, es gebe solche ‹anderen›. Sollte vielleicht derjenige Jude sein, der sich selber dafür hält? Auch das ist fraglich; im Dritten Reich haben einige meiner Bekannten ihre belastende Abstammung zum erstenmal entdeckt, nun sollten sie sich plötzlich als Angehörige einer fremden Rasse fühlen. Aber gerade in Europa mischen sich die Völker von jeher unaufhörlich, und so sind die seit zwei Jahrtausenden verstreuten Juden längst keine Semiten mehr. Sie wären in den Gastnationen aufgegangen, hätte man sie nicht als Christusmörder verfolgt und in Gettos gesperrt.

Dort entstand tatsächlich ein starkes Gemeinschaftsgefühl, und zwar ein religiöses. Die Verfemten wurden, um ihrer Selbstbehauptung willen, das Volk der Bibelleser und Talmud-Ausleger. Das hatte wenig mit biologischer Abstammung zu tun, aber es prägte über viele Generationen hin einen bestimmten Typus: zäh, wach, mißtrauisch.

Seit der Aufklärung verlor das Bekenntnis zum mosaischen Glauben allmählich an Bedeutung. Im Berlin der zwanziger Jahre spielte es fast keine Rolle mehr. Doch das Stigma ‹Jude› verschwand keineswegs, wie mir scheint aus zwei Ursachen.

Den Gettoinsassen waren nur wenige Tätigkeiten erlaubt gewesen, die bei honorigen Christenmenschen in Verruf standen. Zwangsweise wurden die Ausgestoßenen tüchtige Händler und Geldverleiher; verständlich, daß viele von ihnen in der neuen Freiheit Kaufleute, Bankiers und Unternehmer wurden. Aber es gab auch andere, begabte Köpfe, die hatten ihren Geist in endlosen Disputen geschärft, im sprichwörtlichen ‹Klären› spitzfindiger Probleme, vor allem theologischer. Aus der Isolierung entlassen, richtete sich der Elan dieser intellektuellen Auslese auf weltliche Ziele. Sie taten sich hervor in Wissenschaft und Literatur, Kunst und Journalismus. Auch das erklärt sich nicht aus einer besonderen rassischen Eignung, sondern durch ihr historisches Schicksal.

Völlig falsch, und da komme ich zu meinen eigenen Erfahrungen, ist die von den Nazis mit besonderer Vorliebe verbreitete Behauptung, die jüdische Intelligenzschicht habe gegenüber den tumben Gojim eisern zusammengehalten, um diese aus Presse, Film und Theater zu vertreiben.

Ich bestreite keineswegs, daß man in diesen Bereichen auffallend viele Juden traf, auch an maßgebenden Stellen. Von einer jüdischen Verschwörung habe ich niemals das Geringste erlebt; im Gegenteil, zuweilen kam es mir vor, als würde ich gegenüber jüdischen Kollegen bevorzugt. Auch Jacobsohn und Haas waren ja Juden.

Ganz allgemein nahm man in Film und Presse die von völkischen Hetzblättern als unerträglich angeprangerte ‹Verjudung› allenfalls ironisch zur Kenntnis. Die unbefangene Stimmung zeigte sich auch darin, daß jiddische Wörter zum Berufsjargon dieser Kreise gehörten; von da aus sickerten sie in die Umgangssprache ein, einige haben sich ja bis heute erhalten. Leute, die nie einem Juden begegneten, reden von ‹Chutzpe› und ‹Tinnef›. Ich hör's gern, denn mir fehlen die freundlichen jüdischen Mitbürger von einst. Sie täten uns allen gut.

Etwas muß wohl klargestellt werden: Meine guten Beziehungen zu Juden beruhten nicht auf politischen Sympathien, meine unverhohlen oppositionelle Haltung war ihnen eher unbehaglich. Wenn es überhaupt ein charakteristisch jüdisches Verhalten gegenüber Staat und Gesellschaft geben sollte, dann eher ein gemäßigt konservatives; aber das ist schon eine unstatthafte Verallgemeinerung. Es gab und gibt unter Juden wie Nichtjuden Vertreter aller politischen Richtungen.

Daß sich die so lange Zurückgesetzten in ihrer Mehrheit zur Weimarer Republik bekannten, kann nicht wundernehmen. Endlich meinten sie, gleichberechtigte Bürger einer Demokratie zu sein, nur hielten sie diese für stabiler, als sie war. Es gab Antisemitismus, daran waren sie gewöhnt; ein Ärgernis, keine Gefahr. Noch nach 1933 blieben viele davon überzeugt, Hitler könne unmöglich Ernst machen mit seinem oft genug verkündeten Programm der Judenvernichtung. Es war ein tragischer Irrtum.

Der Irrtum der Vernunft, die sich dagegen sträubt, die Gewalt der Unvernunft anzuerkennen. In Jahrhunderten der Unterdrükkung hatten sich die Juden eine Kraft bewahrt, die Hannah Arendt «die Würde des Denkens» genannt hat. Sie ist selbstverständlich kein jüdisches Monopol, sie eignet uns allen, mögen wir sie auch allzu oft verleugnen. Vor vierzig Jahren sah es so aus, als könne sie durch vollkommene Barbarei vernichtet werden. Indessen hat sie selbst diese furchtbare Krise überlebt. Wenn die Menschheit sich nicht selbst aufgibt, wird diese unwiderstehlich wirkende Kraft die Welt retten, sei es auch erst in einer fernen Zukunft.

Weil ich daran glaube, fühle ich mich zu dem historisch entstandenen Rationalismus der Juden hingezogen. Das war mir damals nicht klar, heute lege ich mir darüber Rechenschaft ab. Deshalb habe ich mich auf die Erörterung eines Problems eingelassen, das mir, ich wiederhole es, gar nicht als Problem erscheint. Ich schuldete diesen Exkurs den toten und den überlebenden Freunden der guten Zeit, in die ich nun zurückkehre.

Viele bemerkenswerte Leute traf ich in jenen Jahren; wollte ich auch nur die interessantesten schildern, ich käme nie zu Ende. Doch von ein paar Bekanntschaften werde ich erzählen, sie begannen meist in bestimmten Lokalen, wo Literaten und Künstler den Ton angaben. Merkwürdig blaß ist meine Erinnerung an einen angeblich Klassischen Treffpunkt: Im *Romanischen Café* wurde ich nie heimisch. Es erschien mir als ein ungemütlicher Wartesaal für verklemmte Existenzen, die den Anschluß verpaßt hatten, auch den an die notorische Bohème, die es natürlich gab, aber nicht hier. Darüber täuschten die professionellen Schnorrer nicht hinweg, die täglich ihren Tribut einkassierten, sie mimten ihren Part; das Ganze war ein Schmierentheater. Höchst ärgerlich fand ich den arroganten Kastengeist, um jeden Marmortisch gruppierte sich ein Klüngel, das kannte man sonst nirgends in Berlin.

Am wenigsten in jenen angeblichen Prominentenlokalen, die von Stammgästen des *Romanischen* tief verachtet wurden. Tatsächlich trafen sich die Arrivierten von Bühne und Presse mit Vorliebe im Restaurant des ehemaligen Schauspielers Victor Schwanneke, wo das Essen mäßig war; oder bei *Mutzbauer*, dorthin lockte die verführerische böhmische Küche. Aber die Prominenz schloß sich nicht hochmütig ab. Und so entwickelte sich die selbstverständliche, unbefangene Kameraderie, welche unter den Exzentrikern im Kaffeehaus nie zustande kam.

Dafür ein vergnügliches Beispiel.

Eines späten Abends bei *Mutzbauer*. Es war wie üblich überfüllt, man placierte mich an den Tisch einer jungen, höchst attraktiven Schauspielerin. Vor kurzem hatte ich sie auf der Bühne gesehen, in der literarischen Revue *‹Es liegt in der Luft›*. Diese Marlene Dietrich war in einem Ensemble populärer Stars die Unbekannteste. Doch mit Bravour trug sie gemeinsam mit der unglaublich mageren Margo Lion das hübsche Chanson von den beiden guten Freundinnen vor, die «durch die Straßen latschen, um sich auszuquatschen».

Rasch wurde Marlene populär. Nun also saß sie neben mir und focht einen Seelenkampf aus zwischen Diätpflicht und Appetit, schließlich bestellte sie noch eine Extraportion köstlicher Knödel, nicht ohne seufzend ihre Charakterschwäche zu beklagen, so kamen wir ins Gespräch.

Natürlich machte ich ihr Komplimente, aber unhöflich genug begeisterte ich mich vor allem an der Musik Mischa Spolianskys und an den Texten von Marcellus Schiffer. Der war ein Neffe der Witwe Siegfried Jacobsohns, sie arrangierte zuweilen Teenachmittage für *Weltbühnen*-Mitarbeiter, dort hatte Schiffer mir eine Premierenkarte geschenkt, erfreulicherweise, die Eintrittspreise waren gepfeffert. Nun aber, das sei ich meiner Nachbarin schuldig, käme ich nächstens noch einmal, als redlich zahlender Besucher.

Sie lachte. Warum sich in Unkosten stürzen? Ich könne jederzeit ihr Garderobenfenster im Parterre als Gratiszugang benutzen!

So kam es, daß ich bei Marlene fensterln durfte, mehr als nur einmal stand ich dann in der Kulisse und ergötzte mich an den aktuellen Anspielungen Marcellus Schiffers. Als talentierter Jünger Tucholskys verstand er die schwierige Kunst, mondänes Amüsement politisch zu nutzen. Unvergeßlich blieb mir bis heute ein Chanson des feinen, leisen Willy Prager. Er besang mit heiserer Stimme den melancholischen Optimisten, der alles erträglich findet, sich mit jeder Misere abfindet, auch die Republik sei ja nicht so übel, sie würde sich schon halten, aber dann kam ganz leise der warnende Refrain:

Ich weiß, das ist nicht so.
Ich weiß, das kommt nicht so.
Ich weiß, das wird nie sein –
aber machense was dagegen,
ich bild' mir das ein …

Marlene Dietrich wurde weltberühmt als Lola im ‹*Blauen Engel*›, sie entschwand nach Amerika, später traf ich sie nie mehr. Aber unsere kurze, harmlose Kumpanei gehört zu den Erinnerungen an die unbekümmerten Jahre.

Für einen jungen Autor sind Begegnungen mit namhaften Schriftstellern förderlich und gefährlich zugleich. Ich hatte das Glück, solche zu treffen, die mich zum Nachdenken über meine Arbeit brachten. Bewußt habe ich keinen von ihnen als Vorbild angesehen, am wenigsten Ernst Weiss, den ich wahrscheinlich durch Haas kennenlernte, seinen Bewunderer seit gemeinsamen Prager Jugendtagen.

Von Weiss wußte ich nur so viel, daß er Chirurg gewesen war. Seine Romane wurden von Kennern gerühmt, vom Publikum kaum gelesen. Mehrmals führten wir lange Gespräche miteinander, an einem für ihn bezeichnenden Ort, in der spießbürgerlichen Konditorei *Hahnen* am Nollendorfplatz. Er liebte es, unauffällig zwischen kuchenlüsternen Matronen und balzenden Pärchen zu sitzen und nachzudenken über ganz andere Gestalten: Abenteurer, Verbrecher, Außenseiter. Denn ihn beschäftigte unaufhörlich das Problem, weshalb der Mensch böse handelt, obwohl er weiß, was gut ist. Mich suchte er davon zu überzeugen, alles in der Welt erkläre sich aus diesem Zwiespalt. Dabei zielten seine Argumente nur auf die Unvollkommenheit des einzelnen Individuums, soziale und politische Zusammenhänge sah er nicht; hinter sezierender Psychologie verbarg sich romantische Menschenliebe.

Mich befragte er inquisitorisch über meine Arbeitsmoral. Als ich Honorarsorgen andeutete, wurde er unwirsch, ans Geld dürfe kein Literat denken, ob mich etwa Frauen zuviel kosteten? Das hätte mir ein Stichwort geliefert, ihn nach einer sonderbaren Geschichte zu fragen, von der viel gemunkelt wurde. Ich wagte es nicht, er hätte mir die Wahrheit wohl auch verschwiegen.

Eine junge, wenig erfolgreiche Schauspielerin reichte unter ihrem Bühnennamen Rahel Sanzara dem Ullstein-Verlag ein Romanskript ein, das durch krasse Milieuschilderung und zupackende Sprache auffiel. Manches sollte gemildert werden, zur Besprechung kam die Autorin mit ihrem Freund Ernst Weiss, sie lehnte jede Änderung ab, er verhielt sich neutral, vermittelte dann telefonisch. Das Buch, zuerst in der *Vossischen Zeitung* abgedruckt, hatte einen Sensationserfolg.

Alsbald tauchte die Vermutung auf, Weiss sei der Verfasser. Er bestritt das energisch, keine Zeile stamme von ihm, doch hätte er die Unerfahrene beraten. Stilvergleiche ergaben keinen eindeutigen Beweis. Als aber Monty Jacobs, Feuilletonchef der *Vossischen*, der in diesem Jahr den renommierten Kleistpreis zu vergeben hatte, Rahel Sanzara vorschlug, baten sie und ihr Protektor, davon Abstand zu nehmen. Ihr gelang nie ein zweiter vergleichbarer Wurf.

Alle Indizien sprechen dafür, daß er die Irreführung inszenierte. Max Krell, damals Cheflektor bei Ullstein, ließ später in seinen Memoiren alles in der Schwebe; ich traue Weiss die Mystifikation zu.

Die Gespräche mit ihm brachten mich zum Nachdenken über die längst fällige Frage: Weshalb schreibst du eigentlich? Ich war mir darüber im klaren, daß ich mehr oder weniger zufällig in den journalistischen Betrieb hineingeraten war. Das Handwerk meinte ich mir so leidlich angeeignet zu haben, weiter reichte mein Ehrgeiz nicht. Zudem saßen angelernte Schablonen fest, das Schreiben für den Tag war selbstverständlich etwas völlig anderes als das dichterische ‹Gestalten›, ein Begriff, der damals noch kaum abgedroschen klang und jedenfalls mir durchaus achtbar vorkam. Wohin ich gehörte, schien klar.

Auf Joseph Roth war ich neugierig, seit ich 1927 in der *Frankfurter Zeitung* seine Reiseberichte aus Rußland gelesen hatte. Sie bestätigten, daß sich dort die Dinge so entwickelt hatten, wie ich es vor Jahren mehr spürte als klar erkannte. Doch ärgerte es mich, daß so etwas in einem bürgerlichen Blatt stand, verfaßt von einem, der mir als abtrünniger Sozialist geschildert wurde, was ich selbst ja durchaus nicht sein wollte. Und doch fesselte mich eine merkwürdige Mischung aus kühler Analyse und humanem Empfinden.

Die schöne Roth-Biographie von David Bronsen zitiert ein Urteil, das Ludwig Marcuse, Roths Freund, dem ich in der *Literarischen Welt* begegnet war, 1930 veröffentlichte. Darin heißt es, Roth verfüge über «... das beobachtende Denken, diese einzigartige Balance zwischen Sinnlichkeit und Reflexion; niedergelegt in Sätzen, die zugleich abbilden, hintergründig erkennen und Melodien zaubern – die zugleich vernunfthell sind und geheimnisdunkel».

Ich lernte Roth in einer für ihn bezeichnenden Situation kennen. Er saß in der Likörstube *Mampe* am Kurfürstendamm: Klein, adrett, fast ein Dandy. Blaue, ein wenig schwimmende Augen, die hell strahlten, wenn er jemanden ansah. Er war Mittelpunkt eines Kreises, dem er eine ausgefallene Geschichte nach der andern erzählte. Urplötzlich brach er ab, beugte sich über ein einfaches Schulheft und begann konzentriert zu schreiben.

Über die abrupte Isolierung schien sich niemand zu wundern. Später begriff ich, daß um Roth eine Aura der Unberührbarkeit lag, die ihn schützte vor der Umwelt, an der er wie an einer Krankheit litt, während er sie zugleich mit liebevollem Blick betrachtete. Auch suchte er unaufhörlich die Gesellschaft anderer, es war nicht schwierig, ihm nahezukommen, freilich nur bis zu einer bestimmten Grenze, die er festlegte.

Mehrmals besuchte ich ihn in seiner Wohnung am Kaiserplatz. Dorthin zog mich, um aufrichtig zu sein, noch ein anderer starker Magnet, Roths Gefährtin Manga Bell, die jeder Manga nannte, das war eigentlich einer ihrer Nachnamen. Um die dunkelhäutige Schönheit spannen sich Legenden. Sie sollte die Tochter eines afrikanischen Häuptlings ‹King Bell› sein; in Wahrheit stammte sie aus Hamburg, ihre Eltern waren ein farbiger Musiker aus Kuba und eine Deutsche. Die Fama erklärte sich aus ihrer Heirat mit einem veritablen Fürstensohn aus Kamerun, der ehemaligen deutschen Kolonie, der als Protegé Wilhelms II. in Berlin aufgewachsen war. Nach dem Kriege strebte er in seine inzwischen französisch gewordene Heimat zurück, Manga blieb mit zwei Kindern in Deutschland. Als Roth sich in sie verliebte, arbeitete sie als Redakteurin einer Kunstzeitschrift.

Sie war klug, gebildet, im Grunde weit intellektueller als der von wechselnden Emotionen getriebene Dichter. Doch konnte sie durch urwüchsige Temperamentsausbrüche überraschen, kehrte auch selbstbewußt die Negerin hervor, attackierte den schwierigen Freund, dann wieder unterwarf sie sich demütig dessen Paschalaunen. Beide hatten es nicht leicht miteinander.

Selbst einem so flüchtigen Beobachter wie mir blieb nicht verborgen, daß Roths Leben eine Kette von Krisen war. Nichts allerdings ahnte ich davon, wie schwer ihn die unheilbare Geisteskrankheit seiner Frau belastete, die in einer Wiener Anstalt untergebracht war.

Er deutete mir ganz andere Nöte an, Zweifel, die ihn bedrängten, seit er die Hoffnung auf soziale Gerechtigkeit verloren hatte.

Sehnsüchtig suchte er nach einem neuen Glauben, wie gut konnte ich nachfühlen, in welch labilem Zustand der geistigen Heimatlosigkeit er sich befand. Heute weiß ich, daß er ihm durch eine Flucht in die Vergangenheit entrann. Roths bedeutendste Romane verklären den untergegangenen Habsburgerstaat zur idealen Völkergemeinschaft; an diese postume Utopie klammerte er sich so fest, daß er zum Monarchisten und Katholiken wurde. Soweit war er noch nicht gelangt, als ich ihn kannte; doch bemühte er sich mit sanfter Hartnäckigkeit, mich von der Illusion einer künftigen sozialistischen Weltordnung abzubringen. Dahinter stecke, das durchschaute er zutreffend, mein Agnostizismus, den er geduldig zu widerlegen suchte; doch alle seine Argumente waren mir geläufig, hier stießen unsere Dispute an eine unüberwindliche Grenze.

Dennoch oder eben deshalb wäre unser sporadischer Verkehr vielleicht zu freundschaftlicher Beziehung gediehen, wenn ich eine andere Sperre hätte durchbrechen können. Ich kam nicht darüber hinweg, daß Roth trank. Nie sah ich ihn betrunken, der Alkohol machte ihn beschwingt und geistreich, ein längst unentbehrliches Element des Lebens, Denkens, Produzierens. Eben dies bedrückte mich. Ich selbst trank gern, doch nie am Tage, während der Arbeit. Irgendeine frühe Warnung durch meinen Vater, den Arzt, wirkte nach, wohl auch der mühsame Puritanismus der Parteijahre, kurzum, mich plagte die philisterhafte Sorge, daß sich vor meinen Augen ein genialisch Begabter zugrunde richtete. Eines Abends erlebte ich, wie Roth ein großes Glas voll Korn in die entfernteste Zimmerecke stellte; gelassen erklärte er, der Köder müsse ihn am Morgen aus dem Bett locken. Alles in mir widerstrebte einer so offensichtlichen Selbstzerstörung, und jedenfalls wollte ich nicht ihr Zeuge bleiben. Viel später las ich *‹Die Legende vom heiligen Trinker›*, die er kurz vor seinem Tode in der Emigration schrieb; eine ergreifende Deutung seines Verhängnisses.

Unverzeihlich ist es, daß ich ihm nie gesagt habe, wie sehr ich die kleine Monographie *‹Juden auf Wanderschaft›* bewunderte. Es ist eine kurze Chronik der Verfolgung, eine Huldigung an Roths Heimat Galizien. Das schmale Bändchen hat mich zeitweise als ein Katechismus begleitet, denn ich lernte daraus, wie ein Tatsachenbericht unmerklich, ohne Überschwang, zum Kunstwerk werden kann. Soviel traute ich mir nicht zu, ich war kein Poet; aber ungefähr in diese Richtung zielten fortan vage Absichten, die ich mir noch kaum einzugestehen wagte.

Bis ein ganz anders Gearteter mir Mut machte.

Egon Erwin Kisch war durch seinen Buchtitel als *‹Der rasende Reporter›* abgestempelt. Ich habe ihn oft getroffen, nie auf atemloser Jagd nach Sensationen. Gewiß reiste er unermüdlich durch die Welt, aber Abenteuer stießen ihm nicht von ungefähr zu, er plante sie sorgfältig, sammelte alle erreichbaren Unterlagen, stöberte in Archiven und Bibliotheken, dann erst zog er los und beobachtete scharf und genau das jeweilige Objekt. Erst am Schreibtisch bekam die Ausbeute Sinn und Gestalt. Er arbeitete gründlich, schrieb den Text mit der Hand so oft um, bis er seinem Anspruch nahekam, zufrieden mit sich war er selten.

Die Sprache war ihm ein Instrument, das er umsichtig anwendete. Er wollte nicht unterhalten, sondern aufklären. Im Kriege war er zum Kommunisten geworden, daraus machte er kein Hehl, dennoch riß sich die bürgerliche Presse um seine Beiträge; man war toleranter als heute.

Er selber war kein Fanatiker. Die wechselnden Parteilinien kümmerten ihn wenig, er verließ sich auf seinen Verstand und seine unwandelbar rebellische Überzeugung. Strammen Funktionären war er immer verdächtig, im spanischen Bürgerkrieg, in Mexiko, nach 1945 in seiner Heimatstadt Prag. Er starb kurz vor den Schauprozessen, in denen ihm nahestehende Genossen sich selbst durch aberwitzige Geständnisse zum Tode verdammen mußten, bis an sein Ende war er ein Günstling des Glücks.

Dem humorvollen, gütigen Mann fiel es leicht, andere für sich einzunehmen. Bei Schwanneke hörten ihm egozentrische Schauspieler und Literaten gebannt zu, als Fabulierer war er Joseph Roth ebenbürtig, nur enthielten seine Anekdoten oft eine unaufdringliche Lehre. Er sprach wie er schrieb, plaudernd zwang er zum Nachdenken, von plumper Tendenz hielt er nichts.

Ich blieb auch ohne Parteibuch für ihn ein Genosse, dem er gern half. Zweimal rettete sein Rat mich aus kritischen Situationen. Beide Male schätzte der Erfahrene die Möglichkeiten eines freien Autors in Presse und Film richtig ein, und ich zog mich aus der Patsche.

Im *Berliner Tageblatt*, dem als Hort liberaler Freiheit geltenden *B. T.*, besprach ich eine Zeitlang wichtige Filme. Dazu gehörte *‹Die Frauengasse von Algier›* nicht, aber ich hatte einiges über die Entstehung des mäßigen Unterhaltungsfilms erfahren. Die UFA nämlich, ständig in finanziellen Nöten, bis ein Jahr später der deutschnationale Geheimrat Hugenberg den großen Brocken schluckte, hatte sich kürzlich aus Stuttgart einen neuen Generaldirektor Bausback geholt, der strenge Sparmaßnahmen erließ. Selbst weltberühmten Regisseuren wie Lang und Murnau wurde der Etat drastisch gekürzt. Nur bei dem belanglosen Algier-Reißer durfte der ziemlich unbekannte Regisseur H. das Limit gleich ums Doppelte überschreiten. Er stand zum erstenmal in einem Atelier, vorher hatte er am Stuttgarter Theater gewirkt und sich mit Bausback angefreundet.

Ein klarer Fall von kostspieliger Protektion, um so ärgerlicher, als das Ergebnis ein ausgesprochener Schmarren war. Den tat ich mit wenigen Sätzen ab, um so ausführlicher stellte ich die Hintergründe dar, die Fakten waren hieb- und stichfest.

Doch die Kritik erschien zwei Tage lang nicht, ich rief in der Redaktion an, am Telefon war Fred Hildenbrandt, der Feuilletonchef, ein großer blonder Germane übrigens, der im Hause Mosse allgemein «unser Renommiergoj» hieß, so arglos scherzte man damals. Er kanzelte mich ab, persönliche Attacken paßten nicht in den Stil des Weltblattes, dessen Chef ein Theodor Wolff sei. Nun wußte ich zwar, daß dieser bedeutende, fast als offiziöser Sprecher der Demokratie auftretende Leitartikler Hildenbrandts erklärter Gönner war; daß er sich um eine Bagatelle wie meine Rezension kümmern könne, fand ich hergeholt. Darauf Hildenbrandt: T. W. liest jede Zeile! Ich, nun schon aufgebracht: Dann wird er mir zustimmen, daß man einen Murnau gegen den Nichtskönner H. verteidigen muß. So ging das hin und her, auf einmal hatte Hildenbrandt keine Zeit mehr, in dieser Form würde mein Beitrag nicht gebracht, ich könne mich ja mit Burger darüber noch mal unterhalten.

Erich Burger, der zweite Redakteur, ein gescheiter Skeptiker, war für 24 Stunden verreist. Im Laufe des Tages wuchs meine Wut, Ähnliches war mir noch nie widerfahren, ich beschloß mit dem *B. T.* zu brechen. Zum Glück traf ich abends Kisch, erzählte ihm die Sache, er wurde dabei immer vergnügter:

«Der ‹Renommiergoj› will sich bei seinem obersten Herrn einen weißen Fuß machen. T. W. nämlich ist auch ein guter Bekannter deines armen Teufels H.»

Kisch wußte eben alles. Ich hielt den Fall nun erst recht für aussichtslos, er lachte verschmitzt:

«Quatsch! Morgen deutest du dem lieben Burger an, die Geschichte einer abgelehnten Kritik wäre ja wohl ein Fressen für Konkurrenzblätter. Wetten, daß dein Text übermorgen im *B. T.* steht?»

So kam es. Burger strich nur zwei Ausdrücke, die an juristisch faßbare Beleidigung grenzten, dann nahm er mein Skript mit in die Setzerei. Es erschien, weder T. W. noch Hildenbrandt rührten sich. Was immer ich brachte, wurde weiter publiziert.

Damals prägte sich mir eine wichtige Erkenntnis ein: Vielfalt der Presse garantiert freie Meinung der Mitarbeiter. Die geglückte Erpressung, denn so mußte man es wohl nennen, kam meinem Ruf zugute. Ich meinte leichtsinnig, mir alles erlauben zu können. Etwa ein Jahr später geriet ich in einen weit ernsteren Konflikt, diesmal durch eigene Schuld.

Filmkritiker verfaßten zuweilen Drehbücher, mir erschien diese Doppelfunktion fragwürdig, als ich für kurze Zeit dramaturgisch arbeitete, gab ich das Kritisieren auf. Doch eines Tages erlag ich der Versuchung, wohl auch aus materiellen Gründen, vor allem gefiel mir das Sujet, das der Regisseur Constantin I. David vorschlug.

Der Ausbruch junger Mädchen aus ihren bürgerlichen Elternhäusern hatte Aufsehen erregt, irgendwo am Mittelmeer waren die Entflohenen aufgegriffen worden, daraus ließ sich etwas machen. Mir wäre zwar eine ‹Revolte im Erziehungshaus› lieber gewesen, Peter Martin Lampels Bühnenstück alarmierte bald darauf die Öffentlichkeit. Aber auch eine heitere Komödie mochte ein bißchen Staub aufwirbeln, wenn ich ein paar gesellschaftskritische Akzente setze, das versuchte ich denn auch während der gemeinsamen Arbeit am Buch.

Aus irgendeinem Grund sah ich den fertigen Film erst kurz vor der Premiere. Und diese *‹Republik der Backfische›* war zu einer dümmlichen Posse geworden, ohne Schärfe und aggressiven Witz. Ich war außer mir, wollte meinen Namen zurückziehen, der stand schon auf den Plakaten, David beruhigte mich, schließlich hoffte ich, mit einem blauen Auge davonzukommen. Das Filmchen fiel mit Pauken und Trompeten durch. Besonders schmerzte mich eine bitterböse Kritik von Walter Benjamin, der mich von der *Literarischen Welt* her als seriösen Mann kannte. Er hatte nur zu sehr recht, ich fühlte mich unrettbar blamiert. Tage vergingen, ich traute mich kaum aus meiner Behausung. Kisch rief an, frotzelte mich ein bißchen; als er merkte, wie deprimiert ich war, änderte sich sein Ton. Wieder gab er mir einen Tip, der mir riskant vorkam, doch befolgte ich ihn schließlich.

In einer Montagszeitung schrieb ich eine Selbstkritik, die ungefähr so begann: «Da läuft jetzt ein Film. Er ist miserabel. Leider bin ich dafür verantwortlich ...»

Die Produktionsfirma drohte mit Klage wegen Geschäftsschädigung. Dazu kam es nicht, denn mehrere Zeitungen traten für mich ein, die Affäre wurde aufgemutzt zum Testfall für Meinungsfreiheit, was entschieden übertrieben war. Fast sah ich mich aus einem Versager zum Helden des Tages verwandelt, das Debakel wurde darüber rasch vergessen.

Ein Jahr später wetzte ich die Scharte aus. Nach dem Roman *‹Der Kampf der Tertia›* von Wilhelm Speyer schrieb ich ein Drehbuch; gleichfalls die Geschichte einer Jugendrevolte, Schüler eines Internats führen Krieg gegen Kleinstadtbürger, die sämtliche Katzen umbringen wollen, weil die angeblich eine Seuche verbreiteten. Diesmal war ich bei den Dreharbeiten dabei, im holsteinischen Friedrichstadt. Der Produzent war Friedrich Dahlsheim, von Haus aus Jurist, als begeisterter Außenseiter hatte er selbst ausgezeichnete Kulturfilme aus Indonesien heimgebracht. Sein Elan beflügelte alle, auch den Regisseur Max Mack, ein Kinoveteran, der seit Jahren nur Konsumware fabriziert hatte. Der Erfolg rehabilitierte mich, vor allem vor mir selber.

Auf mich war Dahlsheim verfallen, weil ihm bekannt war, daß ich Katzen liebte. Er hatte mein erstes Buch gelesen.

Es hieß *‹Katzen›*. Der Titel ist keineswegs allegorisch gemeint, zwei Erzählungen, Essays und kurze Impressionen handeln von dem einzigen Tier, das mit uns lebt, ohne sich zu unterwerfen. Die Katze ist so frei, wie wir sein möchten; «eine anarchistische Aristokratin mit gesundem proletarischen *élan vital*», schon dieses eine Zitat deutet an, worauf es mir ankam. Am Modell zeigte ich meine eigenen Überzeugungen, verdammte Zwang und Bedrükkung, erhob den Widerspruchsgeist zum moralischen Gebot. Das beiläufige Thema erlaubte politische Bekenntnisse.

Das klingt nach einem Plan. Doch den hatte ich zunächst gar nicht. Ich schrieb das kleine Buch für einen bestimmten Empfänger, für eine Frau, die ich gewinnen wollte, Sybille Binder. Ihr Name steht noch immer auf dem Deckblatt, das Erstlingswerk hat mein Leben begleitet und sich bis heute behauptet. Das rechtfertigt wohl einen Bericht über die einigermaßen sonderbare Vorgeschichte.

Im Winter zwischen den beiden Rußland-Fahrten sah ich eine Aufführung der *Truppe*, eines von Berthold Viertel gegründeten Kollektivs. Gespielt wurde im altersschwachen Lustspielhaus eine Posse, so nennt Robert Musil selbst das ein wenig wirre Stück *‹Vinzenz und die Freundin bedeutender Männer›*. Diese Dame, Alpha genannt, ist eine halbintellektuelle Halbhure, Vinzenz eine Mischung aus Schieber und Zuhälter; zwei konstruierte Figuren, Wedekind hat Pate gestanden. Die sechs bedeutenden Herren, die Alpha umwerben, schwatzen fades Zeug, mehr geht nicht vor; ohne Zweifel ein Nebenprodukt der Prosapoeten. Die Darsteller hatten es denn auch schwer. Rudolf Forster näselte gelangweilt den Vinzenz. Sybille Binder mühte sich um die Alpha, die Rolle des Vamps lag ihr nicht, sie forcierte die Frivolität. Mich rührte das Kätzchen, das durchaus die Tigerin spielen wollte. Tagelang dachte ich entzückt an die zierliche, braunhäutige Gestalt.

Drei Jahre später, vieles hatte sich bei mir verändert, saß ich ihr in vergnügter Runde bei Schwanneke gegenüber, konnte sie in Ruhe betrachten, wieder fiel mir das Katzenhaft-Geschmeidige auf, ich war bezaubert, wollte mich ihr bemerkbar machen und tat es auf höchst alberne Weise. Wie ein Schulmeister rügte ich, daß sie ihren Namen falsch schreibe, wie die meisten Sybillen heutzutage, die wohl unempfindlich seien für den magischen Reiz antiker Sibyllen. Sie zuckte die Achseln, dümmer hätte ich's nicht anfangen können.

Der Fauxpas wurmte mich. Und nun begann bei mir jener Prozeß, den Stendhal klassisch sich Kristallisation der Liebe beschrieben hat. Um aufrichtig zu sein: Ich nahm mir vor, die völlig Unbekannte leidenschaftlich zu lieben. Obwohl oder gerade weil sie ein Typus war, gegen den ich mich instinktiv sträubte, steigerte ich mich in die fixe Idee derart hinein, daß ich mein ziemlich unbekümmertes Lotterleben aufgab. Je länger dieser Zustand dauerte, desto unmöglicher schien es, ihn zu beenden. Zehnmal drechselte ich einen Brief, sandte keinen ab, die schönen Phrasen kamen mir banal vor. Ich grübelte über ausgefallene Methoden nach, durch die ich die Unerreichbare zu überrumpeln hoffte.

Wochen vergingen. Ich verlor die Lust am Arbeiten. Als ein mir völlig unbekannter Verleger Herbert Stuffer anrief und mich zu sich bat, hätte ich ums Haar abgelehnt. Zum Glück fuhr ich dann doch hin. Und fand einen jungen, unternehmenden Mann. Er plante eine Serie kleiner Bücher von jungen Autoren. Gewiß hätte ich was auf der Pfanne? Leider nein. Ans Bücherschreiben hatte ich noch nie gedacht. Schade, meinte er. Der Peter Mendelssohn hätte mich so sehr empfohlen: Ein Journalist wie ich; seine Tante Anja, eine Graphologin, lebte mit Stuffer zusammen.

Das Gespräch verebbte. Offenbar aus Höflichkeit zeigte er mir Skizzen von B. F. Dolbin, dem beliebten Karikaturisten, der auch für die *Literarische Welt* zeichnete. Er würde die ganze Reihe illustrieren, auch selbst ein Büchlein liefern. Über Hunde. Darauf ich, plötzlich wach: «Und wer schreibt über Katzen?»

«Niemand. Haben Sie Lust dazu?»

Im selben Moment wußte ich, warum ich begeistert zustimmte. Aus dem Stegreif entwarf ich ein Dutzend Ideen, Stuffer schien davon angetan, nächstens solle ich ein paar Proben bringen.

Statt dessen schrieb ich das Ganze in einem Zuge, kaum nahm ich mir Zeit zum Schlafen. Mich beflügelte die Vorstellung, das fertige Buch ihr zu widmen, die auf einmal dadurch erreichbar wurde.

Nach zwei Wochen erschien ich bei Stuffer mit dem fertigen Skript. Er staunte über meinen Fleiß, las sich fest, fing Feuer, ein Vertrag wurde unterschrieben, ich bekam Vorschuß. Dann sagte ich nebenbei: Er hätte doch wohl nichts dagegen, wenn der Name meiner, nun ja, meiner Muse gedruckt würde. Er lachte, fragte nach dem Namen. Den nannte ich an diesem Tage noch nicht.

Denn Sybille konnte ja die aus heiterem Himmel angebotene Ovation ablehnen, das fiel mir erst jetzt ein. Also hin zu ihr, die Adresse wußte ich längst im Schlaf, Hardenbergstraße I, Gartenhaus fünf Treppen.

Sie war nicht allein, bei ihr saß Bertolt Brecht in seiner Lederjacke. Undenkbar, vor ihm mein Ansinnen zu erklären. Ich stotterte blöd herum, sie vermutete in mir einen Interviewer, leider sei sie in Eile, müsse packen, morgen ginge es auf Gastspielreise. Gerade noch zur rechten Zeit gekommen, mochte ich nicht aufgeben. Da griff Brecht ein:

«Gönn ihm fünf Minuten, Sybille! Das ist ein ganz guter Mann. Ich haue ab, wir sind ja über alles einig!»

Der vermeintliche Rivale hatte die Wohnung für die nächsten Monate abgemietet. Nun war er fort, ich zog eine Kopie meines Skripts heraus und brachte vor, was ich mir zurechtgelegt hatte. Sie war verdutzt, auch ein wenig geschmeichelt. Lesen könne sie das erst unterwegs, sie würde mir schreiben. Aus Zürich. Um mich loszuwerden, hielt sie die Hand hin, ich ergriff sie, rief ohne zu überlegen:

«Da muß ich nächster Tage auch hin! Darf ich Sie treffen?»

Mein Blick war nicht mißzuverstehen, noch zögerte sie, endlich stimmte sie zu. Gleich darauf stand ich auf der Straße, berauscht vom Erfolg meines Handstreichs, schon sah ich mich auf der Fahrt ins greifbar nahe Glück.

Dann machte ich Bilanz, in der Tasche hatte ich keine 50 Mark und Stuffers kleinen Scheck, damit käme ich nicht weit. In den nächsten 24 Stunden entwickelte ich Finanzierunnnnngskünste.

Willy Haas ließ sich für einen Bericht über Schweizer Geistesgrößen gewinnen, ich entriß ihm sogar, was ganz unüblich war, einen kleinen Vorschuß. Und 50 Mark gewährte mir seufzend die liebe Hünicke, nun reichte es schon für die Bahnkosten. Der lange vernachlässigte Patenonkel His war verreist. Plötzlich fiel mir J. H. Schultz ein; der berühmte Psychiater, Erfinder des *Autogenen Trainings*, lud mich als Sohn eines Arztkollegen zuweilen ein, er war an Literatur interessiert. Oft hatte er keine Zeit, dann nahm seine Frau sich meiner an, so geschah es auch diesmal.

Sie dilettierte als Psychoanalytikerin, was er nachsichtig belächelte. Mich befragte sie sonderbar eindringlich nach meinen Amouren, was mich irritierte. Daß sie Morphinistin war, ahnte ich nicht, später, nach ihrer Scheidung, ging sie elend zugrunde. Jetzt überfiel ich sie mit dem Geständnis meiner neuen, ernsthaften Passion, gerührt half sie mit einer über Erwarten hohen Summe.

Zwei Tage danach war ich in Zürich.

Über das, was hoch über dem Zürcher See auf dem Dolder begann, danach in München und am Chiemsee rasch ausklang, muß ich schonungslos sprechen, nur dann ist es wahr.

Ein paar Wochen lang glaubte ich, aufrichtig und ungebrochen zu lieben, zum erstenmal, mit 28 Jahren. Ich vergaß oder verdrängte, daß alles als Experiment begonnen hatte. Sybille muß das instinktiv gespürt haben, es beunruhigte sie. Unbegreiflich war ihr, daß ich in ihr Geheimnisse und Gefahren suchte, die es nicht gab. Sehr bald wußte sie, daß es mit uns nicht lange gutgehen würde, und sie gab es mir zu verstehen.

Über mein Buch sprach sie herzlich, auch gescheit, und doch so, daß ich hätte merken müssen, wie fremd ihr derlei Denkspiele waren. Die Widmung nahm sie an.

Dann gab sie mir einen deutlicheren Wink. Eines Abends ließ sie mich lesen, was ein anderer über sie, für sie geschrieben hatte:

«Viele Gesichter drücken ihre Spur in deine Seele, die bald so aussieht wie ein altes Löschpapier, bedeckt mit tausend Linien und verwischten Zeichen. Aber plötzlich wirft der ungute Stern, der dir leuchtet, seinen Strahl über ein Antlitz – und du mußt hinstarren auf den schimmernden Fleck, gerade auf diese eine von Milliarden Kombinationen aus Haut, Mund, Auge und Nase ...

Das Leben hat ein Gesicht bekommen: dieses ...

Es ist deiner Seele Gift und Gegengift. Du brauchst es wie die Kerze die Flamme, durch die sie lebt und an der sie stirbt. Es verursacht dir Schmerz, für den es kein Heilmittel gibt als ihn selbst.»

Sätze aus dem Prosagedicht *‹Das Antlitz›* von Alfred Polgar. Der Epilog zu einer Neigung, die Sybille nicht erwidert hatte, erst meinte ich naiv, das wolle sie mir zu verstehen geben. Doch dann las ich den Schluß, der «die Erlösung von dem furchtbaren Glück» einer hoffnungslosen Liebe preist:

«Dann hast du ein sehr schönes, gutes Gefühl, ein Gefühl der grenzenlosen Freiheit und Leichtigkeit, ein Gefühl der Unsterblichkeit fast, denn deine Liebe, die doch eins war mit dir, ist tot, und du bist es nicht ... So freundliches Wunder zu erleben, lohnt schon das bißchen Not und Verzweiflung, liebes Angesicht!»

Mit Worten eines andern prophezeite sie, was mir bevorstand. Behutsam wollte sie mir helfen, das begriff ich erst, als alles vorüber war. Im Herbst trennten wir uns, ohne Groll. Wir blieben Freunde bis in Sybilles letzte Lebensjahre, da war sie aus der

Emigration heimgekehrt, spielte bei Gründgens in Düsseldorf und Hamburg, wir trafen einander noch oft.

Wenn ich über die Jahrzehnte hinweg zurückdenke, fällt mir vor allem der Zustand ein, in dem ich mich nach unserem Auseinandergehen wochenlang befand. Ich war nicht so weise wie Polgar, ich wütete gegen mich selber, aus der bitteren Enttäuschung zog ich rabiate Schlüsse. Ein für allemal hatte es sich erwiesen, daß ich unfähig sei zu lieben. Damit hatte ich mich abzufinden, die Ursachen lagen weit zurück, da gab's nichts zu spintisieren.

Die Vorstellung setzte sich fest, irgend etwas bei mir sei da nicht im Gleichgewicht. Ich konstruierte mir eine Formel: Du denkst mit den Hoden und genießt mit dem Hirn. Ganz falsch war's nicht, jedenfalls bestimmte es für lange Zeit meine Haltung mir selbst gegenüber.

Und nun kam das Buch heraus, an das ich monatelang kaum noch gedacht hatte.

Zu meiner Überraschung machten diese hundert Seiten aus mir einen Bücherschreiber, von dem wohlwollende Kritiker neue Taten erwarteten. Tucholsky rühmte mich in der *Weltbühne* so begeistert, daß mir angst und bange wurde; niemand kam auf den Gedanken, er hätte den jungen Mitarbeiter protegieren wollen.

Walther List, mein Schulkamerad, erkundigte sich nach meinen Plänen, die hatte ich nicht, doch kam es zu Gesprächen, der Verlag seines Vaters wollte mich gewinnen. Dabei ergab sich wie von ungefähr die Verständigung über einen Roman. Er sollte das Leben jener Prinzessin Leuchtenberg darstellen, der ich ein einziges Mal begegnet war, auf dem Balkon über dem Kanal in Petrograd. Den unauslöschlichen Eindruck schilderte ich so überzeugend, daß ein Vertrag geschlossen wurde.

Nachher erst wurde mir klar, auf was ich mich eingelassen hatte. Ich kannte nur das Ende einer Biographie, die zweifellos abenteuerlich gewesen sein mußte. Das Schicksal einer einst Privilegierten erschien geeignet, all das vorzuführen, was ich verabscheute – Ungerechtigkeit, Willkür, sinnlosen Überfluß. Wie aber war meine Heldin zur heiter resignierenden alten Dame geworden? Durch eine lange Entwicklung, die mit Sicherheit keine Bekehrung war; solch eine hat sich im zaristischen Rußland mehr als einmal ereignet, Adelstöchter sagten sich los von ihrer Kaste, predigten den Umsturz, nahmen an Attentaten teil.

Nicht nach diesem Schema sollte der Lebensweg meiner Olga Borisowna verlaufen, so nannte ich sie. Ich machte aus ihr eine Einzelgängerin, die sich für ihre unglückliche Kindheit an der Menschheit rächt, indem sie ihre Privilegien bedenkenlos ausnutzt. Eine steinreiche Nihilistin zerstört sich selber und überlebt dann doch. Mit dieser konstruierten Figur wollte ich mich freischreiben von anarchistischen Anwandlungen.

Zugleich aber, das komplizierte die Sache, reicherte ich das Phantom mit meinen erotischen Wunschvorstellungen an. Diese geistige Selbstbefriedigung stand der politischen Absicht im Wege. Ich plagte mich mit immer neuen Entwürfen ab, es ging nicht voran.

Im Sommer 1928 hauste ich gemeinsam mit Kurt von Molo in einem Atelier, er volontierte in einer Redaktion, liebäugelte schon mit dem Film, ich beneidete ihn um seine fröhliche Betriebsamkeit. Der Umgang mit dem von mir erdachten Monstrum machte mich ungewohnt mürrisch. Dann wurde daraus doch noch etwas wie ein Wesen aus Fleisch und Blut, durch eine lebendige Frau, die in jeder Hinsicht das Gegenteil Olgas war.

Der *Toppkeller* in der Schweriner Straße war eine Kaschemme, in der Berlin W sich, angegruselt und völlig gefahrlos, mit der Unterwelt mischte, dergleichen floriert in jeder Großstadt. Die Attraktion war ein Balken, wer lange Nägel mit einem Schlag hineintrieb, bekam einen Gratisschnaps. Ich probierte vergeblich den Kraftakt, um einer schlanken Schönen zu imponieren, die mokant lächelnd danebenstand. Vielleicht ernannte ich sie schon in diesem Augenblick zum Modell meiner Olga. Nachher saß ich mit ihr und ihrem Mann, der sich als Redakteur am Hugenbergschen *Sport im Bild* entpuppte, einer Hochglanz-Zeitschrift für feine Leute.

Er selbst trat gern als Snob auf, verließ die Spelunke mit Spazierstock und Melone, legte draußen beides weg, als wir in seinen kleinen Fiat stiegen, ich wurde zum Mitkommen eingeladen. Zu Hause mixte er zeremoniell vorzügliche Drinks, wir saßen vor einem großen Aquarium, alle seine Fische nannte er stolz mit ihren zoologischen Namen. Wir sprachen über unsere Vergangenheit, über den Krieg, den er ebenso haßte wie ich. Obenhin erwähnte er, daß er darüber ein Buch schriebe. Ich nahm es gleichgültig zur Kenntnis, um so aufmerksamer ging ich auf recht gescheite Bemerkungen der Frau ein, die mir immer besser gefiel. Das zeigte ich unverhohlen, denn ihn, es war nicht zu verkennen, störte es nicht im mindesten. Als ich gegen Morgen ging, brachte sie allein mich an die Tür.

So begann die monatelange Liaison mit Jeanne, der Frau von Erich Maria Remarque. Er war, wie ich bald begriff, an eine andere gebunden. Uns gegenüber verhielt er sich unglaublich tolerant. So begleitete er uns an den Zug, wenn wir verreisten; einmal zu meinem Vater, der sich mit Jeanne sofort verstand, wie übrigens mit jeder meiner Freundinnen, die er kennenlernte. Dann reiste ich mit ihr für Wochen ins Lausitzer Gebirge. Dort schrieb ich den Roman rasch zu Ende. Er sollte klipp und klar *‹Leben einer Prinzessin›* heißen, doch auf den anmaßend hochtrabenden Untertitel «Amor vacui» mochte ich nicht verzichten, die amoralische Liebe zum Nichts blieb das Charakteristikum meiner Olga Borisowna. Ihr dichtete ich immer neue Züge der Gefühlskälte und Machtbesessenheit an, während ich doch eine sanfte, liebevolle Gefährtin neben mir hatte. Ich glaube, daß Jeanne dieses Paradox begriff, ohne daß wir je offen darüber redeten. Sie war eine scharfsinnige, aber bis zur Indolenz nachgiebige Partnerin.

Während der angestrengten Arbeit vergaß ich, daß ich ihre Neigung mißbrauchte. Danach erwachten die Skrupel, ich wollte meinen berechnenden Egoismus gutmachen, als ob sich Leidenschaft willkürlich steigern ließe. Noch gestand ich mir nicht ein, daß ich an eine Trennung dachte, da kam sie mir zuvor und eröffnete mir, sie hätte sich in meinen alten Kameraden Franz Schulz verliebt. Ein wenig gekränkt war ich, mehr noch erleichtert, sie sagte es mir lächelnd auf den Kopf zu. Und so schien es mir selbstverständlich, daß wir befreundet bleiben würden.

Inzwischen war *‹Im Westen nichts Neues›* erschienen, zuerst in der *Vossischen Zeitung*, dann als Buch, der Triumph bahnte sich an, die Auflage stieg in schwindelnde Höhen, Übersetzungen wurden angekündigt, Amerika kaufte die Filmrechte zu einem enormen Preis. Remarque war reich, konnte das große Leben in vollen Zügen genießen. Er fuhr nun einen teueren Sportwagen, das kleine Auto kaufte ich ihm ab. Doch sah ich ihn selten, er veränderte sich zusehends, aus dem angenehmen Kollegen wurde ein reservierter Weltmann. Jeanne erwähnte er nie.

Das letzte Mal traf ich ihn im späten Frühjahr 1929 zu einem ausführlichen Gespräch, das ich dann in der *Literarischen Welt* wiedergab. Nach langem Zögern äußerte er sich zu bösartigen Angriffen und Verleumdungen, mit denen der plötzlich Berühmte überschüttet wurde. Mit auffallendem Nachdruck stritt er jegliche politische Tendenz seines Buches ab. Die Frage nach neuen Plänen beantwortete er zurückhaltend; ihm sei vorgeworfen worden, seine Kriegserlebnisse scien von A bis Z erfunden, das stimme leider nicht:

«Sonst könnte ich froher und sicherer sein. Dann wüßte ich nämlich genau, daß ich ein guter Schriftsteller bin. So aber ist mir das für später zuweilen sehr zweifelhaft. Daran laboriere ich jetzt gerade.»

Die Skepsis war damals nicht gespielt, er glaubte nicht an seine literarische Zukunft. Doch dann kamen Agenten mit verführerischen Angeboten, er konnte nicht widerstehen, schrieb ein zweites Buch, das die schlichte Kraft des ersten nicht erreichte. Im Laufe der Zeit wurde er ein routinierter Unterhaltungsschreiber, in aller Welt gelesen, ich gönnte ihm den anhaltenden Ruhm aufrichtig.

Denn Remarque war, ob er's wollte oder nicht, nun doch ein Politikum geworden, ein populärer Verkünder demokratisch-humaner Anschauungen. Schon vor 1933 zog er in die Schweiz und bekannte sich offen als Gegner Hitlers, der ihn denn auch als einen der ersten ausbürgern ließ. Die Erinnerung an unsere kurze Bekanntschaft wäre ungetrübt, hätte sich nicht ein fatales Nachspiel ereignet.

Der so plötzlich Reichgewordene frönte nicht nur seinem naiven Hang zum Snobismus, er legte sich auch unerwartet konventionelle Moralbegriffe zu. Selbst alles andere als ein vorbildlicher Ehemann forderte er von Jeanne auf einmal die Treue einer braven bürgerlichen Gattin, ließ sie durch Detektive überwachen und erfuhr alsbald, daß sie nach wie vor mit Franz Schulz zusammentraf. Nun geschah etwas Abscheuliches.

Mit einem angeheuerten Rollkommando drang er eines Nachts in die Wohnung des Nebenbuhlers ein, ließ ihn zusammenschlagen, griff auch selbst brachial ein. Jeanne hatte sich in Todesangst versteckt, wurde aufgespürt und abgeführt, die wüste Szene war reine Kolportage, geplant nicht von einem Eifersüchtigen, sondern aus gekränkter Eitelkeit. Denn was folgte, war noch absurder: Die Ehebrecherin wurde gnädig wieder aufgenommen, unter einer strikten Bedingung, sie müsse jeden Verkehr mit allen früheren Bekannten abbrechen. Sie unterwarf sich, durfte scheinbar allen mondänen Glanz mit ihm teilen. Aus Davos, wo sie bald danach ihre kranke Lunge auskurierte, wurden mir groteske Einzelheiten über sein tyrannisches Verhalten zugetragen. Ich sah beide nur noch einmal von ferne, im Herbst 1932 in Ascona. Da ging sie, eine wunderschöne, demütige Sklavin, an der Seite ihres Herrn. Keiner von beiden erwiderte meinen Gruß. Später ließ er sich scheiden und heiratete den amerikanischen Filmstar Paulette Goddard.

Das Ganze erschien mir damals wie ein unbegreiflicher Spuk. In die wirre Seele eines jäh zum Nabob verwandelten Kleinbürgers vermochte ich mich nicht einzufühlen, obwohl ich für meine Prinzessin Olga weit exzentrischere Frevel ersonnen hatte ...

Der Roman ‹*Leben einer Prinzessin*› erschien übrigens gleichfalls zuerst in der *Vossischen Zeitung*, das Buch dann auch in England und Amerika. Die Aufnahme in Deutschland muß positiv gewesen sein, wie ich vor kurzem in einem alten Almanach des List-Verlages mit Auszügen aus damaligen Kritiken las. Da wird dieser Zwitter aus politischer Phantasie und reißerischen Exzessen als «neue Form des historischen Romans» gepriesen.

Ich dachte indessen vorerst nicht mehr ans Bücherschreiben, sondern wendete mich wieder der Publizistik zu. Immer häufiger nun auch auf einem neuen Gebiet, dem Rundfunk; oder vielmehr dem Radio, kein Mensch nannte das Wunderding zu jener Zeit anders.

Wie kam es zu meinem ersten Auftreten in der Berliner ‹Funkstunde›? Nicht ich bin darauf verfallen, wahrscheinlich knüpfte Herbert Stuffer die Verbindung an, weil er sich nützliche Werbung für unser Katzenbuch davon versprach. Eines Tages betrat ich also das legendäre Vox-Haus in der Potsdamer Straße, das oft genug beschrieben worden ist. Da hingen tatsächlich muffige Wolldecken, um den Schall zu dämpfen, Lärminstrumente lagen herum, nebenan sah man eine alte Badewanne, die zu Wasserkünsten diente, akustische Spielereien waren sehr beliebt. Vor dem unförmigen Mikrofon stehend las ich meine Texte, so gut ich's verstand, empfing das Honorar, damit hielt ich die Sache für erledigt.

Für Berlin traf das auch zu, keinen der maßgebenden Funkleute kannte ich dort. Doch aus dem Reich kamen Briefe, die zu ähnlichen Vorlesungen einluden. Das Magnetband war noch nicht eingeführt, man mußte selbst reisen. Kosten wurden erstattet, außer dem Honorar gab es nachher eine Zeilenabrechnung der ‹Gesellschaft für Senderechte›, von einer solchen Exkursion konnte ich wochenlang leben. Auch war es schmeichelhaft, überall als geehrter Gast empfangen zu werden; meist von den Intendanten. Das waren noch nicht die überlasteten Bürokraten von heute, sondern wahre Pioniere, die sich vor allem um das Programm kümmerten, jeder auf seine Art.

Da amtierte in Köln Ernst Hardt, von dem ich ungefähr wußte, daß er ein neuromantischer Lyriker und Dramatiker war; *‹Tantris der Narr›* hatte einst der Ästhetenkreis um meinen Jugendfreund Erich Hirschfeld mit verteilten Rollen gelesen, das symbolistische Wortgepränge hatte mir wenig bedeutet.

Statt eines hochgeistigen Poeten erlebte ich den pragmatisch argumentierenden Chef eines Teams idealistischer Mitarbeiter, die er kameradschaftlich behandelte. Bezeichnend war es, daß ich einer Beratung dieses Gremiums zuhören durfte. Ein junger Mann namens Alex Maass fiel mir auf, weil er offen als Kommunist argumentierte, doch ohne doktrinäre Scheuklappen. Ich bin ihm unter ganz anderen Umständen später wiederbegegnet. Überhaupt hat sich so mancher aus der Frühzeit des Rundfunks lebenslang bewährt, der rasche Aufbau neuer Anstalten nach 1945 wäre sonst nicht möglich gewesen.

Das gilt beispielsweise auch für Friedrich Bischoff, der damals knapp dreißig war, kürzlich avanciert vom Theaterdramaturgen zum Funkintendanten. Ich hatte etwas von seinen schlesischen Heimatromanen läuten hören, neugierig war ich nicht gerade auf ihn. Zu meiner Überraschung begrüßte mich ein eleganter junger Mann, selbstbewußt und stolz auf seine Formexperimente. Ein Hörspiel *‹Hallo! Hier Welle Erdball!›* war gerade von der Presse besprochen worden wie eine große Bühnenpremiere. Nachts saßen wir lange beisammen, er suchte mich davon zu überzeugen, die Literatur der Zukunft werde sich wesentlich im Äther entfalten; meine Aversion gegen alles Technische nahm er nicht übel.

Dieser Literatenhochmut wurde erst durch einen anderen ins Wanken gebracht, durch Hans Flesch in Frankfurt. Vieles von dem, was er mir dort und vor allem dann in Berlin, wohin er 1929 berufen wurde, zu bedenken gab, schlug für immer Wurzel. Nach und nach habe ich begriffen, daß er einer meiner wenigen Lehrmeister gewesen ist. In meiner Erinnerung lebt der mittelgroße, schlanke Mann als ein kritischer Intellektueller mit umwerfendem Charme, die Mischung ist nicht eben häufig. Mir machte sein Werdegang Eindruck.

Wenige Jahre älter als ich, hatte er den Arztberuf kurzentschlossen aufgegeben und sich dem Rundfunk verschrieben. Darin mag ihn sein Schwager bestärkt haben, der Komponist Paul Hindemith. Flesch selbst hatte musische Neigungen, schrieb einen klaren Stil, aber er fühlte sich nicht als Bildungsapostel. Mit seinen Reportern ging er selber auf die Straße, in Betriebe und Sportstadien; ständig bemühte er sich darum, das Niveau der Unterhaltungssendungen zu heben. Über seine Pläne sprach er, was noch ganz ungewöhnlich war, zu den Zuhörern. Entschiedener als andere Intendanten faßte er seine Aufgabe von Anfang an politisch auf. Den überzeugten Demokraten beunruhigte es, daß die Republik es versäumte, sich den Bürgern mit Hilfe des Mediums glaubhaft zu machen. Er wünschte keinen Staatsfunk, gegen Eingriffe fiskalischer und anderer Instanzen wehrte er sich energisch. Aber er vermißte die mutige Auseinandersetzung mit den Feinden der Demokratie. Diese Konfrontation suchte er, das wurde vollends deutlich, seit er im neuen Berliner Funkhaus an der Masurenallee den Ton angab.

Nicht alle Mitarbeiter folgten seinen Absichten. Da war etwa der Dramatiker Arnolt Bronnen, Chef des Hörspiels und so etwas wie ein Vorposten von Goebbels im verhaßten ‹System-Funk›, schon seit 1929. Selbst er hat in seinen Memoiren die Fairness Fleschs anerkannt. Andere Redakteure gingen begeistert auf die Intentionen des Chefs ein; an zwei von ihnen denke ich dankbar zurück.

Das literarische Ressort unterstand Edlef Köppen. Der hagere, etwas melancholische Mann war ein Autor von Rang; sein Kriegsbuch ‹*Heeresbericht*› hielt ich für bedeutender als ‹*Im Westen nichts Neues*›, doch Remarques spektakulärer Erfolg stellte Köppen in den Schatten. Mich holte er vor allem zu frei geführten Streitgesprächen, die eine Zeitlang in Mode kamen.

Impulsiver als der stille Köppen war ein anderer Gefolgsmann Fleschs, der Deutsch-Ungar Dr. Kürschner. Er redigierte die aktuellen Sendungen und nahm resolut die sich formierenden Todfeinde des schwachen Staates von Weimar aufs Korn. Nach und nach sammelte sich um ihn eine Schar gleichgesinnter, meist jüngerer Mitarbeiter. Jeder von ihnen konnte morgens am Telefon ein Thema vorschlagen, der Gewinner des kollegialen Wettbewerbs las dann abends seinen Kommentar im Sender. Das klappte, weil der objektive Kürschner keinen von uns bevorzugte.

Diese rasch und dennoch präzise zu leistende Aufgabe machte uns vertraut mit dem gesprochenen Journalismus, der kein Vorlesen sein darf, sondern eigenen Gesetzen entsprechen muß. Gedrechselte Pointen stören, oberlehrerhafter Dünkel langweilt, es gilt so zu erzählen, zu plaudern, als forme man in eben diesem Augenblick seine Sätze. Und je deutlicher der Sprechende seine subjektive Meinung vertritt und dem Zuhörer eine andere zubilligt, ja nahelegt, desto näher kommt er dem Ideal eines imaginären Dialogs. Denn immer wendet sich da ein einzelner an zahllose einzelne, nicht an ein Publikum. Und das unbestechliche Mikrofon verrät, ob er aufrichtig ist oder nicht.

Solche Einsichten habe ich unmerklich gewonnen. Noch bedeutete das Radio nur eine angenehme Zugabe. Keine innere Stimme sagte mir, daß ich eines fernen Tages mit Haut und Haaren zum Rundfunkmann werden könnte.

Aber um die eigene Zukunft machte ich mir überhaupt wenig Sorgen. Alles lief glatt, und wenn ich auch die Umwelt nach wie vor kritisch beobachtete, rechnete ich doch keineswegs ernstlich mit kommenden Katastrophen. Ähnlich dachten auch die zahlreichen Schwarzseher unter meinen Bekannten. Sie gefielen mir übrigens meist besser als unbekümmerte Optimisten meines Schlages. Es läßt sich ja kaum bestreiten, daß Pessimisten im allgemeinen interessanter sind; und meiner Erfahrung nach häufig auch die freundlicheren Kumpane, vielleicht weil wir leichtfertigen Windbeutel ihnen ein bißchen leid tun, weil sie sich uns überlegen fühlen, wie Erwachsene den Kindern.

Zu welcher Kategorie müßte ich etwa Walter Mehring rechnen? Seine fulminanten Chansontexte attackierten die zerrüttete Bürgerwelt, in der er sich doch leidlich zurechtfand. Oder was war von dem menschenfreundlichen Skeptiker Hermann Kesten zu halten, der schon in jungen Jahren als Cheflektor des Kiepenheuer-Verlages seine Autoren wie ein weiser Vater umhegte? Ich mußte viel älter werden, bis ich den Elan dieses produktiven Zweiflers verstand, damals jagte er mir fast ein wenig Angst ein, wie ein Wesen aus fremden Zonen. Ich traf ihn bei Edith Jacobsohns Teenachmittagen. In dem schönen Buch ‹*Meine Freunde die Poeten*› hat Kesten geschildert, wie er dort einem «adretten jungen Mann» begegnete, der ihn mit «freundlich verschmitztem Lächeln begrüßte». Haargenau so habe auch ich den jungen Dr. Erich Kästner in Erinnerung, dessen bezaubernd bösartige Gedichte rasch populär wurden. Kennengelernt habe ich ihn an einem anderen, für ihn bezeichnenden Ort, in der mondänen Tanzbar *Rio Rita* in der Tauentzienstraße.

Da saß er still im Amüsiertrubel, ganz für sich, bei einer halben Flasche Sekt, und betrieb das, was er seine «kleine Versfabrik» nannte. Flüssig stenografierend protokollierte er seine Impressionen direkt nach den lebenden Modellen, weder die Schönen der Nacht noch ihre Kavaliere belästigten den einsamen Satiriker. Kästner besaß schon damals die Fähigkeit, sich unauffällig Respekt zu verschaffen; das gelang ihm später sogar bei den Nazis, die ihn haßten.

Da erst bin ich ihm ein wenig nähergekommen, an seinem Stammtisch im *Café Leon* am oberen Kurfürstendamm, einem Treffpunkt der Hitler-Gegner. Inzwischen war er durch seine Kinderbücher zum Klassiker in vielen Sprachen geworden. Daß er ein militanter Moralist, ein Nachfahre Voltaires und Lessings war, wußte ich schon 1929; und es ist töricht von mir gewesen, daß ich mich um diesen Verbündeten damals nicht intensiver bemühte. Es scheint, daß ich es aufgegeben hatte, unter Literaten und Künstlern einen Freund zu finden. Ich gab mich jahrelang mit unzähligen anregenden Bekanntschaften zufrieden.

Bis ich unerwartet einen der ganz großen Glückstreffer meines Lebens machte.

Den besten aller Freunde gewann ich am Pokertisch. Von meinen frühen Erfahrungen mit dem Hasard habe ich erzählt, danach rührte ich jahrelang keine Karte mehr an. Im Berlin der *roaring twenties* änderte sich das wieder, überall wurde gejeut, in den zahlreichen ‹Tripots› traf ich übrigens manchen alten Genossen, was mein Gewissen beruhigte. Vielleicht reagierten sie beim fragwürdigen Kampf ums Geld heimliche kapitalistische Sehnsüchte ab, ich spinne das Thema nicht aus.

Ungefährlicher waren die Pokerrunden, die sich beispielsweise bei dem Strafverteidiger Alfred Apfel versammelten, der als Anwalt von Kommunisten und anderen Oppositionellen einen Ruf hatte. Da ging es fairer zu als in den Winkel-Casinos, Wohlhabende nutzten ihre Überlegenheit nicht aus, niemand ruinierte sich.

Dort saß ich wohl zum erstenmal Hans Stammreich gegenüber. Zuerst fiel er mir kaum auf, der kleine blonde Mann mit den hellen, vergnügten Augen glich einem jungen, pyknischen Börseaner.

Hans war Physiker, Assistent in der Technischen Hochschule, am Institut des Professors Miethe; die auf magischen Hokuspokus versessene *high society* munkelte, dort würde Quecksilber in Gold verwandelt. Es handelte sich um Vorarbeiten zur Kernspaltung, Hans hat mir das nie erläutert, es war ihm lästig, ein Laie, meinte er, kapiere doch nichts davon. Überhaupt verhielt er sich seinen Mitmenschen gegenüber unliebenswürdig, borstig, allgemein galt er für einen unangenehmen Burschen, was ihn nicht anfocht.

Ein kleiner Kreis von Vertrauten wußte es besser. Ihnen gegenüber war der abweisende Egozentriker herzlich und geradezu unglaublich großzügig. Für ihn begann Freundschaft beim Geld; mir hat er mehr als einmal unaufgefordert geholfen, nie war ich dadurch beschämt. Über seine materielle Lage sprach er nie, sie erlaubte ihm offensichtlich manche Extravaganz, ein weltfremder Gelehrter war er keineswegs. Als er 1933 emigrierte, besaß er wertvolle Patente in vielen Ländern, die bittere Not blieb ihm erspart. Als führender Physiker seiner neuen Heimat Brasilien kam er nach 1945 oft zu Gastvorlesungen und Kongressen nach Europa. Irgendwer sagte mir, Hans sei nächstens reif für den Nobelpreis, er lachte darüber, aus dem Ruhm machte er sich nichts. Und zeitlebens behauptete er, aus Prinzip faul zu sein.

Dieser widerspruchsvolle Charakter gefiel mir sofort, den Ausschlag für unsere dauerhafte Verbindung gab die immer wieder bestätigte Identität der politischen Ansichten. Bei Hans stammten sie aus einem entscheidenden Jugenderlebnis.

Sein Vater war Arzt in Remscheid. Als während des Kapp-Putsches die Ruhrarbeiter gegen nationalistische Freikorps kämpften, stellte er sich auf ihre Seite. Die mangelhaft bewaffnete Rote Armee wurde blutig niedergeschlagen, im Namen der sozialdemokratisch geführten Reichsregierung. Daraus zog Hans Folgerungen, ein für allemal: Er verabscheute die Reaktion, in allen ihren Schattierungen; eine revolutionäre Entwicklung in Deutschland hielt er für undenkbar; und als nüchterner Skeptiker sah er das Ende der halbherzigen Demokratie früher als andere voraus.

Vorerst richtete er sich das Leben angenehm ein und ließ nur wenige gewissermaßen Auserwählte daran teilnehmen. An Sonntagen war von morgens an ein Buffet mit herrlichen Delikatessen gedeckt, man kam und ging, fuhr zwischendurch hinaus in die Mark oder zu einem Fußballspiel, abends wurde gepokert oder heftig diskutiert. Die Gästerunde wechselte, immer war sie mindestens so anregend wie die literarischen Zirkel, in denen ich mich doch recht wohl gefühlt hatte. Und bei Hans wurde lebhaft politisiert, dabei spielten ein paar Kommunisten eine Rolle. Ich traf den Komponisten Hanns Eisler wieder, lernte Ernst Busch kennen, den großartigen Chansonsänger, der als ‹Barrikaden-Tauber› bei Proletariern wie Bourgeois berühmt war. Ein Ullstein-Redakteur, studierter Ingenieur, gab sich als wissenschaftlicher Experte, der er auch war, insgeheim hatte dieser Arthur Koestler schon das Mitgliedsbuch der KPD in der Tasche. Dereinst würde der ehemalige Revolutionär den Kommunismus erbittert bekämpfen.

Mir stand bald Heinz Kahn nahe, ein junger Rechtsanwalt, überzeugter Pazifist, Mitarbeiter der Liga für Menschenrechte. Ich staunte über seine geschickte Art, Menschen zu behandeln, selbst mit dem schwierigen Kurt Hiller kam er gut zurecht. Da er Karl Kraus sehr bewunderte, besuchten wir gemeinsam dessen

Vorlesungen. Zeitweise bezogen wir zusammen ein Atelier nahe dem Lützowplatz.

Hans Stammreichs Frau fiel mir damals neben ihrem originellen Mann kaum auf. Die beiden hatten sich in Miethes Institut kennengelernt, wo höhere Töchter volontierten, das war üblich. Lottes Vater war ein hochangesehener Anwalt am Kammergericht, er bewohnte eine Nobelwohnung in der pikfeinen Von-der-Heydt-Straße. Eines Tages präsentierte ihm Lotte den unscheinbaren kleinen Physiker als ihren Verlobten.

Hans gewann den Herrn Justizrat durch den umwerfenden Charme, den er entfalten konnte, wenn er wollte. Bei der pompösen Hochzeitsfeier vergaß er ihn, als Lottes Großmutter eine mahnende Ansprache an ihn richtete. Die sonst muntere alte Dame verstieg sich zu der schönen Floskel, er müsse sich der Verantwortung für eine zarte Mädchenblüte bewußt sein. Bis dahin hatte er stumm vor sich hin gestarrt, nun schlug er auf den Tisch und rief:

«Das wird mir zu dumm! Schließlich haben Lotte und ich seit einem Jahr ein Verhältnis!»

Worauf die neue Verwandtschaft für die junge Ehe schwarz sah. Ein Irrtum, sie hat sich bewährt, bis Hans 1969 starb. Etwas freilich will ich nicht verschweigen. Hans war ein Pascha, der seine Frau immer wie ein unmündiges Kind behandelte. Er pflegte herablassend zu sagen: Wenn ich mal tot bin, ist sie hilflos und verloren! Davon war er nicht abzubringen, und doch hätte er es besser wissen müssen.

Als beide 1940, nach Hitlers Einmarsch, aus Paris flüchteten, wurde er vorübergehend in Marokko interniert, sie reiste voraus nach Brasilien; bis er ihr folgen konnte, hatte sie den Start in ein neues Leben umsichtig vorbereitet. Seit seinem Tode führt sie ein tüchtiges, höchst aktives Leben, alle zwei Jahre treffen wir uns in Europa, ich habe diese herzliche Verbindung gleichsam von ihm geerbt.

VIII
Bis zum bittern Ende

Die Geschichtsschreiber sind sich weitgehend darin einig, daß der Untergang der Weimarer Republik mit der Weltkrise vom Herbst 1929 begann. Die wirtschaftliche Scheinblüte Deutschlands war sofort zu Ende, als die Anleihen aus den USA versiegten. Schon Anfang 1930 gab es drei Millionen Arbeitslose, drei Jahre später waren es doppelt so viele. Banken brachen zusammen, Konkurse häuften sich, niemand fand ein Rezept gegen die Zerrüttung. Brüning, seit März 1930 Kanzler, versuchte es mit spartanischer Sparsamkeit, die das Massenelend nur verschärfte. Da er im Reichstag keine Mehrheit hatte, regierte er mit dem Notstandsparagraphen 48 der Verfassung, solange der alte Hindenburg ihn stützte.

Das autoritäre Regime operierte von einem Provisorium zum andern; doch unmerklich wurde die in zahllose Parteien aufgesplitterte Nation an eine halblegale Diktatur gewöhnt, lange ehe Hitler an die Macht kam. Karl Dietrich Bracher nennt das den «Machtverfall der Demokratie». Ein anderer Historiker kreidet der ganzen Ära von Weimar an: «Es war eine kleine Zeit der fast nur kleinen Leute.» Eine Ausnahme war Stresemann gewesen, doch er starb im Oktober 1929. Von seinen außenpolitischen Erfolgen zehrten schwache Nachfolger noch jahrelang, Reparationszahlungen und Rheinland-Besetzung erledigten sich fast von selbst, dennoch blieb die angeblich unerträgliche Schmach von Versailles das wirksame Schlagwort für die Feinde der Republik.

Die wirtschaftliche Depression bekam ich rasch zu spüren. Honorare wurden gekürzt, Aufträge blieben aus. Für wenig verkaufte ich den geliebten alten Fiat. Schwieriger war es, das viel zu teure Atelier loszuwerden, schon blieb ich meinen Mietanteil schuldig.

Zum Glück lief mir ein recht angenehmer Jüngling über den Weg, den ich X. nennen will. Der Grund: Jahre später kam ich durch ihn in eine böse Patsche, ohne daß er mir übelwollte. Dieser

X. war ein snobistischer Windhund, für unsere riesige Wohnhalle begeisterte er sich, von einem Tag zum andern trat er in den Mietvertrag ein. Danach verlor ich ihn zunächst aus den Augen.

Mir gelang es, eine sehr billige Wohnung in der Bonner Straße nahe dem Breitenbachplatz zugeteilt zu bekommen, in der ‹Künstlerkolonie›.

Das war kein Worpswede, keine romantische Siedlung. Bühnengenossenschaft und Schriftstellerverband hatten für ihre Mitglieder drei ganz normale Häuserblocks gebaut, gerade noch rechtzeitig vor der Krise. Nun brachten viele Bewohner selbst die niedrigen Mieten nicht mehr auf, wie überall in Berlin drohten Exmittierungen, wie überall gab es dagegen Protestaufmärsche. Bei uns ähnelten sie eher Volksbelustigungen, hatten fast immer Erfolg. Und dabei zeigte sich schon ein Gemeinschaftsgeist, der in naher Zukunft eine wichtige Rolle spielen sollte.

Ich fühlte mich hier sofort wohl, denn rings um den Laubenheimer Platz mit den kleinen, frischgepflanzten Birken hausten Gleichgesinnte. So wohnte eine Etage über mir, Bonner Straße 12, Susanne Leonhard. Kommunistin schon in den Tagen Liebknechts, dann vorübergehend mit einem Sowjetdiplomaten verheiratet, war sie etwa zur gleichen Zeit wie ich aus der Partei ausgetreten, blieb aber eine überzeugte Revolutionärin. Ihr zehnjähriger Sohn Wolfgang, den sie Wolodja nannte, war Mitglied der Jungen Pioniere und besuchte die braven Bürgern verdächtige Karl-Marx-Schule in Neukölln. Der eigenwillige Junge war selbstbewußt und aufsässig, diese Eigenschaften machten ihn dereinst recht berühmt.

Im Nachbarhaus, Wand an Wand mit mir, studierte Ernst Busch seine Kampfgesänge ein, durch Klopfzeichen signalisierte ich ihm Beifall oder Kritik. In der Kreuznacher Straße wohnte Erich Engel, der Freund und Regisseur Bertolt Brechts; den bedeutenden Theatermann interessierte im Grunde sein Metier weniger als die Historie der Philosophie von Aristoteles bis Marx, meist hatte er irgendein schwieriges Fachbuch unter dem Arm.

Ein paar Häuser weiter lag die Parterrewohnung von Alfred Kantorowicz, die sich zu einem Treffpunkt kritisch gestimmter Leute entwickelte. ‹Kanto› gehörte gleich mir zum Jahrgang 1899, meldete sich als braver Bürgersohn 1917 freiwillig, nach dem

Krieg studierte er, machte seinen Doktor, nun war er Kulturredakteur an der *Vossischen Zeitung*; 1931 trat er in die KPD ein und stand am Beginn eines Weges, den ich hinter mir hatte.

Bei Kanto machte ich die Bekanntschaft Ernst von Salomons. Sie hatte eine Vorgeschichte.

Jeden Monat schrieb ich für die *Literarische Welt* eine Zeitschriftenschau, in der ich auch über reaktionäre und nationalistische Publikationen referierte, weil es mir falsch erschien, solche gegnerischen Stimmen zu ignorieren. Meist handelte sich's um hölzerne Phrasen und lächerliche Pamphlete. Doch irgendwo stieß ich auf ein Stück Prosa von diesem Salomon, der als Helfer der Rathenau-Mörder jahrelang im Zuchthaus gesessen hatte, mehr wußte ich nicht von ihm. Die Geschichte spielte im Gefängnis, später hat der Autor sie in sein Buch *‹Die Geächteten›* eingefügt.

Der Häftling erfährt, daß ihm jemand ein Buch geschickt hat, er kennt den Titel nicht, man gibt es ihm nicht, weil der Zuchthauspfarrer sittlichen Anstoß nimmt. Nun beginnt ein Kampf um die Aushändigung des Buches, das zum Symbol geistiger Freiheit wird. Beschwerden und Eingaben führen nicht weiter. Schließlich erhält er den roten Lederband mit Hilfe eines gutmütigen Beamten doch, er liegt in der Zelle vor ihm: *‹Rot und Schwarz›* von Stendhal.

Natürlich spielte bei mir die alte Vorliebe für den großen Romancier mit, aber der unsinnige Vorgang war sehr eindrucksvoll geschildert, und so äußerte ich anerkennend etwa dies: Sieh an, da gibt es also auch unter diesen mir von Grund auf fremden Rechten begabte Schriftsteller ...

Das war gut gemeint, aber aufreizend gönnerhaft. Als nun Salomon zum erstenmal vor mir stand, meinte er ironisch:

«Wie ich höre, schreiben Sie über Katzen. Warum auch nicht. Aber wie kommen Sie dazu, mich zu loben?»

Dann lachten wir beide, begannen ein langes Gespräch, nachher kam er mit in meine Wohnung und blieb bis gegen Morgen. Gleich in dieser Nacht klärten wir ein für allemal, was uns trennte und worüber wir einig waren. Auf dieser säuberlichen Scheidung basierte eine Kameradschaft, die sich in bedrohlichen Situationen bewährt hat. Eine Übereinstimmung stellten wir sofort fest; ihm wie mir fehlte, um seinen Ausdruck zu verwenden, «das Organ für Religion».

Er war aber auch kein Vernunftmensch, das kam alsbald heraus, als wir unbefangen über sein ereignisreiches Leben sprachen. Drei Jahre jünger als ich, durch die Erziehung im Kadettenkorps geprägt, dann in die Untaten der Freikorpsrabauken verstrickt, war er in fünf Zuchthausjahren zweifellos zur Besinnung gekommen. Aber nicht zu einer Umkehr, wie ich während des Kapp-Putschs. Er versuchte, sich zugleich anzuklagen und zu rechtfertigen; von diesem Zwiespalt handelten dann die meisten seiner Bücher, er wurde nie damit fertig, die Mitschuld am Rathenau-Mord bedrückte ihn ständig. Das isolierte ihn so sehr gegen die Umwelt, daß er selbst von einem «Leben ohne Funktion» gesprochen hat.

Diese Formulierung findet sich im ‹*Fragebogen*›, der streckenweise brillant geschriebenen Abrechnung mit seiner Vergangenheit. Ernst bleibt darin seinen Jugendidealen sozusagen gegen besseres Wissen treu.

Es war kein Glück für ihn, daß gerade dieses Buch ein Welterfolg wurde. Es stempelte ihn endgültig ab als einen der «Geächteten», als abenteuerlustigen Jüngling, der darauf verzichtete, eine neue Identität zu gewinnen; um es weniger hochgestochen zu sagen: Er kam nie mit sich ins reine.

Aus dieser lebenslangen Pubertät erklären sich seine politischen Zickzackwege. Naiv begeistert betrachtete er alle als seine Verbündeten, die gleich ihm die brüchige bürgerliche Ordnung verachteten. Sozialismus und Klassenkampf bedeuteten ihm wenig, Demokratie und Pazifismus gar nichts. Doch zog es ihn immer deutlicher zur politischen Linken. Im Grunde glaubte er an die Gewalt als einzig verändernde Kraft der Geschichte; auch dann noch, als er im Alter lebhaft an den Aktionen gegen die Atombewaffnung teilnahm.

Ein Leben voller Widersprüche. Dazu gehörte es auch, daß er ein heiterer Genießer war, ein kundiger Gourmet, ein oft Verliebter. Der zärtliche Bericht ‹*Boche in Frankreich*› verrät diese freundliche Wesensanlage, die sich freilich nur selten frei entfaltete. Er stand sich selber im Wege.

Aber dies bezeuge ich: Nie und nimmer war er ein Nazi! Nach 1945 bemühte ich mich vergebens, die Amerikaner davon zu überzeugen, die ihn für seine längst abgebüßte Jugendsünde noch einmal einsperrten; und deutsche Redaktionen und Rundfunksender wollten mit ihm nichts zu tun haben, erst als er durch den *‹Fragebogen›* berühmt geworden war, änderte sich das. Aber nun wurde er als Beispiel dafür attackiert, daß sich in der Bundesrepublik ein neuer Faschismus breitmache. Den gab es allerdings, aber Ernst bekämpfte ihn, aus ehrlicher Überzeugung, belehrt durch bittere Erfahrungen.

Seit 1945 sah ich mir jeden meiner Altersgenossen daraufhin an, wie er sich in der Hitlerzeit verhalten hatte. Unaufhörlich beschäftigt mich noch immer das ewige Problem von Schuld und Sühne, ich vermag ihm nicht zu entgehen. Da sehe ich nun, wie zahllose feige Helfer und sogar blutbefleckte Vollstrecker des Verbrecherregimes unangefochten unter uns leben dürfen. Ernst von Salomon wurde sein uraltes Schuldkonto vorgerechnet. Als einen «schreibenden Attentäter» tat ihn selbst ein sonst gerechter und humaner Betrachter ab, ich nenne ihn nicht, weil ich hoffe, daß er inzwischen das schnöde Urteil selbst bedauert. Er mußte mindestens wissen, daß Ernst seine jüdische Lebensgefährtin verwegen und listig über die grauenvollen Jahre hinweg gerettet hat; nur ein Beispiel dafür, daß er sich integer behauptete, ich kenne noch andere. Er hat die Prüfung bestanden, in der viele versagten.

Deshalb bekenne ich mich hier noch einmal, bei allen Vorbehalten, zu diesem rebellischen Preußen.

1928 begann der Siegeszug des Tonfilms. Neue Chancen eröffneten sich für Autoren. Indessen traute ich dem akustischen Spektakel nicht. Der stumme Film hatte sich zu einer Kunstform entwikkelt, ich befürchtete, das hohe Niveau werde zuschanden werden durch knallige akustische Effekte und platte Dialoge. Erste Beispiele schienen mir recht zu geben, so der schmalztriefende *‹Singing Fool›*. Selbst Josef von Sternbergs *‹Blauer Engel›* war nur ein schwacher Aufguß des kraftvollen Romans *‹Professor Unrat›* von Heinrich Mann, immerhin mit ernsthaftem Anspruch gedreht. Alsbald aber kamen dutzendweise banale Amüsierfilmchen.

Ich schrieb polemisch gegen den Rummel, legte mich fest, voreilig, wie sich dann zeigte. Um Drehbuchaufträge, die meine Finanzen aufbessern konnten, bemühte ich mich natürlich nicht.

Kluge Leute wollten mich bekehren, etwa Fritz Kortner, der eine eigene Produktion plante. Diskussionen mit ihm und seinem Adlatus Geo Bergal führten aber zu keiner Zusammenarbeit.

Erst zwei Jahre später überzeugte mich Peter Lorre davon, daß ich mit meiner Abneigung gegen den Tonfilm unrecht hätte. Um die Zeit, als er unter Fritz Langs Regie in ‹*M*› einen Triebmörder mit unvergleichlicher Einfühlungsgabe spielte, freundeten wir uns an. Dieser klassische Film blieb für mich bedeutsam, weil ich so unmittelbar wie nie wieder die fruchtbare und zugleich bedenkliche Wirkung beobachtete, die der große Schauspieler auf Betrachter ausübt, die zwischen realer und dargestellter Person nicht mehr unterscheiden.

Schon bei der Premierenfeier drängte sich eine offenbar nymphomane Berlin W-Dame an Peter heran, schwärmte von dem tiefen Eindruck, den die Spukgestalt des Kindermörders auf sie gemacht hätte, er konnte die Zudringliche nicht loswerden, schließlich schaute er sie mit seinen gutmütigen Basedowaugen an und meinte ironisch:

«Hat's Ihnen wirklich so gefallen, gnä' Frau? Na, dann schikken's mir morgen früh Ihr Töchterl!»

In den folgenden Wochen belagerten junge und alte Verehrerinnen seine Wohnung, saßen halbe Tage im Treppenhaus, bis Peters sanfte Lebensgefährtin Cäcilie Lvovsky die Bacchantinnen verscheuchte. Er war wilden Eskapaden abgeneigt, ein höchst normaler, gesunder Sohn seiner slowakischen Heimat. Dort spielte eine Geschichte, die wir 1932 gemeinsam entwarfen: ‹*Ein Kaspar Hauser von heute*›, die Lebensgeschichte eines im Weltkrieg verschollenen Jungen aus der Tatra. In einem ungewöhnlichen Lebenslauf sollten sich die Katastrophen unseres Jahrhunderts spiegeln, leider kam der Film nie zustande. Peter machte dann in Amerika Karriere. Als wir uns nach dem Zweiten Weltkrieg wiedersahen, war er dem Morphium verfallen, erpresserische Giftlieferanten hatten ihn um sein Vermögen gebracht, aber noch immer war er der nachdenkliche, phantasievolle Freund.

Zurück ins Jahr 1930. Der List-Verlag wollte ein neues Buch von mir haben, schloß einen Vertrag, ich bekam Vorschüsse und begann einen Roman zu schreiben. Er sollte innerhalb der KPD-Führung spielen und natürlich meine Erfahrungen nutzen, ohne sentiment und ohne Beschönigung. Es war schwierig, objektiv zu bleiben, und so plagte ich mich weit mehr ab als bei meinen beiden ersten Büchern.

Zudem lenkten mich aktuelle Ereignisse ab. Täglich wurden Straßenschlachten zwischen Nazis und Kommunisten gemeldet; in Thüringen amtierte der Hitlervasall Frick als Minister. Brüning löste den Reichstag auf, der die Annullierung mehrerer Notverordnungen verlangt hatte, Neuwahlen wurden für September angesetzt, ein ungewöhnlich heftiger Wahlkampf begann.

Mein Gewissen regte sich. Die Literatur erschien mir als ein kümmerliches Alibi für politische Abstinenz. Ich unterbrach die Arbeit, höchstens sechzig, siebzig Seiten lagen da, später würde ich weiterschreiben, erst einmal stellte ich mich als Helfer zur Verfügung. Das aber brachte mich in neue Konflikte.

In lokalen Versammlungen erlebte ich, daß die KPD ihre Attakken überwiegend gegen die Sozialdemokraten richtete. Es machte wenig Eindruck, wenn ich davor warnte, die erbitterte Feindschaft zwischen den Linken könne der Reaktion zugute kommen; dabei dachte ich allerdings vor allem an die Deutschnationalen, Hitler hatte ich nicht auf der Rechnung, genauso ging es vielen. Allgemein wurde ein Ruck nach links erwartet. Die Millionenmasse der Erwerbslosen würde den Ausschlag geben.

Am Abend des 14. September saßen wir bei Kantorowicz und warteten gespannt auf die ersten Resultate im Radio. Sie klangen so widersinnig, daß wir an Falschmeldungen glaubten. Spät nachts stand dann fest, daß Hitlers belächelte Sekte zur zweitstärksten Partei geworden war. 107 Nazis im Reichstag, das bedeutete das Ende der trügerischen Ruhe. Von diesem Augenblick an änderte sich alles.

Die Agonie der Republik zog sich noch mehr als zwei Jahre hin; in meiner Erinnerung verdichten sie sich zu einer Folge dramatischer Ereignisse. Dafür gibt es viele Gründe; entscheidend war die ungewöhnliche Lage, in die unsere Künstlerkolonie geriet.

Schon während des Wahlkampfs wurde klar, daß wir eine kleine Insel inmitten der Flut von Hakenkreuz und Schwarz-Weiß-Rot bildeten, die Steglitz und Friedenau überschwemmte. Rings um unseren Laubenheimer Platz sah man nur die Farben der Republik und das revolutionäre Rot. Und es blieb nicht beim Flaggenstreit. SA zog provozierend durch unser Viertel. Spätabends wurden einzelne Heimkehrer am U-Bahnhof Breitenbachplatz angerempelt, man verabredete sich zum gemeinsamen Weg, das half nur vorübergehend. Als die Bedrohung nicht aufhörte, gründeten wir einen Selbstschutz. Binnen weniger Wochen schloß sich die Mehrzahl der Bewohner an, ohne Rücksicht auf politische Unterschiede. Wer bei uns lebte, war gefährdet, Demokraten und Kommunisten, katholische Zentrumswähler und Parteilose. Die wenigen, die mit den Nazis liebäugelten, waren geächtet, verkrochen sich oder zogen fort.

Spontan bildete sich ein fünfköpfiger Ausschuß, der die Organisation in die Hand nahm. Etwas Erstaunliches geschah. Egozentrische Schauspieler und Literaten handelten klüger und mutiger als die berufenen Verteidiger der Demokratie. Während Parteien und Verbände einander noch im Schatten der Lawine befehdeten, die sie alle miteinander begraben sollte, machten wir Ernst mit der Einheit. Flugblätter wurden hektografiert und verbreitet, Wachtposten lösten einander ab. Je mehr die Gefahr wuchs, desto besser wurde die Verteidigung organisiert. 1932 gab es ein Dutzend Revolver, die registriert und sorgfältig gepflegt wurden. Unter Fensterbänken standen wassergefüllte Weinflaschen, in besseren Tagen fröhlich geleert, nun verwandelt in gefährliche Wurfgeschosse gegen mögliche Angreifer. Gelegentlich bekamen wir Verstärkung aus anderen Stadtteilen. Ernst von Salomon fand sich kampflustig ein. Arthur Koestler transportierte Waffen mit seinem roten Fiat, fuhr als Kundschafter umher, meldete anrückende Gegner. Ich glaube, daß er das Kriegsspiel mit dem Enthusiasmus des kommunistischen Novizen genoß.

Und es kam Willi Wolpe, auch ein Bürgersohn, populär durch bissige Hitler-Karikaturen. Ihm genügte es nicht, gegen das heraufkommende Unheil als Zeichner zu fechten. Mich überragte der Hüne um gut zehn Zentimeter, wie so viele Athleten war er im Grunde gutmütig, fast sanft. Seiner Stärke bewußt, suchte er keine Händel, doch wenn es darauf ankam, konnte man sich auf ihn verlassen. Die SA beobachtete ihn mit besonderem Haß.

Viele von uns rechneten mit einem Putsch. Der Ernstfall schien gekommen, als im Juli die SA rings um Berlin aufmarschierte. Unbekannte kurvten auf Motorrädern und in großen Wagen durch unsere Straßen und inspizierten Haus für Haus, Späher des Gegners, der dann nicht putschte. Bei uns wäre er energisch abgewehrt worden. Wir nahmen Fühlung zur nahe gelegenen Polizeiwache in der Deidesheimer Straße auf. Die Schupos waren bereit, mit uns zusammenzugehen. In den Schrebergärten entlang der Kreuznacher Straße wurden Stellungen für Maschinengewehre ausgesucht. Doch Hitler blies seine Aktion ab, erst ein halbes Jahr später kam er an die Macht. Durch die Hintertür. Legal.

Bis dahin zersplitterten und zermürbten seine Gegner einander weiter. Verzweifelt stritten wir über dieses selbstmörderische Narrenstück mit Besuchern, die an Sonntagen gruppenweise aus den Arbeitervierteln im Norden und Osten Berlins zu uns kamen; dort hatte sich herumgesprochen, wie erfolgreich wir uns im fernen Südwesten der Stadt behaupteten. Es war eine Ausnahme.

Nachträgliche Überlegungen sind recht sinnlos, und doch wage ich die Vermutung, daß unser ‹Roter Block› ein Beispiel dafür gab, wie das braune Unheil möglicherweise hätte abgewendet werden können. Mich erfüllt noch immer ein, wie ich meine berechtigter, Stolz darauf, daß wir in der Kolonie, wenige hundert Verschworene, standhielten bis zuletzt.

Die Millionen Arbeitslosen waren indessen zu keinem Widerstand mehr fähig. Apathie breitete sich aus, sie war die wichtigste Voraussetzung für Hitlers Sieg.

Die unaufhörliche Spannung des latenten Bürgerkriegs lähmte die Lust am Schreiben mehr und mehr. Doch arbeitete ich weiter, vor allem für die *Weltbühne*; und 1932 kam noch ein drittes Buch zustande, gleichsam nebenbei, während weniger Wochen.

Die bekannte Fotografin Hedda Walther wollte im Verlag Dietrich Reimer eine Sammlung vortrefflicher Mädchenbilder herausbringen, jemand sollte kurze Texte dazu liefern, die Wahl fiel auf mich. Es wurde unversehens mehr daraus, eine Art Gegenstück zu *‹Katzen›*. Die Aufnahmen wirkten als ergänzende Illustrationen zu meinen zwanzig erzählenden und betrachtenden Prosastücken.

Wenn ich heute diesen Band *‹Junge Mädchen›* durchblättere, wird mir deutlich, wie politisiert ich damals wieder war. Die Texte sind voller aktueller, polemischer Anspielungen; das scheinbar unverbindlich-heitere Thema wird zur zeitkritischen Analyse. Vorabdrucke brachten viele Zeitungen; ein summarischer Überblick über die Rolle junger Mädchen in der Historie erschien in der *Weltbühne*. Darin zog ich eine Linie von Jeanne d'Arc über das Barrikadenbild von Delacroix bis zur amerikanischen Girl-Verherrlichung und den russischen Komsomolzinnen. Am Schluß steht ein Appell an die Jugend Europas, ihren eigenen Weg zu suchen.

Das mochte pathetisch anmuten, angesichts der allgemeinen Verelendung. Es war dennoch ein Versuch, die «Herrschaft der Müdigkeit» zu durchbrechen, die auch die Jugend des Proletariats entmutigte. Ich schrieb beschwörend: «Wir wissen, wie wenig sich die junge Proletarierin um Politik kümmert, auch wenn der Vater beim Roten Frontkämpferbund ist und der Bruder bei der SA. Das mag verantwortungslos sein gegen die eigene Zukunft. Dafür ist das Proletariermädchen bewahrt geblieben vor den zermürbenden Meinungskämpfen und Moden der Bürgerkinder. Es hat noch einen unbedingten Hang zur Selbständigkeit. Ich achte sein berechtigtes Verlangen, in einer anständiger eingerichteten Welt das Dasein ungefährdet zu genießen. Und ich wünsche allen Versuchen, es wieder in Abhängigkeit und verlogene Bescheidenheit zurückzuzwingen, aus ganzem Herzen Mißerfolg.»

Das war doch mehr als feuilletonistische Plauderei, so meine ich. Nur kamen dergleichen abgewogene Mahnungen zu spät, wir glitten unaufhaltsam in die Katastrophe, die Anzeichen dafür mehrten sich. Ein solches Menetekel war im Oktober 1931 der Prozeß gegen Ossietzky gewesen, den das Reichsgericht wegen angeblichen Landesverrats zu anderthalb Jahren Gefängnis verurteilte.

Er hatte in der *Weltbühne* den Artikel ‹*Windiges aus der deutschen Luftfahrt*› erscheinen lassen, eine Analyse des Reichswehretats, in dem der Verfasser Walter Kreiser Einzelheiten über die verschleierte Aufrüstung bekanntgab. Darüber war auch sonst in der linken Presse und sogar im Reichstag gesprochen worden. Doch die besonders unbequeme *Weltbühne* sollte erledigt werden, durch das haarsträubende Urteil, auf das hohe Offiziere der Reichswehr einen, wie Ossietzky formulierte, «fast übersinnlichen Einfluß» ausgeübt hatten.

…ser spielte kaum eine Rolle, er floh bald darauf nach Frank-…eich und machte sich durch Mitarbeit in chauvinistischen Blättern im nachhinein unglaubwürdig. Offensichtlich hofften die interessierten Kreise, Ossietzky würde ebenso handeln, man ließ ihn auf freiem Fuß, machte ihm sogar geheime Avancen, falls er verschwände. Doch er blieb und schrieb weiter, aggressiver denn je. Es kam das Jahr 1932, eine Wahl folgte der andern, mit Not und Mühe wurde Hindenburg zum zweitenmal Reichspräsident, doch die Zahl der Hitler-Wähler stieg beängstigend an.

Im Mai, als der Sturz des Kanzlers Brüning schon in der Luft lag, wurde Ossietzky endlich aufgefordert, seine Strafe anzutreten. Wir Mitarbeiter und Dutzende von Gleichgesinnten begleiteten ihn zum Gefängnis Tegel. Am selben Tag stand in der *Weltbühne* seine berühmte *‹Rechenschaft›*, die umfassende Darstellung des skandalösen Falles und darüber hinaus die hellsichtige Analyse der deutschen Misere. Sein Verstand bekenne sich noch immer zu der heute so verschmähten Demokratie, schrieb er, während sein Herz unwiderstehlich dem Zuge der proletarischen Massen folge – nicht dem in Doktrinen eingekapselten Endziel, sondern dem lebendigen Fleisch und Blut der Arbeiterbewegung, ihren Menschen, ihren nach Gerechtigkeit brennenden Seelen. «Aber im Gegensatz zu den Kommunisten glaube ich nicht, daß erst die proletarische Revolution Remedur schaffen kann.»

Und noch einmal wiederholte er seine schon oft formulierte Erkenntnis:

«Deutschland ist ohne freiheitliche Tradition, ihm fehlt das wirkliche Bürgerbewußtsein, ihm fehlt der Stolz des Zivilisten gegenüber der Uniform. All das gehört zum Hintergrund unseres Prozesses, den wir juristisch verloren haben, den wir aber einmal vor einer anderen Instanz politisch gewinnen werden.»

Der umfangreiche Aufsatz war als vorläufiger Abschied von den Lesern gedacht, im Gefängnis durfte Ossietzky nicht schreiben. Doch nach wenigen Wochen kündigte *Die Weltbühne* an, es hätten sich unter seinen Papieren «einige nicht für den Tag gedachte Beiträge» gefunden, die man alsbald bringen würde. So geschah es, teilweise unter dem Pseudonym ‹Thomas Murner›; die Themen waren aktuell, ich vermutete, daß manches davon aus Tegel herausgeschmuggelt wurde.

Enger denn je fühlte ich mich dem ‹Blättchen› verbunden, dessen Chefredaktion der alte Pazifist und Demokrat Hellmut von Gerlach stellvertretend übernommen hatte, mit ihm kam ich kaum zusammen; um so häufiger mit dem jungen Walther Karsch, der seit längerem als zweiter Mann angestellt war und nun im Impressum verantwortlich zeichnete. Er sorgte dafür, daß die streitbare Haltung der Zeitschrift sich nicht änderte. Das war um so notwendiger, da die große liberale Presse während der ultrakonservativen Ära Papen spürbar vorsichtiger wurde. Es gab Ausnahmen, etwa Theodor Wolff im *Tageblatt*; aber zaghafte Bereitschaft zur Kapitulation breitete sich aus, die entschiedene Stimme *Weltbühne* gewann an Bedeutung.

Eine wichtige Bastion aber ging schon in diesem Sommer 1932 verloren: das Radio.

Ich habe schon gesagt, daß ich dieses Medium sträflicherweise nicht ernst genug nahm. Seitdem die Aufregung in unserem Viertel mich völlig beanspruchte, hatte ich mich im Funkhaus nicht mehr sehen lassen. Und ich besaß noch immer kein eigenes Empfangsgerät. So war mir entgangen, daß sich in der Masurenallee einschneidende Veränderungen ereigneten.

Am 18. Juli verbreitete sich die schier unglaubliche Kunde, Hitlers Berliner Statthalter Joseph Goebbels würde abends im Rundfunk sprechen. Bisher war dieser den extremen Parteien versperrt gewesen, nun hörte ich bei Kantorowicz den vielgerühmten Nazi-Propagandisten zum erstenmal.

Ich wollte objektiv urteilen, aber ich konnte durchaus nicht verstehen, was an seiner heiseren Suada faszinierend sein sollte. Er machte die jämmerliche Demokratie madig, pries als Rettung den starken Mann an, dem er diente, das war zu erwarten; auch der Appell an ein mythisches Nationalgefühl des verelendeten Volkes fehlte natürlich nicht. Verblüffend aber war der Zynismus, mit dem er die Massen verächtlich abtat. An diesem Punkt hätte ein Gegner einhaken können. Aber niemand opponierte dem Hetzer, es war unbegreiflich. Am anderen Morgen rief ich an, es dauerte lange, bis sich Dr. Kürschner meldete. Er drückte sich sonderbar hinhaltend aus, als ich schließlich nach Hans Flesch fragte, knurrte er mich an:

«Wissen's denn nicht, daß der weg ist? Und wann's mich noch antreffen wollen, müssen's sich beeilen.»

Eine Stunde später war ich im Funkhaus und erfuhr alles.

Papens Postminister Eltz von Rübenach hatte Flesch kurzerhand abgesetzt. Redakteure standen vor der Entlassung, wenn sie für den Kurs der ‹Nationalen Konzentration› ungeeignet waren; auch Kürschner war schon gekündigt worden. Sarkastisch schildert er das allgemeine Mißtrauen, so mancher versuchte sich anzupassen. Und überall tauchten neue Gesichter auf. Chef des bisher parteipolitisch neutralen ‹Drahtlosen Dienstes›, der Nachrichtenzentrale für alle Sender, war ein Hans Fritzsche geworden, keiner kannte ihn, in den kommenden Jahren wurde er weltbekannt als Stimme seines Herrn Goebbels.

An jenem Tag sah ich Kürschner zum letztenmal, der früher so vitale Pläneschmied sah düster in die Zukunft. Nach 1945 hörte ich, daß er nach Italien emigriert war und gemeinsam mit seiner Frau seinem Leben irgendwo in Sizilien ein Ende gemacht hatte.

Edlef Köppen, vorläufig noch unbehelligt, wollte seine Sendungen so lange wie möglich produzieren und dabei vorsichtig dosierte Kritik an der stockreaktionären Kulturpolitik der Papen-Regierung unter die Leute bringen. Davon versprach ich mir wenig, machte aber irgendwann im Herbst bei einem Streitgespräch mit. Mit solchen Winkelzügen war gewiß kein einziger erwerbsloser Mitbürger zu beeindrucken. Der Rundfunk war verspielt, wir wußten es nur zu gut.

Eine andere, freilich unwichtigere Position aber konnte noch verteidigt werden, der ‹Schutzverband Deutscher Schriftsteller›. Nie hatte mich diese erklärtermaßen unpolitische Standesvertretung sonderlich interessiert. Nun aber änderte sich das gründlich, da eine Gruppe stramm national gesinnter Autoren lautstark in jeder Veranstaltung auftrat.

Das Wort führte anfangs Walter Bloem, dessen patriotische Romane seit Kaisers Zeiten viel gelesen wurden. Der hausbackene alte Herr wurde indessen nach und nach von einigen Goebbels-Jüngern überspielt, die in SA-Manier randalierten. Nun bildete sich eine linke Fraktion, in der auch ich mich lebhaft betätigte; eine Rolle spielte in unserer lockeren Gemeinschaft Georg Lukács, in der kurzlebigen ungarischen Räterepublik von 1919 Volkskommissar für Bildungswesen, er kannte den Faschismus aus eigene Erfahrung und wußte, was uns in Deutschland drohte.

Es mutete rührend an, wie der Philosoph die Nazischreier mit abgewogenen Gründen zu widerlegen versuchte. Das reizte sie nur noch mehr, eines Abends griffen sie ihn mit Brachialgewalt an. Wir Jüngeren machten kurzen Prozeß und drängten die Rabauken aus dem Saal. Was darauf geschah, war hanebüchen. Aus den Reihen der Mehrheit, die bis dahin passiv zugeschaut hatte, erhob sich Protest – gegen uns, die den Frieden gestört, den Berufsverband politisch mißbraucht hätten. Eine förmliche Spaltung wurde eben noch vermieden, die Spannung blieb. Ich empfing die bittere Lehre, daß auf brav demokratische Kollegen kein Verlaß war, sobald es ernst wurde. Überall begann die bürgerliche Mitte vor den Provokateuren zu kuschen. Erschreckende Beispiele dafür hörte ich von meinem Vater.

Seit Jahren litt er an Arthritis deformans, eine gründliche Kur sollte helfen, er lag wochenlang in einem Berliner Sanatorium, und so sah ich ihn häufig. In unseren Ansichten stimmten wir nun weitgehend überein. Den fest im liberalen Humanismus Wurzelnden erregte die Feigheit des gebildeten Bürgertums. Er erzählte mir von unglaublichen Vorfällen. In einem Leipziger Ärzteverein war über die Notwendigkeit einer neuen ‹arischen› Medizin referiert worden; das brachte ihn, der mit so manchem jüdischen Kollegen befreundet war, zur Verzweiflung.

Damals in der Zehlendorfer Klinik rechnete er mit seinem nahen Ende, indessen sollte er noch mehr als zwei Jahrzehnte leben.

Über meine leidlich erfolgreiche Laufbahn hatte er sich immer gefreut; nun billigte er es, daß ich sie vernachlässigte. Aber er machte sich Sorgen, daß ich mich in Abenteuer verstricken könne. So entstand wohl der Vorschlag, mich auf eine Reise nach Ragaz mitzunehmen, wo er eine Nachkur machen wollte. Ich zögerte, wollte nicht fahnenflüchtig werden. Doch im späten Herbst verloren die Nazis bei der fünften Wahl des Jahres mehr als zwei Millionen Stimmen, der Vormarsch Hitlers schien gestoppt, mindestens gab es eine Atempause, ich willigte in die Fahrt ein, für die er schon die Devisen besorgt hatte. In Leipzig sollte ich ihn abholen. Unerwartet hatte er seine Pläne geändert, wollte die Strapaze nicht riskieren; auch hielten ihn schon wieder berufliche Pflichten. Ich aber solle unbedingt ausspannen, er untersuchte mich, fand allerlei auszusetzen, die Schweizer Fränkli lagen bereit, ich brauche ja nicht gerade in jenes Heilbad zu fahren.

Den Ausschlag gab Hellmut Köster, der mir dringend riet, etwas von der Welt draußen zu genießen, solange das noch möglich war. Käme es rasch zur Entscheidung, dann könnte ich ja zurückkommen. Ich ließ mich überzeugen. Nachher begleitete ich ihn noch zu einer Verabredung mit zwei Schwestern und war überrascht davon, ihn mit diesen Mädchen befreundet zu sehen. Die Ältere nämlich war eine KP-Funktionärin, mit der Hellmut sich glänzend verstand. Anke, die Jüngere, war eine seit langem arbeitslose Stenotypistin, ein zartes, anmutiges Wesen. Ihr war in Berlin eine Stellung halb und halb zugesagt, sie wollte Anfang Januar hinfahren. Hellmut meinte, dann könnte ich mich ihrer doch ein bißchen annehmen, dazu war ich natürlich bereit.

Dann fuhr ich los, nach Ascona, der als Asyl von Literaten und Malern bekannte Ort lockte mich, das Wetter im Tessin sollte im November noch freundlich sein. So war es auch, aber ich langweilte mich, kannte niemanden, trieb mich auf der Piazza herum; die peinliche Begegnung mit Remarque und Jeanne habe ich schon erwähnt. Täglich holte ich mir deutsche Zeitungen. Als ich las, Papen sei entlassen und Schleicher zum Kanzler ernannt worden, reiste ich sofort zurück.

Die kurze Ära des angeblichen ‹Roten Generals› änderte nichts. In den Großstädten verschärfte sich der latente Bürgerkrieg, die kleinen Orte und das platte Land wurden von den Nazis beherrscht, die sich zusehends von der Schlappe der Novemberwahl erholten. In aller Öffentlichkeit spielten sich die Machenschaften ab, die dann zum Debakel des 30. Januar führten. Daß sich Hitler mit Papen zu Beginn des neuen Jahres in Köln traf, blieb keineswegs geheim; die *Tägliche Rundschau*, Schleichers Sprachrohr, enthüllte am Tage danach das Komplott, es machte kaum Aufsehen, das war das eigentlich Beängstigende.

Ein Lichtblick war Ossietzkys Entlassung zu Weihnachten, ironischerweise auf Grund einer Amnestie, der im Reichstag auch die Nazis zugestimmt hatten; sie wollten die eigenen verurteilten Raufbolde freibekommen. Ossietzky übernahm sogleich wieder die Leitung der *Weltbühne*, jede Woche erschienen seine Leitartikel. Ich wollte wieder häufiger mitarbeiten. Auch mit Edlef Köppen verabredete ich Sendungen. Es galt, die Galgenfrist zu nutzen, die uns noch gegönnt war. In den letzten Wochen der Republik kam ich wenig zum Schlafen, unser Selbstschutz war ständig alarmiert, Versammlungen mußten besucht, Diskussionen geführt werden. Da die SA alle paar Tage aufmarschierte, nahm ich oft an Gegendemonstrationen teil.

Dabei begleitete mich einmal Marga, eine junge Kölnerin, zu Besuch bei Berliner Verwandten. Irgendwer hatte uns bekannt gemacht, ihre Intelligenz entzückte mich ebenso wie ihre reizvoll fremdartige Erscheinung.

Es war eisig kalt. An allen Ecken standen die Braununiformierten, klapperten mit Sammelbüchsen und brüllten: «Juden raus! Einen Groschen für die Reise nach Jerusalem!» Einer rasselte mit seiner Büchse provozierend vor Margas Gesicht, ich stieß ihn wütend beiseite, rasch zog sie mich weg, wer weiß, wie es sonst ausgegangen wäre.

Viele meiner Freundinnen waren Jüdinnen gewesen, nie hatte ich darauf geachtet. Der kurzen Verbindung mit Marga gab dies einen besonderen Sinn.

Wenn wir nebeneinander lagen, redeten wir ohne Scheu über den wuchernden Judenhaß. Als Tochter eines gutbürgerlichen Hauses hatte sie unbeschwert dahingelebt, nun beschäftigte sie sich zum erstenmal notgedrungen mit Politik. Überall traf sie auf den ihr unbegreiflichen Antisemitismus. Als ich ihr jenen Exzeß in Nortorf schilderte, der mich 1920 aus meinem ziellosen Leben herausgestoßen hatte, zog sie den einfachen Schluß: «Weil du kein Antisemit bist, wurdest du Kommunist!»

Das war nicht die ganze Wahrheit, aber ein wesentlicher Teil von ihr. Es tat uns beiden wohl, daß ich meine Abneigung gegen wankelmütige jüdische Journalisten und kompromißbereite Presseherren erörtern konnte, ohne mißverstanden zu werden. Solche Gespräche steigerten auf sonderbare Weise unseren gemeinsamen Genuß, man kann das verstiegen nennen oder sogar frivol, es war so. Erich Kästner hat einmal sarkastisch erklärt, diese sexuelle Variante sei das einzig Originelle gewesen, was der Nationalsozialismus in die Welt gesetzt hätte. Etwas davon erlebten wir, lange ehe die ‹Rassenschande› mit Zuchthaus bedroht war. Diese Erfahrung prägte sich mir für immer ein. Mein durch nichts zu beirrender Haß gegen das Hitlerregime hatte viele Ursachen; diese war nicht die unwichtigste.

Als Marga heimreiste, schwuren wir einander keine ewige Treue, aber wir wollten uns so bald wie möglich wiedersehen. Dazu kam es auch, nach sechs Monaten, unter sehr veränderten Umständen.

Mitte Januar 1933 vereinbarten Köppen und ich eine Sendung, die am 6. Februar stattfinden sollte. Gedacht war sie als satirisches Gegenstück zu den pathetischen Ergüssen der Nazibarden Beumelburg und Stoffregen, die ihre völkische Kulturerneuerung immer häufiger über die Sender propagierten. Ich entwarf eine Groteske, ein als wissenschaftliches Seminar aufgezogener Kursus in sächsischer Sprache sollte den mir aus Jugendzeiten wohlbekannten Dialekt als einzig würdige Einheitssprache aller Deutschen empfehlen. Linien wurden gezogen, von Martin Luthers Bibelübersetzung ins obersächsische Meißner Kanzleideutsch über den Präzeptor Gottsched und Lessing bis zu Goethe; Weimarer Singsangton ließe sich, so behauptete ich, auch bei dem großen Frankfurter entdecken. Dann kam der Wagalaweia-Schwulst des Ursachsen Richard Wagner dran, Hitlers Abgott. Auch Nietzsche wurde nicht verschont. Der wahre, arglistige Pferdefuß aber war ein ‹weltanschaulicher› Exkurs: gemütliche sächsische Kaffeetrinker als Welteroberer, schwammige Idealisten und zugleich Barbaren wie letztlich die Deutschen insgesamt; bösartige Nietzsche-Zitate dienten als Belege, sein Abscheu gegen deutschen Dünkel wurde mit Wonne zitiert, der blödsinnige Antisemitismus bekam aus erlauchtem Munde seinen Teil ab. Die Arbeit machte mir Freude.

Überraschend erschien die kleine Anke aus Leipzig, die ich völlig vergessen hatte. Aus der Stellung war nichts geworden, vergebens hatte sie sich nach einer andern umgetan, nun war ihr Geld zu Ende und sie erbat meine Hilfe.

Natürlich tat ich, was ich konnte. Zwei, drei Nächte kampierte sie auf dem schmalen Sofa im Arbeitszimmer, tagsüber klapperte sie ohne Erfolg verschiedene Firmen ab, abends stöberte sie begeistert in meinen vielen Büchern. Schließlich gab sie auf und reiste heim zu ihrer Schwester nach Leipzig. Daß der harmlose Besuch für mich Folgen haben könnte, ahnte ich nicht.

Am 28. Januar, einem Samstag, sprachen wir bei Kantorowicz über eine für Montag einberufene Versammlung des Schriftstellerverbandes. Das Radio meldete die seit Tagen erwartete Demission des Kabinetts Schleicher; Hindenburg habe Papen beauftragt, Möglichkeiten für eine neue Kabinettsbildung zu prüfen. Es sah so aus, als würde der farblose Papen zum zweitenmal Kanzler werden; daß der alte Marschall den von ihm verachteten ‹böhmischen Gefreiten› berufen könne, erschien uns immer noch unwahrscheinlich.

Am Montagmittag unterbrach der Rundfunk seine Unterhaltungsmusik. Dann verlas ein Sprecher die schier unfaßbare Mitteilung:

«Der Führer der Nationalsozialisten, Adolf Hitler, ist soeben von dem Herrn Reichspräsidenten zum Reichskanzler ernannt worden, auf Grund einer längeren Besprechung, die der Herr Reichspräsident mit Herrn Hitler sowie Herrn von Papen hatte.»

Zu der Schriftstellertagung kamen ungewöhnlich viele Kollegen in die ‹Kammersäle› nahe dem Halleschen Tor. Zum erstenmal erlebte ich Carl von Ossietzky in diesem Kreis. Die Rechtsradikalen fehlten fast ganz, sie nahmen wohl am Fackelzug teil, der zur selben Stunde dem Sieger huldigte. Alle standen unter dem Eindruck des Donnerschlages, die Tagesordnung wurde hastig erledigt, es entspann sich eine politische Debatte. Erich Mühsam, der liebenswerte Anarchist mit dem struppigen Bart, forderte mit feurigen Worten zur Standhaftigkeit auf. Die meisten rieten zu vorsichtigem Abwarten, der Spuk würde rasch vorübergehen. Ossietzky stand auf, es wurde still, mit seiner leisen Stimme sagte er scharf pointierend wenige Sätze. So ungefähr endete er:

«Das alles wird länger dauern als Sie meinen. Vielleicht Jahre. Dagegen sind wir machtlos. Aber jeder von uns kann sich vornehmen, denen, die nun die Macht haben, niemals auch nur den kleinen Finger zu reichen!»

Beifall klang auf, verebbte rasch. Alles drängte hinaus. Mit einer kleinen Schar Gleichgesinnter schloß ich mich Ossietzky an, der mit der U-Bahn in den Norden der Stadt wollte, zur Liga für Menschenrechte, um ein Referat zu halten. Unterwegs beschlossen wir, uns den Nazirummel anzusehen. Am Bahnhof Kaiserhof stiegen wir aus und hinauf zur Straße.

Da zogen sie vorüber, in unabsehbaren Reihen. Parolen wurden gebrüllt und von der dichtgedrängten Menge aufgenommen.

Im Fackelschein glichen die Gesichter unter dem SA-Käppi fast jenen martialischen Recken, die ‹Mjölnir› im *Angriff* zeichnete. Über die nordischen Profile hatten wir oft gelächelt, wir kannten die stumpfen Visagen unserer Gegner besser. Und nun marschierten sie doch leibhaftig vorbei, berauscht vom Sieg, und grölten ihr grausiges Lieblingslied: Wenn das Judenblut vom Messer spritzt, dann geht's noch mal so gut!

Schweigend sahen wir einander an. Ossietzky preßte die Lippen fest zusammen, wendete sich brüsk ab, verschwand im U-Bahnhof, so sah ich ihn zum letztenmal.

Ich konnte mich nicht losreißen von dem barbarischen Schauspiel, bewußt wollte ich es in mich aufnehmen. Nirgends ein Anzeichen des Protests, den mußte es doch noch geben, wenn nicht in diesem Augenblick, dann bestimmt in den nächsten Tagen!

Darüber stritten wir nachher bis in die Nacht. Die halbe Kolonie war auf den Beinen, der Selbstschutz in Alarm, doch es blieb ruhig. Alles kam anders, als wir es seit Jahr und Tag erwartet hatten. Kein Putsch, kein Gewaltstreich. Mit Hilfe abgetakelter Reaktionäre hatte Hitler sein Ziel erreicht, legal, wie er es oft genug angekündigt hatte. Darin lag vielleicht eine letzte Chance. Solange die Demokratie noch formal bestand, schien Gegenwehr möglich. Wir konnten uns nicht vorstellen, daß Sozialdemokraten und Kommunisten sich nicht rühren würden. Und schließlich gab es noch die große, liberale Presse, sie mußte nun endlich Farbe bekennen! Es war eine Illusion.

Am Dienstagabend sprach Hitler über alle Sender. Er brüllte ins Mikrophon, als stünde er vor einer Massenversammlung, und ergoß seinen Hohn aus über die Regierungen der verbrecherischen ‹Systemzeit›, in denen doch auch seine jetzigen konservativen Bundesgenossen gesessen hatten. Bombastische Phrasen orakelten von der «schwersten Aufgabe, die seit Menschengedenken deutschen Staatsmännern gestellt wurde». Er würde sie lösen. Das

Blaue vom Himmel versprach er den Arbeitern, Bauern, der Wirtschaft. Brot für alle würde es geben. Und Frieden in der «Gemeinschaft der Nationen», welch eine blasphemische Floskel in diesem Munde! Sogar das Christentum rühmte er «als Basis unserer gesamten Moral». Und zum Schluß rief er mit beschwörendem Pathos:

«Nun, deutsches Volk, gib uns vier Jahre Zeit! Und dann richte uns!»

Dieses unglaubliche Sammelsurium konnte man am anderen Morgen in den bürgerlichen Blättern nachlesen. Die Kommentare hielten sich ängstlich zurück. Es war schon mutig, daß Theodor Wolff im *Berliner Tageblatt* eine vorsichtig distanzierte Analyse brachte.

Mich schockierte, stärker als die unüberhörbare Verlogenheit der nichtssagenden Beteuerungen, die dumpfe, abstoßende Stimme des Redners. Von ihrer suggestiven Wirkung hatte ich viel gehört, nun endlich konnte ich das nachprüfen, ich zwang mich gewaltsam zur Objektivität, der Abscheu war unüberwindlich. Wenn sich die Millionen von diesem Geheul betören ließen, dann war alles verloren. Noch sträubte ich mich verzweifelt gegen diese Annahme.

Doch rasch spürten wir, wie sich das Netz enger zusammenzog, in dem wir gefangen waren. Die Maßnahmen der neuen Regierung überstürzten sich. Der Reichstag wurde aufgelöst, am 5. März sollte neu gewählt werden, eine Notverordnung machte kleinen Parteien die Zulassung nahezu unmöglich; das war seit Jahren gefordert worden, jetzt wirkte es als Begünstigung der Nazis. Massive Unterdrückung der linken Presse, Durchsuchung von Parteibüros und erste Verhaftungen ließen erkennen, daß es allen Gegnern Hitlers an den Kragen gehen sollte. Hohe Beamte wurden entlassen, als angebliche Nutznießer parteipolitischer Protektion; ‹Alte Kämpfer› der NSDAP besetzten die Stellen der Gefeuerten.

Furcht erweckte die hastige ‹Gleichschaltung› der Polizei, das Wort wurde binnen Tagen jedermann vertraut. Unsere Freunde in der Polizeiwache Deidesheimer Straße warnten vor bevorstehenden Haussuchungen. Wir brachten besonders belastendes

Material beiseite. Noch aber blieb es in der Kolonie einigermaßen ruhig. Nur einige kluge vorausschauende Bewohner verschwanden über Nacht, erste Vorläufer der Emigration.

Der Rundfunk stand unter scharfer Zensur, doch meinte Köppen am Telefon, unsere Sendung am 7. Februar könne stattfinden. An diesem Tage war ich zunächst Zeuge eines anderen Ereignisses. Endlich rührte sich die sozialistische Linke. Einzelne kommunistische Demonstrationen hatte es fast täglich gegeben, nun rief die SPD auf zu einer Massenkundgebung im Lustgarten. Dorthin fuhr eine ziemlich große Gruppe des Selbstschutzes, der von jeher die Einheit aller Hitler-Gegner gefordert hatte.

Ein paar Stunden lang konnte man glauben, das rote Berlin hätte sich auf seine Kraft besonnen. Hunderttausende füllten den weiten Platz zwischen Dom und Universität. Otto Wels sprach, ich hätte ihn aggressiver gewünscht, immerhin gab ein führender Sozialdemokrat das Signal zum Widerstand. Die Veranstaltung lief ungestört ab, nachher zerstreuten sich die Massen, geschlossene Formationen waren verboten worden.

Doch wir zogen in einer Kolonne von zwei- oder dreihundert jungen Arbeitern dennoch in Richtung Regierungsviertel; da die Bannmeile seit dem 30. Januar für Naziaufmärsche nicht mehr galt, wollten auch wir uns nicht darum kümmern. In der Französischen Straße empfingen uns dichte SA-Reihen und brüllten: «Juda verrecke!» Wir antworteten mit einem wilden «Hitler verrecke!» Erst kurz vor der Wilhelmstraße sperrte Polizei den Weg.

In die Masurenallee kam ich gerade noch rechtzeitig zu unserer Sendung. Begeistert vom eben Erlebten konnte ich mich zuerst nur schwer auf unser kritisches Sprachseminar konzentrieren, es erschien mir blaß und verspielt, doch dann beim Sprechen bekam die Sache Schwung. Mein Partner Hans Hermann Schaufuß brachte die satirischen Effekte großartig zur Wirkung, Köppen war begeistert. Nachher holte ich mein Honorar an einem kleinen Schalter neben dem Studio ab, so war's damals üblich. Da trat ein mir Unbekannter dazu, am Revers das Abzeichen der NSDAP, noch nie hatte ich es in diesem Hause gesehen. Äußerst freundlich meinte er:

«Hübsch, was Sie da eben gemacht haben – gratuliere!»

Ich war perplex. Hatte er nichts kapiert? Waren wir so harmlos gewesen?

Er hob die Hand zum Hitlergruß und wendete sich ab. N
tausend Jahren bin ich ihm wieder begegnet, da war er wiederu
eine einflußreiche Prominenz bei Funk und Fernsehen. Ein überzeugter Gefolgsmann seines Führers wurde er wohl nie. Ich meine zu wissen, daß der Mitläufer bald zur Besinnung kam. Und so nenne ich seinen Namen nicht, mag er in Ruhe seine Pension verzehren.

Die Lage in unserem Viertel wurde im Laufe des Februar hoffnungslos. Die zur Hilfspolizei ernannte SA nahm Haussuchungen vor, dabei kam es zu Diebstählen und sinnlosen Verwüstungen. Als bei mir zwei der Burschen klingelten, dachte ich, nun sei ich dran, sie fragten aber nur nach Freunden, die schon fortgereist waren, ich stellte mich dämlich, sie zogen wieder ab. Es war eine Frage der Zeit, wann auch ich abhauen müßte. Ein paar Wochen gab ich mir noch. Inzwischen zwang ich mich zum Arbeiten und schrieb einen langen Beitrag für die *Weltbühne*, die vorläufig ungehindert herauskam.

Dieser Artikel beschrieb in vier Abschnitten meine Verwundung im April 1918 und alle ihre Folgen, ausführlich vor allem die spät gewonnenen Erkenntnisse, die Wandlung vom abenteuerlustigen Fähnrich zum Revolutionär. Der Schluß des herausfordernden Manifests lautete:

«Die lauten Barden des blinden Heldentums haben ganz recht: Erst jenseits eines Stromes von Blut liegt die Zukunft. Aber nicht wir werden es sein, die darin ertrinken.»

Das erschien am 14. Februar, in der dritten Woche des Dritten Reiches. Diese letzten gedruckten Sätze von mir, vor einem zwölfjährigen Schweigen, haben mir dann oft den Rücken gestärkt, sie freuen mich noch heute.

Am 27. Februar brannte der Reichstag. Nun wurde es ernst.

Gleich in derselben Nacht wurden Tausende verhaftet, auch Ossietzky holten sie ab. In drohenden Reden verkündeten Hitler und Göring die «Ausmerzung» des Kommunismus, alle Linken waren de facto von nun an vogelfrei. Immer mehr Nachbarn verschwanden, oft wußte man nicht, ob in ein sogenanntes ‹Schutzhaftlager› oder ins Ausland. Noch einmal traf ich Lukács in einem Wilmersdorfer Café, er war im Begriff abzureisen. Die Situation

…ssimistisch, er rechnete mit dunklen Jahren, die vor

… besorgte Briefe. Mein Vater bereitete sich darauf …axis aufzugeben und zur alten Freundin ‹Tante Lene› nach Lückendorf zu ziehen, in die Lausitzer Berge. Hellmut Köster schrieb und mahnte zur Vorsicht. Auch die kleine Anke erkundigte sich, was in der Kolonie los wäre, in der Zeitung hatte sie etwas vom «Ausräuchern des Kommunistenviertels» gelesen. Ich beruhigte sie, schilderte die Erlebnisse der vergangenen Wochen, ausführlich auch die Demonstration vom 7. Februar; erwähnte auch, daß ich wohl nächstens nach Lückendorf reisen würde.

Noch war ich unschlüssig, da führte in günstiger Zufall die Entscheidung herbei. Eine politisch ahnungslose Operettenschauspielerin suchte eben in dieser Zeit eine Wohnung im verfemten Künstlerblock. Wir wurden schnell einig, ich wollte nichts daran verdienen, es kam vor allem darauf an, die Bibliothek zu retten. Am 5. März, dem Wahltag, war ich bei meinem Vater in Leipzig. Er stimmte erleichtert zu, daß ich für einige Zeit bei ‹Tante Lene› untertauchen wollte. Den Ausschlag gab für mich die Tatsache, daß das Haus nur wenige hundert Meter von der tschechischen Grenze entfernt lag. Wenn es brenzlig wurde, konnte ich in fünf Minuten drüben sein. Meine Gastgeberin war, als gläubige Lutheranerin, eine zuverlässige Nazifeindin. Ihre Pension entwickelte sich in den folgenden Jahren zu einem Treffpunkt bürgerlicher Hitler-Verächter. Als der Ortsgruppenleiter der NSDAP erschien und sich erkundigte, wo sie ihr Führerbild angebracht hätte, zeigte sie schweigend in einen dunklen Flurwinkel. Der Mann zog verkniffen ab, um mich kümmerte er sich nicht, ich war als Feriengast angemeldet. Nach langer Unterbrechung nahm ich wieder meinen Parteiroman vor. Ich dachte mir, die Irrtümer vergangener Jahre müßten eines Tages lehrreich sein, wenn der braune Spuk wieder verflogen war.

Unten im Haus höre ich lärmende Stimmen, polternde Schritte kommen näher, die Tür wird aufgerissen. Da sind sie, drei SA-Männer und ein Polizeibeamter.

«Haben Sie Waffen?»

Ich lache laut los, der Plural ist zu komisch, sie aber nehmen's ernst, durchsuchen Schränke und Schubladen, schneiden sogar die Matratze auf. Sämtliche Papiere werden eingesammelt, auch das Romanskript, das ich nie wiedersehe. Die ganze Zeit überlege ich, wieso man mich hier oben gefunden hat. Dann heißt es: Nachtzeug und Wäsche einpacken! Auf alle Fälle. Auch den Schuhlöffel aus New Orleans stecke ich zu mir.

«Ist das eine Verhaftung?»

«Fragen können Sie in Zittau stellen.»

Schon sitzen wir in einem großen, offenen Auto, nur flüchtig kann ich mich von ‹Tante Lene› verabschieden.

Eine halbe Stunde später werde ich in eine undefinierbare ‹Dienststelle› eingeliefert, stehe lange auf einem Flur herum unter vielen anderen, Gespräche sind möglich, klären nichts. Dann hinein, Fingerabdrücke werden abgenommen. Also bin ich verhaftet?

«Denkst du, du bist zu Besuch hier?»

Ein Stoß vor die Brust, er bleibt, um das gleich zu sagen, die einzige Gewaltanwendung. Später werden wir truppweise ins nahe Amtsgerichtsgefängnis geführt, ich komme in eine Einzelzelle. Dann geschieht wochenlang gar nichts.

Jeder Tag verläuft genauso, wie ich's oft genug gelesen habe. Nach dem Wecken muß ich die Zelle selbst säubern. Der berühmte Kübel stinkt mörderisch, wird oft nicht geleert, dies ist ein altes, verrottetes Haus, jetzt überbelegt. Der Wasserhahn tropft nur, die Mahlzeiten werden hastig ins zerbeulte, fettige Aluminiumgefäß geschüttet. Beim seltenen Hofgang scharfe Überwachung, Sprechen ist unmöglich. Nach Tagen führt man mich zum Duschen, einer flüstert mir Unverständliches zu. Tagsüber muß das schmale Lager hochgeklappt bleiben, als ich mich am ersten Tag hinlege, rasseln gleich die Schlüssel. Faulenzen verboten! Ich frage: Auch für Untersuchungsgefangene? Antwort: Erst recht!

Nun gut, so ungefähr habe ich mir's vorgestellt. Ich beobachte mich genau. Die Erfahrung, sage ich mir, ist unschätzbar. Nur kein Selbstmitleid! Ich pflege meinen Stolz, das tut gut.

Sehr bald wird die Untätigkeit zur Qual. Ich frage mich, ob der sogenannte Gebildete sie stärker empfindet. Um mich zu beschäftigen, zerreiße ich das grobgraue Klopapier und setze es mühsam wieder zusammen, wie ein Puzzlespiel. Plötzlich packte mich wildes Verlangen nach Marga, ich kratze die Initialen M. F. in die

Wand, ein törichter Ritus, schon wieder eine literarische Reminiszenz?

Spätabends auf einmal regelmäßiges Pochen an der Wand. Rasch kapiere ich das Klopfalphabet, man kann sich ziemlich flink verständigen. Nebenan sitzt ein kommunistischer Funktionär. Wir tauschen stundenlang Erinnerungen aus, ihn interessieren meine Moskauer Erlebnisse. Bald streiten wir über den sturen Bruderkampf zwischen KPD und SPD, das mutet verrückt an, hilft aber hinweg über die absolut leeren Tage.

Angenehme Abwechslung bedeutet es, daß ich endlich zu einer Vernehmung geführt werde. Längst habe ich mir dafür meine Taktik zurechtgelegt. Da sitzt ein blutjunger Assessor, vielleicht erst Referendar, das Parteiabzeichen am Sakko, ich frage sofort mit gespielter Entrüstung, weshalb ich hier säße. Er tut verwundert, ach, das wisse ich nicht? Kramen in Papieren. Er liest vor: Teilnahme an einer verbotenen Demonstration. Bruch der Berliner Bannmeile. Und – er wird pathetisch, als könne er's nicht fassen – schwere Beleidigung des Führers und Reichskanzlers.

«Sie haben gerufen: Hitler verrecke! Und Sie wollen ein gebildeter Mensch sein!»

Darauf ich, achselzuckend: ‹Juda verrecke› sei auch kein Zeichen für Bildung ... Keine Antwort. Inzwischen wird mir klar: Die haben meinen Brief an Anke! Richtig kombiniere ich, was geschehen ist: Haussuchung bei den Schwestern in Leipzig, die Kleine hat meinen Bericht aufgehoben.

Fragen folgen. Welche anderen Komplicen gibt es noch? Haben Sie sich in Lückendorf konspirativ betätigt? Unsinn, in dem abgelegenen Nest habe ich halt gearbeitet. Der Mensch schlägt auf seine Akten: Eine feine Art Arbeit! Wird bei Ihrem Verfahren eine Rolle spielen! Mit wem haben Sie noch korrespondiert?

Mit meinem Vater. Und weil wir gerade dabei sind, beantrage ich Papier und Bleistift. Will neue Wäsche kommen lassen, auch Lektüre. Natürlich keine marxistische, setze ich ironisch hinzu.

Hm ... Lange Überlegung. Dann wird es bewilligt. Schon nach Tagen trifft das erste Paket ein, liebevoll zusammengestellt von ‹Tante Lene› und meiner Jugendfreundin Dix, die in Zittau mit einem Arzt verheiratet ist.

Lebensmittel, Zigaretten, Hemden, Seife. Tolstojs ‹*Krieg und*

Frieden›, vier Bände, das reicht für eine Weile. Dazu als Überraschung ein kleines Kissen, wie angenehm für den zernarbten Popo, den die harte Holzbank drückt. Auch eine Zeitung haben die Spenderinnen für mich abonniert, die *Tägliche Rundschau*; noch immer informiert sie recht objektiv. Eine vorsichtig formulierte Notiz schreckt mich auf: «Selbstmord beim Verhör. Kommunistischer Führer in Zittau aus dem Fenster gesprungen.»

Mein Nachbar klopft mir Einzelheiten zu, die weiß der Himmel wie bis zu ihm gedrungen sind. SS-Männer haben das Opfer über die Fensterbank gelegt und so lange zugeschlagen, bis der Verzweifelte sich fallen ließ. Nicht der erste derartige Fall. Ein Glück für mich, daß ich nicht in die Hände der schwarzen Elitetruppe geriet...

Nachts glaube ich nun manchmal ferne Schreie zu hören. Ich schlafe überhaupt schlecht, alle Viertelstunde ärgern mich vier Kirchenglocken, in regelmäßiger Folge. Irgendwo las ich, das sei für einsame Gefangene ein Trost. Mich peinigt es. Nach und nach rebellieren die Nerven. Wie lange muß ich hier noch hocken?

Ein neues Spiel lenkt ab. Ich entwerfe Landkarten von Phantasiegegenden, hübsch sauber mit Straßen, Bäumchen, Windmühlen. Das alte Vergnügen an der Topographie beruhigt noch besser als das Lesen, bei dem man fortwährend Vergleiche mit der eigenen Lage zieht. Die säuberlichen Croquis dagegen vermitteln das Gefühl einer abstrakten Freiheit, die zu genießen ich nicht müde werde.

Ich bin emsig beim Zeichnen, als zwei Beamte hereinkommen:

«Los – Sachen packen! Auf geht's!»

Neugierig beugt der eine sich über meine Karten, fragt, ich erkläre ihm die Sache, er brummt:

«Nehmen Sie das besser nicht mit! Sieht aus wie Vorbereitung zur Flucht... Oder Spionage... Im Lager haben die keinen Sinn für so was!»

Im April 1933 wußte schon jedermann, daß es ‹Schutzhaftlager› gab, doch niemand nannte sie so. Auch folgsame Staatsbürger, die roten ‹Volksfeinden› einen Denkzettel gönnten, spürten die Heuchelei der amtlichen Bezeichnung. Schutzhaft wurde nicht, wie Lexika definierten, «zur Verhütung von Gewalttaten gegen einen

Festgenommenen» verhängt. Sie war eine Strafe ohne Urteil, eine unmißverständliche Drohung gegen alle Mißliebigen, das Kurzwort ‹KZ› drückte es sinnfällig aus, ein harter Schlag, ein tückisches Zischen, Signal der brutalen Gewalt. Was in Dachau und Oranienburg vor sich ging, wußten indessen erst wenige.

Überall im Lande entstanden, oft durch Initiative lokaler Parteistellen, kleinere Lager. Noch war der Terror nicht organisiert, Willkür herrschte, Mord und Marter erschienen als Exzesse, nicht als Merkmale eines Systems.

Ein wesentlicher Unterschied zu späteren Jahren bestand darin, daß überwiegend die SA die Lager in der Hand hatte, nicht die SS. Häftlinge und Bewacher stammten häufig aus der gleichen Gegend, manche private Rache wurde ausgetragen, aber alte nachbarliche Beziehungen wirkten sich hie und da mildernd aus. Es ging also bei uns, alles in allem, noch harmlos zu, dies sei im voraus festgestellt.

Dichtgedrängt stehen wir, an die zwanzig Häftlinge, auf einem offenen Lastauto, Blick nach hinten, so ist's befohlen, dort stehen ein paar SA-Männer mit schußbereiten Gewehren. Herrliches Sommerwetter. Nach einer halben Stunde wird gehalten. Aussteigen!

Vor uns ein hohes, schmiedeeisernes Gittertor. Dahinter mehrere Terrassen übereinander, den Berg hinauf. Oben ein ockerfarbenes Gebäude. Einer von uns ist ein Zittauer Lehrer, leise lacht er: Feudal bringen die uns unter! Schloß Hainewalde, der berühmte August der Starke schenkte es einst einem seiner Favoriten, dem Grafen Kyau. Heiterkeit verbreitet sich, gleich darauf vergeht uns das Lachen.

Johlende SA treibt uns die steilen Treppen hinauf, hinunter, hinauf. Außer Atem stehen wir schließlich, jeder seine paar Klamotten unterm Arm. Ein schnarrendes Kommando:

«Sohlen vorzeigen! Rechtes Bein hoch!»

Ich stehe als Storch auf dem linken Fuß, minutenlang. Das andere Bein! Störrisch bleibe ich auf beiden stehen, schon ist einer bei mir. Ich, betont militärisch:

«Rechter Fuß ist zerschossen!»

«Guggemal an! Roder Schdraßenkämpfer, wa?»

«Flandern. Achtzehn.»

Natürlich übertreibe ich. Bin ja eben wie ein Wiesel gerannt, daran denken die nicht. Ich mime beharrlich den blessierten Krieger, das scheint Eindruck zu machen. Aber da sehen sie mein Kissen:

«Was'n das? Willste dir'sch bei uns gemiedlich machn?»

Zackig brülle ich: «Arsch ooch zerschossn!»

Unwillkürlich persifliere ich den sächsisch-lausitzischen Tonfall. Auch das wirkt, ich meine mich gut eingeführt zu haben. Die nächsten Stunden verlaufen ohne Überraschungen. Aufnahme der Personalien in einem muffigen Büro, dann werde ich in einen Saal des oberen Stockwerks eingewiesen. Die Insassen sind draußen bei der Arbeit, ein vom Husten geschüttelter Alter macht Stubendienst, klagt über den Zuzug: Dreißig roh zusammengenagelte Doppelbetten, achtzig hausen hier schon, nun kommen wir auch noch dazu! Wird verdammt eng!

Sie strömen herein, müde, gleichgültig. Die Kleidung ist abgerissen, alle tragen die eigenen Sachen, in denen sie vor Wochen verhaftet wurden. Man macht sich bekannt. Viele Kommunisten, auch Sozialdemokraten. Einer kennt schon andere Lager, meint, hier ließe es sich aushalten. Ein Bottich mit dünner Suppe wird gebracht, Brot, ein Stapel Margarinewürfel. Bestecke gibt es kaum. Mein Schuhlöffel avanciert zum Eßlöffel. Nachher geht das Licht aus. Ich quetsche mich zu einem Deutschböhmen ins Bett. Er heißt Berg, stammt aus Reichenberg. Jude. Parteiloser Sozialist. Kann sich nicht verzeihen, daß er sich hat schnappen lassen. Lange politisieren wir.

Morgens fühle ich mich wie zerschlagen, weil ich aus Rücksicht auf Berg jede Bewegung vermieden habe. Hastige Wäsche an einer Wasserrinne im Flur. Eine blasse Lorke wird als Kaffee verabfolgt. Hinunter, Antreten zum Appell. Ich stelle mich ans Ende der langen Reihen. Ein untersetzter SA-Mensch verliest Unverständliches. Dreimal abzählen. Dann stolziert er vor uns auf und ab. Einteilung zur Arbeit. Er heißt Jirka, ein Truppführer, die Ränge werde ich lernen müssen. Jetzt bleibt er vor mir stehen:

«Aha – der Schriftsteller aus Berlin! Für dich habe ich was extra Feines: Scheißekommando!»

Ich denke: Latrinenreinigen. Auch beim Militär eine beliebte Schikane. Mit zwei anderen werde ich an eine tiefe Grube geführt, die sollen wir ausräumen. Also los. Abwechselnd klettert einer von uns eine wacklige Leiter hinunter, schöpft den kleinen Eimer voll, gibt ihn nach oben weiter, der dritte gießt das Zeug in einen Jauchewagen. Alle Stunde ziehen wir das Ding zu einem etwas entfernten Feld.

Wenn das meine Olle sehen würde, sagt der lange Emil. Mir macht's nischt aus, brummt Max, der andere Kumpel. Nicht schlappmachen! Zuerst versuche ich, den Atem anzuhalten, dann merke ich, daß man sich schnell an den Gestank gewöhnt. Wir reden wenig, meine Gedanken schweifen ab. Die Sauerei soll uns natürlich erniedrigen. Mir hilft mein Bildungsballast – merkwürdig! Da stecke ich nun in der Kothölle, der schmutzigen Strafe für jene Sünder, bei denen Feuerhölle und Eishölle nicht genügen, wer hat sich das ausgedacht? Strindberg? Swedenborg? Hab's vergessen. Nur nicht spintisieren! Eimer vollschöpfen, raufreichen, vollschöpfen. Hundertmal, fünfhundertmal. So geht es bis zum Abend. Pfeifensignale, ein Gong, Appell.

Neben uns die Kameraden rümpfen die Nasen, rücken von uns ab. Dann kommt das dicke Ende: Oben im Saal werden wir dicht an die Tür verbannt, man schiebt uns das Essen hin, wirft uns Decken zu, sie haben recht, soll ich mich darüber aufregen?

Wenig Schlaf auf den harten Bohlen. Übermüdet stehe ich beim Morgenappell. Der Truppführer fragt lauernd: Hat's geschmeckt? Trotz steigt in mir hoch, ich rufe: Na klar! Der Giftzwerg feixt:

«Denn macht ma weider. Voller Gagge seidr sowieso!»

Nachmittags haben wir's geschafft, die Grube ist fast leer. Niemand kümmert sich um uns. Was nun? Wir starren vor Dreck. Emil hat einen Einfall. Im Keller gibt es ein großes Betonbassin, er selber hat daran mitgebaut. Das SA-Bad. Nischt wie hin!

Der Heizer, Häftling wie wir, protestiert vergeblich, schon haben wir die stinkige Kleidung heruntergerissen, klauen ein Stück Kernseife, bearbeiten einander mit einer Wurzelbürste, bis wir rotgekochten Krebsen gleichen. Und dann kommen die Anzüge, die Unterwäsche dran, am brühheißen Eisenofen hängen wir alles zum Trocknen auf. Der Wärter jammert immerfort: Das geht nicht gut ...

Braununiformierte tappen die Steintreppe herab, es ist ein

scheußliches Gefühl, nackt vor den Uniformierten zu stehen, die glotzen, lachen brüllend los: «Ihr seidmerja dolle Gerle!»

Der Handstreich imponiert ihnen, er entsprach ihren Vorstellungen von Mannhaftigkeit. Uns wollte man damals im Ernst zu ‹anständigen Volksgenossen› umerziehen. Nach zwei, drei Jahren wäre es uns übler ergangen. So hatte ich von da an Ruhe.

Anderen gegenüber tobte sich die Brutalität aus. Und schon versuchte man auch uns Häftlinge moralisch zu korrumpieren, wie folgender Fall zeigt.

Da wurde einer eingeliefert, er hieß Kindermann, sein Fall wurde beim Appell bekanntgegeben, einige unter uns wußten schon davon. Er war Angestellter im Elektrizitätswerk Hirschfelde und Mitglied des deutschnationalen Stahlhelm gewesen. Eifrig bemühte er sich um Aufnahme in die NSDAP; um sich zu bewähren, schnüffelte er ständig herum, entdeckte Vorbereitungen für Sabotageakte, tatsächlich fanden sich Sprengkapseln in den Spinden Verdächtiger, nach brutalem Verhör gestanden sie alle und verschwanden im Gefängnis. Noch war Kindermann nicht Parteigenosse, da wurde er dabei ertappt, daß er selber die Indizien in die Tasche eines ahnungslosen Kollegen praktizierte.

Er wurde zusammengeschlagen, in elendem Zustand nach Hainewalde eingeliefert. Von uns erwartete man, daß wir den Schweinehund erledigen sollten. Nach kurzer Diskussion wurde beschlossen: Den Gefallen tun wir den Nazis nicht! Aber der Kerl war für uns Luft, keiner sprach mit ihm, seine Rationen blieben liegen, mochte er sie sich holen oder nicht.

Unser Verhalten war den Braunen unbegreiflich, vergebens hetzten sie uns auf, dann nahmen sie die Sache selber in die Hand. Der Mensch wurde auf jede Art gequält und verhöhnt, immer neue Torturen probierte man an ihm aus.

Abends fanden in der großen Halle häufig sogenannte ‹Weltanschauungskurse› statt, bei denen sich ein Nazi-Pfarrer durch endloses Salbadern hervortat. Lange, schwere Sitzbänke trugen wir dann zu viert aus den Wohnsälen hinunter. Kindermann mußte, darauf wurde scharf geachtet, solch eine Last allein schleppen, was unmöglich war, er brach zusammen, Tritte warfen ihn mitsamt seiner Bürde die Treppe hinunter. Doch durfte er sich dann nicht hinsetzen.

Nicht lange, und der Verfemte erregte unser Mitleid, wenn er leise weinend in einer Ecke hockte, voller Angst, daß man ihn wieder zu nächtlichem Marterverhör holen würde. Eines Tages war er verschwunden. Es wurde gemunkelt, er sei tot. Hatte er selber ein Ende gemacht? Hatten die Schinder nachgeholfen?

Gesprochen wurde über ihn nie mehr, obwohl bei der Arbeit genug Zeit zum Plaudern war. Wir hatten Pfähle einzurammen, Stacheldraht zu ziehen, sperrten uns selber immer sicherer ein. Oder Barackendächer wurden mit Teerpappe gedeckt, es kamen neue Transporte, die Schloßräume reichten nicht mehr. Bei schönem Wetter war alles nicht so arg. Schlimmer waren die Appelle und, vor allem, das beliebte Exerzieren. Dabei mußte gesungen werden, laut und begeistert, da wir die schneidigen Texte wirklich oder angeblich nicht kannten, wurden Gesangstunden angesetzt.

Bald beherrschten wir ein Dutzend markiger Kampflieder. Besonders geschätzt war das Horst-Wessel-Lied, weil darin die schöne Zeile vorkam: «Die Knechtschaft dauert nur noch kurze Zeit!» Diese Worte brüllten wir ekstatisch, das heizte Hoffnungen an, der 1. Mai stand bevor. Aus der alten Weltfeier des Proletariats war der ‹Tag der nationalen Arbeit› geworden, dann sollte es angeblich Entlassungen geben. Ein Latrinengerücht. Aber der neue Festtag wurde auch bei uns im Lager gebührend inszeniert.

Wir standen in langen Reihen. Vor uns auf einem Podium der Kreisleiter, ein kleiner Korpulenter, er hielt eine markige Ansprache, eine atemberaubende Häufung platter Phrasen. Eben wiederholte er zum drittenmal: Die Juhn sind unser Unglück, da brach er plötzlich ab, denn aus heiseren Lautsprechern dröhnte die Unterweltstimme Hitlers. Die Übertragung vom Tempelhofer Feld in Berlin hatte selbstverständlich Vorrang.

Später erschien der gefürchtete Kreisleiter in unserem Quartier, rief: Weitermachen! Und unterhielt sich leutselig mit dem und jenem. Wer ihm gefiel, der bekam den überraschenden Rat, sich nach der Entlassung – nicht heute, aber nächstens – zur SA anzumelden, da gebe es schon viele wackere Rotfrontkämpfer, die zur Einsicht gekommen wären.

Nun stand er vor Benno Berg, meinem stämmigen jüdischen

Bettgenossen. Langer prüfender Blick: «Wie heißen Sie? Heimatort?»

An diesem feierlichen Tage wurde ausnahmsweise keiner geduzt.

Schnarrend kam die Antwort: «Berg, aus Reichenberg, Böhmen.»

«Sudetendeutscher Volksgenosse? Bravo! Ihr gommt alle noch mal zu uns!»

Die fette Bonzenpranke schlug anerkennend auf die Schulter des ‹Nichtariers›: «Für mich sin' Sie der Tiep des zuginftchen SA-Manns! Heil Hitler!» Reckte die Hand, stolzierte davon.

Die Lagerleitung klärte, aus welchen Gründen immer, den Mißgriff nicht auf. Berg war sogar eine Zeitlang persona grata, dann befaßte man sich genauer mit seiner Abstammung. Ich fürchte, daß den Anstoß ein Hinweis aus unseren eigenen Reihen gab. Wer das Leben im Lager nie kennenlernte, stellt sich naiverweise vor, die Insassen müßten gegen ihre Bewacher eisern zusammenhalten. So war es nie, später erst recht nicht, als die SS Asoziale und Politische, Juden und Polen gegeneinander ausspielte. Aber auch in dem vergleichsweise erträglichen Hainewalde bildete sich keine verschworene Gemeinschaft. Neben überzeugten Gegnern des Regimes gab es Zufallsopfer, leichtsinnige Schwätzer, unpolitische Meckerer, die sich mit Recht unschuldig fühlten. Von solchen hörte ich nun die verräterischen Floskeln: Eins muß man dem Führer lassen ... Der meint es ernst ... Vielleicht wird alles gut für uns!

Einige ließen sich, um schneller entlassen zu werden, für die Aufnahme in SA oder Partei vormerken. Private Motive spielten eine große Rolle. Einer kam merkwürdigerweise nicht darüber hinweg, daß er sonntags seine geliebten Apfelsinen, den Inbegriff des Wochenend-Luxus, entbehren mußte. Ein anderer, jung verheiratet, wurde damit geneckt, seine Frau hätte sich natürlich längst einen andern ins Bett geholt. Zoten waren überhaupt beliebt.

Das alles mochte hingehen, schlimmer war es, daß antisemitische Parolen Anklang fanden. Das brachte mich auf, ich las einem der Faselhänse kräftig die Leviten, das wurde, wie es scheint, verpfiffen.

Als ich zu einem Verhör in die Schreibstube geholt wurde, überfiel mich ein Unbekannter in Zivil, irgendeine Amtsperson, mit der brüsken Bemerkung:

«Sie sind also dieser Judenfreund!»

Um dieses Thema drehte sich dann, sonderbar genug, fast die ganze Vernehmung, was mich eigentlich beruhigte. Daß ich allabendlich mit unbedingt Zuverlässigen politische Diskussionen führte, wäre weit belastender gewesen. Übrigens verlief die Befragung dann unerwartet ruhig. Es kam so weit, daß ich meinen Standpunkt verteidigte und zu guter Letzt das Ende meines Freundes, des kleinen Meier, in Flandern schilderte und mit der Gegenfrage schloß:

«Können Sie sich ernstlich vorstellen, daß ich nach diesem Erlebnis jemals Antisemit würde?»

Darüber ging der Unbekannte hinweg. Betont höflich erkundigte er sich nach meinem Lebenslauf. Vor allem interessierte ihn, wie ich, der Sohn aus gutem Hause, unter die Kommunisten geraten sei. Wohl unter dem Eindruck meiner Kriegserlebnisse? Ich sei ja damals noch sehr jung gewesen! Das hörte sich an, als wollte er mir goldene Brücken bauen. Natürlich schilderte ich ihm nicht die Umwege, die mich in die Partei geführt hatten; daß ich ihr längst nicht mehr angehörte, erwähnte ich nicht, ich wollte mich nicht distanzieren. Zudem war der sonderbare Inquisitor offenbar genau über mich informiert. Um so rätselhafter wirkte es, daß er kein Wort über die Ursachen meiner Verhaftung verlor. Während ich allerlei belanglose Auskünfte gab, überlegte ich fortwährend, was das alles überhaupt bedeuten könne.

Schließlich konnte ich gehen. Kaum wieder bei den Kameraden, näherte sich ein ernster älterer Mann, mit dem ich bisher keine zehn Worte gewechselt hatte; ich wußte nur, daß er irgendeine wichtige Funktion in der KPD innegehabt hatte. Leise fragte er mich:

«Was will die Gestapo von dir?»

Ich konnte ihm nur wenig sagen. An die Geheime Staatspolizei hatte ich weiß Gott nicht gedacht, die Sache kam mir nun erst recht rätselhaft vor. Erst nach Wochen begriff ich den Zusammenhang: Bei dem scheinbar nichtssagenden Verhör war es für mich um etwas Wichtiges gegangen, ohne daß ich es ahnte: Um die Möglichkeit meiner Entlassung.

Seit ich in Hainewalde war, hatte ich nur wenige Briefe mit meinem Vater gewechselt. Die meinen waren kurz, über das Lager durfte man natürlich nichts schreiben. Er berichtete alle möglichen bedeutungslosen Privata, richtete Grüße von Hellmut Köster aus, ihm und ‹den Seinen› ginge es gut. Daraus schloß ich, daß Anke und ihre Schwester sich in Freiheit befänden, was sich später als Fehlschluß herausstellte. Und irgendwo stand noch ein unauffälliger Satz:

«Herzlichen Anteil an Deiner Lage nimmt auch Professor Apel.»

Wer sollte das sein? Keine Ahnung. Doch eines Nachts fiel mir plötzlich ein, um wen es sich handelte. Der Wissenschaftler, ein liberal gesinnter Kulturpolitiker, war vor Jahren in ein Dresdner Ministerium berufen worden. Sollte er noch im Amt sein? Dann signalisierte mir die Bemerkung, daß irgend etwas für mich im Gange war. Diese Kombination erwies sich nach meiner Entlassung als richtig.

Woche um Woche verging. Eine Neuerung war eingeführt worden: An bestimmten Sonntagen durften Häftlinge aus der Oberlausitz in einer eigens dafür hergerichteten Baracke ihre Angehörigen treffen und mitgebrachte Lebensmittel und Kleidungsstücke in Empfang nehmen. Offensichtlich war das als Belohnung für die Fügsamen gedacht, keiner meiner politisch standfesten Freunde wurde je aufgerufen.

Eines Sonntagnachmittags saß ich mit Benno Berg beim Schach, die Figuren hatten wir liebevoll aus Brot geformt. Ich hörte meinen Namen, Besuch für mich wartete in der Baracke. Minuten später stand ich meinem Vater gegenüber. Ein breiter Holztisch trennte uns, SA überwachte jedes Wort, ringsum schwatzten andere mit ihren Frauen.

Ärgerlich rief er mir zu: «Das ist ja hier alles unwürdig!» Sein Bürgerstolz war verletzt, es war sinnlos, doch es rührte mich sehr. Ich wußte doch, wie er über das neue Regime dachte. Den einzigen Sohn als Häftling zu treffen, war dennoch für ihn unerträglich.

Ich versicherte eifrig, es gehe mir ganz gut, was ja alles in allem der Wahrheit entsprach. Er blieb verstört. Wir redeten dies und das, schon war die kurze Frist fast ungenutzt vorüber. Zuletzt sagte er betont:

«Junge, halt die Ohren steif! Lange dauert's nicht mehr!»

Er behielt recht. Eines Tages hieß es: Der Schriftsteller aus Berlin – ins Büro! Mit allen Sachen! Die Freunde gratulierten mir, ich traute dem Frieden noch nicht ganz. Doch schenkte ich Berg mein kleines Kissen zum Abschied.

In der Schreibstube warteten schon zwei andere. Jedem von uns wurde ein Revers vorgelegt, auf dem wir zu bescheinigen hatten, daß wir gut behandelt worden waren und, grotesker Widerspruch, daß wir unter Androhung schwerer Strafe uns verpflichteten, keinerlei Greuelnachrichten über die Schutzhaft zu verbreiten.

Selbstverständlich unterschrieben wir ohne Zögern. Zehn Minuten später pilgerten wir zu dritt die Landstraße entlang.

In Zittau trennten wir uns. Im Autobus nach Lückendorf sah ich mir meinen kostbaren Entlassungsschein an und mußte lachen:

«Der sich in Schutzhaft befindliche A. E. wird hiermit aus derselben entlassen.»

Ein stilistischer Volltreffer. In törichtem Hochmut zog ich daraus den tröstlichen Schluß: Ein System, das so blamables Deutsch drucken läßt, kann sich unmöglich lange halten ...

Am Telefon bat mein Vater mich dringend, zu ihm zu kommen. Von ‹Tante Lene› erfuhr ich, daß er Himmel und Hölle in Bewegung gesetzt hatte, um mich herauszuholen. Es hatten sich auch andere für mich verwendet, so der mir nur flüchtig bekannte Arzt im nahen Kurort Oybin; was höchst anständig war, denn er gehörte neuerdings zur NSDAP. Ich sollte noch mehr Beispiele dafür kennenlernen, daß nicht alle Nazis Fanatiker waren.

Nach zwei Tagen war ich in Leipzig. Endlos wurde erörtert, was ich nun anfangen solle; auch mit Hellmut Köster. Er klärte mich über die Bedeutung der ‹Reichskammern› auf, ohne einer von ihnen anzugehören, dürfte kein sogenannter ‹Arbeiter der Stirn› arbeiten. Das beabsichtigte ich auch gar nicht, was konnte ich in den mehr oder weniger ‹gleichgeschalteten› Zeitungen schon schreiben. *Die Weltbühne* gab es nicht mehr; die *Literarische Welt* war an einen neuen Herausgeber verkauft, der sich mit Ach und Krach durchwurstelte, Willy Haas lebte schon in Prag.

Dennoch zog es mich mit Macht nach Berlin, meiner wahren Heimat. Noch würde ich gleichgesinnte Freunde treffen, die mich fürs erste bei sich wohnen ließen. Es galt erst einmal abzuwarten. Am besten in Lückendorf, meinte mein Vater, er selbst würde bald für immer dorthin übersiedeln. Ich widersprach.

Hinter meiner Ablehnung steckte ein Grund, den ich mir selber kaum eingestand: Es mochte in Deutschland so unerträglich werden, daß ich doch emigrieren müßte. In Sichtweite der Grenze konnte die Versuchung von einem Augenblick zum andern übermächtig werden, davon sollte mein Schicksal nicht abhängen. Der Übertritt in die Tschechoslowakei blieb immer als letzter Ausweg. Zunächst wollte ich mich in Berlin umsehen, dort konnte ich sicher eine Zeitlang unbeachtet leben. Seufzend gab mein Vater nach; daß ich vorerst wieder auf seine materielle Hilfe angewiesen war, fand er selbstverständlich.

Auf seine Weise war er ein ebenso unbedingter Gegner des Regimes wie ich. Nichts erregte ihn so sehr wie die schon Monate zurückliegende Bücherverbrennung; ich hörte davon erst jetzt, die Kunde war nicht ins Lager gedrungen. Er nannte das Autodafé einen Rückfall in barbarische Zeitalter. Viel hat mir seine niemals schwankende Haltung in den folgenden Jahren bedeutet. Der eher unpolitische Liberale wurde unter dem Druck der Tyrannei zum kritischen Beobachter, zum Verächter des Rattenfängers, dem eine wachsende Mehrheit blindlings in den Abgrund folgte.
Da wir darin völlig übereinstimmten, schwand nun auch endgültig jede Spur der einstigen Entfremdung, nichts stand mehr zwischen uns. Ich gestand ihm offen meine kindischen Zwangsvorstellungen ein. Und er sprach davon, daß die Ehe mit einer unheilbar Kranken seine besten Jahre überschattet hatte. Er gab mir zu verstehen, was die Frau ihm bedeutete, die ich ‹Tante Lene› nannte. Diese Offenheit ließ zwischen uns ein tiefes Einvernehmen entstehen. Ich begriff, daß er mich brauchte; sicherlich auch ein Grund dafür, daß ich nicht außer Landes ging. Ich wollte erst einmal zur Besinnung kommen, inmitten des hereingebrochenen Chaos einen Standpunkt finden.

Und da war Marga, nach der ich mich in der Gefängniszelle so verzweifelt gesehnt hatte. Auch das gestand ich meinem Vater, er hatte schon früher herzlich Anteil genommen an mancher meiner Frauenfreundschaften. Jetzt war er sofort einverstanden damit, daß ich Marga sehen wollte. Die Telefonnummer ließ sich ermitteln, sie war überrascht, dann hell begeistert. Und so fuhr ich nach Köln.

Im voraus wußte ich, daß mehr bevorstand als eine amouröse Eskapade.

Ich habe schon einmal erwähnt, daß ich ungern erotische Erfahrungen beschreibe; nicht weil ich sie verdränge, sondern weil sie mir allzu gegenwärtig sind, in jeder Einzelheit, oft noch nach Jahrzehnten.

Diesmal deute ich ausnahmsweise an, was mich an dieser Gefährtin über alle Maße entzückte: Sie nahm genau wie ich mit ihrem ganzen Wesen teil. Sie wurde im Genuß klüger. Eine Huldigung, die derjenige nicht verstehen wird, der im Sexus Vergessen sucht. Mir ist das Sichverlieren, die Flucht in eine mystische Entrückung zuwider, waches Bewußtsein ist für mich Teil des vollkommenen Glücks. Das habe ich selten so intensiv erlebt wie damals in dem kleinen Hotel hinter dem Kölner Hauptbahnhof, einer muffigen Absteige mit staubigen Wolkenstores und spukhaftem Tapetenmuster.

In jedem Augenblick aber wußten wir beide, daß dies ein Abschied war, für lange, vielleicht für immer. Denn Margas Vater bereitete schon die Auswanderung vor. Als wohlhabender, weltbürgerlich gesinnter Mann hatte er anfangs auf den unbegreiflichen Hitler-Sieg reagiert wie viele seinesgleichen; dieser Meschuggene konnte doch unmöglich seine wüsten Ankündigungen wahrmachen. Der Judenboykott vom 1. April hatte ihn aufgeschreckt, nun zog er seine Folgerungen.

Wir führten endlose Gespräche, in kleinen Altbierlokalen bei einem ‹halwen Hahn› oder in säuerlich riechenden Weinkneipen. Einmal saßen wir stundenlang am rechten Rheinufer, gegenüber dem Dom, in ihrem kleinen Auto, noch durften jüdische Bürgerkinder so etwas besitzen.

Dort erörterten wir meine Zukunftspläne. Als ich von der Möglichkeit sprach, zu emigrieren, widersetzte sie sich nachdrücklich, mit gescheiten Argumenten. Daß ich keine fremde Sprache beherrschte, würde sich wohl ändern lassen, doch als Schriftsteller hätte ich so gut wie keine Chancen. Nein, ich müsse hierbleiben, irgendwie durchkommen, bis alles vorüber wäre.

Vielleicht, meinte ich, dauert es gar nicht so lange ... Sie war skeptischer: «Es wird Jahre dauern. Aber ich weiß, du kapitulierst nicht! Und wenn es vorüber sein wird, kommt deine Stunde! Dann beginnt noch einmal ein neues Leben für dich.»

Wenn in den kommenden Jahren das Übermaß der Schande mich manchmal verzagen ließ, dachte ich daran, wie fest sie mir vertraut hatte, den sie doch kaum kannte.

Vernünftig bis zuletzt begleitete sie mich am dritten Morgen nicht an den Zug. Auch hatte sie darauf bestanden, daß ich ihr weder schreiben noch sie anrufen sollte. Einige Wochen danach erlag ich dennoch der Versuchung. Die Dame vom Fernamt bedauerte: Kein Anschluß unter dieser Nummer.

Wir haben einander nie wiedergesehen. Doch zwei Jahrzehnte später trat, bei einer Autorentagung in Frankfurt, Friedrich Sieburg auf mich zu, den ich eben hart befehdete. Er hatte eine Amerika-Reise hinter sich und überbrachte, ein etwas befremdlicher Bote, Grüße ‹von einer alten Bekannten›.

Wieder in Berlin rechnete ich so selbstverständlich mit einer kurzen Dauer der Naziherrschaft, daß ich mich zunächst um kein festes Quartier kümmerte. Monatelang hauste ich bei Freunden, dann fand sich eine billige Wohnung hoch unterm Dach in der Sächsischen Straße. Das ehedem ‹hochherrschaftliche› Haus hatte der Besitzer, ein Grieche, in Appartements aufgeteilt, die meist von Juden gemietet wurden, denen ganze Etagen zu teuer, auch wohl zu auffällig geworden waren. Solche Nachbarschaft war mir lieb. Mein alter Kumpan Franz Schulz, der in seine Heimatstadt Prag ausreiste, überließ mir seine schönen Möbel, nun war ich paradoxerweise nobler eingerichtet denn je.

Nur meine Bibliothek holte ich aus der Bonner Straße, sie blieb lange eine wichtige Einnahmequelle. Verbotene Bücher waren gesucht, der Antiquar Kerckhoff am nahen Olivaer Platz zahlte gut. Da an irgendeine sinnvolle Arbeit nicht zu denken war, hatte ich Zeit, mich gründlich umzusehen.

Das nüchterne, skeptische Berlin war nicht eben nazibegeistert. Doch es fand sich mit den veränderten Verhältnissen ab. Die Diktatur verstärkte ihren Druck so allmählich, daß nur diejenigen ihn empfanden, die von vornherein widerstrebten. Und das war offensichtlich eine Minderheit, die mehr und mehr abbröckelte. Auch wer mit dieser oder jener Maßnahme nicht einverstanden war, genoß es sichtlich, daß die unsicheren Zustände vorbei waren, mit denen die schwache Demokratie nicht fertig geworden war.

Ruhe und Ordnung, die traditionellen deutschen Ideale, schätzten auch solche ‹Meckerer und Kritikaster›, die ein bißchen darüber spöttelten. Der Bürger widmete sich Geschäften und persönlichen Interessen, sommerliche Vergnügungen wurden genossen, Lokale, Theater und Kinos waren gut besucht; auch in den ehedem roten Hochburgen Neukölln und Wedding, wo die NSDAP als Arbeiterpartei auftrat. Tatsächlich bekamen die Erwerbslosen nach und nach wieder Arbeit und Brot; durch so fragwürdige Methoden wie forcierte Aufrüstung, Arbeitsdienst, Wehrpflicht, doch das wurde erst viel später durchschaut.

Man wußte oder ahnte, daß die unaufhörlichen Wahlen und Volksbefragungen manipuliert waren, es wäre unnötig gewesen. Da alle Parteien außer der einen verschwunden waren, kam es nicht mehr darauf an, sein Kreuz beim fettgedruckten Ja zu machen. Natürlich wirkte die ungewisse Furcht vor Repressalien mit, da waren diese Lager für Staatsfeinde und Störenfriede, Berichte und Fotos in der Presse sorgten für Einschüchterung.

Die aktiven Gegner des Nazisystems waren untergetaucht, verhaftet, emigriert, es dauerte lange, ehe ich wieder ein paar Verbindungen aufnehmen konnte. Ich hielt mich an unpolitische jüdische Bekannte, die ich begreiflicherweise als meine Verbündeten ansah. Da erlebte ich Überraschungen.

Der offiziell als Staatsdoktrin verkündete Antisemitismus hielt sich zunächst in Grenzen, jedenfalls in Berlin. Seit dem Boykott jüdischer Geschäfte am 1. April kam es hier kaum mehr zu Ausschreitungen. Über den infamen *Stürmer*, der allenthalben in Schaukästen aushing, amüsierte man sich wie über ein pornographisches Witzblatt, ein arger Fehlschluß. Vorerst praktizierten jüdische Ärzte und Anwälte; Theater und Film beschäftigten noch zahlreiche Künstler, die den Nachweis arischer Abstammung nicht erbringen konnten. Damit war es erst aus, nachdem im Herbst 1935 die Nürnberger Rassegesetze erlassen wurden.

Selbst danach blieb der *Jüdische Kulturbund* tätig, der seit Sommer 1933 Aufführungen, Konzerte und Vorträge veranstaltete.

Das gebildete jüdische Bürgertum war mit Recht stolz auf seinen Anteil an der deutschen Kultur. Ausgeschlossen aus der ‹Volksgemeinschaft›, pflegte man um so entschiedener ein eigenes Geistesleben. Ein erstaunliches Zeugnis dafür besitze ich noch, das *‹Philo-Lexikon – Handbuch des jüdischen Wissens›*, Ausgabe von 1936. An diesem Nachschlagewerk haben Dutzende literarischer und wissenschaftlicher Koryphäen mitgearbeitet. Ein heute gespenstisch anmutendes Kuriosum fällt mir beim Durchblättern ins Auge: Auf Seit 711 heißt es, der Reichssportführer habe den Reichsausschuß jüdischer Sportverbände als «alleinige Vertretung des jüdischen Sportes in Deutschland anerkannt».

Da wird verständlich, daß auch gescheite Leute die wahre Lage nicht erfaßten. Ich habe es Dutzende Male erfahren. So zeigte mir, kurz nach meiner Rückkehr, Kurt Schwabach, erfolgreicher Textautor von Filmschlagern, ein Papier, das ihn als «Förderer der SS» auswies. Er war ganz sicher, eine erpreßte Spende hätte ihn von jeder Verfolgung freigekauft...

Diese Leichtgläubigkeit verblüffte mich, aber ich selber war ja ein Illusionist. Der Spuk müsse, daran hielt ich zunächst fest, in höchstens zwei Jahren verflogen sein. Ich stand im 35. Jahr, auf der sogenannten Höhe des Daseins, und stellte mir vor, eines nicht allzu fernen Tages da wieder anknüpfen zu können, wo alles abgerissen war. Ungefähr so ist es schließlich auch gekommen, nur wesentlich später, als ich damals annahm.

An einen Aufruhr, eine Umwälzung von innen her glaubte ich freilich niemals. Geschichte und eigene Erfahrung belehrten mich, daß wir Deutschen keiner Revolution fähig sind. Doch war ich davon überzeugt, die freie Welt könne die Herrschaft des Gesindels nicht dulden. Eben das aber geschah. Alles wurde hingenommen, die Aufkündigung des Versailler Vertrags, die Aufrüstung, die mittelalterlichen Nürnberger Gesetze, die Aneignung Österreichs und des Sudetenlandes, die Okkupation der restlichen Tschechoslowakei. Jahr um Jahr wurden meine Erwartungen enttäuscht; erst recht im Kriege, während der ersten schier unfaßbaren Siegeszüge Hitlers.

Erst im Sommer 1941 erwachte meine Zuversicht wieder, das Ende kam unweigerlich näher, und doch mußten dann noch einmal vier unsägliche Jahre überstanden werden.

IX
Erfahrungen und Schicksale

Die zwölf Jahre waren keine Kette aufregender Erlebnisse. Das Entscheidende war ein Zustand innerer Lähmung, eine Art geistiger Scheintod, dem man manchmal widerstand, dann wieder sich bewußt hingab, weil das vor der Verzweiflung rettete. Dieser Zustand läßt sich den Jüngeren heute kaum noch begreiflich machen.

Für mich stand die Zeit gewissermaßen still. Und so gehört die ganze Epoche nicht mehr zur ersten Lebenshälfte, noch nicht zur zweiten. Das könnte ich natürlich auch nüchterner formulieren, etwa mit dem bekannten Wort Talleyrands, der nach dem Sturz Napoleons, nach seinem Verhalten befragt, erwidert haben soll: *J'ais vécu* – ich habe gelebt – überlebt! Was ja eine schlaue Beschönigung war, der wendige Diplomat hatte dem Kaiser eifrig gedient, solange alles gutging. Das wenigstens habe ich mir nicht vorzuwerfen. Ich stand immer beiseite. Ich beobachtete aufmerksam. Deshalb spreche ich auch nicht von verlorenen oder gestohlenen Jahren. Ich sammelte Erfahrungen, die mir nachher zugute kamen.

Und schließlich, im Kriege, tat ich noch etwas mehr. Ich vermochte solchen zu helfen, die schlimmer daran waren als ich.

Insgesamt aber befand ich mich in einem endlosen Wartezustand. Dafür hat man die freundliche Bezeichnung ‹Innere Emigration› erfunden. Sie mißfällt mir, denn da wird ein meist unberechtigter Anspruch auf Aktivität erhoben; etwa von manchen meiner Berufskollegen, die weiter publizierten und ihre Seele zu salvieren meinten, wenn sie hie und da eine zweideutige Floskel einschmuggelten, in der Hoffnung, das Publikum würde zwischen den Zeilen lesen. Im Zeitalter der Massenmedien ist indessen diese Fähigkeit verlorengegangen. Ich habe es damit gar nicht erst probiert.

Die Versuchung, sich anzupassen, war eben gering bei einem, der seine Lektion gleich in den ersten Monaten gelernt hatte. Andere Anfechtungen beunruhigten mich mehr, sie waren von ganz persönlicher, psychologischer Art. Dazu gehörte der Zwang zur unaufhörlichen Verstellung, ohne die der Außenseiter sich nicht hätte halten können. Es entwickelte sich rasch ein sechster Sinn dafür, wen man gerade vor sich hatte, wie weit man sich vorwagen durfte. Möglicherweise erwarb man sich durch das vorsichtige Abtasten ein bißchen mehr Menschenkenntnis; bestimmt tat das doppeldeutige Reden einem Literaten nicht gut, der nichts mehr veröffentlichte und daher auf Selbstkontrolle angewiesen war, um nicht zu sagen auf Inzucht. Ihn bedrohte ein besonderer unmerklicher Substanzverlust. Ihn wie jedermann überflutete tagtäglich eine Umgangssprache, die zusehends verarmte und verwilderte. Jenes bramsige Vokabular fraß sich ein, das nach 1945 beschlagene Kenner in ihrem ‹*Wörterbuch des Unmenschen*› geistreich untersucht haben. Dagegen verschrieb ich mir schon früh eine heilsame Therapie. Ich schrieb kurze sprachkritische Glossen und sammelte sie in einer Mappe mit der Aufschrift ‹Wort-Gefechte›. Fast alle diese Texte sind in einer Bombennacht untergegangen, nur Proben rettete ich und veröffentlichte sie später als Muster des ‹Braundeutsch›.

Es war das einzige, was ich je für die berühmte Schublade produzierte. In der hat sich, wie man weiß, auch bei anderen nicht allzuviel gefunden. Mich überrascht das nicht, ich halte das einsame Schreiben im stillen Kämmerlein für die liebenswürdige Vorstellung von Laien, die nicht wissen, welche Rolle die öffentliche Resonanz für den professionell Schreibenden spielt.

Nie kam ich in die Zwangslage, mich nach den Richtlinien der Kultur-Feldwebel auch nur zu erkundigen. Einer anderen Versuchung bin ich nicht immer entronnen.

Ich kannte die Mahnung meines Stendhal: «Denke daran, dein Leben nicht mit Hassen und Angsthaben hinzubringen!» Danach habe ich leider nicht immer gehandelt. Von der Angst kann ich aufrichtig sagen, daß sie in den ersten Jahren ärger war als später, da ich in bescheidenem Maße an konspirativen Unternehmungen teilnahm. Aktivität kuriert von Furcht. Nicht vom Haß, der steigerte sich mit den Jahren eher. Er war die aufputschende Droge, die in Stunden half, in denen man doch resignieren wollte.

Wenn man sich aber an ihn gewöhnt, wird er zu einem Gift. Da [illegible] ich mir nun, seit der Trennung von der alleinseligmachenden Kirche des Kommunismus, mühsam abgewöhnt, die Welt aufzuteilen in Licht und Dunkel, Gut und Böse. Unter dem Druck des ‹gepanzerten Drecks› – eine großartige Formel meines Freundes Robert Neumann – verlernte ich die Tugend des Differenzierens, ich fiel zurück in die Denksünde des Manichäertums. Und ich fürchte zuweilen, daß ich davon nie wieder ganz frei wurde.

Ich versuche, einige charakteristische Erfahrungen aus der Hitlerzeit aufzuzeichnen. Ohne Beachtung des Zeitablaufs – das Chaos entzieht sich der Chronologie. Ich erzähle von Schicksalen, die ich miterlebte oder auch nur beobachtete.

Beginnen will ich mit einem, dem ich nie mehr begegnete: Carl von Ossietzky. Walther Karsch, der ehemalige Junior-Redakteur der *Weltbühne*, war kurzentschlossen Angestellter im Wollhandel geworden, so überstand er die dunklen Jahre. Er erzählte mir von Ossietzkys Leidensweg durch mehrere Lager, wir waren davon überzeugt, daß die Nazis den verhaßten Pazifisten niemals freilassen würden. Doch 1936 wurde bekannt, daß er den Friedens-Nobelpreis erhalten sollte. Den halbtot Geschundenen brachte man in aller Eile ins Berliner Staatskrankenhaus, wo er sorgsam gepflegt wurde. Offensichtlich wollte das Regime sich im Jahre der Olympischen Spiele von Berlin als human präsentieren. Ein mit dem Nationalsozialismus sympathisierender dänischer Journalist interviewte ihn und lieferte einen schamlosen Bericht über die Bekehrung des Erzfeindes zur ‹nationalen Erneuerung›. Das Nobelpreis-Komitee sollte verwirrt werden, doch nahm niemand die offensichtliche Fälschung ernst.

Dann ließ Göring Ossietzky zu sich holen und versuchte, ihn zu einem öffentlichen Verzicht zu überreden; danach wäre er sofort frei und empfinge eine Rente auf Lebenszeit. Ossietzky lehnte ab, der Wehrlose siegte über die brutale Gewalt. Er durfte in eine Klinik übersiedeln. Unter scharfer Bewachung siechte er dort in halber Freiheit dahin. Zwei Jahre später starb er an den Folgen der Lagerjahre. Das alles ist bekannt, oder sollte bekannt sein, wenn es mit rechten Dingen zuginge. Aber noch immer sehen manche Deutsche in ihm einen Landesverräter, weil das Reichsgericht ihn 1931 in jenem üblen Prozeß verurteilt hat.

Man ließ ihn nicht ausreisen, er konnte den Preis nicht selbst in Empfang nehmen. In Oslo mißtraute man dem Nazireich, legte das Geld auf ein Konto, Monate vergingen. Zufällig lernte Ossietzkys Frau Maud einen gewissen Wannow kennen, der sich als 1933 ausgeschlossener Anwalt vorstellte, sie hielt ihn für einen zuverlässigen Antifaschisten. In Wahrheit hatte er Mandantengelder unterschlagen. Er erbot sich, alles zu erledigen, bekam eine Vollmacht, und wirklich kassierte seine Freundin die rund 100000 Mark.

Daß er sich Prozente abzog, mochte hingehen, leider betraute man ihn auch mit der Anlage des gesamten Betrages. Er kaufte ein Kino, stellte sich selber als Geschäftsführer an, stattete seine Geliebte reichlich aus. Dann kam die Kriminalpolizei dem Schwindler auf die Schliche, er verschwand in einem KZ. Anfang 1938 zog man einen Prozeß auf, um aller Welt vorzuführen, wie korrekt die Justiz sogar für einen Staatsfeind einträte. Ossietzky selber mußte, wenige Monate vor seinem Ende, als Zeuge erscheinen.

Der Auftritt wurde ausführlich in der Nazipresse geschildert. Genüßlich malten die Reporter aus, Ossietzky hätte das Gericht mit dem deutschen Gruß gegrüßt; was vielleicht damals schon vorgeschrieben war, doch hielt ich es für erfunden, um ihn zu diffamieren. Dafür sprach der folgende Dialog.

Ossietzky erwähnte, er habe die Ehrung nur zögernd angenommen, da ihm die Umstände mißfallen hätten. Der Vorsitzende wollte Genaueres hören, warnte aber zugleich vor politischen Äußerungen, da Presseleute aus dem Ausland im Saale säßen. Ossietzky erklärte ruhig, er hätte sich überlegt, ob er des Preises würdig sei, und schloß:

«Dann habe ich aber mein Leben überschaut – und hielt mich des Preises für nicht ganz unwert.»

Auch nach 1933 bewahrte Berlin sich noch manches vom Fluidum der großen Jahre. Das künstlerische und intellektuelle Leben erlosch niemals ganz. Vereinzelte Parteigenossen unter Literaten und Schauspielern zeigten sich ungern mit der wenig geachteten ‹Wollhandkrabbe› am Revers. Und man war in dieser Umgebung sicherer vor Denunzianten als in jeder anderen; freilich gab es Ausnahmen, von einer wird zu berichten sein.

Ein wahres Refugium für Nazigegner war in den ersten Jahren nach 1933 der *Grüne Zweig* im Hause des Scala-Varietés, Lutherstraße. Wirtin war dort Maria Fein, sie verband die Grandezza der ehemaligen Reinhardt-Tragödin mit einer Kameraderie, auf die man sich verlassen konnte. Um sie sammelte sich eine Gemeinschaft Gleichgesinnter; es war ein Wunder, daß die Gestapo nie argwöhnisch wurde, um so mehr, als wir gern ein Stockwerk höher ins Kabarett *Katakombe* stiegen. Hier führte Werner Finck seine rasch populär gewordene Wortakrobatik vor, über die halsbrecherischen Anzüglichkeiten amüsierten sich anfangs auch uniformierte Nazis; später kam der Spötter doch zu weltanschaulicher Umerziehung ins KZ, bekehrt wurde er nicht.

Bei manchem andern versuchte man das gar nicht erst. Als ein Wunder erscheint es mir, daß Erich Kästner nicht für Jahre in einem Lager verschwand. Er war verhaßt wie kaum ein zweiter, doch holte ihn die Gestapo nur zweimal für jeweils wenige Stunden ab. Seine Bücher waren verbrannt worden, in Deutschland durfte er keine Zeile mehr veröffentlichen; Übersetzungen aber kamen in aller Welt heraus, das brachte dem Reich Devisen. Hieraus erklärt sich die sonderbare Lage des Verfemten, der über all die Jahre hin sein gewohntes Leben führte, ein soignierter Herr mit bescheidenen Ansprüchen, zu keiner Konzession bereit. Er residierte im *Café Leon*, Halensee, an einem stets für ihn reservierten Tisch. Wollte sich dort ein ahnungsloser Gast setzen, dann stand schon ein Kellner da: Pardon, das ist der Tisch vom Herrn Doktor ... Vielleicht meinte der Weggescheuchte, es handle sich um Privilegien irgendeines Parteibonzen. Über den braven Untertanengehorsam freute man sich in Kästners vertrauter Runde.

Zu der gehörten auch zwei seiner Jugendfreunde, die gleich ihm Erich hießen. Der eine war Erich Ohser, als satirischer Zeichner dem Regime verdächtig; doch konnte er unter dem Pseudonym e. o. plauen in der *Berliner Illustrirten* die reizende Bilderserie *‹Vater und Sohn›* über lange Zeit hin publizieren.

Der dritte Namensvetter war Erich Knauf, den ich seit langem kannte. Er war vor 1933 der literarische spiritus rector der sozialistischen Büchergilde Gutenberg gewesen, die von den Nazis natürlich sofort unterdrückt wurde. Er selber kam eine Zeitlang ins KZ.

Danach verfaßte er, um sich das Leben zu verdienen, Texte zu Filmschlagern. Einer davon wurde im Krieg populär, ein durchaus unpolitisches, recht sentimentales Lied: ‹*Heimat, deine Sterne ...*› Das liebten die U-Boot-Leute draußen auf den Ozeanen, und so brachten es die deutschen Sender unaufhörlich. Auch noch im Sommer 1944, als Knauf schon nicht mehr lebte.

Mit seinem Freund Ohser hatte er im Luftschutzkeller allzu offenherzig über die wahre Kriegslage geredet, ein Denunziant zeigte sie an. Ohser beging in der Haft Selbstmord, Knauf wurde vom Volksgerichtshof des berüchtigten Freisler wegen Wehrkraftzersetzung zum Tode verurteilt.

Sein Sehnsuchtslied wurde erst nach Hitlers Ende verboten – von den Siegern, die es für ein Nazi-Machwerk hielten. Sinnlose Schlußpointe eines zerstörten Lebens. Nicht die einzige dieser Art.

Im August 1933 meldeten die Zeitungen in großer Aufmachung, führende Männer des Rundfunks seien als Volksfeinde ins Lager Oranienburg gebracht worden. Sie hätten ungeheuere Summen verschleudert und sich maßlos bereichert. Fotos zeigten sie: Den Publikumsliebling Alfred Braun, die Verwaltungsleute Kurt Magnus und Friedrich Knöpfke und den Intendanten Hans Flesch, meinen Mentor. Sie würden vor Gericht gestellt werden.

Hans Bredow, ehemals Staatssekretär und Reichsrundfunkkommissar, wendete sich telegrafisch an Hindenburg und Hitler und verlangte, als Hauptverantwortlicher das Schicksal jener, wie er sagte, hochverdienten Männer zu teilen. Auch er wurde verhaftet. Dann geriet der Fall in Vergessenheit. Erst Ende 1934 kam es zum Prozeß.

Unter den Angeklagten fehlte Knöpfke, ihn hatten die Peiniger halbtot gepeitscht, er hatte seinem Leben selbst ein Ende gemacht. 80 Tage lang wurde verhandelt. Der Vorsitzende hob mehrfach hervor, es handle sich nicht um Politik, sondern um ein ganz normales Strafverfahren. Das Urteil, im Juni 1935, kam dem Eingeständnis nahe, daß es nichts zu bestrafen gab: Geldbußen, mäßige Freiheitsstrafen, durch die Haftzeit verbüßt. Doch die Betroffe-

aren fortan gebrandmarkt. Hans Flesch traf ich kurz darauf. Gern hätte er den ursprünglichen Arztberuf wieder aufgenommen, das war dem Halbjuden verwehrt.

Als kaufmännischer Angestellter kam er schließlich in einer Schuhfabrik unter. Seine geistige Spannkraft war ungebrochen. Es war eine Freude, mit ihm zu diskutieren. Aufmerksam beobachtete er, was Goebbels aus dem geliebten Medium machte. Während die Lautsprecher an allen Straßenecken für den erwünschten ‹Gemeinschaftsempfang› sorgten, dachte er darüber nach, wieviel versäumt worden war, als man hätte handeln müssen; und er entwikkelte Ideen, wie wir es später besser machen müßten. Damals dämmerte mir vielleicht zum erstenmal, daß ich auf diesem Felde etwas zustande bringen könnte, in einer neuen Zeit, die wir beide noch erleben wollten.

Als der Krieg ausbrach, nahm Fleschs Geschick, so schien es, eine günstige Wendung; Ärzte fehlten im Lande, er bekam die Erlaubnis, in Crossen an der Oder in einer Praxis auszuhelfen. Dann hörte ich nichts mehr von ihm. Als ich wenige Wochen nach Kriegsende beim ersten neuen Sender in Hamburg arbeitete, erkundigte ich mich nach ihm und erfuhr: Sie hatten ihn Ende 1944 zum Volkssturm geholt, dazu waren auch halbe Arier gut genug. Seit einem der letzten sinnlosen Gefechte in den Wäldern südlich von Berlin blieb Hans Flesch verschollen. Niemand weiß genau, wo er gefallen ist.

Ernst von Salomon haben mangelhaft Informierte nachmals als Nazifreund abstempeln wollen. Ich weiß es besser; andere wußten es auch, beispielsweise Günther Weisenborn, gewiß ein kompetenter Beurteiler. Ernst war ein Hitler-Gegner, auf seine eigenwillige Art, die zu beschreiben ich ja schon versucht habe. Man kann sagen, daß er immer ein unzeitgemäßer Typus sein wollte. Das zeigte sich besonders deutlich im Dritten Reich.

Seine Jugendabenteuer unter nationalistischen Verschwörern hätten ihm jede Karriere erleichtert. Daran dachte er niemals, er hielt sich abseits. Kam es aber darauf an, einem Gefährdeten zu helfen, dann mobilisierte er seine Verbindungen zu solchen alten Putschkameraden, die anders als er in einflußreiche Stellungen gelangt waren. So geschah es auch in meinem Falle. Seit meiner

Rückkehr kümmerte er sich um mich, sogar gegen meinen Willen, anfangs ohne Erfolg. Als ich zwei Jahre später mit Hängen und Würgen als Drehbuchautor zugelassen wurde, hatte er die Hand im Spiel. Er selber wendete sich dem Film zu, als das Bücherschreiben selbst für ihn eine fragwürdige Sache wurde. Vorher erschien noch das nach meiner Meinung beste seiner Bücher ‹*Die Kadetten*›. Mir riet er, mein Heil beim Film zu suchen; wie sich herausstellte, lag da tatsächlich meine Chance, mich mit leidlichem Anstand durchzubringen.

Durch Ernst kam ich in eine kleine Bierstube am Olivaer Platz, deren Wirt, Herr Mehlgarten, eine deftige norddeutsche Küche pflegte. Bei ihm delektierte sich Ernst Rowohlt gern am Nationalgericht seiner Vaterstadt Bremen, Grünkohl mit Pinkel. Ich konnte die fette Grützwurst nur mit viel klarem Korn bezwingen. ‹Väterchen› neckte mich: Säufer! Was natürlich eine Eloge war. Damals wurde aus unserer lockeren Bekanntschaft die herzliche Beziehung, die dann alle Wechselfälle überdauerte.

Um ihn saß am blankgescheuerten Holztisch ein vertrauter Kreis. Die Gespräche drehten sich oft um den verbissenen Kampf des großen Büchermachers zur Rettung seines Lebenswerks. Bald war die Hälfte aller deutschen Rowohlt-Autoren verboten, auch die großen Ausländer wurden immer unbeliebter. Er plante gewitzt, eine schützende Kulisse aus militärwissenschaftlichen Werken aufzubauen; die Zerstörung seines Verlages durch das braune Gesindel war auf die Dauer nicht aufzuhalten.

Den Prozeß der langsamen Abwürgung konnte ich am Beispiel Hans Falladas beobachten. ‹*Kleiner Mann, was nun?*›, der Welterfolg, paßte schon nicht in die Richtlinien der Schrifttumswarte. Der Gefängnisroman ‹*Wer einmal aus dem Blechnapf frißt*› forderte den Zuchthausstaat förmlich heraus; da half auch ein zaghaft beschwichtigendes Vorwort des Verfassers wenig. Zwei Jahre später gab er, so sehe ich es, alle Anbiederungsversuche auf. Sein bedeutendster Roman ‹*Wolf unter Wölfen*› stellt die düstere Unterwelt reaktionärer Konspirationen in der Weimarer Zeit, der Ernst von Salomon entronnen war, mit genialischer, zuweilen nihilistischer Freude dar. Kritik an der schwachen, korrupten Demokratie konnte das Wesentliche nicht verdecken: Den Abgrund, dem dann das große Unheil entstieg.

Erstaunlich war es, daß dies damals erscheinen konnte. Man erzählte sich eine vielleicht erfundene Äußerung von Goebbels: Er überlege, ob dieser Fallada einen Preis verdiene oder das KZ.

An Rowohlts Tisch bei Mehlgarten saß oft auch der bemerkenswerte Walther Kiaulehn, ein Berliner Proletarier, autodidaktisch hochgebildet, vor 1933 Redakteur im Ullstein-Haus. Sein hochgescheites Buch ‹*Die eisernen Engel*› war ein Hymnus auf die weltverändernden Maschinen. Als der Verlag lärmend ‹gleichgeschaltet› wurde, hatte er mutig protestiert, eine Ausnahme unter ängstlich Kapitulierenden. In den folgenden Jahren wanderte er mit Rowohlt oft gemeinsam durch Deutschland, das ihnen, das uns fast nicht mehr gehörte.

Noch einer kam häufig in Rowohlts Begleitung, Friedo Lampe, gleich ihm ein Bremer. Der lange, schlaksige Mensch verschenkte profunde literarische Kenntnisse mit heiterer Grazie. Die großen, dunklen, fragenden Augen im knabenhaften Gesicht verrieten den Melancholiker, den versponnenen Poeten. In seinen wenigen Prosastücken sind romantische Daseinsflucht und harter Realismus sonderbar miteinander verschmolzen. Einige Jahre früher wäre er aufgefallen, nun kam er zu spät, und er wußte es. In einem Gespräch unter vier Augen, das mich gerade deshalb beeinflußte, weil seine Arbeiten mir nicht sonderlich lagen, analysierte er in vergnügtem Ton sich selber. Ich sähe da offenbar gewisse Züge, die ich mit völkischen Idealen in Verbindung brächte, treudeutsche Innerlichkeit und dergleichen. Da sei ich auf dem Holzwege. Er wehre sich auf seine Weise gegen die Barbarei, die sich als Neugeburt ausgebe. Er versuche gerade das zu retten, was die dröhnenden Barden totschlügen: Die Differenzierung, das Individuum, gebrochene Charaktere, Verzweifelte. Ich war ein wenig beschämt. Von da an nahm ich ihn ernst, wenn ich auch seine stille Opposition für wirkungslos hielt.

Friedo Lampe war sicher, daß seine Zeit einmal kommen würde. Rowohlt zog ihn als Lektor heran, nachdem der treue Adlatus Paul Mayer ausscheiden mußte; lange hatte der Verleger den ‹rassisch Untragbaren› gegen alle Pressionen gehalten. ‹Paulchen› ging nach Mexiko und überlebte. Sein Nachfolger kam in den allerletzten Tagen des Krieges um: Friedo Lampe hielt sich unweit von Berlin versteckt, geriet zufällig in eine Gruppe flüchtender, als Zivilisten verkleideter SS-Leute und wurde zusammen mit ihnen von russischen Soldaten erschossen.

In der Künstlerkolonie wohnten nur noch wenige der Freunde aus besseren Tagen. Kurt Hiller war verhaftet, Kantorowicz im Exil. Ernst Buschs Stimme hörte ich einmal aus dem Radio Hilversum, er sang Brechts Solidaritätslied auf holländisch, es klang komisch, und doch war's die Stimme der freien Welt.

Willi Wolpe, der athletische Kamerad in unserem Selbstschutz, sollte im Gefängnis sein. Eines Tages jedoch kam er mir überraschend auf der Straße entgegen und begrüßte mich, sonst hätte ich ihn kaum erkannt.

Der Hüne war abgemagert, ging gebeugt mit schleppenden Schritten, ein dunkelblaues Monokel verdeckte die rechte Augenhöhle. Sie war leer. Er redete ohnehin von belanglosen Dingen, fragte nach meinem Ergehen, nach Erfahrungen im Lager. Unwillkürlich mußte ich auf die grausige Narbe blicken, er warf in leichtem Ton hin:

«Dumme Geschichte ... Ich bin in der Zelle ausgerutscht und gegen die Zentralheizung gefallen ... Pech!»

Er log, und ich wußte warum. Nicht einmal mir, dem er doch vertrauen durfte, gab er die Wahrheit zu. Es schien ihm lieb zu sein, daß wir uns bald trennten. Doch nach vielen Jahren erfuhr ich, wie sein Leben weitergegangen war.

1957 erschien die deutsche Übersetzung eines ungewöhnlichen amerikanischen Buches. Es heißt *‹Der Tod eines Mannes›**. Die Verfasserin Lael Tucker Wertenbaker schildert die letzten Lebensmonate ihres Mannes, des bedeutenden Publizisten und Romanciers Charles Wertenbaker. Unheilbar an Darmkrebs erkrankt, machte er selbst ein Ende, und seine Frau half ihm dabei, mit schier unglaublichem Mut. Später schrieb sie ihr einzigartiges Plädoyer für das Recht auf freiwillige Euthanasie, im wahren, humanen Sinne des Begriffs. Leider ist das Buch fast unbeachtet geblieben.

In diesen Bericht fügte die Autorin, als Beispiel für die literarische Kraft und Eigenart Wertenbakers, dessen Porträt eines

* Lael Tucker Wertenbaker: *‹Der Tod eines Mannes›*. Hamburg 1957

Freundes ein. Und das eben war Willi Wolpe, der nach dem Kriege unter dem Namen ‹Woop› ein erfolgreicher Maler geworden war. Er wohnte nun in der Normandie auf dem Lande, ein zusammengeflickter Krüppel, mit der «Karikatur eines Menschengesichts», so heißt es da, doch zäh und zuversichtlich am Leben hängend. Und ich las, was ihm damals nach unserer Begegnung widerfahren war.

Er ging nach Prag, fiel dort den Henkern zum zweitenmal in die Hände. Noch grausamer richteten sie ihn zu, brachen ihm die Hände, schlugen ihm den Schädel ein, seine eiserne Natur überstand alles.

Und dann kam noch ein Nachspiel, das ich in Wolpes eigenen Worten zitieren möchte:

«Auf einer Brücke in Budapest habe ich später einen jener Nazis wiedergetroffen, die mich gefoltert hatten. Ich empfand keinen Haß, aber ich lief doch hinter ihm her; ich konnte ihn nicht so einfach vorbeigehen lassen. ‹Was machen Sie jetzt?› fragte ich ihn. ‹Ich bin kein Nationalsozialist mehr›, gab er zur Antwort; ‹Sie haben mich damals bekehrt.› Und ich sagte: ‹Bloß nicht früh genug› und warf ihn über das Brückengeländer. Schwimmen hatte er ja wohl gelernt.»

Versteht man, wie tief mich dieses grimmige Happy-End befriedigte? Ich bekenne es ohne Scheu.

Daß ich Ende 1933 zum zweitenmal verhaftet wurde und um ein Haar für lange Zeit in den Klauen der Gestapo geblieben wäre, hängt mit meiner Begeisterung für John Dos Passos zusammen.

Dessen große USA-Trilogie hatte ich in den zwanziger Jahren verschlungen. Mir erschien seine epische Methode der Überblendungen von Einzelschicksalen zu politischen und gesellschaftlichen Fakten als etwas völlig Neues. Er faßte sozusagen Dreiser, Sinclair, Joyce und Hemingway zusammen zum alles umfassenden Bild unseres Jahrhunderts. Daß er dies, damals, als sozialistischer Kritiker tat, überzeugte mich vollends. Noch heute stimme ich dem Urteil Jean-Paul Sartres bei, der Dos Passos einmal einen der größten Schriftsteller unserer Zeit genannt hat; auch die spätere Wendung des amerikanischen Rebellen zum liberalen Konservatismus ändert daran nichts.

Stets hatte ich bedauert, daß ich Paul Baudisch, dem deutschen Übersetzer der mächtigen Prosawerke, nur ganz flüchtig begegnet war. Nun im ersten Hitler-Jahr traf ich ihn zufällig, er fragte nach meinen Lagererlebnissen, es stellte sich heraus, daß er ein aktiver Gegner des Regimes war. Als Österreicher konnte er ungehindert aus- und einreisen, er stand mit Emigrantenkreisen in Verbindung, darüber sprachen wir manchmal, wenn wir uns zum Essen verabredeten.

An einem Spätsommertag saßen wir im schwedischen Restaurant *Wiking* am Kurfürstendamm zusammen. Jemand trat zu uns, begrüßte mich überherzlich, zuerst wußte ich nicht, wen ich vor mir hatte: jenen X., der vor Jahren meine Atelierwohnung übernommen hatte, als ich in die Künstlerkolonie zog. Er setzte sich zu uns, Baudisch erkannte in ihm einen Wiener Landsmann. X. begann unbekümmert laut auf die Nazis zu schimpfen, war gar nicht zu stoppen. Ich ließ die beiden allein. Und dann vergaß ich die Szene bald.

Monate später erst hörte ich von Baudisch, daß er seither mit X. Kontakt behalten, sogar dessen Adresse für gewisse Zusendungen aus Zürich benutzt hätte. Plötzlich war X. von der Bildfläche verschwunden, vermutlich verhaftet, Indizien wiesen darauf hin. Wenn auch mein Name nie mehr zwischen den beiden genannt worden sei, Bescheid müsse ich wissen. Baudisch selber wollte Berlin noch am selben Abend verlassen. Er erschien mir nervös, auch ich hatte natürlich ein ungutes Gefühl. Indessen geschah wochenlang nichts.

Etwa eine Woche vor Weihnachten meldete sich am Telefon eine unbekannte Stimme und bestellte Grüße von ‹meinem Freund› X., er liege im Virchow-Krankenhaus und bitte mich dringend um einen Besuch. Der Fremde gab sich als Pfleger aus, er würde mich am Eingang erwarten, wann ich da sein könne?

Das klang merkwürdig. Ich verhielt mich reserviert, X. sei mir nur obenhin bekannt, wieso käme er gerade auf mich? Der Anrufer wurde zudringlich. Der arme Kranke hätte niemanden, auf den er sich verlassen könnte. Er wolle mir einen Brief für ‹Paul› übergeben, den ich weiterleiten solle.

Ich überlegte angestrengt. Sagte, daß ich von keinem ‹Paul› wisse. Und dachte selbstverständlich an eine Falle. Dann sagte ich mir: Denkbar immerhin, daß dieser leichtfertige X. sich dem Pfleger anvertraut hat. Wenn der ein Spitzel, ein Polizeimann ist, dann bleibt es nicht bei diesem Anruf, dann werden sie zu mir kommen. Besser also, das aufzuklären.

Im großen Torweg zum Virchow-Krankenhaus, einer Klinikstadt, sehe ich mich suchend um. Ein blasser Mensch im Paletot tritt auf mich zu, raunt verschwörerisch: X. ginge es schlecht, Besuch sei verboten, aber hier – der Brief für Paul! Schon zieht er ihn aus der Tasche. Das ist verdächtig, ich wehre ab: Kenne keinen Paul! Und da sind sie, drei Gestalten in schwarzen Ledermänteln umringen mich, ziehen mich in ein großes, offenes Auto, ab geht die Fahrt. Unterwegs geht das Fragen los. Ich spiele den Ahnungslosen, protestiere, natürlich erfolglos.

Prinz-Albrecht-Straße, das Gebäude der ehemaligen Kunstgewerbeschule, verrückte Ballnächte habe ich hier erlebt, nun ist es das Hauptquartier der Gestapo. In einem nüchternen Büroraum beginnt das Verhör. Sie lösen sich ab, bleiben frisch, manchmal geben sie sich freundlich, dann brüllen sie mich an, drohen, doch geschieht mir nichts außer ein paar Püffen. Ich wiederhole stur, daß X. mir wenig bekannt, ein Paul gänzlich fremd sei. So geht das stundenlang. Es wird Abend. Sie lassen mich allein, ich soll offenbar im eigenen Saft schmoren. Irgendwo dumpfe Geräusche. Ich ordne meine Gedanken.

Es geht nicht um mich, sondern um Baudisch. Dessen voller Name ist bisher nicht genannt worden. Hat man das ganze Theater mit dem Brief nur inszeniert, um ihn von mir herauszubekommen? Nicht sehr wahrscheinlich. Aber ich will den Gegner nicht unterschätzen. Meine Haft wird nicht erwähnt. Wissen sie davon nichts? Dann ist der gefürchtete Apparat am Ende gar nicht so perfekt, diese Vorstellung beruhigt mich. Die Zeit vergeht. Endlich geht die Tür wieder, es erscheint ein Zivilist, füllige Gestalt, breites, angenehmes Gesicht. Kurze Begrüßung. Kaffee wird gebracht, belegte Brote dazu. Schweigend essen wir. Dann beginnt er betont jovial:

«Satt? Gut. Reden wir mal vernünftig. Mit mir machen Sie keine Zicken, junger Mann! Ich bin ein alter Profi, fuffzehn Jahre Kommissar bei der Kripo, jetzt hierher versetzt.»

Wozu sagt er mir das? Aufpassen! Nicht hereinfallen auf die weiche Tour! Er lächelt:

«Ihnen sehe ich an der Nasenspitze an, was Sie denken. Spielen wir mit offenen Karten. Der X. ist ein armer Hund. Schwerer Morphinist, wußten Sie wohl gar nicht? Wenn man so einem sein Zeug wegnimmt, dann packt er aus. Hat haargenau erzählt, wie Sie ihn im *Wiking* mit Paul Baudisch zusammengebracht haben. Stimmt doch?»

Da ist der Name gefallen. Leugnen wäre sinnlos. Ich gebe es zu, hebe hervor, wie zufällig alles zustande kam. Der Kommissar will genau wissen, woher ich Baudisch kenne, was wir geredet haben. Nichts Besonderes, sage ich. Was zwei Schriftsteller so miteinander plaudern, über Bücher, Übersetzungen. Gewiß nebenbei auch mal ein Wort über andere Dinge.

Auch politische? Kann sein, das ist ja nicht verboten – oder? Mein Gegenüber lächelt: In der Partei sei ich wohl nicht? Nein. Ich wage einen Vorstoß:

«Um das alles zu hören, hätten Sie mich doch nicht ins Virchow-Krankenhaus bestellen müssen!»

Er winkt ab: «Eine Idee von, sagen wir mal, von Neulingen. Erst als nichts dabei herauskam, wurde ich zugezogen. Diese Bemerkung vergessen Sie gefälligst! Tja, nun sitzen Sie hier. Was machen wir mit Ihnen?»

Lange Pause. Ich habe den deutlichen Eindruck, daß er mir wohlwill. Dann aber kommt eine kalte Dusche:

«Ich kann Sie natürlich nicht einfach laufenlassen. Aber Sie können uns einen Gefallen tun. Baudisch kommt irgendwann wieder nach Berlin, seine Frau ist noch hier. Wenn er von sich hören läßt, verabreden Sie sich mit ihm. Und geben mir Bescheid. Klar?»

Ohne langes Besinnen rufe ich: «Ausgeschlossen! Ich bin kein Lockvogel! Keine ruhige Minute hätte ich im Leben mehr!»

Er wird ernst: «Hm ... Kann Ihnen das nachfühlen ... Spricht aber sehr gegen Sie! Irgendeinen Beweis des guten Willens müssen Sie schon liefern!»

«Wie sollte der aussehen?»

«Denken Sie mal scharf nach.»

Lange Pause. Wir blicken einander fest in die Augen. Dann ich: «Angenommen, Baudisch taucht wirklich bei mir auf. Dann sage ich ihm, wie anständig Sie mich behandelt haben. Und rede ihm zu, sich selber bei Ihnen zu melden.»

Der Kommissar lacht laut auf: «Sind Sie so naiv oder stellen Sie sich so? Natürlich rennen Sie morgen früh zu seiner Frau und warnen sie!»

«Den Teufel werde ich! Die wird sicher überwacht, dann wäre ich sofort wieder dran!»

Das ist mir herausgefahren. Habe ich mich verplappert? Nein – zu meiner Verblüffung sagt er:

«Als ob wir dazu genug Leute hätten ... Also schön ... Hier ist die Nummer, unter der ich jederzeit zu erreichen bin. Ich gehe auf Ihren Vorschlag ein – vergessen Sie ihn nicht! Übrigens – Sie behalte ich im Auge. Auf Wiedersehen!»

In der eiskalten Dezembernacht gehe ich heim, durchgeschwitzt, keinen trockenen Faden am Leib, die vergangenen zehn, zwölf Stunden haben mich mehr mitgenommen als die Haftmonate.

Der Kommissar hatte mich nicht hereinlegen wollen. Ich täuschte ihn, und er wußte es. Selbstverständlich war ich schon am anderen Vormittag bei Frau Baudisch. Auch sie verließ Deutschland. Paul kam nie mehr zurück.

Doch damit war die Sache für mich noch nicht ausgestanden. Mehrmals erschien mein sonderbarer Gönner unangemeldet bei mir:

«Noch immer nichts von Baudisch gehört?»

«Leider nein ...»

Dann ging er an meinen Bücherregalen entlang, zog dies und das heraus:

«Lauter zersetzendes Gift ... Dürfen Sie nicht verleihen! Oder gar verkloppen! Das da kann ich mir mal pumpen?»

‹*Manhattan Transfer*› von Dos Passos, übersetzt von Paul Baudisch. Nach Wochen brachte er es mir wortlos zurück. Bei diesem letzten Besuch runzelte er die Stirn und wies auf verräterische Lücken in den Regalen hin:

«Mann – seien Sie vorsichtig! Soviel Glück werden Sie nicht immer haben ...»

Dann war er fort, der namenlose Helfer. Auch solche gab es.

Eine selten beachtete Folge der Hitlerzeit war die Veränderung mancher Menschen, die alles überlebten, aber soviel von ihrer Selbstsicherheit, ihrer Substanz verloren, daß sie nachher nie mehr ganz sie selber waren. Das gilt, wie man weiß, für viele Emigranten. Aber es gab solche Betroffenen auch in meiner Umgebung. Wenn ich sie unbekannte Opfer nenne, dann mag das als Blasphemie erscheinen, wenn man an die Millionen denkt, die an den Fronten, in den zerbombten Städten starben; an jene anderen Millionen, die in Vernichtungslagern ermordet oder verstümmelt wurden. Und doch sehe ich sie als Opfer der Tyrannei an. Ein Beispiel mag das erklären.

In Berlins großen Jahren war die Stadt ein Dorado der Maler, abstrakter Neuerer wie gegenständlich arbeitender. Zu diesen gehörte Heinrich Heuser, dessen Südseebilder auch von anspruchsvollen Kennern geschätzt und gekauft wurden. Ich mochte sie, was wenig beweist, meine Beziehung zu den bildenden Künsten war stets laienhaft. Ein Bild erfreut mich oder es läßt mich kalt; der Wechsel zahlloser Richtungen hat mich nie interessiert, was ich übrigens auch bei anderen Schriftstellern beobachtet habe, gerade solchen, die das eigene Metier durchaus zu analysieren wissen.

In Heini Heusers großem Atelier wurde viel diskutiert. Bei dem geselligen Mann trafen an bestimmten Tagen viele Künstler und Literaten zusammen, natürlich spielte seit 1930 auch die Politik ihre Rolle. Dabei fiel die unglaubliche Ahnungslosigkeit unseres Gastgebers auf, ihn wurmte es, daß strenge Devisenvorschriften ihn an neuen Reisen in die Tropen hinderten; von den Wirren ringsum nahm er kaum Notiz, selbst nach Hitlers Machtergreifung nicht.

Doch als er im Herbst 1933 Farben und Leinwand einkaufen wollte, fragte man nach dem Ausweis der Reichskammer der bildenden Künste. Er hatte ihn nie beantragt, nun mußte er's nachholen, und da stellte sich heraus, daß er ‹Halbarier› war, solche Entdeckungen machte so mancher damals aus ähnlichem Anlaß.

Heuser wurde daraufhin nicht nur abgewiesen, ein kurzes Schreiben untersagte ihm jegliche weitere künstlerische Arbeit. Um die Einhaltung des Verbots zu kontrollieren, erschien in seinem Atelier ein übelwollender ‹Amtswalter›, der einige Porträts braunhäutiger Balimädchen als undeutsche Machwerke beschlagnahmte. Es mag sein, daß sie nachher in jener Ausstellung entarteter Kunst gezeigt wurden, mit der Hitler die Deutschen zu seinen faden Idealen bekehren wollte; was ihm, nebenbei gesagt, bei vielen sogar gelungen ist, Anzeichen sprechen dafür noch heute.

Heusers Lage schien aussichtslos. Unerwartet kam Hilfe von einem seiner Verehrer, einem adligen Grundbesitzer, der die Hitlerei aus ganzem Herzen verachtete. Er lud den Verfemten kurzerhand für unbegrenzte Zeit zu sich. Der Dankbare porträtierte den Gönner samt seiner weitverzweigten Sippschaft, Leinwand gab es genug, überall hingen alte Schinken herum, Farbe wurde beschafft. Der Fleißige wurde von einem Gut zum andern weiterempfohlen, er lieferte jahrelang ganze Galerien seiner Auftraggeber, auch von deren Ahnen, nach fotografischen Vorlagen; den anfänglichen Widerwillen gegen eine solche Fabrikation überwand er, so ging das weiter bis in den Krieg.

Nie wurde er gemustert, er war nun schon weit über fünfzig. Unermüdlich malte er, umhegt und gut verpflegt, keine Bombe hörte er jemals fallen. Er blieb bewahrt vom Elend in den Städten, selbst die letzten Kämpfe, die Plünderungen überstand er. Ein beneidenswerter Glücksfall, so schien es.

Im Sommer 1945 kehrte er nach Berlin zurück. Sein Atelier war unversehrt, er wurde herzlich begrüßt, herumgereicht bei allen vier Besatzungsmächten, die damals in ihren kulturellen Bestrebungen wetteiferten.

Heuser wurde in die neubegründete Akademie berufen, zum Professor ernannt, wieder sammelte sich um ihn ein großer Freundeskreis, sein 65. Geburtstag brachte ihm offizielle Ehrungen. Und vor allem durfte er nun wieder malen. Noch einmal reiste er in die Südsee.

Und kam zurück mit Bildern, die schwächere Doubletten der früheren waren. Die Kritik ging schonend mit ihm um, aber hinter seinem Rücken hieß es: Schade ... Viel ist nicht mehr mit ihm los ...

Zehn Jahre im sicheren Asyl hatten sein Talent verdorren lassen, und ich glaube, er selbst war sich darüber im klaren. Als ich ihn um 1960 wiedersah, erschien mir seine Munterkeit gespielt, er gehörte zu den Honoratioren, die Rolle lag ihm nicht. Nach seinem Tode wurde noch einmal mancherlei Rühmliches über ihn geschrieben, das Wichtigste, meine ich, fehlte: Auch dieser freundliche, begabte Mann war ein Opfer Hitlers. Kein Kämpfer, kein Märtyrer. Doch ein Opfer. Und niemand soll einwenden, wer so endete, sei eben kein bedeutender Künstler gewesen. Als ob es darauf ankäme! Heini Heuser wurde gleichsam ausgelöscht in einer Zeit, der er nicht gewachsen war. Eine nebensächliche Tragödie am Rande der Katastrophe? Nein. Ein Beispiel für Zerstörung des Menschen durch die Barbarei.

X
Zuflucht beim Film

Im Sommer 1934 gab ich den Wunschtraum auf, das Nazisystem müsse an seinen inneren Widersprüchen binnen kurzem scheitern. Den Anstoß gaben die sogenannte Röhm–Revolte und die ihr unmittelbar folgenden Ereignisse.

Daß es sich in Wahrheit um ein geplantes Blutbad handelte, begriff ich sofort. Mich packte zuerst eine wilde Hoffnung: Nun ist es soweit, sie bringen sich gegenseitig um! Doch schon trat Ruhe ein, Hindenburg und Reichswehrführung gratulierten überschwenglich dem Mörder, der ihr einstiges Ideal Schleicher als angeblichen Landesverräter so nebenbei hatte killen lassen. Öffentlich rühmte sich Hitler, in dieser Stunde als «des deutschen Volkes oberster Gerichtsherr» reinen Tisch gemacht zu haben. Nichts rührte sich in der eingeschüchterten Nation, auch zwei Wochen später nicht. Da starb Hindenburg, in aller Form übernahm Hitler die Staatsgewalt allein, noch am selben Tag band sich die Wehrmacht durch einen feierlichen Treueid an seine Person.

Der unumschränkte Diktator saß fest im Sattel, für lange Zeit, das war nun sicher. Länger als mein Büchervorrat reichen würde. Meinem Vater, der nach Lückendorf in den Ruhestand gegangen war, konnte ich nicht ewig auf der Tasche liegen.

Eine Existenzmöglichkeit mußte gefunden werden. Allerlei mehr oder weniger phantasievolle Pläne wurden entworfen und verworfen. Dann entschloß ich mich für den Film, nicht gerade begeistert.

Seit meinen sporadischen Erfahrungen betrachtete ich das Schreiben von Drehbüchern als eine mindere literarische Tätigkeit. Der Autor ist Zulieferer, Regie und Technik verändern seine Arbeit willkürlich. Doch wollte ich mich dem Film ja nicht fürs Leben verschreiben, und so unterdrückte ich meine Aversionen. Zunächst mußte ich erst mal Mitglied einer der obligatorischen Kammern sein; mehrere rivalisierten miteinander, das war günstig. Ich habe schon erwähnt, daß Ernst von Salomon mich unterstützte.

Ich traf aber auch auf unerwartete Helfer. Da war ein Geschäftsführer in der Reichsschrifttumskammer, den ich für einen ausgemachten Widersacher hielt. Eines Tages aber nahm dieser Herr Linhard mich beiseite und gab mir einen Tip, beiläufig und ohne jede Schärfe. Ihm sei aufgefallen, daß ich Lebenslauf, Anträge usw. beharrlich «Mit deutschem Gruß» unterschrieben hätte; ich sollte es doch ausnahmsweise mal mit «Heil Hitler» versuchen, falls ich dabei keinen Schreibkrampf bekäme. Ich zwang mich zu der fatalen Floskel, und wirklich ging es dann rascher voran. Linhard gehörte übrigens, soweit ich weiß, zehn Jahre später zu denen, die nach dem 20. Juli 1944 hingerichtet wurden.

Ich wurde zugelassen, als Autor unpolitischer Filme, andere hatte ich sowieso nicht im Sinn. Doch dachte ich mir, es ließe sich vielleicht durch kleine, geschickte Pointen eine gewisse Kritik am herrschenden System verbreiten. So etwas versuchte ich insgeheim schon, ehe ich Schreiberlaubnis hatte.

Dazu kam es so: Willi Münzenberg war längst emigriert, aber seine Filmfirma Prometheus arbeitete weiter, unter anderem Namen, geleitet von Willis früherem Gehilfen Unfried, der sich irgendwie durchlaviert hatte.

Seine Gesinnung war unverändert, er wollte mir etwas zu verdienen geben. Es entstand ein Entwurf nach dem Bühnenstück ‹*Musketier Meier III*›, verfaßt von dem bei den Nazis wohlgelittenen Volksschriftsteller Carl Bunje. Die harmlose, unter Frontsoldaten spielende Komödie wurde agitatorisch verschärft, Drill und Entwürdigung sollten abschreckend wirken, hochnäsige Offiziere wurden von pfiffigen Landsern an der Nase herumgeführt. Damit wollten wir die kommende Wehrpflicht madig machen, von der längst gemunkelt wurde, ehe sie im März 1935 wieder eingeführt war.

Das Drehbuch schrieb ich erst nach meiner Zulassung, gemeinsam mit dem durchaus honorigen Bunje, der von Unfrieds und meinen dunklen Absichten nichts ahnte. Leider merkte dann auch das Publikum nichts davon, es amüsierte sich über die deftige Militärklamotte, ein auf diesem Felde erprobter Regisseur hatte sie handfest inszeniert. Ein Schlag ins Wasser, aus dem ich die Lehre zog: Mit Nadelstichen war nichts auszurichten gegen ein Regime, dem die Mehrheit sich begeistert unterwarf.

Fortan beschränkte ich mich auf das Filmschreiben als Brotberuf und war darauf gefaßt, ihn wieder aufgeben zu müssen, falls irgendwelche Zumutungen an mich gestellt würden.

Film im Dritten Reich ...

Da tauchten sofort bestimmte Assoziationen auf: Plumpe Tendenz, Volksverhetzung, Heroenkult, Blut und Boden ... Das alles hat es gewiß gegeben, aber es war die Ausnahme. Auf ein Machwerk wie ‹*Jud Süß*› kamen zehn Spielfilme ohne den geringsten ideologischen Beigeschmack. Der Film im Nazistaat war zum großen Teil überhaupt kein Nazifilm!

Das erscheint auf den ersten Blick schwer verständlich. Dieser Staat hatte das unvergleichliche Mittel ständiger Massenbeeinflussung schleunigst in seine Gewalt gebracht. Produktion und Verleih waren privatem Einfluß entzogen. Goebbels verkündete die Geburt einer ganz neuen deutschen Leinwandkunst, die dem Volke dienen sollte, nicht mehr dem schnöden Gewinnstreben einzelner.

Doch die sonst so folgsamen Untertanen machten nicht mit. Sie wollten im Kino unterhalten, nicht mit Weltanschauung überfüttert werden. Geschah das, dann sanken die Einspielergebnisse. Darum hätte sich Goebbels kaum geschert, er hatte seine Propaganda im Auge, von ökonomischen Dingen verstand er nicht allzuviel. Dafür war ein anderer zuständig, ein Mann im Hintergrund, der Bürgermeister a. D. Max Winkler. Natürlich ein treuer Diener des Regimes, erprobt bei der Arisierung jüdischer Pressehäuser und Filmfirmen. Aber er war Wirtschafts-Fachmann, sein Ehrgeiz war es, aus staatlichen Monopolen Geld herauszuholen.

Enorme Gewinne sind erzielt worden, über die selbstverständlich nie öffentlich abgerechnet wurde, das gibt es in einer Diktatur nicht. Für alle aber, die für die Filmproduktion arbeiteten, war der dubiose Herr Winkler fast so etwas wie ein Schutzengel. Ihm verdankten sie ein gut Teil ihrer Atemfreiheit, ohne die jeder Elan erstickt wäre. Hier der Beweis: Devisen waren im Hitlerreich immer knapp, jeder Export daher wichtig; auch der an sich wenig imposante von Filmen. Damit sie im Ausland verkäuflich waren, durfte man die potentiellen Abnehmer nicht vor den Kopf stoßen. Und so vermied man in deutschen Spielfilmen den Hitler-Gruß, der doch im Alltag gang und gäbe war. Dem heimischen Publikum fiel offenbar kaum auf, daß es da oben auf der Leinwand munter «Guten Tag» hieß, so sehr war jedermann an die Heuchelei gewöhnt.

Der Film war längst nicht so drakonisch gleichgeschaltet wie die Presse oder gar der Rundfunk. Das merkte ich rasch, als ich mich in dem Metier umsah, für das ich mich nur zögernd entschieden hatte.

Künstler gelten von jeher als wankelmütig, geltungssüchtig und anfällig für die Gunst der Mächtigen. Das ist eine unsinnige Verallgemeinerung, Beispiele und Gegenbeispiele finden sich zu allen Zeiten. Natürlich gab es unter den ›Filmschaffenden‹ im Dritten Reich auch beflissene Mitläufer, aber nur wenige überzeugte Nazis, um die machte man einen Bogen. Insgesamt haben sich Regisseure und Schauspieler charaktervoller verhalten als die Angehörigen so manches anderen Berufsstandes, die nicht den gleichen Verlockungen ausgesetzt waren. Die gab es, das ist ja hinreichend bekannt. Hitler selber umgab sich gern mit einem Hofstaat prominenter Stars. Ihnen hielt er gern lange Vorträge über seine primitiven Kunstideale, aber auch über Politik und gar Strategie. Einmal ließ er Dutzende von ihnen im Sonderzug nach München verfrachten, wo sie bei einem Empfang Mussolinis als Edelkomparserie Eindruck machen sollten. Vor derartigen Dienstleistungen suchten die meisten sich zu drücken, was nicht leicht war. Ich habe keinen gesprochen, der sich dadurch bestechen ließ.

Lästiger und gefährlicher war Goebbels, der den Schirmherrn spielte und sich unaufhörlich dilettantisch in Einzelheiten einmischte, vom Manuskript bis zum Schnitt fertiggestellter Filme meinte er alles besser zu wissen. Seine ständig erlassenen Richtlinien waren eine Plage, der man mit Witz und Tücke zu entgehen trachtete. In diesem Kleinkrieg entwickelte sich eine Solidarität der Betroffenen, von der sich auch anerkannte Favoriten des Ministers nicht ausschlossen.

Wie wenig unter Künstlern die formale Mitgliedschaft in der NSDAP bedeutete, erfuhr ich gleich nach meiner Zulassung. Zu meiner Verwunderung holte mich der Regisseur Carl Froelich, persona grata bei Goebbels; voller Mißtrauen ging ich zu ihm. Er fing damit an, daß ihm meine Vergangenheit bekannt sei. Dann setzte er mir auseinander, es sei für mich das einzig Mögliche, mit einer Arbeit zu starten, bei der ich mir nichts vergeben müsse. So kam ich zu dem Drehbuch ‹*Wenn der Hahn kräht*›, nach dem handfesten Bauernschwank von August Hinrichs, der damals als Muster der erwünschten bodenständigen Literatur gefeiert wurde. Wochenlang saßen wir zusammen. Selten habe ich so bissige Histörchen über Bonzenwillkür und Rassenwahn gehört wie von dem kreuzbraven Oldenburger. Offensichtlich erholte er sich bei mir von seinen offiziellen Ehrungen; er entwickelte eine eigene Theorie, um seine zweifellos ehrlich gemeinte Aufsässigkeit zu begründen. Alle Bewohner der Marschlandschaften an der Nordsee seien von jeher gegen jede bestehende Regierung gewesen, also waren sie in der Weimarer Zeit für die Nazis und nun selbstverständlich gegen Hitler. Und an solchen Ketzereien nahm Froelich vergnügt teil.

An einem wesentlich ernsteren Fall will ich zeigen, wie dünn der weltanschauliche Lack auch bei scheinbar hundertprozentigen Nazis war, jedenfalls in der Filmwelt.

Den Filmproduzenten Hellmut Schreiber kannte ich als Meisterzauberer aus den Jahren vor 1933. Er war Leiter des international berühmten ‹Magischen Zirkels›, in kleinem Kreise hatte ich seine verblüffenden Künste bestaunt. Seither hatte er eine steile Karriere gemacht und amtierte schließlich als Chef der staatlichen Bavaria. Er war ungewöhnlich ehrgeizig, überhaupt kein unbedingt angenehmer Mensch, wenig beliebt. Allgemein galt er als Günstling Hitlers, dem er zuweilen auf dem Obersalzberg etwas vorzauberte.

Nach einer dieser Darbietungen in Berchtesgaden hatte er mir ironisch erzählt, als Honorar hätte er sich wieder einmal mehrere Tonnen Zement erbeten und prompt zugeteilt bekommen. Zum Entsetzen einiger anwesender Generale, das kostbare Material war für den Ausbau des Atlantikwalls bestimmt gewesen. Er bekam es und baute damit neue große Atelierhallen in Geiselgasteig, das er ganz im Stil seines Führers zur größten Filmstadt Europas zu machen wünschte. Mir waren noch andere Dinge bekannt. Schreiber beschäftigte seine langjährige jüdische Sekretärin mit falschen Papieren weiter. Und in einer ihm gehörenden Jagdhütte ließ er längere Zeit einen verfolgten Kommunisten wohnen. Also vergab ich mir nichts durch einen festen Vertrag mit Schreiber, die Monatszahlungen sicherten mein Leben, ob ich etwas lieferte oder nicht. Dafür fand ich die amoralische Formel: Der Nazismus nötigt mich zum Geldverdienen!

Nach dem Kriege arrangierte Schreiber sich anfangs leicht mit den Amerikanern, die nun in den von ihm errichteten modernen Hallen drehten. Dann aber kam er vor eine deutsche Spruchkammer, die ihn als Belasteten einstufte und aus seinem Beruf verwies. Ich trat damals vergeblich für ihn ein. Und Zeugen wie die Sekretärin und den dank Schreibers Hilfe überlebenden Kommunisten brachte damals jeder zweite angeklagte Nazi bei. Vor dem Gefängnis blieb er bewahrt, aber der Film ihm verschlossen.

Wenige Jahre später war aus ihm der große Bühnenzauberer Kalanag geworden, umjubelt in aller Welt.

Meine anfangs als Notbehelf gedachte Tätigkeit entwickelte sich dann doch zu einem wirklichen Beruf, in dem ich nun oft Befriedigung fand. Das lag vor allem an den Regisseuren, mit denen ich zusammenarbeitete. Zwei von ihnen hebe ich hervor, weil ich durch sie gelernt habe, was Film sein kann.

Die glücklichsten Erinnerungen verbinden mich mit Willi Forst, mit dem ich vier Filme schrieb. Er beherrschte souverän alles, vom Entwerfen eines Sujets über die gesamte Produktion in allen Einzelheiten bis zum Schnitt und zum Aussteuern der Uraufführung in einem Kino, in zwei Dutzend Spezialberufen hätte er sein Brot verdienen können, ein Allroundman sondergleichen. Sich selber nannte er gern untertreibend einen ‹Liedchen-Bonvivant›, so sahen ihn manche; er war indessen ein hochgescheiter Kopf und ein vollkommen unbestechlicher Charakter, der sich niemals anpaßte. Den Pressionen des heimtückischen Goebbels begegnete er mit Wiener Charme.

Die Verfilmung des Romans ‹*Bel ami*› von Maupassant muß der Minister von vornherein als Herausforderung empfunden haben. Genüßlich stellten wir den Aufstieg eines anrüchigen Parvenus und Frauenjägers zum Minister dar, Forst selber spielte großartig die zwielichtige Rolle. Und diesmal kapierte das deutsche Publikum die Anspielungen, die indessen so fein dosiert waren, daß Goebbels sich durch ein Verbot demaskiert hätte. Er verhinderte aber, daß der ungemein erfolgreiche Film nach Venedig zur Biennale geschickt wurde, was wiederum auffiel. Dem aufsässigen Österreicher vergaß er den Affront nicht.

Im ersten Kriegswinter arbeiteten Forst und ich in Wien am Drehbuch zu ‹*Wiener Blut*›. Aus Berlin rief Veit Harlan an, den ich von früher kannte. Bald nach meiner Zulassung hatte ich für ihn die unpolitische Dienstbotengeschichte ‹*Maria, die Magd*› geschrieben, dann avancierte er rasch zum Nazi-Starregisseur, und ich hielt mich von ihm fern. Wir wußten, daß er einen wüsten antisemitischen ‹*Jud Süß*› drehen wollte, und eben darum ging es bei dem Telefongespräch. Es sei der ausdrückliche Wunsch des Ministers, daß Forst den schurkischen Juden verkörpern solle!

Die Infamie war klar, ein integrer Mann sollte diskreditiert werden als Instrument widerwärtiger Hetze. Forst reagierte bewundernswert hart. Unmöglich könne er die, sein Ton wurde sarkastisch, «gewiß hochinteressante» Rolle übernehmen, das sei absolut unmöglich. Soeben ginge er ins Atelier – in Wahrheit steckten wir noch mitten im Buch –, es sei nicht zu verantworten, wenn im Falle eines Abbruchs ein Haufen Geld vertan wäre! Jetzt im Kriege sei strikte Sparsamkeit geboten! Harlan meinte, ein anderer könne die Regie übernehmen, Forst erklärte das für unmöglich, so ging das hin und her, eine halbe Stunde lang. Forst wurde immer ruhiger, Harlan ereiferte sich, seine Stimme gellte böse im Apparat. Schließlich gab er auf, der Angriff war für diesmal abgeschlagen. Was konnte Forst tun, wenn er sich wiederholte?

«Dann schmeiße ich alles hin! Und verkrieche mich irgendwo, in Tirol gibt es abgelegene Täler, da findet mich keiner!»

Er meinte es ernst. Doch sie ließen ihn in Ruhe, aus welchen Gründen immer. Wollte der enorm ehrgeizige Harlan sein schauderhaftes Meisterwerk nicht durch einen offensichtlich widerstrebenden Hauptdarsteller gefährden? Hatte vielleicht der bösartige Goebbels den verhaßten Forst nur erschrecken wollen? Jedenfalls mußte dann der arme Ferdinand Marian den Kopf hinhalten.

Er bemühte sich, dem Zerrbild eines jüdischen Unholds ein paar menschliche Züge abzugewinnen; ich bin nicht der einzige, der das spürte. Doch die nichtswürdige Rolle war nicht zu retten, seitdem war die Kraft, die Unbefangenheit des vortrefflichen Schauspielers gebrochen, er wurde mit der Schandfigur identifiziert. Mancher hat versucht, ihm darüber hinwegzuhelfen, einem ist es einmal gelungen: Helmut Käutner.

Er ist der andere, an den ich neben Willi Forst aus jenen dunklen Zeiten ungetrübt herzliche Erinnerungen bewahre. Um nicht ungerecht zu sein, muß ich Hans Schweikart wenigstens erwähnen, für den ich ein Goldoni-Lustspiel bearbeitete. Es war seine erste Filmregie, nachher leitete er jahrelang die Bavaria und gehörte immer zu den Aufrechten. Doch war er im Grunde ein Mann des Theaters, prominent schon vor 1933.

Käutners Karriere begann erst Mitte der dreißiger Jahre; sie bewies, daß ein kluger, selbstsicherer Künstler sich gegen alle Widerstände entfalten konnte, ohne die geringste Konzession. Er kam vom Kabarett, fing als Autor an, zweimal bildeten wir beide ein Gespann, dann schrieb er sich seine Drehbücher selber. Ein Meisterstück war 1943 das amüsante, ein wenig elegische Kammerspiel *‹Romanze in Moll›*, in dem er Marian eine schöne Rolle gab. Die von immer schwereren Bombenangriffen heimgesuchten Berliner ließen sich nur zu gern in eine vergangene friedliche Welt versetzen, von dem Film ging ohne Zweifel eine unmerkliche pazifistische Wirkung aus. Goebbels begriff das, ließ den Urheber kommen und forderte kategorisch, er müsse endlich etwas vorzeigen, was dem Ernst der Zeit entspräche. Darauf Käutner, bescheiden und treuherzig:

«Nichts wäre mir lieber, Herr Minister! Aber Sie wissen, ich bin kein alter PG, ich muß noch viel lernen, noch fühle ich mich dafür nicht reif genug! Vielleicht in zwei, drei Jahren?» Als es soweit war, drehte er einen der ersten bedeutsamen Nachkriegsfilme: *‹In jenen Tagen›*.

Käutner wurde noch zur Marine eingezogen, dann beurlaubt, man wollte einen Seemannsfilm von ihm haben. Er machte ihn, auf seine Art: *‹Große Freiheit Nr. 7›*, die wehmütige St. Pauli-Geschichte mit Hans Albers im Mittelpunkt, wurde heftig beanstandet; von der NS-Frauenschaft als Beleidigung der deutschen Frau, von der Marineführung als Herabsetzung wackerer deutscher Matrosen. Darauf verbot Goebbels den Film. Endlich konnte er den eigensinnigen Regisseur ducken. Und mit ihm sollte der Hauptdarsteller getroffen werden, das wußten wir alle. Albers verachtete die braunen Herren offen, mehr als einmal habe ich gehört, daß er grundsätzlich vom «Herrn Führer» und von dem «Doktor Göhbels» sprach. Zudem lehnte er es ab, sich von seiner Lebensgefährtin loszusagen, einer emigrierten Jüdin. Das war unverhohlene Provokation, doch seine beispiellose Popularität schützte ihn vor Verhaftung, wie hätte man das Verschwinden des blonden Ideal-Ariers den Millionen Verehrern plausibel machen sollen!

Erst nach 1945 wurde *‹Große Freiheit Nr. 7›* aufgeführt. Und zugleich ein anderer, ganz stiller, nobler Film *‹Unter den Brükken›*, Käutner hatte ihn im letzten Kriegswinter unter schwierigsten Umständen produziert, auf Vorrat sozusagen. Der von seinem Metier Besessene hatte den schier endlosen Kleinkrieg gegen die Übermacht des totalen Staates siegreich durchgestanden.

Ich habe mich gefragt, ob ich damals die Solidarität der Künstler nicht überschätzte; daß sie weit über bloße Kameraderie hinausging, habe ich mehr als einmal erfahren. Ein wenig bekanntgewordenes Beispiel dafür berichte ich um so unbefangener, als ich nicht daran beteiligt war.

Im Frühjahr 1939 annektierte Hitler, unter Bruch feierlich gegebener Garantien, den Rest der wehrlosen Tschechoslowakei. In Prag lebten zahlreiche deutsche Emigranten, nicht alle konnten im letzten Augenblick entkommen. Die Gestapo bemächtigte sich Hunderter, manche verbargen sich bei tschechischen Freunden, so auch der frühere Berliner Theaterdirektor Carl Meinhard. Es wurde bekannt, daß er völlig mittellos in einem Prager Versteck säße.

Zwei ehrenwerte Schauspieler, der fünfundsechzigjährige Paul Wegener und der jugendliche Hans Brausewetter, organisierten eine Hilfsaktion, es kam rasch eine ansehnliche Summe zusammen.

Ehe sie durch einen zuverlässigen Mittelsmann nach Prag gebracht werden konnte, flog alles auf. Ein Beamter des Propagandaministeriums beschlagnahmte das Geld. Goebbels war für einige Tage verreist, danach hätten die beiden Initiatoren sich bei ihm einzufinden, was ihnen drohe, wüßten sie ja wohl!

Darüber war man sich überall in Ateliers und Theatergarderoben im klaren. Darauf meldeten sich Dutzende von Prominenten, unter ihnen erklärte Protegés der Mächtigen, freiwillig als Spender. Diese Selbstanzeigen retteten Wegener und Brausewetter. Hätte Goebbels sämtliche Beteiligten bestraft, dann wäre sein ganzer Kunstbetrieb, auf den er so stolz war, lahmgelegt worden.

Die beiden Hauptsünder ließen eine grimmige Standpauke über sich ergehen, weiter geschah nichts, nie kam der Minister auf die auch für ihn peinliche Affäre zurück.

Irgendwie aber wurde bekannt, wer die Sammlung verraten hatte: Ida Wüst, einst von Kurt Tucholsky in einem zärtlichen Chanson angeschwärmt, nun in Muttchen-Rollen Liebling der Berliner Kleinbürger, hatte als inzwischen bekehrte stramme ‹Nazisse› ihrer Parteipflicht genügt.

Von da ab gehörte die Denunziantin zu den vorsichtig Gemiedenen.

Einmal habe ich Hitler unmittelbar gegenübergestanden. Dazu kam es auf recht merkwürdige Weise. Gemeinsam mit Ernst Haselbach und Erich Kröhnke schrieb ich den Film *‹Der Ammenkönig›*, nach einer halbvergessenen Komödie von Max Dreyer; sie handelt von den amourösen Erfolgen eines Dorfburschen im 16. oder 17. Jahrhundert, der bei Bauernmädchen und feudalen Damen Erfolg hat, uneheliche Kinder zeugt, bis er schließlich im Ehehafen landet. Die Titelrolle sollte Gustav Knuth spielen, ein ebenso überzeu ter Naziverächter wie unser Auftra eber, der mit einer Jüdin verheiratete Alf Teichs, Chef der Terra. Wir waren unter uns, die Sache machte solange Spaß, bis aus dem Propagandaministerium ein Schreckschuß kam.

Der ‹Reichsfilmdramaturg› Willi Krause, jugendlicher Günstling von Goebbels, interessierte sich besonders für das nach seiner Meinung bevölkerungspolitisch wichtige Projekt. Alsbald schickte er seinen Adlatus Jürgen Nierentz, Verfasser von SA-Liedern, wir machten uns auf Schlimmes gefaßt. Der Jüngling erwies sich indessen als ganz umgänglich, fragte gleich nach Cognac, nach so manchem Glas hatten wir ihm seine törichten Vorschläge ausgeredet, bis auf einen. Er bestand darauf, es müsse in die derbe Geschichte unbedingt ein bißchen Folklore eingefügt werden, um sie weltanschaulich aufzuwerten, etwa ein altgermanischer Hochzeitsbrauch oder dergleichen. Guter Rat war teuer, keiner von uns kannte sich aus, flüchtige Erkundigungen ergaben nichts Geeignetes.

Kurzentschlossen sogen wir uns eine angeblich thüringische Sitte aus den Fingern und schrieben eine Szene, in der ein Schmied das junge Paar mit drei Hammerschlägen aneinanderkettete. So wurde es dann gedreht. Wir lachten uns kaputt über den Jux. Nierentz gratulierte zu der wohlgelungenen Leistung, becherte wiederum kräftig, und plötzlich fragte er mich, ob ich den Führer schon einmal aus der Nähe erlebt hätte. Nein? Dann sei es höchste Zeit. Hier – ich könne seine Eintrittskarte zur feierlichen Verleihung der Filmpreise benutzen. Er hätte den Zauber oft genug mitgemacht.

Nachträglich kamen mir Bedenken, ob ich nicht unter irgendeinem Vorwand hätte ablehnen müssen, schließlich siegte die Neugier.

So saß ich denn in der dritten Reihe der Charlottenburger Deutschen Oper, inmitten von uniformierten Größen, ein paar verwunderte Blicke musterten mich, doch niemand sprach mich an. Weit hinter mir Filmprominenz, die Situation war doch einigermaßen beklemmend.

Die übliche klassische Musik als Ouvertüre. Goebbels trat ans Rednerpult, erging sich pathetisch über Wert und Ehre deutscher Kunst, dann marschierten die Preisträger auf, empfingen ihre Urkunden, das alles war ja ganz interessant, doch ich äugte fortwährend umher, nirgends entdeckte ich ihn, den ich sehen wollte. Wieder Musik, die Zeremonie endete, Aufbruch, Gedränge. Da auf einmal kam er scheinbar direkt auf mich zu, blieb stehen, umgeben von devoten Getreuen.

Die folgenden Minuten haben sich dem Gedächtnis für immer eingeprägt.

Von Hitlers alltäglichem Gesicht gaben Filme und Fotos einen falschen Eindruck. Die als unwiderstehlich gerühmten Augen muteten blaß an, sie strahlten auch dann nicht, als er die Lider aufriß und sein Gegenüber fixierte. Nun warf er den Kopf herrisch zurück, die gedunsenen Züge verkrampften sich, ein tausendfach erprobter Effekt. Zustande kam nicht Größe, sondern erschreckende Leere. Das Chaplin-Bärtchen wirkte angeklebt. Nur ein Detail war lebendig, sozusagen menschlich – die widerspenstige Haarsträhne schräg über der Stirn.

Sie paßte nicht zum Standbild. Gleich einem fehlerhaft gesetzten Akzent betonte sie das Vakuum der Stirn, der Backen. Und da Hitler sich mit abgezirkelt würdigen Schritten in Bewegung setzte, strich er mit einer unwillkürlichen Geste die unbotmäßige Zottel heftig zurück.

Der Despot, so schien es, war darauf bedacht, nicht lächerlich zu erscheinen. Er fühlte sich unsicher. Das war komisch und zugleich bedrohlich. Er würde die Welt dazu bringen, ihn ernst zu nehmen, um jeden Preis. Dafür waren schon Hunderte ermordet worden. Er würde Millionen opfern, um glaubwürdig zu sein ...

In den folgenden Jahren habe ich mich manchmal gefragt, ob die Vorstellung vom Tyrannen als einer komischen Figur nicht nur die Ausgeburt meines Hasses war. Doch drei Jahre später sah ich mich bestätigt. Im Juni 1940 wiederholte sich die grausige Vision, diesmal in einem Filmtheater.

Der Feldzug im Westen war siegreich beendet. Hitler stand auf dem Höhepunkt seiner Macht. Die Kapitulation Frankreichs fand im Wald von Compiègne statt, der Salonwagen des Marschalls Foch, des Siegers von 1918, diente als Kulisse. Ganz Deutschland durfte in der Wochenschau miterleben, wie sein Führer die glorreiche Stunde auskostete.

Er tat es ohne Hemmung, er führte einen Freudentanz auf, stampfte mit den Füßen, grinste wie ein bösartiger Bengel nach gelungenem Streich. Und eben diese Schamlosigkeit war wiederum unglaublich komisch. Sie entlarvte den Asozialen aus dem Wiener Männerheim, den als Uniformträger verkleideten Arbeitsscheuen. Er meinte seine Gegner zu demütigen und entlarvte sich selber als das, was er so gern einen Untermenschen nannte.

Als ich sah, wie er da unbeherrscht umherhüpfte, fühlte ich, daß der mörderische Hanswurst ins eigene Verderben tappen würde. Es war undenkbar, daß solch einer für immer triumphieren konnte. Er mußte an sich selber zugrunde gehen. Und ich würde ihn überleben.

So ist es geschehen. Bis dahin aber vergingen noch lange Jahre voller Gefahren und Abenteuer. Sie gehören nicht mehr in diese Rechenschaft über meine erste Lebenshälfte – und noch nicht zur zweiten.

Deshalb erzähle ich nicht von dem, was ich gemeinsam mit Gleichgesinnten unternahm, um verfolgten Gegnern des Regimes und untergetauchten Juden zu helfen. Tausende haben in Berlin das gleiche gewagt, ich darf davon kein Aufhebens machen. Auch ein anderes Erlebnis teilte ich mit Unzähligen. In einer Bombennacht wurde ich unter dem brennenden Haus verschüttet und eben noch im letzten Augenblick herausgeholt.

Ich habe unglaubliches Glück gehabt. Und manches, was unter anderen Umständen ein schwerer Schlag gewesen wäre, erwies sich als Gunst des Schicksals.

Schon im Frieden war ich gemustert und als ehemaliger Frontsoldat registriert worden. Seitdem stand mir unaufhörlich die Drohung vor Augen, noch einmal Soldat werden zu müssen. Vorerst bewahrte mich davor der Film, die Produktionen galten als kriegswichtig. Als die Lage kritischer wurde, mußte ich von Monat zu Monat mit dem Stellungsbefehl rechnen. Endgültig rettete mich jene englische Granate, deren Splitter mich im April 1918 getroffen hatten. Ich ahnte nicht, daß einige noch in meinen Knochen steckten. Jetzt begannen sie zu rumoren. Eine totale Sepsis brachte mich dem Tode nahe, sechsmal in einem Sommer wurde ich operiert, mehrere Gelenke mußten 1942 entfernt werden.

Bei einer neuen Musterung schüttelte der als Menschenjäger gefürchtete Stabsarzt den Kopf und sprach mir sein Mitgefühl aus, leider müsse ich mich damit abfinden, daß ich völlig untauglich sei. Mühsam verbiß ich das Lachen.

Zuletzt, schon standen die Russen an der Oder, wollte mich, den Krüppel, nicht einmal der armselige Volkssturm haben. Als Berlin verbrecherischerweise zur Festung erklärt wurde, ließ man mich ohne Schwierigkeiten ausreisen.

Am holsteinischen Kellersee, im Haus meiner Tante, erwartete ich ungeduldig das nahe bevorstehende Ende.

Am 1. Mai 1945 gab Admiral Dönitz den angeblichen Heldentod seines Führers über den Rundfunk bekannt. Die bombastische Ansprache hörte ich im Luxuszug Görings, der auf der kleinen

Station Holsteinische Schweiz vergessen herumstand. Die rollende Befehlszentrale war mit einer perfekten Empfangsanlage ausgestattet. Ein paar Soldaten verfolgten von Stunde zu Stunde den Vormarsch der Alliierten und machten es sich in den Salonwagen gemütlich.

Dann waren die Sieger da. Am 8. Mai war der Krieg vorüber. Und ich saß fest, in einem abgelegenen Winkel, unter hunderttausend entwaffneten deutschen Landsern, die man zusammengetrieben und fürs erste sich selber überlassen hatte. Aus diesem ‹Kral› kam niemand ohne Entlassungsschein heraus.

Ungeduldig wartete ich auf eine Möglichkeit, die uns endlich wiedergegebene Freiheit zu nutzen. Sie ergab sich, als ich unter der grauen Menge in den umliegenden Wäldern ein paar Schauspieler traf. Gemeinsam gründeten wir eine kleine Truppe, begannen mit Leseabenden in Dorfkneipen, dann wagten wir uns ans politische Kabarett, natürlich in der Absicht, Propaganda auf unsere Art zu treiben. Texte bastelten wir zurecht, Tucholsky und Brecht standen dabei Pate. Unser Publikum amüsierte sich, es gab auch einzelne Proteste von solchen, denen die Nazischlagworte noch fest im Kopf steckten. Damit war zu rechnen. Etwas anderes aber enttäuschte mich sehr.

Wir forderten im Anschluß an unsere Darbietungen zur Diskussion auf. Die meisten schwiegen, sie hatten verlernt oder, wenn sie jung waren, nie gelernt, ihre Meinung offen heraus zu sagen. Zudem schien es mir, als wollten sie am liebsten alles vergessen, was hinter ihnen lag.

Das war eine wichtige Erfahrung. Schon hatte die große Verdrängung begonnen, dieser bedenkliche Prozeß, der in den folgenden Jahren die übliche Haltung der Deutschen bestimmte. Dagegen war mit netten literarischen Spielchen wenig auszurichten. Mir dämmerte, daß es geduldiger und behutsamer Anstrengungen bedürfen würde, die fatale Gleichgültigkeit zu durchbrechen. Da sah ich eine Aufgabe für mich, aber noch war ich eingesperrt in einem entlegenen Winkel.

Unerwartet holte mich ein Jeep zur nächsten britischen Kommandantur, nach Eutin. Dort war man verblüffend gut über mich im Bilde, den Grund habe ich erst viel später erfahren.

Über Leute meiner Art hatten emigrierte deutsche Schriftsteller

Beurteilungen geliefert; mit einigen von ihnen wechselte ich Briefe bis in den Krieg hinein.

Obwohl nun zunächst die bekannte Vorschrift *No fraternisation* galt, war von vornherein an eine Zusammenarbeit mit antifaschistischen Publizisten gedacht, freilich kam sie, wie sich dann zeigte, nur zögernd in Gang.

Ein englischer Major schlug vor, ich sollte in Eutin die Herausgabe einer kleinen Zeitung vorbereiten. Davon verstand ich nichts, nie hatte ich in einer Redaktion gearbeitet, immer nur als freier Autor. Aber inzwischen war mir klar, daß dem Rundfunk bald eine große Bedeutung zufallen würde. Er war die letzte Stimme des untergegangenen Hitler-Staates gewesen, er mußte die erste Stimme der freigewordenen Deutschen sein.

Vorläufig sendete ‹Radio Hamburg, a Station of Military Government› in vielen Sprachen für die im Lande verstreuten Zwangsarbeiter; nur hie und da Anweisungen an deutsche Ärzte, Bäcker, Arbeiter und eine Menge Verfügungen. Das konnte so nicht bleiben. Ich ahnte, daß hier eine außerordentliche Chance bestand.

Mit einem Ausweis des freundlichen Offiziers konnte ich nach Hamburg fahren. Am 16. Juni 1945 betrat ich das Funkhaus am Rothenbaum.

In den Korridoren standen überall Tommys mit aufgepflanztem Bajonett. Schließlich empfing mich ein Captain Everitt ausgesprochen kühl, ich blieb hartnäckig, schließlich meinte er, ich könne ja gelegentlich meinen Lebenslauf aufschreiben, vielleicht auch ein paar Vorschläge machen.

Eine kaum verhüllte Absage. Aber zu meinem Glück gab ich nicht auf.

Ein Notquartier hatte ich im derzeit unbenutzten Büro eines mir bekannten Wirtschaftsprüfers gefunden. Das Lager auf einem Wachstuchsofa war unbequem. Es gab ein halbes Dutzend Schreibmaschinen. Ich tippte drauflos. Zuerst die verlangte Biographie, kein Problem für mich. Dann machte ich mich an Rundfunk-Themen. Es entstanden lange Listen, auch Entwürfe für einzelne Sendungen, auch das fiel mir merkwürdig leicht, obwohl ich mich nie im Leben mit dergleichen abgegeben hatte.

Eine Schleuse war aufgezogen. Jahrelang aufgestaute Energien brachen hervor. Manches mag unerlaubt naiv gewesen sein, vieles war, wie sich nachher zeigte, zu brauchen.

Zwei Tage später erschien ich wieder bei Everitt, mit einem dikken Stoß beschriebener Bogen. Er fächerte sie durch, lächelte dann und wann, las sich fest. Endlich sah er auf:

«Zum Teufel – was wollen Sie eigentlich? Meinen Sie, wir ziehen hier einen deutschen Sender auf?»

Ein entscheidender Augenblick, das war mir bewußt, ich ging aufs Ganze:

«Genau das ist jetzt dringend nötig! Sehen Sie, Captain: In diesem Lande gibt es Leute, die alles verloren haben und doch glücklich sind. Sie haben den Krieg, der nicht ihr Krieg war, in gewisser Weise mitgewonnen!»

«Eine reichlich kühne Behauptung!» warf er unwillig ein.

«Aber sie trifft zu! Können wir uns auf die Formulierung einigen, daß Sie den Krieg für uns gewonnen haben? Für diejenigen nämlich, die von Anfang bis Ende niemals ja sagten zu diesem Nazireich. Wir haben nicht genug getan, als es noch möglich war, Hitler aufzuhalten. Nachher war es zu spät. Wir konnten nur noch erbittert beobachten, wie es in den Abgrund ging. Wir mußten schweigen. Nun endlich können wir reden. Ich jedenfalls möchte sprechen, zu meinesgleichen. Und, das ist wichtiger, zu den vielen, die meinen, die Welt sei zu Ende. Dabei wird sie doch gerade neu geboren!»

Nach einer endlosen Pause sagte Everitt: «Na schön ... Versuchen wir es.»

XI
Vorläufiger Abschluß

Der Versuch läuft bis heute weiter, nun schon seit drei Jahrzehnten. Zwar schrieb ich auch wieder Bücher, Essays und Kritiken von mir wurden gedruckt wie einst in Berlin. Mein Beruf aber wurde der Hörfunk.

In ihm sehe ich ein ideales Instrument des Literaten, der unmittelbar auf die Umwelt Einfluß nehmen will. Dabei ordnet sich ihm die Technik unter, im Gegensatz zum Fernsehen. Da ist das Publikum auf vergröbernde optische Effekte gedrillt. Unersättlich frißt das gierige Auge alles, das erklärt die ungeheuere Popularität des Mediums.

Das Ohr nimmt konzentriert auf, was ihm dargeboten wird, ob nun als Sachbericht, Hörspiel oder Kommentar. Deshalb wirkt der so gern totgesagte Hörfunk nachhaltiger als das flimmernde Bild. Meine Liebe zu ihm entstand freilich, ich gebe es zu, in jenen ersten Nachkriegsjahren, die zu den besten meines Lebens zählen.

Es waren karge Jahre, wir hatten wenig zu essen wie alle Deutschen, oft froren wir jämmerlich und trugen geflickte Anzüge. Aber wir experimentierten so lange, bis wir uns aus Amateuren zu Profis gemausert hatten. Das Entscheidende aber war, daß wir unsere Meinung völlig ungehindert verbreiten konnten, auch dann, wenn wir Kritik an der Besatzungsmacht übten. Anfangs hielt man uns für beflissene Kollaborateure, bald verstanden immer mehr Mitbürger, daß wir für sie sprachen. Daran erinnern sich noch heute so manche dankbar.

Als fest angestellter Redakteur mit erfreulich ungenau umschriebenen Aufgaben hielt ich es nur vier Jahre aus; länger bin ich nie an ein Amt gebunden gewesen. Danach wurde und blieb ich wieder ein freier Skribent, wenn auch in ständiger Fühlung mit dem Medium. Ein Jahrzehnt hindurch leitete ich das Nachwuchsstudio des Hamburger Senders und konnte meine Erfahrungen an die Absolventen weitergeben; offenbar mit Erfolg, viele von ihnen haben heute wichtige Posten in den Funkhäusern inne.

Im Umgang mit jungen Leuten entdeckte ich eine bis dahin verborgene pädagogische Neigung. Wahrscheinlich hängt sie mit dem Elan des politischen Publizisten zusammen. Der spornte mich immer schärfer an, je älter ich wurde. Zur Lust an polemischer Betrachtung der Umwelt kam ein neues Element, das Verlangen nach Klarheit über mich selber. Ein Zeugnis dessen ist dieser Bericht, den ich nun abschließe. Mit einer Selbstkritik.

Zahllose Bücher habe ich in meinem Leben besprochen, die distanzierte Haltung des Rezensenten ist mir vertraut, ich bemühe mich, sie gegenüber diesem eigenen Buch einzunehmen. Was fällt mir dabei auf?

Vor allem eine gewisse Monotonie im Aufbau des Ganzen wie im Stil. Der Verfasser erwidert, sie sei beabsichtigt. Das klingt nach einer billigen Schutzbehauptung, einer *captatio benevolentiae*, so leicht soll er nicht davonkommen.

Auf Vorhalt erklärt er sich etwas genauer: Literarische Ambitionen würden die quasi buchhalterische Bilanz verschleiern, auf die allein es ihm ankommt. Originalität, Spannung, sprachliche Finessen machen die Dokumentation unglaubwürdig. Er besteht darauf, daß hier eine solche vorliegt. Das mag man ihm abnehmen oder nicht, ich lasse es offen.

Unser Autor ist ein wenig *terrible simplificateur*. Er bestreitet es selber nicht, wie man gleich merken wird, da er nun die Summe seiner Existenz zu ziehen versucht.

Ja – ich leugne nicht eine gewisse Sympathie für die ‹schrecklichen Vereinfacher›.

Die Formel stammt vom großen konservativen Kulturhistoriker Jacob Burckhardt. Er prangerte damit die flinke Plattheit mancher Epigonen der Aufklärung an. Aber er hat nie die ‹Komplikation› als ewiges Daseinsgesetz proklamiert. Er lehrte das Differenzieren, um dadurch zu klaren, einfachen Resultaten zu gelangen. Man braucht nur nachzulesen, wie er die Geburt des modernen Intellektuellen in der Renaissance aus höchst verwickelten ökonomisch-politischen Voraussetzungen erklärt.

Reaktionäre aller Schattierungen aber mißbrauchen das griffige

Schlagwort, um jede Veränderung der Welt als Hirngespinst gedankenloser, denkunfähiger Utopisten zu brandmarken. Das ist weitaus gefährlicher.

Einfachheit ist nicht ohne weiteres banal. Sie steht, ich wiederhole es absichtlich, oft am Ende schwieriger Entwicklungen. Dafür scheint mir nun mein Leben ein kleines und wenig bedeutsames Beispiel zu liefern. Aus hoffnungslosen Verstrickungen und ziellosen Abenteuern ergab sich schließlich doch eine ruhige Sicherheit. Das hat nicht nur mit dem Älterwerden zu tun. Es erklärt sich aus der Fülle der Ereignisse, deren Zeuge ich war. Ein meist unbeteiligter Zeuge. Nur manchmal kam ich dem ‹Auge des Orkans› zufällig recht nahe. Alles in allem war's eine Existenz am Rande der wilden Epoche; damals mit 45 wie heute mit 75 – das hat sich in meiner zweiten Lebenshälfte nicht geändert.

Daß ich nie in den Sog gezogen wurde, liegt wahrhaftig nicht an einer besonderen Charakterstärke; da mache ich mir keine Illusionen; vielleicht aber an zwei scheinbar unvereinbaren Anlagen: Ehrgeiz hat mich kaum jemals geplagt, um so heftiger eine unstillbare Neugier. Ich vermag intensiv zu genießen, aber leicht von einem Tag auf den andern zu verzichten, wenn es sein muß. Bestimmt bin ich kein Asket. Ganz unbegreiflich aber ist mir das blinde Streben nach Besitz, Luxus, Status, das so viele Zeitgenossen zu Sklaven des Konsums macht. Ich bedauere sie, nicht ohne einen Anflug von Hochmut.

Meine Wünsche sind leicht erfüllbar. Ein Raum zum Arbeiten, eine gute Schreibmaschine, ein bescheidenes Auto, mehr braucht's nicht. Fleißig bin ich nur, wenn man mir das nicht aufzwingt. Freie Verfügung über meine Zeit ist unentbehrlich, nur muß man sich Termine setzen, das erleichtert die Konzentration.

Ganz sicher ist ein Grundzug meines Wesens der durch nichts zu erschütternde Optimismus. Er beherrscht alles, den Alltag wie den lebenslangen Feldzug gegen alles, was mir an den Formen des menschlichen Zusammenlebens falsch erscheint. Ich glaube, allen Hindernissen zum Trotz, an den Fortschritt. Der Glaube an die Vernunft ist meine Religion. Die Geschichte lehrt mich, daß dieses als banal verschriene Ideal eine beweisbare Realität ist. Sie wird nur erkennbar, wenn man lange Zeiträume überschaut. Aber das Tempo hat sich in diesem Jahrhundert erkennbar beschleunigt.

Wir erlebten schon so viele umwälzende Veränderungen, daß wir noch ganz andere für denkbar halten müssen. Ich hoffe aufrichtig, daß es dabei nicht immer gewaltsam zugehen wird. Dafür wirke ich, so gut ich's vermag. Und ich gestehe: Es bedrückt mich wenig, daß sich meine Erwartungen erst erfüllen können, wenn ich nicht mehr lebe. Mein Optimismus reicht über die eigene Existenz hinaus.

Damit berühre ich ein sonderbar unbeliebtes Thema. Ich muß davon sprechen, weil es das zentrale Thema meines Lebens ist. Ich habe erzählt, daß ich mit neunzehn Jahren das schwarze Nichts des Todes streifte. Die unendlich beruhigende Erfahrung half mir oft, so bei mehr als zwanzig schweren Operationen, so viele wurden es seither. Ohne Anmaßung behaupte ich, daß ich keine Furcht vor dem Tode kenne. Abends im Einschlafen sage ich mir nicht selten: Vielleicht wachst du morgen früh nicht mehr auf. Ein Wunschtraum, wer stürbe nicht gern so sanft.

Ich habe mich damit abgefunden, daß ich sterblich bin. Ich meine sogar, daß dieses Einverständnis sich lernen läßt. Ich habe als Agnostiker den vollkommenen Frieden gefunden. Das soll am Ende dieses Rechenschaftsberichts nicht nur obenhin gesagt werden. Ich versuche es zu erklären, indem ich das wiederhole, was vor achtzehn Jahren gedruckt wurde. Damals beantworteten anderthalb Dutzend sehr unterschiedliche Autoren in einem Sammelband* die Frage: Was halten Sie vom Christentum? Mein Beitrag bildete, vielleicht zufällig, den Abschluß. Er hatte den Titel ‹*Demut des Unglaubens*›.

Das waren die Grundgedanken:

«Hier spricht ein sogenannter Ungläubiger. Es würde nicht genügen, wenn er sich als Nicht-Christ bezeichnete. Jede andere formulierte Religion ruft in ihm den gleichen hartnäckigen Widerspruch hervor. Dennoch hat er einen sicheren Glauben.

Es gibt keinen Tag, an dem ich nicht die Bindung an den höheren Sinn unseres Daseins inständig gesucht habe.

Dabei aber kann kein anderer mir helfen. Die Sehnsucht ent-

* ‹*Was halten Sie vom Christentum?*› Hg. von Karlheinz Deschner. München 1957

zieht sich, wenn ich sie redlich bekenne, jeder Gemeinsamkeit mit anderen. Vielleicht läßt sie sich nicht einmal mitteilen; höchstens darf ich sagen, daß ich sie spüre, ohne sie zu begreifen.

Es kann ja nicht so sein, daß ich ein Sonderfall bin, ein Monstrum, seelisch verkrüppelt, verarmt – nur weil ich andere Folgerungen ziehe aus denselben Empfindungen, die Mitmenschen in die Arme einer Kirche führen.

Ich sah mich um nach Helfern, nach Zeugnissen in der Literatur aller Zeiten. Ich fand unzählige, doch sie sind verstreut und zumeist vorgetragen mit einer Bescheidenheit, die ich allmählich als Stigma der Ungläubigkeit verstehen lernte. Ein besonders einfaches und klares führe ich an. Es stammt von keinem antichristlichen Jakobiner, sondern von einem klassischen Konservativen. Friedrich von Gentz, Federführer der Heiligen Allianz, schrieb vor hundertfünfzig Jahren dies an einen frömmelnden Freund:

‹Von allem, was durch die Vernunft erkennbar ist, muß auch eine Appellation an die Vernunft, und zwar an die Vernunft eines jeden – denn wessen Vernunft hätte das ausschließende Recht, eine gesetzgebende zu sein? – gelten. Die Weltgesetze, werden Sie mir sagen, sind Offenbarungen Gottes, denen die Vernunft sich unterwerfen muß. Ich frage daher: Sind Sie Ihnen von Gott unmittelbar offenbart worden? Mir wurde das Glück nicht zuteil. Der Sinn für den Glauben ist mir nicht aufgegangen. Solange Sie nicht imstande sind, diese Fundamentaldifferenz zwischen uns zu beheben, müssen Sie mir notwendig verzeihen, daß ich viele Ihrer kraftvollsten Äußerungen als bloße Machtansprüche betrachte.›

Wer heute so spricht, der macht sich beinahe unmöglich, jedenfalls verdächtig. Das mindeste ist, daß er als Kommunist abgetan wird.

In Religionsdingen leben wir in einer heuchlerischen Bewußtseinsspaltung; sie unterscheidet sich von dem bekannten doppelbödigen Verhalten unter einer Diktatur dadurch, daß es dort um Freiheit und Leben geht; heute und hier um Erfolg, Geltung, gesellschaftliche Anerkennung.

Der zur Freiheit aufgerufene Mensch der westlichen Welt unterwirft sich gehorsam dem christlichen Tabu. Damit zerstört er seine innere Sicherheit, seine Würde und Wahrhaftigkeit. Darf er dann noch hoffen, sich gegen totalitäre Erlösungslehren zu behaupten?

Niemand bestreitet dem Christentum seine historische Bedeutung. Es ist aber durchaus nicht identisch mit der Idee der Freiheit.

Formulierte Religion ist Menschenwerk und wird damit zum Ausdruck menschlichen Willens. Die Selbstgewißheit, mit der das geschieht, stößt den Atheisten ab. Der Ungläubige fragt: Wie kann das Stille ausgerufen, das Individuelle verallgemeinert, das Unorganisierbare organisiert werden?

Genau das geschieht in allen Religionen. Liegt die Befürchtung nicht nahe, dadurch ginge dem einzelnen das Gefühl der Verantwortung für sein Leben verloren? Mehr noch: Wird der Mensch nicht durch den Verzicht darauf geradezu abgerichtet, alle Greuel seiner Geschichte und alle Schrecken seines Schicksals hinzunehmen? Mir hat es zu denken gegeben, daß so viele erfolgreiche Soldaten fromme Leute waren. Ich begreife nicht, wie sie es sein konnten.

Wer eine formulierte Religion gelten läßt, hat den Weg der Macht betreten. Der Mensch macht Gott zu dem, was er sein möchte. Vor solcher Anmaßung steht der Agnostiker fassungslos. Er empfindet die Existenz als das eine Wunder, das alle anderen in sich einbegreift.

Ein amerikanischer Geologe machte zu einem Pfarrer die außerordentliche Bemerkung: ‹Ihr Gläubigen habt ja jedes Geheimnis verloren!› Der Gottlose aber lebt im Geheimnis. Er versteckt sich nicht hinter einem menschengeformten Gottesbild. Natürlich kann auch der Atheismus zu höchst irdischen Zwecken mißbraucht werden, wir haben es erlebt. Politisch angeordneter Unglaube ist nichts als der Negativabdruck einer formulierten Religion, das Zerrbild einer Kirche. Diese fatale Möglichkeit widerlegt den Agnostiker nicht.

Durchaus nicht vermag ich zu begreifen, wieso die Sinngebung des Lebens mit einem Schuldbekenntnis verbunden sein soll. Das Dasein ist keine Erbsünde, sondern ein Glück, das wir uns verdienen, und eine Aufgabe, die wir erfüllen müssen.

Das ist alles.»

Kurt Tucholsky

Als rororo-Taschenbücher erschienen:

Schloß Gripsholm
Eine Sommergeschichte · rororo Band 4

Zwischen Gestern und Morgen
Eine Auswahl · rororo Band 50

Panter, Tiger & Co.
Eine Auswahl · rororo Band 131

Rheinsberg
Ein Bilderbuch für Verliebte und anderes · rororo Band 261

Ein Pyrenäenbuch
Bericht einer Reise · rororo Band 474

Politische Briefe
Zusammengestellt von Fritz J. Raddatz · rororo Band 1183

Politische Justiz
Vorwort: Franz Josef Degenhardt. Zusammengestellt:
Martin Swarzenski · rororo Band 1336

Politische Texte
Herausgegeben von Fritz J. Raddatz · rororo Band 1444

Schnipsel
Aphorismen · rororo Band 1669

Deutschland, Deutschland über alles
rororo Band 4611

Kurt Tucholsky
in Selbstzeugnissen und Bilddokumenten,
dargestellt von Klaus-Peter Schulz
rowohlts monographien Band 31

Rowohlt